新史学

观 古 今 中 西 之 变

徐前进 著

论制度与人的变形

一七六六年的卢梭

北京师范大学出版集团
BEIJING NORMAL UNIVERSITY PUBLISHING GROUP
北京师范大学出版社

人物介绍

特蕾兹（Thérèse Le Vasseur，1721—1801）：曾是一家小旅店的佣人，识字不多，1745 年与卢梭相识，之后一起生活，1766 年年初随卢梭到英国，1768 年结婚，相处不融洽。1789 年后，她为革命派敬重，获得卢梭作品的部分稿费，但历史档案里有对她不利的记录。

里尔丹（R.-L. de Girardin，Marquis de Vauvray，1735—1808）：有人文精神的贵族，世袭领地位于巴黎北郊的埃莫农维尔（Ermenonville），他根据启蒙时代的自然观建设领地，1778 年春为卢梭提供住处，负责他的身后事宜。革命年代，里尔丹不同意将卢梭的棺椁移入先贤祠，结果领地被没收，家庭成员遭羁押，恐怖时代后，他沉默不语。

特罗尚（Théodore Tronchin，1709—1781）：日内瓦医生，在剑桥大学和莱顿大学学医，为法国引介牛痘接种术和天花治疗新方法（以清凉法取代热疗法），说服女士以运动保持健康，要求母亲给孩子哺乳。1766 年担任伏尔泰和奥尔良公爵（Duc d'Orléans）的私人医生，1778 年当选法兰西学院院士。18 世纪 50 年代与卢梭相识，未治愈他的病，卢梭斥之为江湖骗子。

小特罗尚（Louis-François Tronchin，1743—1784）：特罗尚医生的儿子，曾就读于格拉斯哥大学，跟随亚当·斯密学习伦理学，1766 年返乡途中在伦敦偶遇卢梭，卢梭以为他是跟踪自己的间谍。这次不期而遇是卢梭休谟之争的直接原因，与卢梭精神问题的发作有关。

第索（S. A. A. D. Tissot，1728—1797）：瑞士医生，注重实验医学，擅长神经疾病的诊治，著有《论神经与神经疾病》（*Traité des nerfs et de leurs maladies*）和《论文人的健康》（*De la santé des Gens de Lettres*），曾任波兰国王斯塔尼斯拉斯（Stanislas）的私人医生。1758 年收到卢梭寄来

的《论戏剧》，一度为他治病，但疗效甚微。

普莱斯勒（A. -G. Le Bègue de Presle，1735—1807）：法国宫廷医生，18 世纪 70 年代与卢梭交往较多，曾到埃莫农维尔拜访，交往中觉察到他的精神问题，1778 年 7 月 3 日参与卢梭遗体的解剖。

约翰逊（Samuel Johnson，1709—1784）：即约翰逊博士，英国文豪，生于小书商之家，幼时患病，一耳朵失聪，一眼睛失明。文风雄辩。1747—1755 年，他编纂第一部《英语辞典》，曾为《绅士杂志》（*The Gentleman's Magazine*）撰稿，批评公共舆论的缺陷，是英国知识界反对卢梭赴英避难的代表。

博斯韦尔（James Boswell，1740—1795）：爱丁堡人，1763 年与约翰逊结识，并因《约翰逊传》蜚声文坛，1763—1765 年在欧洲旅行，去科西嘉拜见独立派领袖帕斯卡尔·保利，是科西嘉共和国的支持者。1764 年去瑞士拜访卢梭，1766 年陪同特蕾兹赴英，之后批评卢梭性情古怪，1777—1783 年任《伦敦杂志》（*London Magazine*）的专栏作家。

沃波尔（Horace Walpole，1717—1797）：英国文人，古物学家，在伊顿公学和剑桥大学接受教育，桀骜不驯，蔑视权威。1739—1741 年赴欧陆旅行，与巴黎文人界联系密切，常参与霍尔巴赫和德方（Defand）夫人的沙龙，1765 年以普鲁士国王的名义在报刊上讽刺卢梭。

布斯比（Brooke Boothby，1744—1824）：英国德比郡（Derbyshire）人，早期浪漫派，1766 年与在英避难的卢梭相识，遂成忘年之好，受卢梭风格影响，卢梭休谟之争后他为卢梭辩护，批评同胞冷漠。1776 年，他到巴黎看望卢梭，卢梭托他保管《忏悔录》的部分手稿，1780 年他将之译成英文出版。

达文波尔（Richard Davenport）：英国德比郡人，曾为卢梭提供免费住所。卢梭休谟之争时，作为中间人，他努力协调矛盾。因对卢梭有恩惠，1910 年《卢梭研究会年鉴》刊登他的家谱。

圣皮埃尔（J. -H. B. de Saint-Pierre，1737—1814）：法国作家，有冒险精神，青年时代受《鲁滨孙漂流记》影响到处旅行，1771 年与卢梭相识，陪他散步，采集标本，目睹卢梭病情的恶化。1787 年，他在《保罗与维吉妮》（*Paul et Virginie*）里对于自然的描写是浪漫主义的早期风格。

布弗莱夫人（Comtesse de Boufflers，1724—1800）：曾是夏尔特（Chartres）公爵夫人的侍女，后为孔第（Conti）亲王当家庭教师，1763 年陪同法国驻英大使夫人都松（d'Usson）参与七年战争谈判。1762 年经她协调，英国驻法使馆秘书休谟帮卢梭赴英避难，1766 年卢梭休谟之争后，她的角色变得尴尬。

乌德托夫人（Comtesse d'Houdetot，1730—1813）：法国贵族，1748 年与乌德托伯爵（C. C. César，comte d'Houdetot）成婚，之后与卢梭相识。卢梭在书信中称之为"苏菲"，他们之间真挚、热烈又克制的交往是《新爱洛漪丝》的写作灵感。

埃皮奈夫人（L. F. P. T. d'Epinay，1726—1783）：巴黎沙龙女主人，1756 年为卢梭提供住所，1757—1759 年去瑞士旅行，因与伏尔泰的交往而被卢梭指责，卢梭与乌德托夫人的往来又让埃皮奈夫人不满，两人因此断交，相互为敌。

培鲁（Pierre-Alexandre Du Peyrou，1729—1794），瑞士纳沙泰尔人，有独立的品格，关怀那些处境危急的人，包括米拉波（Mirabeau）伯爵和布里索（Brissot），与卢梭结识后相处融洽。待卢梭去世，他在巴黎协助成立卢梭协会，与日内瓦出版公司、纳沙泰尔出版公司协商卢梭作品的出版事宜。

穆尔图（Paul Claude Moultou，1731—1797），生于瑞士新教家庭，在日内瓦接受教育，喜欢卢梭的风格，也得到他的信任，为之保管《忏悔录》手稿。与培鲁一样，穆尔图对于卢梭作品的传世功不可没。

生前身后的矛盾

　　法国旧制度下的人是会变形的，不能说坏制度与人的变形有直接关系，但18世纪的法国却是如此。旧制度、启蒙与革命是上演变形记的三个场景，每个场景里有很多小台子，台子上的人奇形怪状，有的笑着哭，有的哭着笑，但都戴着面具，穿着礼服，举止优雅。对于没有身份的人，这是有诱惑力的仪式，他迷恋于此，一次次将虚无化为实在，将卑微扮成庄严。人的变形是对现代制度的威胁，在独立人格消失的地方，权力契约没有实践的可能，法律规范是空悬的注视，不再有规训恶的力量。因一己之私损及普遍正义，这样的人更没有身份，在道德意义上他是施害与受害的矛盾体，在政治意义上也是个矛盾体，热心于正义，但更愿意捣乱。变形者的生活不真不假，无是无非，一旦进入流动的历史空间，变形就再也停不下来，生前在变，死后在变，在变化中消失了存在的迹象，复归于无。所有存在过的一点点瓦解，人的变形是对时代精神和历史意识的威胁。现代法国早期史上有一个制度、风俗与人构成的不断变化的循环，制度让风俗变形，风俗让人变形，变形的人又会剥夺风俗制度的实践力，革命暴力的失控与此有关。但什么是变形的第一原因，这是法国史的大问题。

　　一个人的命运是对时代风俗的注释，这话听起来高傲，对于卢梭却不过分，反之也成立，他的境遇里有法国风俗动乱的线索。生前，他为病所困，一次次地对抗死亡与绝望，医生无从诊治，他在权力的追捕下四处逃亡，情感与理性失衡。启蒙时代有一套身体道德体系，它是无形的，但无处不在。一个人要进入文学共和国（République des lettres）①，并成为其中响当当的人物，首先要经过这套道德体系的审查，卢梭因为与性病相似的身体问题而为之否定；其次要依赖优雅的交往能力，但赴英避难时，卢梭与同侪的矛盾爆发了，报刊舆论以讹传讹，使其进退维谷。他要退出文学共和国，心境不同于以往，之前渴求同代人评判是非，之后寄希望于后代人，写作风格由启蒙理性向浪漫主义过渡。

卢梭的变形记从此开始。1766—1778 年，公共视野侵入他的私人空间，有人迷恋他的雄辩文辞与古典美德，有人斥其疯癫无常、愤世嫉俗（再生的第欧根尼），有人说他谦和有礼、有天真的孩子气，有人说他高傲世故、善于伪装。从他 1778 年去世到法国革命是卢梭形象最复杂的时期，源于生命体验的身体话语有了殉道的意义，但也是为人奚落的根据。1778 年卢梭去世后的四年里，他是公共舆论里浮动的幻象，一个在困苦中寻求美德的圣贤，同时又被人斥作道德侏儒。1782—1789 年《忏悔录》出版后，卢梭所描绘的现代人的心理进入了公共空间，他的心理中有坦诚，也有卑琐。1789—1794 年革命的前五年，他的形象走向极端，成为一个不受玷污的政治偶像，一度是革命意识形态。1794 年恐怖时代结束，他又回归历史领域，那时的人厌倦了革命的修辞术，要发现真实的卢梭，却难免偏颇的道德审判。

法国人打碎旧制度之际流行的是解释性的话语体系，其中有寻找新生、与故往决裂的诉求。但政治动荡无从赋予个体以确定的身份，人心越乱，变革的愿望越强烈，卢梭的形象越偏离生命意义。生前他是孤独者，戚戚无所依，革命时代是受人仰慕的精神领袖，革命后，各类政治意识（民主、自由、平等、专制）从他的思想中寻找政治现代化的方案，却难以形成有实践力的共识，他的形象所以多变：美德之士、自然之子、

① "文学共和国"是文艺复兴时代在欧洲新生的精神国度，1684—1718 年，先后由培尔（Pierre Bayle）、拉洛克（Daniel de Larroque）、博兰（Jean Barrin）和勒克莱（Jean Le Clerc）主编《文学共和国新闻报》（Nouvelles de la république des lettres），这一称谓遂广为传播。18 世纪，法国文人普遍将具有批判性和倡导科学艺术的语言空间称作"文学共和国"，并自视为文学共和国的"公民"，即现代所谓的法国启蒙哲学家。

无耻的疯子、有理性的疯子，心理病态、神经官能症、或源于尿道炎的智力障碍，狂热的个体主义者、专断的社会主义者、不安分的外国佬、现代社会的立法者、法兰西传统的背叛者，不一而足。这是原告缺席的审判，卢梭承受的是有罪推定，或无罪辩护，由此成就了单向度解释学的风格。

法国革命时代，单向度解释学的语法结构是"卢梭认为……"或"卢梭说……"表面上这是一套夺人耳目的革命话语，实践中却有曲解。卢梭不会在颂扬或诋毁中复活，也不能到场申辩。所以，生命意义上的卢梭在这套解释学里是隐没的，大行其道的是政治化的卢梭、情感化的卢梭，一个停不下来的变形者。若不突破革命话语的控制力，一个观点就此而来：卢梭与卢梭思想解释学是一回事。第二次世界大战后，卢梭研究的背景不同于以往，在现代性批判的潮流中，启蒙时代的冷漠与利己主义为人揭露，理性、乐观、进步、求真不再是法国启蒙精神的指代。犹太人和法国人的质疑最激烈，霍克海默（M. Horkheimer）、阿多诺（T. Adorno）将启蒙后的世界看作"巨型的监狱"，福柯严厉批评理性与权力的隐秘关系，"启蒙的每个进步也许是迈向黑暗的又一步"。此时，卢梭的意义在于，他为什么批判现代文明？现代性批判将怒气抛向启蒙，但它是否考虑过：与旧观念相比，启蒙如何革新了法国旧制度？法国、英国和德国的启蒙风格不同，卢梭在多大意义上能代表启蒙的普遍精神？

在西方现代思想界，世界战争的精神创伤已趋愈合，动荡的心归于沉寂，个体的政治和经济身份确定，关于制度与风俗的争论平息，那些曾在新旧变革之际引领风潮的智慧之光在黯淡，卢梭问题回归学术史传统，他的力量在削弱，更多的是一个学术符号。这是不是说他的意义更多是在变革旧制度的时代，最迫切的研究欲求来自动荡时代人与制度的关系，或个体的身份焦虑？卢梭研究不是单纯的思想问题，他以生命体验塑造了时代精神，又为之塑造，所以一个人谈论卢梭时，他谈论更多的可能是法国的时代精神。

对于卢梭历史形象里的矛盾，启蒙时代的人际纷争和革命时代的观念冲突是外部视野，触不到人的心理。公共交往、作品理念、政治影响等可用于分析多数思想家，不足以确定卢梭的身份。卢梭创造了一个身体话语体系，包括对病痛的夸张解读、渴望反抗却不得门路的愤怒，以及个体愤怒与现代性批判的隐秘关系。这套话语是感性的风格，来自于他的生存体验。他最初是在巴黎谋生的文学青年，一个生活在天主教国家的新教徒，或法国强势文化意识下的日内瓦公民，这是他的公共身份；而在私人空间，他是处境艰难的病人，对天气变化敏感，无力抚养孩子，夫妻不和睦。尘世中无依靠，他就游荡于现代精神与古典美德、上帝垂恩与自我救赎之间，一个与时代精神若即若离的人，模糊的身份使之觉察到风俗的晦暗，于是愤怒地批判，当时的人却斥之为败德者。道德审判剥夺了他的辩解资格，怀疑的目光不断消解着坦白的意图，说什么都没人相信。迫于无奈，他不再对同代人诉说，也不再向上帝悔罪，他要寻求后代人的评判，天堂与地狱的语境不再，取而代之的是现代历史意识。卢梭由启蒙哲学家向浪漫派的转变有法国文学共和国的败落之象。

卢梭的变形又在于他的性情，言行前后不一，观念因时而变，不具备与年龄相符的渐进性。1750 年前，他创作戏剧诗歌，文辞优雅、情感真挚，认同科学的价值，第戎科学院征文获奖后他却成了科学艺术的批判者。他和特蕾兹育有五个孩子，都被送往育婴院，但他在文字里关怀儿童成长，对待身边的小孩和蔼可亲。青年卢梭渴望文学共和国的名利，1766 年后却拒绝公共交往。对于医生，他恨之入骨，却时常研究医学，种植药用植物，并与医生往来不断。同代人的理解各不相同，后代人的解读聚讼纷纭，自启蒙运动到法兰西第五共和国，在政治辩论与思想对抗中，他的形象变幻不定，批评与赞扬之间有难以化解的障碍，理智上不能，情感上也不能。卢梭问题最需要澄清时，研究语境混乱，学术政治化，而有足够的研究基础后，党派之争平息，卢梭已远离争端。对于外国人，这是开拓的机会，以旁观的视野追踪卢梭的历史命运和法国革命暴力的起源，从中发现社会动荡与人心惶恐的因果关系，这是历史批判的目标。

为什么以"一七六六年的卢梭"为题

自 1904 年日内瓦成立卢梭研究会（Société Jean-Jacques Rousseau）以

来，学术积累足以突破不同时代的意识形态对卢梭问题的左右，重新发现卢梭的意义：生存体验如何影响了他的思想风格？他是启蒙的还是反启蒙的，是传统的还是现代的？他是政治保守派还是激进革命派，他与古典主义、浪漫主义有什么关系？第二次世界大战之前，法国研究界在卢梭问题上为什么没有共同的话语？法国索邦大学的卢梭研究会（Equipe J.-J. Rousseau）在拉米诺（Tanguy L'Aminot）的领导下尽力收录各国研究，他们的努力是通向普世意义的卢梭，还是民族意义的卢梭？是现代学术化的卢梭，还是作为旧制度变革者的卢梭？

西方卢梭研究素来有英美与欧陆之分，英国人罗素说"希特勒是卢梭的结果"，该论断的背景是极权主义批判。罗素沿袭了伯克的观念，将法国人破坏传统的狂热归咎于卢梭，但罗素是否想过：革命派认同的为什么是卢梭，而不是伏尔泰或孟德斯鸠？法国人敬仰的难道就是卢梭，而不是卢梭的影子？英国历史学家保罗·约翰逊（Paul Johnson）偏于道德评价，他发现《忏悔录》的作者表面坦率，内心狡诈，他抱怨病痛，是为博取同情，文辞间是压倒一切的利己主义，他的健康不像他所描绘的那么糟。那么，卢梭的健康状况到底怎么样，如何摆脱政治情感对研究者的不当影响？

卢梭在英国一度很受欢迎，读者对之既好奇，又喜爱，还有几分同情，但1766年休谟卢梭之争后，他们的看法转向负面。这场争论因何而起，与现代早期舆论的缺陷有没有关系？法国革命时代，这场争论为什么被视为英国人贬低法国的阴谋？逃亡路上，境遇艰难，身心问题如何影响了《忏悔录》的写作？1766年对于卢梭是终点，又是起点，之前的经历汇集于此，被他的情感引爆，他的新生开始了。所以，本书定题为"一七六六年的卢梭"，关乎一个人生前身后的命运，是旧制度、启蒙与革命年代的风俗画，又是法国现代政治意识走向混乱的序曲。

以一年旧事解释法国的制度、风俗与人心，会不会过于牵强？1766年是平凡的一年，不像1789年或1939年那样已经成为历史的路标。那一年，社会运行如常，新思想与旧制度对抗加剧，但没有震撼人心的变故。欧洲正处在小冰川期，冬季寒冷多雪，交通时常受阻，仰赖车马的邮政系统不能稳定地传递信息，文学共和国的机制时而紊乱。《法国信使报》(*Mercure de France*)的风格仍在君权、教权与现代思想间盘桓，那一年，它发表了一篇宗教界不喜欢的文章《关于精神的准确性》，法兰西学院发起年度诗歌竞赛，皇家外科医学院公布评奖启事，鲁昂科学院公示去年的获奖名单，包括数学奖、解剖学奖、植物学奖、外科医学奖，第戎科学院坚持它的风格，又在该报刊登反科学的文章，但人工排版难免会有疏漏，6会印成9。

1766 年，文学共和国的事业在进展。三年前，伏尔泰借助舆论为卡拉(Jean Calas)平反后，名声大噪，此时到瑞士费尔奈(Ferney)拜访"哲学王"的人络绎不绝，最严苛的评判家也对之礼让三分；里尔丹侯爵根据启蒙理念建设他的领地埃莫农维尔，是欧洲青年旅行的一站；科西嘉的领袖保利(P. Paoli)推行教育改革与共和理念，多少影响了青年拿破仑；狄德罗和达朗贝尔历尽周折，1765 年出版《百科全书》(十七卷)，最终确立了现代理性的风格，此时，他们忙于收集读者的意见，并准备编辑一部工艺图谱。同年，爱尔维修(Helvétius)夫人在巴黎筹建了"科学共济会"，它是致力于科学事业的"九姐妹共济会"(Les Neuf Soeurs)的前身；亚当·斯密陪同布克勒公爵(Duke of Buccleuch)游历欧洲，1766 年在巴黎停驻，参与重农学派的沙龙，他的法语不好，但获悉了"自由放任"(Laissez-faire)的理念，后用之于《国富论》，是古典自由主义经济学的基础。

历史一如往常，在稳定的变化里没有转折、破碎或重生，但这一年对于卢梭的意义不同，之前和之后的世界在他看来差异明显。1750 年 8 月，《法国信使报》报道《论科学与艺术》获奖的消息，他得以进入文学共和国，在这个嘈杂的舆论空间里混了十多年后，他力不能支。1766 年是卢梭生命中最艰苦的一年，争吵、逃亡、病痛，内心深处的压抑感爆发了，不是赤裸裸的报复，而是以精神问题的形式，自我伤害。此后他要逃离文学共和国，写作风格上从启蒙者转向浪漫派，之前注重理性分析，之后强调人的感受。在工业化进程里，古典时代的静穆不见了，乐观主义与理想主义退却，羊毛、亚麻、棉花、煤炭的产量每十几年就成倍增长，人口向工厂聚集，服从于机器的节奏。早期工人未经启蒙就被卷入生产制度，与机器接触的身体(手、脚和嘴唇)有了现代含义，他们的心里有新奇，也有迷茫，有人克服了迷茫，而更多的人在迷茫中老去。制度之恶无处不在，打不破，脱不开，人人向往美，但人人有可能作恶。在这样的时代，卢梭的晚年风格为人推崇。

现代学术研究注重理性分析和因果关系，但卢梭的后期作品里更多的是模糊的感受，那是一套关于喜怒哀乐的因果关系。18 世纪中期，古典主义风格向现代风格过渡，现代人格相互对立，公共交往多有冲突，卢梭在贫困、孤独与病痛中对此体会更深切，他的感性修辞是时代精神动荡的征象。鉴于此，本书不排斥对卢梭的情感化解读，如实归纳 18 世纪的人认为是准确的、而事实上是冲动的观念。这些缺少认同、充满敌意的精神映像是阅读文本的即时反应，未及有影响就消失了，不值得深入分析，但不能视而不见，因为人的历史处境就包含在这些偶然性里。

卢梭思想的意义兼具民族性和普世性，有过旧制度生存经验的人会从其中发现一些相似性，但前提是默认观念在不同地域之间的自由转换。这样的转换简单易行，却可能是现代学术的陷阱，因为脱离了历史语境，研究者会混淆观念的相似性与相关性，忽视一个观念在不同地区的差异，然后以修辞术营造让人身临其境的剧场效应，尽管逻辑严密，却是空中楼阁。

目 录

第一章　卢梭的病

——生命意义的卢梭

卢梭是西方思想里的变形体，每当历史动荡时他就会出现：18世纪的哲学辩论、法国革命、1820年君权复辟时代、1848年革命、1878年卢梭去世一百年、1912年卢梭两百年诞辰、法西斯极权时代。[①] 他是启蒙者、平等派、浪漫派、保守思想家、个人主义者、革命精神之父、民主暴力的导师。这是现代历史上的卢梭形象，无常的变化源于时代政治状况的不同，而在历史档案的深处有生命意义的卢梭形象——一个在病痛、贫困、误解里与命运抗争的孤独者。他创造了独特的身体话语体系，这一体系可追溯到《新爱洛漪丝》，1766年前后卢梭因病情恶化而将这套话语体系最终完善。这套话语体系的内涵是变化的，有多种解释的可能：宗教道德、世俗伦理、科学理性、革命意识形态、浪漫主义、现代性批判。

卢梭的病痛之苦常被人误解，法国人格里姆、狄德罗、埃皮奈夫人，英国人约翰逊、亚当·斯密、沃波尔，以及日内瓦医生特罗尚都说他是江湖骗子、愚妄之人。1778年，报刊舆论推测卢梭去世的原因，《伯尔尼杂志》(*Gazette de Berne*)、《瑞士新报》(*Nouveau journal helvétique*)归咎于肾绞痛，《百科全书报》(*Journal encyclopédique*)、《秘密通信报》(*Correspondance secrète*)推测是脑血栓引起的中风。[②] 在街谈巷议里，

①　A. Schinz, *Etat présent des travaux sur J.-J. Rousseau*, Paris：Société d'édition les belles lettres, 1941, pp. 3-104.

②　R. Trousson, *J.-J. Rousseau jugé par ses contemporains*, Paris：H. Champion, 2000, pp. 471-472.

他的死因愈发离奇，有人说是自杀，有人说是他的妻子下毒。[1] 革命时代，卢梭生前的病痛之苦成了殉道者的象征，他转而又成为革命精神之父。而工业时代的浪漫派注意的是卢梭身体话语里的情感困境，视之为艺术化的忧郁气质，由此成就了现代文学界的"浪漫病"。[2] 在学术界，卢梭问题长久以来聚讼纷纭，同情者以身体病痛为之辩护，维护一个思想家的尊严，或是保卫启蒙时代以来的现代传统；批判者却以错乱的精神贬低他，质疑其思想的统一，言外之意是一个矛盾的人怎么能是现代历史的主角？双方相持不下，情感不时走向极端，或夸张地赞誉，或恶意地批评，这是 19 世纪法国的思想景观。1912 年卢梭两百周年诞辰以来，尤其是法兰西第五共和国成立后，研究者的态度有所转变，即使不是同情，至少要寻求公正。

第一节　不能回避的问题

1763 年 1 月底，为躲避教会追捕，卢梭逃亡到瑞士汝拉山麓的莫第埃(Môtiers-Travers)，一个人烟不多的小村子，期间他的病痛又发作了，不能写信，难以招待来访的客人，只能卧床休息。[3] 这次发作比以往严重，他觉得生命将尽，遂留下遗嘱：

> 这个怪病折磨了我多年，它与同类型的病不同，待我死后，请
> 医生解剖病灶，确定问题所在，为方便手术进行，我附上病情描述：
> 　二十年来，我一直患有尿潴留症，童年时发作过。我将病因归于

---

① O. de Corancez, *De J. J. Rousseau, Extrait du* Journal de Paris *des* N° 251，256，258，259，260，261，*de l'an VI*, se vend à Paris, au bureau du *Journal de Paris*，N° 14, 1797, pp. 59，62; R. A. Leigh, "La mort de J.-J. Rousseau, image d'Epinal et roman policier," *Revue d'Histoire littéraire de la France*，No. 2/3, 1778-1978, pp. 188，194.

② F. Cummings, "Boothby, Rousseau and the Romantic Malady," *The Burlington Magazine*, Vol. 110, No. 789 (Dec. , 1968), p. 663.

③ Rousseau à M. -M. de Brémond d'Ars, 7 décembre 1762, *Correspondance complète de J. -J. Rousseau (CCJJR)*, Tome XIV, Oxford, 1977, p. 165; Rousseau à M. -M. Rey, 8 janvier 1763, *CCJJR*, Tome XV, p. 16.

(膀胱或尿路里的)结石。莫兰(Morand)和一些最有经验的外科医生都不能诊断，对于结石的问题也不确定，直到巴塞拉(Jean Baseilhac，又称为 frère Come)医生用很细的导尿管确认尿路里没有结石。

我的尿潴留不像患有结石问题的人那样明显，他们有时排尿顺畅，有时一点也排不出。我的问题是持续性的，(排尿)不顺畅，但不是一滴排不出来，我总觉得不自在，心中不安，渴望健康，却从未享受过。在起伏的病情中，我观察到一个稳定的变化：尿线越来越细。或早或晚，但终有一天，我将不能排尿。

尿道里有阻碍，达兰(Daran)先生的催脓导尿条有时能缓解症状，长期用不利于病情，我难以承受。每天(将探条)伸进体内，越来越困难，于是需要更细的，并要有间隔，以减少操作的困难。我感觉到排尿的障碍在膀胱处，所以需要更长的探条。最近，我找不到合适的，只能将短的拉长。

淋浴、利尿剂等所有的治疗药剂、方法我都试过，只会加重病情，放血疗法也不能缓解症状。内科医生、外科医生诊断时只会模糊地推理，他们更多的是安慰我，不是指导我如何治疗。既然不能治愈我身体上的病痛，他们就试着治愈我的精神创伤。这并非无用，自从找他们看病后，我觉得平静一些了。

巴塞拉医生说我的前列腺又大又硬，像硬癌(的症状)，病灶或许在前列腺部位，或在膀胱颈，或在尿道，或是三个部位都有问题。只有检查这些部位才能发现病因。

不要从性病的角度去找病因，我从未感染这样的病。我对那些给我治病的人说过，有几个人不信，但他们错了。我没得性病，这是我的幸运，我为此没有获得赞许，相反，有人相信，有人怀疑。在此，我应该说明我一贯坚持的真相，人们不能在不存在问题的地方找病因。[1]

慕名来访的人察觉到卢梭的病情日益紧迫。 1763 年 10 月 24—31

---

[1]　B. Gagnebin (ed.)，*Testatement de J.-J. Rousseau*，29 janvier 1763，Paris：BNF；T. Dufour, *Le Testament de J.-J. Rousseau*, février 1763，Genève：A. Jullien，1907，pp.16-18.

日，魏格林（Wegelin）一行来到莫第埃，卢梭与之谈起长期折磨他的病。① 1762—1769 年，瑞士的第索医生为他治病，第索很喜欢他的作品，1761 年读到《新爱洛漪丝》后对之赞赏有加，从此是"这个日内瓦人的崇拜者"②，为其诊治时尽心尽力。但了解各种症状后，第索并无良策，只是为他的忍耐力而震惊，"一般人难以承受这样的折磨"③。1764 年 12月，苏格兰青年博斯韦尔游历瑞士时路过莫第埃，看到卢梭坐在椅子上，精神萎靡，就此怀疑他有忧郁症，18 世纪后期，忧郁症已被视为精神疾病，"病人纠缠于某个想法，执迷不悟，对外沉默不言"④。

1762 年出版的《爱弥儿》因宣扬自然宗教冒犯了天主教会，1765 年的《山间来信》因倡导公民权触怒了日内瓦贵族权力机构小议会（Petit Conseil）。卢梭在法国和日内瓦是不受欢迎的人，"在每条路上都遭到讥讽、辱骂、诅咒，有人甚至用火枪威胁我，任凭这帮卑鄙的人说去吧"⑤。在欧洲大陆难有容身处，只得在休谟的帮助下去英国避难。1766年年初至 1767 年 5 月在英期间，卢梭的病再次发作，房东达文波尔时常来探望，记录了卢梭的情况：1766 年 5 月，健康良好，待人和蔼，晴天到住处周围散步，采集植物标本，雨天在屋里弹大键琴或写作。1766 年 5 月 27日，他觉得那病会在不经意间夺去生命，于是致信达文波尔时附加了 1763年 1 月底准备好的遗嘱，并委托达文波尔为执行人，遗嘱上有一行字——"1763 年 1 月 29 日，写于莫第埃"(29 janvier mille sept ans soixante trois, fait à Môtier-Travers)。⑥ 6 月底，反常的状况经常出现，性情起伏不定，8 月底有

① R. A. Leigh, "Wegelin's Visit to Rousseau in 1763," *Studies on Voltaire and the Eighteenth Century* (249), Oxford, 1987, p. 303.

② Tissot à Zimmermann, mardi 3 fevrier 1761, S. -A. -A. D. Tissot, J. G. Zimmermann, *Correspondance*, 1754-1797, annotée par A. Emch-Dériaz, Genève, 2007, p. 172.

③ A. François, "Correspondance de J. -J. Rousseau et Du Médecin Tissot," *Annales de la Société J. -J. Rousseau (ASJJR)*, Tome 7, Genève, 1911, p. 31.

④ Boswell, *The Grand Tour*, 1764, F. Pottle (ed.), Yale University, 1953, p. 231; P. Pinel, *Traité médico-philosophique sur l'aliénation mentale*, Paris, 1809, p. 163.

⑤ Rousseau à M. -M. Rey, 12 septembre 1765, *CCJJR*, Tome XXVII, p. 10.

⑥ Rousseau à R. Davenport, 27 mai 1766, *CCJJR*, Tome XXIX, p. 226.

所好转。①

1765 年，卢梭开始写《忏悔录》。至于身上的病，卢梭自己诊断为膀胱先天畸形，尿道里有结石，医生用探条疏导后排尿依旧困难，之后他又猜测是肋膜炎、咽喉炎甚至癌症，他被病痛折磨得死去活来，"以致与死神面熟了"②。卢梭常向人抱怨病痛，论敌却责备他性情乖戾或在哗众取宠，特罗尚医生说他为傲慢和猜疑所困，"无论到哪里，两个魔鬼如影随形"；伏尔泰不留情面，1764 年他在匿名发表的《公民的感想》中斥其为疯子，还患有性病。③ 这篇文章在文学共和国流传广、非议多，那时的人虽摆脱了中世纪麻风病的集体记忆，却陷入对于性病的恐慌，道德谴责格外严厉，卢梭在文学共和国里的身份受到冲击。

1777 年夏天，早期浪漫派圣皮埃尔与之散步时目睹了病发的痛苦，"剧烈呕吐，胆汁都吐出来，身体有神经性抽搐的症状"，之后一年，病情持续恶化。1778 年 7 月 2 日上午，他散步回来，"胸部剧烈疼痛，里面仿佛有锐利的针，头部不适，像被撕裂了"，他让妻子打开窗户，说上帝在等他，上午十一时左右去世。④ 这是特蕾兹对卢梭去世时情境的描述，画家古滕堡（Heinrich Guttenberg）和莫雷（Jean-Michel Moreau）据此创作情景画《卢梭的遗言》（图 1-1），该画有不实之处，晚年卢梭不再戴假发、穿哥特衫，有意远离公共交往，着装随意。1762 年在蒙莫朗西居住时，有人看到他披着床单在花园里走来走去，1766 年后更不讲究，况且生活不宽裕，没钱置办流行的衣裳。相比而言，弗兰森维尔（Francenville）的描述更平实：卢梭五点起床，七点散步回来，喝过加牛奶的咖啡后又出去，

---

① R. Davenport à D. Hume, 14 mai 1766；Hume à R. Davenport，23 juin 1766, *CCJJR*，Tome XXIX，pp. 212，277.

② T. Tronchin à Rousseau, 4 avril 1759, *CCJJR*，Tome VI，p. 55.

③ T. Tronchin à L.-F. Tronchin, 1 mars 1766，*CCJJR*，Tome XXIX，p. 3；Voltaire，"Sentiment des Citoyens," Moland（ed.），*Œuvres Complètes de Voltaire*，Tome 26，Paris，1893，p. 127.

④ Lettre de R. de Girardin à Du Peyrou, *ASJJR*，Tome 24，1935，p. 167；John S. Spink，"Un Document Inédit sur les Deniers Jours de J.-J. Rousseau," *ibid.*，p. 158；《贝纳尔丹·德·圣·皮埃尔眼中的卢梭》，卢梭：《孤独漫步者的遐想》，钱培鑫译，南京：译林出版社，2006 年，第 266 页。

八点归来，抱怨腹痛、胸痛、头痛，他的妻子扶他上床，一会儿扶他下床，不多时，他倒在地上去世，时间是 1778 年 7 月 2 日上午十一点。①

图 1-1　卢梭的遗言，1778 年 ②

次日，里尔丹侯爵请巴黎的雕塑家乌东（Houdon）为之制作石膏面模（图 1-2），后由五位医生解剖遗体。其中三位外科医生操作，两位医生见证，另有六名旁观者："下腹部器官正常，肾脏和膀胱没有炎症；头部有积液，其他部分正常。死因是严重性中风。"③生前是非多，有人更愿意相信他以不光彩的自杀了结了性命。《忏悔录》在他去世后出版，1782 年出版前六章，1789 年出版后六章，但晚到的真实难以冲散偏激的情感所制造的流言，流言被当作真实，真实反而被当作虚幻。

---

① 　Récit de la mort de Rousseau par F. de Francenville, daté du juillet 1778 et envoyé à Girardin le 18, *CCJJR*, Tome XLI, pp. 38-41.

② 　图片采自法国国家图书馆资源库，本书图片除注明出处者，其他均出于此。

③ 　Le Bègue de Presele, *Relation ou notice des derniers jours de Mons. Jean Jacques Rousseau, circonstances de sa mort et quells sont les ouvrages posthumes qu'on peut attendre de lui*, Londres, 1778, p. 18; Certificat du père P. Gaucher, curé d'Ermenonville, 16 juin 1789, *CCJJR*, Tome XLVI, p. 41; Lettre de R. de Girardin à P. -A. Du Peyrou, *CCJJR*, Tome XXIV, p. 168; E. Bire, *Dernières Causeries*, Lyon, 1898, p. 65.

图 1-2　卢梭去世 24 小时后的石膏面模

19 世纪，现代医学界对卢梭的问题仍不确定。梅西耶（L. A. Mercier）将尿潴留归因于尿道炎，而非行为放荡，夏特莱（Châtelain）断定他有先天残疾，但胃部问题、头晕、耳鸣、失眠等是假想的症状，德莫尔（Demole）说他受精神分裂之苦。[①] 20 世纪初，外科医生艾洛叙（Elosu）认为他有高血压、氮血症和中毒性神经官能症，尿路前列腺部位的畸形导致了尿潴留。[②] 这些诊断缺乏史学或医学根据，不能解释卢梭的病，反而冲淡了这一问题的严肃性。

在现代思想界，卢梭是卓越的启蒙哲学家，而他生前关心的是治病与谋生，困扰他的是沉重肉身与自由精神的矛盾。1767 年 12 月，卢梭感慨自己的生存困境："我快六十岁了，受到那么多残疾与不幸的折磨，生命还能苟延时日，只是付出的代价太高了。"[③] 19 世纪后期，卢梭的书信陆续刊行，他一生忍受的痛苦包括发烧、头疼、耳鸣、喉头炎（严重时

---

① C. Wacjman, *Les jugements de la critique sur la 'folie' de J.-J. Rousseau*, Oxford, 1996, p. 55; A. Châtelain, *La folie de J.-J. Rousseau*, Librairie Fischbacher, 1890, pp. 15-17; J. Starobinski, "The Illness of Rousseau," *Yale French Study*, No. 28 (1961), p. 69.

② S. Elosu, *La maladie de J.-J. Rousseau*, Librairie Fischbacher, 1929, p. 38.

③ Rousseau à M.-M. de Brémond d'Ars, 12 septembre 1767, *CCJJR*, Tome XXXIV, p. 93.

不能说话）、失眠、心悸、胸闷、腹疼、胃胀、呕吐、吞咽困难、肾绞痛、尿潴留、手脚僵直等。病情周期发作，健康本来不错，忽然间疼痛难忍，在绝望之际症状减轻，体力恢复，他又能漫步遐想。卢梭到底得了什么病？辅助诊断的关键证据消失了，只能以佐证的方法寻找答案。

第二节　急性间歇紫质症

1974 年，法国人邦苏桑（Bensoussan）断定卢梭患有急性间歇紫质症（Porphyrie Aiguë Intermittente）。紫质症起因于人体紫质（又称卟啉，Porphyria）的代谢异常，紫质借助于特定酶的催化为人体制造血基质，一旦酶无法正常发挥作用，紫质会在体内积累，因其对身体器官，特别对神经组织有毒性①，患者会出现腹部症状（便秘、呕吐）、神经症状（疼痛、四肢麻痹、说话困难）和精神问题（抑郁、被害妄想）。邦苏桑参考医学研究，兼顾卢梭思想的多面性，包括现实生活中的依赖感与对独立生活的渴望，希望得到他人的爱戴与一次次的寻求隐居，对美德的热爱与现实中的无力，爱怜小孩子却丢弃自己的孩子。② 邦苏桑重新理解卢梭的身心问题，质疑政治化的解读方式，"他的历史形象与阅读方式有关，也涉及病痛与思想的关系，这是思想界所忽视的"③。

卢梭思想的统一性历来争论不断。1782 年，狄德罗在《尼禄与克罗德的统治》（Essai sur les régnes de Claude et de Néron）里批评他言行矛盾。④ 革命年代，这一问题又被提起，1789 年的《卢梭颂歌》将他的矛盾视为天才的标志或写作的新方向，能突破人类精神的限度，"一个人从相反角度考虑问题才能打破神秘的崇拜，不然哥伦布就不会发现新世界"；1790

---

① E. Grossfeld, "Acute porphyria with unusual features," *The British Medical Journal* (*BMJ*), Vol. 1, June 2, 1951, p. 1241.

② D. Bensoussan, *L'Unité chez J.-J. Rousseau, une quête de l'impossible*, Paris, 1977, p. 186.

③ *Ibid.*, p. 189.

④ "Essai sur les régnes de Claude et de Néron," *Œuvres complètes de Diderot*, Tome III, Paris, 1875, pp. 197-198.

年的另一篇《卢梭颂歌》却视之为荒谬的尝试。① 法国革命后，在关乎国家政治道路的辩论中，这一问题受左右之争的影响，右派思想家丹纳（H. Taine）、法盖（E. Faguet）指责卢梭思想分裂，进而否定以革命改变社会的合理性，而卡西尔（E. Cassirer）努力维护他的思想的一致性，1912年，巴黎高师学者朗松（G. Lanson）在《卢梭研究会年鉴》上为他辩护：

> 那是一个有生命力的思想体系，在（不同的）人生境遇里进展，受所有外界变化的影响，也受情感波动、外在激励或阻碍所引起的错乱的影响……他是情感化的人，有想象力，又是幻想与欲望的玩偶、自尊心强、爱好享乐、热情浪漫、渴望冒险、抗拒规则、不愿牺牲、行动力不足，能放弃不能争取……坦诚、高傲、腼腆、多疑，对于迟来的上流生活，他既兴奋又不愿忍受。②

根据邦苏桑的研究，卢梭的症状如下（带 * 标记的为笔者补充）：

表 1-1　卢梭的身体症状③

症状	医学根据	卢梭的描述	文本依据
疼痛	Peyrefitte	1735—1736 年，胃疼	《忏悔录》第 6 章
		1743 年夏季至冬季，肾疼	《忏悔录》第 8 章

① *Eloge de J. J. Rousseau*，mis au concours de 1790，L'académie a renvoyé sa décision pour 1791，Paris，1790，pp. 48，80.

② G. Lanson，"L'Unité de la pensée de Rousseau," *ASJJR*，Tome 8，1912，pp. 7，8.

③ D. Bensoussan，*La Maladie de Rousseau*，Paris：Klincksieck，1974，pp. 29-34. 邦苏桑参考的医学研究：G. Peyrefitte，*La Porphyrie aiguë intermittente*，Paris，1965；R. Laforgue，"Etude sur J.-J. Rousseau" *Revue Française de Psychanalyse*，I，1927；E. Ritter，"La Famille et la jeunesse de Jean Jacques Rousseau," *ASJJR*，Tome 16，1924-25；Elosu，*La Maladie de J.-J. Rousseau*，Paris，1929；A. Gajdos，"Données récentes concernant la biosynthèse des porphyrines et les porphyries," *La Presse Médecine*，N° 71，24，1963；J. Waldenström，"Studies on the incidence and heredity of actute porphyria in Sweden," *Acta Genetica and Statistica*，*Medica Basel*，6，1956；Soemmering，"Maladies de la Vessie et de l'Urèthre chez les Vieillards," *Cabinet secret de l'histoire*，Troisième série，Paris，1898；Borel，*Génie et Folie de J.-J. Rousseau*，Paris，1966；Dropsy，*Diagnostic de la Porphyrie intermittente*，Reims，1964.

续表

症状	医学根据	卢梭的描述	文本依据
		1748 年 8 月 26 日，上腹剧痛	致华伦夫人
		1757 年 2 月，胃疼	致埃皮奈夫人
		1762 年 1 月 26 日，周身疼痛	致马勒泽尔布*(Malesherbes)
呕吐	Dropsy Peyrefitte	1748 年 8 月 26 日，上腹疼，呕吐	致华伦夫人
		1761 年 7 月 20 日，呕吐	致卢森堡公爵夫人(Luxembourg)
		1777—1778 年，呕吐，以至于吐出胆汁	圣皮埃尔见闻
胃胀	Laforgue	1748 年 8 月 26 日，胃疼，呕吐	致华伦夫人
		1765 年 11 月 5—8 日，内脏热、腹泻	致培鲁
		1768 年 12 月 30 日，胃胀，不能下蹲	致穆尔图(Moultou)
		1769 年 3 月 17 日，胃胀	致拉里奥(Laliaud)
高烧*	Waldenström*	1762 年 1 月，长时间高烧、失眠*	致马勒泽尔布*

表 1-2 卢梭的神经问题(运动神经、感觉神经、中枢神经和感觉器官及括约肌)①

症状	医学根据	卢梭的描述	文本依据
四肢麻痹	Peyrefitte Cayral	1764 年 8 月 21 日，坐骨神经痛	致马雷夏尔(Maréchal)
		1767 年 6 月 24 日，关节疼，难以握笔	致米拉波伯爵(Mirabeau)
		1778 年 2 月 3 日，半身瘫痪	致杜普朗伯爵(Duprat)
体重减轻	Gajdos	1737 年，面若死灰，骨瘦如柴	《忏悔录》第 6 章
		1768 年 12 月 30 日，胃胀，身体变瘦	致穆尔图
		1772—1773 年，脸色苍白，身体消瘦	《对话录》第 2 篇

---

① D. Bensoussan, *La Maladie de Rousseau*, pp. 39-50.

续表

症状	医学根据	卢梭的描述	文本依据
说话困难	Gajdos	1763 年 3 月 27 日，发烧，嗓子疼	致拉图尔夫人 (La Tour)
		1765 年 6 月 14 日，不能说话	致培鲁
		1771 年 4 月 6 日，重感冒，不能说话	致泰鲁桑夫人 (Thélusson)
		1771 年 4 月 6 日，重感冒，不能说话	致泰鲁桑夫人
蚁走感 针扎感 麻木	Duron Bonduelle	去世时头部和脚底疼如针扎，脊柱冰冷，全身颤抖，不能走动	特蕾兹的回忆* ①
弱视 耳聋 眩晕	Peyrefitte	1769 年 1 月，日夜发烧，头疼，耳鸣	致第索医生
		在巴黎圣母院祭坛的栅栏前剧烈头晕	《忏悔录》第 6 章
尿潴留 小便失禁	Bonduelle Dropsy	尿潴留、导尿	《忏悔录》第 8 章
		1748 年 6 月 30 日，尿潴留	致阿尔图纳 (Altuna)
痉挛 抽搐 多汗	Bouchet Lapresle	1767 年 2 月 5 日，不能写字*	致达文波尔*
		1774 年，脸部变形、视力模糊	Corancez, De J.-J. Rousseau
乏力	Gajdos Borel	1765 年 12 月 2 日，疲劳不堪*	致伊维农* (Ivernois)
		1768 年 11 月 21 日，发烧，身体虚弱	致穆尔图
弥散性 疼痛	Peyrefitte	1763 年 3 月 27 日，头痛	致拉图尔夫人的信
		1769 年 1 月，头痛	致劳桑的信
肌肉问题	Peyrefitte	1758 年 2 月 13 日，不能坐	致乌德托夫人
		1771 年 7 月 2 日，只能站着劳作	致培鲁

———————

① J. S. Spink，"Un Document Inédit sur les Derniers Jours de J.-J. Rousseau," *ASJJR*，Tome 24，pp. 155-159.

表 1-3　卢梭的精神病症状①

症状	医学根据	卢梭的描述	文本依据
焦虑恐慌	Peyrefitte Bonduelle	1735 年 6 月，自认为患肺结核	致父亲（Isaac Rousseau）
		1737 年，自认为有尿路结石	《忏悔录》第 8 章
		1755 年 12 月 22 日，自认为无药可救	致特罗尚（Tronchin）
		1766 年 5 月 27 日，准备遗嘱*	致达文波尔*
		1767 年 8 月 6 日，害怕遭遇不幸*	致孔代*（Coindet）
性格进攻性	Gajdos Borel Duret Dropsy	对一切愤怒	1762 年后多次提及*
失眠		1757 年 3 月 26 日，整夜失眠	致第索医生*
		1762 年，身体疼痛，发烧，失眠	致马尔泽尔布
		1766 年 5 月 10 日，长期失眠，身心受损	致马勒泽尔布
过激忧郁		1766 年 5 月 17 日，心情忧郁*	休谟致达文波尔*
记忆力衰退*		1767 年 1 月 2 日，"我失去了记忆"*	致穆尔图*
性情多变		1766 年 3 月 25 日，敏感多变*	休谟致布莱尔（Blair）*
听力幻觉		夜里听到休谟喊：我抓到卢梭了	1766 年 5 月致马勒泽尔布*
妄想		1766 年 5 月 10 日，被害妄想症倾向	致马勒泽尔布*
时空定力障碍		1767 年 8 月 25 日忘记过去的事*	致孔代*

　　现代医学家沃登斯多姆（Waldenström）统计了急性间歇紫质症发作时各类症状的出现概率，对于诊断卢梭的病有参考意义②：

① D. Bensoussan, *La Maladie de Rousseau*, pp. 54-103.
② D. Bensoussan, *La Maladie de Rousseau*, p. 133. 沃登斯多姆（1906—1996 年）是紫质症研究的专家，美国和法国科学院院士，英国皇家医学会荣誉会员。1937 年，他在博士论文中分析了 150 个病例，并提出新的临床分类方法。Gérard Peyrefitte, *La Porphyrie Aiguë Intermittente*, Paris：BNF, 1965, N° 199, p. 26.

表 1-4　间歇性紫质症发作时各类症状出现概率

沃登斯多姆的研究	邦苏桑的观察	沃登斯多姆的研究	邦苏桑的观察
腹痛(85%)	有	痉挛(10%)	有
呕吐(59%)	有	神经痛(10%)	有
便秘(48%)	不确定*①	高氮血(10%)	有
局部轻瘫(42%)	有	感觉紊乱(9%)	有
动脉高血压(40%)	有	蛋白尿(9%)	未知
高烧(37%)	有	腹泻(9%)	有
心动过速(28%)	有	皮肤色素沉积(7%)	无
瘛妄(28%)	有	少尿(7%)	未知
癔症(16%)	有	白细胞增多(7%)	未知
无条件反射(16%)	无	突然性眩晕(4%)	无*②
头痛(颅盖部)(14%)	无*③	黄疸(3%)	不确定
冷漠(11%)	无	复视(3%)	无

　　邦苏桑的解读并非确定无疑，却是新方式，希腊医生安德鲁斯索斯（Androutsos）据此解释卢梭的尿潴留，加多（Gardou）赞许他以多重证据确诊卢梭的病。④ 另一方面，邦苏桑的诊断又受质疑。首先，他依据的是杜福尔（Dufour）编辑的《卢梭通信集》，未参考牛津大学《卢梭通信全集》（以下简称《全集》）。⑤《全集》收编的信件和档案共计 8386 件，能复原

------

　　①　卢梭没有提到便秘问题，但说过瓦瑟用催泻法来折磨他。Rousseau à M. B. de La Tour, 3 janvier 1769, *CCJJR*, Tome XXXVII, p. 4.
　　②　卢梭打算将《忏悔录》草稿放到巴黎圣母院的祭坛时出现过眩晕，在《新爱洛漪丝》中描述圣普栾的感受时也提到过眩晕，本章第五部分有具体的分析。
　　③　邦苏桑此处的结论有问题，卢梭多次提到剧烈的头疼。参考：Rousseau à J.-F. Deluc, 24 novembre 1764, *CCJJR*, Tome XXII, p. 110；*Le journal de Boswell*, 14 décembre 1764, *CCJJR*, p. 359.
　　④　C. Gardou, "J.-J. Rousseau: de l'érrant infirme au géant de la littétarure," *Reliance*, 2005/3, no. 17, p. 135; G. Androutsos, S. Geroulanos, "La porphyrie aiguë intermittente: une nouvelle hypothèse pour expliquer les troubles urinaires de J.-J. Rousseau," *Progrès en Urologie*, 2000/10, p. 1288.
　　⑤　T. Dufour (ed.), *Correspondance générale de J.-J. Rousseau*, Paris: Librairie Armand Colin, 1924-1934; P. Robinson, "D. Bensoussan, *La Maladie de Rousseau*," *French Studies*, January 1980, XXXIII, p. 759.

历史场景，杜福尔只收集了 4148 封信件，关于卢梭的情节有断裂。其次，紫质症患者的尿液在光化学反应后呈红色、紫色、琥珀色或红褐色，卢梭未提及这个问题，所以邦苏桑的诊断缺少直接证据，即检测尿液中是否含有过量的卟啉。① 再次，发烧、腹疼、呕吐等并非紫质症所特有，也可能是其他疾病的症状，如酒精中毒、受凉、劳累过度等。② 最后，邦苏桑提到卢梭家族成员的存活率：祖父大卫·卢梭二十四岁时娶了苏珊（Suzanne Cartier），生育十四个子女，三儿三女存活。③ 18 世纪婴儿的存活率普遍不高，半数孩子十岁前夭折，所以此类事实不是卢梭母系家族患病的确切证据。

　　由于论证的缺陷，邦苏桑的结论未获得广泛认同。法兰西学院院士、日内瓦大学医学博士斯塔罗宾斯基（Jean Starobinski）不了解邦苏桑的研究。1961 年，斯塔罗宾斯基发表短论《卢梭的病》："他的才华、对病痛的诉说与对死亡的态度，让他的人格成了一个谜；'卢梭的病'是有风险的问题，如果要对之有所断言，我们会让历史文献证明我们希望看到的，但这个问题不会有实质的进展。"随后，他列举了多位医生的诊断：忧郁症（Pinel，1800），郁闷的偏执狂（Esquirol，1830），自甘堕落（Morel，1880），被害妄想症（Möbius，1889），精神衰弱（Pierre Manet，1900），强迫性、痉挛性的神经衰弱，以及动脉硬化引起的大脑萎缩（Régis，1900），瘫妄或极度兴奋（Sérieux & Capgras，1909），精神分裂症（Demole，1918），潜在的同性恋倾向（Laforgue，1927），（尿毒症引起的）中毒性瘫妄（Elosu，1929）。这些诊断让问题复杂得难以接近，所以斯塔罗宾斯基采取了保守的态度："一个不在场的病人超出了研究范围，我们能做的是重视他的感受，复原他怎样观察病痛，批评他的人又是怎样描述的。"④

①　I. MacAlpine, R. Hunter, C. Rimington, "Porphyria in the Royal Houses of Stuart, Hanover and Prussia," *BMJ*, Vol. 1, No. 5583 (Jan. 6, 1968), p. 9; P. Robinson, "D. Bensoussan, *La Maladie de Rousseau*," *French Studies*, January 1980, XXXIII, p. 760.

②　C. Wacjman, *Fous de Rousseau*, p. 59.

③　E. Ritter, "La Famille et la Jeunesse de J.-J. Rousseau," *ASJJR*, Tome 16, 1924-1925, p. 59.

④　J. Starobinski, "The Illness of Rousseau," *Yale French Study*, No. 28 (1961), pp. 66, 67, 69, 70, 71, 72.

1971 年，斯塔罗宾斯基又出版《让-雅克·卢梭：透明与障碍》，对卢梭的病论述简略："他的品性是思考来源，也是疯癫的原因，品性本身非病态，但过度或分裂就会导致病情发作。"①斯塔罗宾斯基承认他受疾病困扰，但拒绝解读故去之人的健康问题。2011 年年初，我向他请教，提及邦苏桑的观点，他在回信中强调文本的意义：

先生：

　　我收到您的来信，但不能确切地回答所有的问题。我有一些作品要出版，已拖延很久。我不了解邦苏桑的研究，尤其要说明的是，我觉得根据现有的历史文献来研究，不能超越对卢梭身体问题做简单推测的阶段。要阅读文本，如果不读他的书信，就不能对隐蔽的病理生理问题做新的推测。证据出自文本，其他的一切都是难以证实的。一定要回归到卢梭谈论其身体和健康的方式上，不是去寻求事实意义上是什么情况。所谓"事实意义"，是根据我们当前的知识，这些知识仅以相似性或可能性为基础。真诚祝愿您的研究顺利。

让·斯塔罗宾斯基
2011 年 1 月 9 日 ②

得益于索邦大学的卢梭专家拉米诺的介绍，我认识了另一位疾病史

---

① J. Starobinski, *J.-J. Rousseau, La transparence et l'obstacle*, Gallimard, 1971, p. 242.

② 信件原文：Cher Monsieur, J'ai bien reçu votre message, mais je ne pourrai pas donner de réponse précise à chacune de vos questions. (Je dois en ce moment combler de grands retards dans mes publications.) Je ne connais pas les travaux de M. Bensoussan. Et surtout je ne crois pas que les documents disponibles permettent de dépasser le stade de la simple conjecture en ce qui concerne la personnalité physique de Rousseau. Il faut s'attacher aux textes, rien qu'aux textes des œuvres et de la correspondance, sans émettre d'hypothèses modernes sur la physiopathologie sous-jacente. Les textes sont des évidences. Tout le reste est invérifiable. Il faut s'attacher à la façon dont Rousseau parle de son corps et de sa santé sans chercher à savoir ce qu'elle fut "en réalité", c'est-à-dire selon notre savoir actuel. Ce serait se fonder sur des vraisemblances et des probabilités. Avec tous mes encouragements et mes sentiments cordiaux. J. Starobinski.

专家克洛德·瓦克曼(Claude Wacjman)。拉米诺熟悉我的研究计划,除了鼓励和赠书之外并未发表观点,2011 年秋卢梭问题讨论会之后,他将我介绍给瓦克曼,之后我们多次见面,讨论过法国医学史的源流、个案研究的困难等问题。对于邦苏桑的结论,瓦克曼有所保留:"只有当患者的症状(身体、神经和精神问题)与紫质症完全吻合时才能确诊。"但得知英国医学界和史学界的研究经验后,他认为这一问题有继续研究的意义,"借助于坚持不懈的努力,科学才能进步"。

1950—1970 年,《英国医学杂志》持续报道紫质症病例,法国有一批专著和博士论文,举办了三次研讨会(1960 年、1962 年、1963 年),瑞士、德国和美国学者出版了一系列作品,对这类疾病的诊断与治疗具备了实验基础。① 1966 年,英国精神科医生麦克尔平(MacAlpine)和亨特(Hunter)认定"疯子国王"乔治三世患有急性间歇紫质症,症状包括腹疼、痉挛、身体僵直、灼热感、失声、视力模糊、心跳过速、多汗、失眠、幻觉等,一生中病情五次发作,每次发作后康复期很长。② 对一个去世百余年的病人盖棺论定,两位医生极为谨慎,努力在临床经验与历史档案之间寻求确切的联系,查阅的资料包括英国国家博物馆所藏的维里斯(Francis Willis,宫廷医生)47 卷手稿,兰柏宫图书馆王后议事会的 10 箱档案(Queen's Council Papers,Lambeth Palace Library),哈尔福德(H. Halford)的记录和贝克尔(G. Baker)的日记。③

之前,英国医学界对乔治三世的诊断不一,有躁郁症、短暂性精神错乱、瘴妄性游走等。④ 麦克尔平和亨特的结论动摇了那些以反常的精神和脆弱的人格贬低英国国王的论断,并获得医学界的支持,"此类研究对医学和史学都有意义,他们有系统的医学史知识",二人之前思考过历史上的疯癫问

---

① G. Peyrefitte, *La Porphyrie Aiguë Intermittente*, pp. 21, 25.

② I. MacAlpine and R. Hunter, "The 'Insanity' of King George III: A Classic Case of Porphyria," *BMJ*, Vol. 1, No. 5479 (Jan. 8, 1966), pp. 68-70.

③ I. MacAlpine and R. Hunter, "The 'Insanity' of King George III: A Classic Case of Porphyria," p. 65.

④ J. Brooke, "Historical Implications of Porphyria," p. 109; I. MacAlpine and R. Hunter, "The 'Insanity' of King George III: A Classic Case of Porphyria," pp. 67-68.

题，完成了资料汇编《三百年疯狂史》(*Three Hundred Years of Psychiatry*)。①
1972 年，英国史学家约翰·布鲁克(J. Brooke)重新撰写乔治三世的传
记，讲述了一个国土在病痛中治国的故事，英国王室对之认同，威尔士
王子为之作序，柏奈(Bennett)写了剧本《乔治王的疯癫》，后拍成电
影。② 乔治三世的历史形象得以改观：他诚实又肯吃苦，维护清教传统
和宫廷的体面；他是急性子，意志坚定，以至于固执；喜欢收集植物标
本，支持科学事业，创立了皇家学会展览；热爱艺术，礼遇文人，曾到
约翰逊博士的阅览室拜访，鼓励科学进步，授予研究者年金。但他生于
多事之秋，北美殖民地独立、法国革命、拿破仑当政等接踵而至，与中
国外交关系提上日程，1787 年、1793 年、1816 年三次遣使访华，但成
果不多。他的疯癫为报刊所嘲讽，18 世纪英国思想界对王室和政治权威
的讽刺风格与此有关。

　　1776 年 7 月，乔治三世即位十六年后，北美殖民地发表《独立宣
言》，但建国者讨伐的不是制定殖民政策的议会，而是乔治三世，"他的
所作所为像暴君，不适合担当自由民族的首领"。美国史学家贝克尔
(Carl Becker)视之为建国者的策略，他们强调国王暴政，是为掩盖不道
义的叛乱：

　　　　《独立宣言》定本中没有"议会"一词，考虑到此前几十年的争议，
　　不是国王引起的，是英国议会，这样的遗漏可谓意味深长⋯⋯对于
　　殖民地而言，英国议会权力的性质是什么，受到怎样的限制？这是
　　问题的要害，《宣言》却未提及英国议会。③

　　贝克尔未追溯这一问题的原因，而威尔士王子认为问题在于殖民地

────────

　　①　J. Brooke, "Historical Implications of Porphyria," *ibid*., Vol. 1, No. 5584
(Jan. 13, 1968), p. 109; F. Poynter, "Psychiatry from 1535 to 1860," *ibid*., Vol. 1,
No. 5338 (Apr. 27, 1963), pp. 1147-1148; "A Royal Case of Porphyria?" *ibid*., Vol.
1, No. 5479 (Jan. 8, 1966), p. 59.

　　②　J. Brooke, *King George III*, London: Constable, 1972; A. Bennett, *The
Madness of King George*, New York, 1995.

　　③　卡尔·贝克尔：《论〈独立宣言〉》，《18 世纪哲学家的天城》，何兆武译，北
京：生活·读书·新知三联书店，2001 年，第 178 页。

的民众不了解他们的国王，"如果国王到北美视察一番，情况或许不一样"①。但也不尽然，乔治三世的病痛使他成为公共舆论中的丑角，君主威严不再，由此影响了英国的舆论风格和政治结构，国家权力向皮特任首相时的议会过渡。1969 年，美国《时代周刊》刊登文章《遗传：皇室疾病》，介绍英国人的相关研究，而这启发了邦苏桑。② 2009 年，我读到了他的作品《卢梭的病》(1974 年版)，并想确证他至今是否还坚持原来的观点，但他二十年前已去世。之后，经由他的侄子南锡医院神经科医生达尼埃(Daniele)，我联系到他的女儿芭贝特夫人(Babette)，她证实自己的父亲生前对医学和史学的持续关注，及其受《时代周刊》启发的细节：

> 我父亲看到了《时代周刊》上一篇关于英国皇室疾病的文章，其中提到的症状与卢梭的问题相似。他进一步研究，并完成了《卢梭的病》。在卢梭问题上，他已经投入了三十多年，是杰出的研究者，他不是医生，也没有从医资格，但他对医学有兴趣，所以看到英国人的研究后能有所悟。因其独到的观察，日内瓦的卢梭研究会(我相信没有记错)认可了他的成就，并授予他荣誉。

邦苏桑不是对历史人物进行唐突诊断，他继承了法国的思想传统。法国医学界、史学界和文学界素来关怀故往人物的身心关系，而疯癫，尤其是那些有批判性或诗意的疯癫关乎现代人的处境，所以萨德、莫泊桑、凡·高、奈瓦尔(Gerard de Nerval)曾是分析的对象。中世纪，疯癫是为人瞩目却又不想靠近的景观，疯人在游荡中吐露的话语像先知的预言，糊涂无常，但他们受神的保护，来去自由。启蒙时代，现代理性改变了疯癫的内涵，它是与世俗道德不相容的病态，处于理性与非理性的边缘。1798 年，巴黎比塞特(Bicêtre)医院的负责人皮内尔(Pinel)出版《疾病的哲学描述和医学分析》，1801 年他在《对精神错乱的医学和哲学分析》里确定了疯癫的诊断标准。1802 年，他根据在巴黎萨尔柏特里(Salpêtrière)医院的从医经验完成《临床医学》，从此被誉为"现代精神病

---

① J. Brooke，*King George III*，p. ix.

② "Heredity：Royal Malady (Aug. 1, 1969)，" http：//www.time.com/time/magazine/article/0，9171，901194-1，00.html.

学之父"。① 皮内尔的研究是现代理性与疯癫分道扬镳的起点，疯子开始被视为现代意义上的病人，得到系统的治疗和道德关怀。科学理性窃取了现代话语权，疯癫只能归属于精神病院，它的广阔地域在理性的时代变得越来越狭小。

在工业时代，实利主义压迫着理想，童工、矿难、买空卖空、原料造假、环境污染等问题一代代积累，钢铁、水泥、煤炭及其变体极力地贿赂人性，剥夺自然所赋予它的质朴与动乱练就的勇气，使之看似彬彬有礼，但内心冷漠。人性若不从，物质霸权就合谋驱逐它，在道德意义上孤立它，待其反击就说它是现代思想的异端。有历史意识与现实关怀的人看不到改善的希望，不愿做厚实墙壁里的一块砖，一种有用的无用或无用的有用，却在恍惚与沉闷中传来一阵阵物欲的笑，污浊迫人心，高贵的情感在滑落，判断力恍惚，快乐变得轻浮，愤怒变得随意。这是现代制度对自由意志的腐化，使之麻木，使之顺从，又使之心满意足地活着。狂野的心灵、诗意的心灵，还有那些生来就不安分的心灵，他们要反抗，但在坚固的制度面前，收获的是虚无，而失落后的迷茫更深切。

在迷茫的时代精神里，法国的精神病人多起来。奈瓦尔是个擅长描写异象奇观的诗人，不时会陷入躁狂，不分白天黑夜到处游走，消失几天后疲惫地归来，精神从迷狂中归来后往往能收获一些神秘、瑰丽的诗歌。他多次被送入布朗什医院，布朗什（Esprit Blanche）医生继承了皮内尔的理念，致力于区分源于道德困境的轻度疯癫和源于身体问题的重度疯癫。② 奈瓦尔进入乔治·桑的小说《康素爱萝》（Consuelo，1843），其中的阿尔贝忧郁沉默、独立不羁，说的话像晦涩的玄学，却充满诗意，康素爱萝视其为出自造化之手的正义化身，一个有同情心的博爱者。法国的思想传统能将狼狈不堪的疯子变成诗人，奈瓦尔式的疯癫才会有存在

---

① P. Pinel, *Nosographie philosophique, ou la méthode de l'analyse appliquée à la médecine*, Paris, 1810; P. Pinel, *Traité médico-philosophique sur l'aliénation mentale, ou la malanie*, Paris, An IX; P. Pinel, *La médecine clinique rendue plus précise et plus exacte par l'application de l'analyse*, Paris, 1815; P. Pinel, *Traité médico-philosophique sur l'aliénation mentale*, Paris: J. Ant Brosson, 1809, pp. iii-iv.

② E. Blanche, *De l'Etat actuel du traitement de la folie en France*, Paris: Gardembas, 1840, pp. 10, 66.

的道德空间。

　　疯癫的现代意义日渐完备，它与世俗道德、科学艺术的新关系得以形成。皮内尔和布朗什强调社会对疯人的责任，以科学的方法治疗，在道德意义上理解他们，使之回归社会；乔治·桑以救赎的情感理解内瓦尔，思考善良敏感的心灵在工业时代的心理困惑。而对于奈瓦尔，个体生命对于悲苦命运的抗拒是诗歌之源，他的《奥蕾莉娅》里有一个奇异的世界："1840 年，残酷的疾病初次发作，我的新生开始了，幻觉一次次出现，清醒时，一切都在我的眼里变化，每个凑近我的人都变了样，光线的游戏、色彩的组合也变了样。"①《幻象集》里的诗篇《阿尔忒弥斯》有心灵癫狂时的迷离与梦幻（阿尔忒弥斯，古希腊神话中的月亮女神、狩猎女神，品质圣洁，是少男少女的保护者）：

> 第十三个回来了……仍然还是第一个；
> 这，永远是唯一的一个——或者是唯一的时刻；
> 因为，你就是女王，噢，你啊，第一人还是最后一人？
> 而你，你是国王吗，唯一的或是最后的情人？
> ……
> 那不勒斯的圣女满手握着腾腾的火焰，
> 紫色心形的玫瑰，圣女茹杜乐的鲜花；
> 你可在空旷的天穹中找到了你的十字架？②

　　1855 年 1 月 26 日，奈瓦尔在巴黎老灯笼街（Rue de la Vieille-Lanterne）的护栏上自杀，疯狂的诗意终结于一根绳子，之后草草安葬于拉雪兹公墓。他的病自少年时代就有征兆，1836 年夏末悲剧正式开始，"有时亢奋，举着标枪走，随时要向人投过去"，身体消瘦，时常发烧，医生用蚂蟥吸血。1839 年有九个月病痛不断，也就是他所谓的"第一次发作"。1841 年 3 月 16 日被送进布朗什医院，3 月 21 日又因"剧烈的躁狂症"而被送到那里，3 月 31 日有所恢复，6 月 5 日又去治疗，诊断为不

---

① 奈瓦尔：《奥蕾莉娅》手稿片段，《火的女儿》，余中先译，桂林：漓江出版社，2000 年，第 460、465 页。

② 奈瓦尔：《阿尔忒弥斯》，《火的女儿》，余中先译，第 8—9 页。

治之症，"从快乐一下子到忧愁，在痛苦里突然开心，有时一边笑，一边哭"。8月11日，布朗什医生对奈瓦尔的病情绝望，为其穿上束身服。12月8日，他一度失去理智，不久神志清醒。1843年11月头痛得厉害，12月严重感冒。1853年2月6日入院两个月，期间写作《西尔维娅》。1853年9月，新闻记者雅南（Jules Janin）致信奈瓦尔的妻子，说他彻底疯了，"瘟妄发作，又那么温和、优雅……美妙的东西散落在他的才华的灾难里，让人以忧愁的兴致去倾听"，10月14日剧烈发作，"奇怪的神经兴奋又一次把我困了一星期"。1854年8月26日入院治疗"精神错乱型热烧"，第二天转往布朗什医院，9月末出院。① 病情反复，生活像一个不断幻灭又重生的梦。有一次病发，奈瓦尔被人放在行军床上，"苍天在我眼前轰然洞开……古老的神祇出现，我看到了七重天"；他被人强行穿上束身衣，半夜醒来，他觉得自己是神，能为人治愈病患，"这个想法驱使我伸手去抚摸一些病人"②。顽劣的病痛与极强的艺术创造力并存，奈瓦尔的问题是什么？

凡·高生前的艺术创造力同样与病痛相随。青年时代，他心情愉悦，学画不容易但热情十足，对周围的人充满感激，对未来有美好的想象。自1881年，生活日渐惨淡，他的痛楚与奈瓦尔相似。1888年5月，凡·高致信他的弟弟西奥·凡·高："可怜的弟弟，我们神经衰弱，是因为过分纯粹的艺术家生活，也是致命的遗传后果，我们来自一个蒙受神经衰弱之苦（源于久远的过去）的家族……听到你去拜访格鲁比（Gruby）医生的消息令我忧伤，但你去了也让我放心。"③西奥三十四岁去世，一个猜测是他患有梅毒和难以解释的神经问题。关于凡·高的猜测更多：梅毒、铅中毒、酒精中毒、精神分裂症、双向抑郁症（极度亢奋、极度悲观）、梅尼埃症（Maladie de Menière，眩晕、耳聋、耳鸣、耳胀）。1991年劳弗

---

① 克洛德·皮舒瓦、米歇尔·布里：《奈瓦尔传》，余中先译，上海：上海人民出版社，2007年，第251、151、152、251、261、262、265、267、271、275、311、312、461、475、476、468页。

② 奈瓦尔：《火的女儿》，余中先译，第464、441页。

③ 梵谷：《梵谷书简全集》，艾文史东编，雨云译，台北：艺术家出版社，1990年，第399页。

图斯(Loftus)和阿诺尔(Arnold)在《英国医学杂志》发表文章:"凡·高患有急性间歇紫质症,营养不良和过度饮苦艾酒加重了病情,对于他的痛苦,这是合理的推测,所有有案可查的症状与该病相符,他的家族情况是额外的证明,六个孩子里的三个有相关症状。"①

凡·高的身体话语:

1881 年 4 月,你离开后的一天,我一直躺在床上,与梵根特医生长谈过,他是个聪明而实际的人,我喜欢偶尔和医生谈谈,以便确定是否一切安好。(第 123 页)

1881 年 12 月,我害怕的事终于发生了。我一直不舒服,异常悲哀。偶尔头痛或牙痛,苦恼欲狂,我忧惧了一星期,不知如何克服。约有三天时间,我兴奋又焦急地躺在床上,清楚地感受到我的活力离弃了我。(第 148 页)

1882 年 5 月,我全神贯注地工作,又病了几天,过去两周我一直觉得虚弱,好几个晚上都发烧,我焦急得无法入睡。我强迫自己继续工作,因为这不是生病的时候,目前我在医院。过去的三个星期,我一直因失眠、发烧和膀胱的毛病而受苦,我不得不静静地躺在床上,不得不吞服许多奎宁药丸。西奥,我软弱无力,需要彻底的休息。几天以来,我第一次坐起来,但愿我身体健康。可喜的是,我对素描的爱好以及对周围事物的感情复苏了,我再度燃起个把月来没有碰过的烟斗,那感觉像重获一个老朋友。(第 172、173、181、184、187、188 页)

1882 年 11 月,去年夏天的毛病完全消失了,但这几天一直被严重的牙痛困扰,有时影响到右眼和右耳,神经质大概也该负点责任。(第 229—230 页)

1883 年 2 月,我这几天很虚弱,也许是着凉的缘故,眼睛偶尔觉得非常疲倦,昨晚眼腺分泌物很多,睫毛黏在一起,视力模糊,眼睛和脸看起来像在酒宴上痛饮了一番,生命转成洗碗水的颜色,

① Loretta S. Loftus and Wilfred Niels Arnold, "Vincent Van Gogh's Illness: Acute Intermittent Porphyria?" *BMJ*, Vol. 303, No. 6817 (Dec. 21-28, 1991), p. 1591.

像一堆灰烬。一个人处于此种日子里，总希望有个朋友来陪伴，能澄清沉重的雾气。（第 233 页）

1883 年 8 月，也许是发烧，或别的原因，我不知道，但我不舒服。想起你信中的话，我感到局促不安，昨夜失眠了，我的抗拒力减灭了，被一股无限大的虚弱湮没。我的虚弱是真实的，现在正变化为肩膀间和血管里的痛楚，或者只是神经过度紧张的结果。（第 255、258 页）

1883 年 10 月下旬，他们说我神经不正常，我知道那不是实情，我深知我的毛病。（第 283 页）

1883 年 12 月，三个星期以来，我一直不舒服，从着凉到焦虑等各种小毛病，若不能改变，一定会更糟。人生是令人毛骨悚然的现实，我们被赶入其中，在我清醒不眠的夜晚，或在暴风雨的荒野上，或在微光沉寂的黄昏里，我的思绪就会游荡。（第 294、297 页）

1885 年 11 月，我的胃对食物没有消化作用，我一天比一天消瘦，我忙着看牙医，我已失去或可能失去的牙齿不在十颗以下，这让我有超过四十岁的模样。我必须照顾我的胃，从上个月起它给我带来很多困扰，我又开始连续咳嗽，牙齿掉得越来越多。我开始不安，嘴巴痛起来，我尽快吞下食物，若我过度忽略自己，便可能与死神碰面，或更糟的是变成疯子或白痴。医生告诉我务必好好照顾自己的身体，我的健康完全崩溃了。一个人可以有各种小毛病，但作品不必然受其牵累，相反，神经质的人更敏感、更细致。（第 359、362、365 页）

1888 年 2 月，我的胃非常虚弱，在巴黎时好多了。近些日子病情很糟，但我不着急，那只不过是去年冬天异常状况的后遗症，我的血液循环又恢复正常。（第 390、392 页）

1888 年 5 月，上星期我牙痛，痛得只好不情愿地停止工作，几乎不吃也不喝，所以十分虚弱。（第 399 页）

1888 年 6 月，我病得愈厉害，变得愈疯狂时，就愈是艺术家，一个创造力丰富的艺术家。（第 423 页）

1888 年 10 月下旬，不久前我感觉自己要生病，如果开销不得

不如此下去，我一定会生病。（第 451 页）

1888 年 12 月 14 日，凡·高在亢奋和高烧的情况下割下一只耳朵，31 日健康好转。（第 455 页）

1889 年 1 月，我好几天都不能写字，现在好了，最令我不安的是不眠症。我在对抗这个毛病，我的办法是在枕头和床垫里塞入味道强烈的樟脑丸。（第 456、459 页）

1889 年 5 月，我从别人那里得知他们像我一样，病发时也听到奇怪的声音，眼中的事物似乎变了形。初次发作时的恐惧感不见了，一旦你知道那是疾病的一部分，便容易接受。我的问题是视觉与听觉的毛病同时来袭，开始时在一日之间转成癫痫症。震惊使我软弱得一步也走不了，此时我最希望永远不再清醒。（第 475 页）

1889 年 8 月中旬，我写起信来十分吃力，头脑紊乱，多天以来我一直处在严重的梦呓中，跟在阿尔勒（Arles）的病发一样，有过之而无不及，更因喉头肿胀，四天无法进食，病情发作的一刻，我正在多风的田间作画。我不顾一切地画完了，你看到的是更阴沉色调的尝试，融混着绿、红与橙黄。（第 482 页）①

关于凡·高和奈瓦尔的问题，确诊有困难。他们若忍受此类痛苦，相关的问题是：紫质症与艺术创造力有何关系，它在什么条件下能激发人的创造力？奈瓦尔的象征主义诗歌里的意象是不是他的真切感受，而非杜撰的修辞？1889 年 6 月，凡·高完成的名作《星空》中螺旋式的浓烈色彩是刻意追求的风格，还是在病发的眩晕中他看到的变了形的世界？螺旋色彩在他的画中时常出现，特别是其生命后期的作品，包括 1888 年的《罗恩河上的星空》（*Nuit étoilée sur le Rhône*）、1890 年的《有柏树和行星的路》（*Route avec un cyprès et une étoile*）、1889 年的自画像。凡·高的风格是创作技术，还是生命问题？在历史上，有些事确实发生过，但文字的记忆功能失效，当后代人要复原时，与之相关的一切却是模糊的，这是现代历史研究的难题。

第二次世界大战后，在质疑现代理性的语境中，福柯发掘了疯癫与权力的隐喻。一般意义上，关于世俗权力的解释学注重权力的起源与合

---

① 梵谷：《梵谷书简全集》，艾文史东编，雨云译，1990 年。

法性、权力体系的内部制约，以及对权力的监督，而福柯将解释学的范围扩及个体生命与权力制度的关系，辅以具体的物象（禁闭场景、规训用具），他对于历史人格（有才华的精神病人、权力体系用以彰显威严的受刑者）的关怀与同情使之观察到疯癫的原始意义与理性话语的专制性，在马克思、韦伯和弗洛伊德之外发掘了现代性批判的新视野"生命政治"。哈贝马斯称之为新范式，一种不同于现代科学传统的"博学—实证主义"，能揭露现代社会的秘密，"法律判决、治安措施、教育方法、拘留、惩罚、控制、肉体和精神的操练方式等，都是社会力量强行侵入生命机体的例证"，"足以否定 18 世纪以来的现代历史意识、历史哲学思想，以及启蒙的前提"[1]。

第三节　补证与佐证

邦苏桑的诊断需要补证。紫质症发作时，患者尿液里会有过量的胆色素原（PBG）和丙氨酸（ALA），两类物质聚合反应生成卟啉，所以尿液呈深颜色。[2] 如果颜色正常，加入乙醛和醋酸钠，摇匀后加入氯仿，若有胆色素原也会变为红色，瓦诺提（Vannotti）列举的紫质症的十余种检测法都是针对患者的尿液。[3] 18 世纪，医学尚无化验尿液的传统，这可能是卢梭及其医生未提及尿颜色的原因，据此是否能排除卢梭患病的可能？英国医生为乔治三世做诊断时无从化验尿液，又据佩尔菲特（Peyrefitte）的研究，多数情况下病发时尿液呈深颜色（橘红色、红葡萄酒色、咖啡渣色），但也有患者的尿液颜色正常。[4] 所以，这不是唯一的确诊依据，而医生也不过于依赖卟啉检测法，"瘫痪和精神问题是很好的提示，尤其是两类症

---

[1]　哈贝马斯：《现代性的哲学话语》，曹卫东等译，南京：译林出版社，2004年，第 286、294 页。

[2]　Connor，"Acute Intermittent Porphyria，" *The American Journal of Nursing*，Vol. 81，No. 6（Jan，1981），p. 1186.

[3]　G. Dean，"Porphyria，" *BMJ*，Vol. 2，No. 4849（Dec. 12，1953），p. 1292；A. Vannotti，*Porphyrins：their biological and chemical importance*，London，1954，pp. 34-44.

[4]　G. Peyrefitte，*La Porphyrie Aiguë Intermittente*，pp. 127，144.

状同时出现时"①。紫质症病情反复，症状多样，根据一类症状诊断会出错，综合考虑各类症状和多次发病的相似性有助于确诊。

邦苏桑没有参照《卢梭通信全集》(以下简称《全集》)，其中没有否定的证据，相反，卢梭嗜酒和天冷易发病的情节符合紫质症的特点。根据《全集》，酒商沃尔顿(Walton)有一份卢梭在英避难时的酒单：1766 年 6 月 8 日 24 瓶，8 月 16 日 12 瓶，9 月 25 日 12 瓶，10 月 30 日 12 瓶，12 月 1 日 12 瓶。② 那时，他生活困难，一度想卖掉随身带着的一千册书，休谟和杜滕(Dutens)得知后要合伙买下，他们误以为卢梭这样做，是要远离写作，潜心研究植物学。③ 生活清贫至此，饮酒习惯不曾间断，他的病发作了，卧床不起，预见死亡将至，想写一份遗嘱，却担心无力写完就死去，于是委托达文波尔作为 1763 年遗嘱的执行人，并在他死后帮助他的夫人回法国。④ 根据现代医学，饮酒会加重病情，卢梭及其医生认为酒能减轻病情，结果适得其反。紫质症的发作与寒冷天气有关，卢梭素来害怕冬天，而在英国他遇上当地少见的寒冬，比以往要冷，大雪封路，他在屋里瑟缩着，"像树林中困在窝里的兔子"，严冬过后潮湿多雨，"湿与冷是健康的大敌，简直要了命"⑤。

紫质症有周期性发作的特点，每次持续时间长短不一。根据《全集》，卢梭的病有过四次发作：第一次从 1731 年 5 月底至 1737 年 9 月。⑥ 第二

---

① C. Lepintre, *Du syndrome psychique de la porphyrie intermittente aiguë*, Université Paris V，1975，p. 36.

② *Dépenses de Rousseau à Wootton*，15 octobre 1766，*CCJJR*，Tome XXXI，p. 323.

③ P. -P. Plan, *J. -J. Rousseau raconté par les gazettes de son temps*，Paris，1912，pp. 214，221.

④ Rousseau à R. Davenport，27 mai 1766，*CCJJR*，Tome XXIX，p. 226.

⑤ Rousseau à L. -F. -P. L. d'Epinay，4 janvier 1757，*CCJJR*，Tome IV，p. 145；Rousseau à J. -F. Deluc，28 décembre 1755，*CCJJR*，Tome III，p. 247；G. Keith à Rousseau，3 juillet 1766，*CCJJR*，Tome XXX，p. 5；Rousseau à F. Coindet，29 mars 1766，*CCJJR*，Tome XXIX，p. 67；Rousseau à R. Davenport，22 mars 1766，*CCJJR*，Tome XXIX，p. 48；R. Davenport à Rousseau，25 févier 1767，*CCJJR*，Tome XXXII，p. 176.

⑥ 因涉及通信很多，此处只引述每次发病始末和中间的三封信。Rousseau à I. Rousseau，fin mai-début juin 1731，Tome I，p. 12；Rousseau à I. Rousseau，printemps 1735，Tome I，p. 25；Rousseau à Mme de Warens，13 septembre 1737，Tome I，p. 49.

次从 1748 年 8 月至 1759 年 4 月，病情断断续续，冬天尤其厉害，1758年 3 月 8 日，他写下遗嘱。① 1761 年春完成《爱弥儿》《社会契约论》后第三次发作，持续到 1769 年 7 月。② 第四次发作时间难以确定，因为他已学会忍受，看淡了生死之别，也不再求助于医生，只在 1775 年 8 月提及病痛，1778 年春剧烈发作，7 月 2 日去世。③《全集》不是最完备的证据，1750 年前卢梭的书信不多，难以说明每一年的病情，1767 年从英国回国后，他不再详细描述病情，只是说"近来又病了"或"很不幸"，1775 年后他很少写信，想要依此做出相关诊断也有困难。所以，上述的四次发作并非定论，也有可能是自 1731 年病痛发作后一直断断续续，只是有过间歇。

卢梭对第三次发作描述细致：1763 年 1 月病重，之后有所缓解，开始编写《音乐辞典》，6 月病情恶化。④ 1764 年，除 8 月间有所好转，其他时候无起色。⑤ 1765 年，在流浪中寻找避难地，一年中病痛不断。⑥ 1766年 1 月到英国，天气寒凉，生活艰苦，5、6 月剧烈发作，9、10 月未提病情，11 月又发作。⑦ 1767 年春好转，但记忆力衰退，想不起植物的名

---

① Rousseau à Mme de Warens, 26 août 1748, Tome II, p. 108; Rousseau au professeur J. Jallobert, 10 août 1755, Tome III, p. 146; Le docteur T. Tronchin à Rousseau, 4 avril 1759, Tome VI, p. 56; T. Dufour, *Le Testament de J.-J. Rousseau*, février 1763, Genève, 1907, p. 1.

② Rousseau à Dom Léger-Marie Deschamps, 8 mai 1761, Tome VIII, p. 268; Rousseau à H. Laliaud, 23 octobre 1768, Tome XXXVI, p. 153; Rousseau à M.-M. Rey, 11 juin 1769, Tome XXXVII, p. 100.

③ Rousseau à M.-C. Delessert, 24 août 1775, Tome XL, p. 25; Rousseau à M.-C. Delessert, 3 février 1778, Tome XL, p. 194; Rousseau à M.-C. Delessert, 15 mars 1778, Tome XL, p. 206.

④ Rousseau à P. Moultou, 11 juin 1763, Tome XVI, p. 298; Rousseau à N.-B. Dechesne, 6 novembre 1763, Tome XVIII, p. 107.

⑤ Rousseau à M.-M. Rey 17 mars 1764, Tome XIX, p. 226; Rousseau à F.-H. d'Ivernois, 31 août 1764, Tome XXI, p. 67; *Le journal de Boswell*, 14 décembre 1764, Tome XXI, p. 359.

⑥ Rousseau à Julie de La Tour, 20 janvier 1765, Tome XXIII, p. 159; Rousseau à P.-A. du Peyrou, 29 juin 1765, Tome XXVI, p. 64; Rousseau à M.-M. de Brémond d'Ars, 18 décembre 1765, Tome XXVIII, p. 4.

⑦ Rousseau à D. Hume, 17 mars 1766, Tome XXIX, p. 41; Rousseau à B. Granville, 30 novembre 1766, Tome XXX, p. 229.

字，标本采集缓慢，而且视力减弱，不能根据果实辨别植物的种属。[1]
同年 9 月病情复发，1768 年 5 月渐好，6、7 月到里昂、布尔昆
(Bourgoin)旅行。[2] 10 月末病情加剧，1769 年 1 月 18 日晚，他觉得死亡
将至，7 月健康恢复，抄乐谱，旅行，采集植物标本。[3] 每次发作持续的
时间长，但中间会有停歇，在两次发作间隙，健康稳定，仍有轻微的症
状，如发烧、头疼、尿潴留等。1778 年，铭文-文艺科学院(Académie
royale des inscriptions et belles-lettres)院士杜索尔(Dusaulx)到埃莫农维
尔拜访过卢梭："除周期性的痉挛，他有平静的时刻，身体状态不错，但
忧郁的心情一刻不止。"[4]因此，《全集》在上述方面印证了卢梭的病与紫
质症的关联。(参见附录)

　　现代医学研究能佐证邦苏桑的诊断。紫质症符合孟德尔遗传规律
(Mendelian Law)，"一个显性基因在父母一方出现，后代中会有一半的
人继承[5]。迪恩(Dean)医生调查了一个南非的紫质症家族，18 世纪初
成家立业，到 1955 年有 478 位后代在世。父系亲属第一代患病，第二代
10 人中有 5 人患病，第三代 37 人中有 16 人患病，第四代 59 人中有 32
人患病，第五代 19 人中有 7 人患病。症状大体分为四类：皮肤感染伴随
身体症状的急性发作；皮肤易受损，或有皮肤损伤，但身体上未有急性
症状；有急性发作，但没有皮肤损伤或皮肤易损伤的情况；尿液检验呈
阳性，但没有临床症状。其他的家族成员生前有皮肤敏感的问题，未及

---

　　① 　Rousseau à D. Malthus, 2 janvier 1767, Tome XXXI, p. 2；Rousseau à M.
C. de Portland, 12 février 1767, Tome XXXII, p. 134.

　　② 　Rousseau à F. Coindet, 6 septembre 1767, Tome XXXIV, p. 73；Rousseau à
Comtesse de Boufflers-Rouverel, 25 février 1768, Tome XXXV, p. 146；Rousseau à
P.-A. du Peyrou, 6 juillet 1768, Tome XXXVI, p. 1.

　　③ 　Rousseau à H. Laliaud, 23 octobre 1768, Tome XXXVI, p. 153；Rousseau à
P.-A. du Peyrou, 18 janvier 1769, Tome XXXVII, p. 32.

　　④ 　J. Dusaulx, *De mes rapports avec J. J. Rousseau et de notre correspondence,
suivie d'une notice très importante*, Paris, 1798, p. 48.

　　⑤ 　C. Jean-Louis, *Association grossesses et Porphyrie Aiguë Intermittente*,
Paris：BNF, 1966, N° 192, p. 23；G. Dean and H. Barnes, "The Inheritance of
Porphyria," *BMJ*, Vol. 2, No. 4931 (Jul. 9, 1955), p. 90.

检查就已去世。①

　　乔治三世的亲属遍及欧洲王室（斯图加特、汉诺威、普鲁士），他的病可追溯到苏格兰的玛丽女王（Mary，Queen of Scots，1542—1587），玛丽女王的病 1566 年前后开始发作，表现为身体痉挛、持续呕吐、视力模糊、失语症、短暂性的无意识，她的远近亲属半数患病。苏格兰国王詹姆斯六世（James VI，1566—1625）五十岁时已病痛缠身，肾结石、关节炎、痛风、牙齿脱落，他要靠酒缓解不适感。英格兰、苏格兰和爱尔兰女王安娜（Queen Anne，1665—1714）刚过三十岁就走路不稳，之后病痛不断，她的妹妹于 1687 年去世。普鲁士国王弗里德里希二世和乔治四世（George IV，1762—1830）同样有此类问题，或轻或重，有的人生前未发作，却可能是问题基因的携带者，包括乔治三世的直系亲属乔治一世和乔治二世、安娜女王的父亲詹姆斯二世，以及弗里德里希国王的父亲以上的三代亲属，他们的后代都有问题。②

　　卢梭的病源于家族遗传的可能性很大。1745 年，他致信华伦夫人时提到哥哥佛朗索瓦（François）有同样的问题。③ 里特（Ritter）调查了卢梭族谱，推断他的病源于母系亲属，母亲苏珊（Suzanne Bernard）生下卢梭八天后发着高烧去世，根据现代医学研究，妊娠是紫质症发作的诱因之一。④ 另有一则他的母系亲属非自然死亡的材料：1597 年，塞缪（Samuel Bernard）出生不久失去父亲，塞缪结婚后没几年就去世了，留下几个年幼的孩子。⑤ 卢梭的父系亲属多长寿，"祖父大卫差不多活到一百岁，祖母活到六十岁"，父亲伊萨克（Isaac Rousseau，1672—1747）生

---

　　① G. Dean and H. Barnes, "The Inheritance of Porphyria," *BMJ*, Vol. 2, No. 4931 (Jul. 9, 1955), pp. 91, 92.

　　② I. MacAlpine, R. Hunter, C. Rimington, "Porphyria in the Royal Houses of Stuart, Hanover and Prussia," *BMJ*, Vol. 1, No. 5583 (Jan. 6, 1968), p. 8.

　　③ *Rousseau à Mme la Baronne de Warens*, 25 février 1745, *CCJJR*, Tome II, p. 74.

　　④ D. Bensoussan, *La Maladie de Rousseau*, p. 124; M. Brodie, A. Beattie, M. Moore and A. Goldberg, "Pregnancy and Hereditary Hepatic Porphyria", in M. Doss (ed.), *Porphyrins in Human Diseases: first International Porphyrin Meetings*, New York: Karger, 1976, p. 251.

　　⑤ E. Ritter, "La Famille et la Jeunesse de J.-J. Rousseau," pp. 67-68.

前健康，没有紫质症方面的问题。①

《英国医学杂志》报道的病例能提供辅助性的证据。1946 年 12 月，一位 26 岁的士兵感到无力，身体日渐消瘦，1947 年 3 月 2 日他卧床不起，三天后不能站立，表现为腹痛、便秘、呕吐、失眠，严重脱水，脉搏每分钟 120 次，两个月后恢复健康，病发与康复的过程无法解释。② 他的病症与《忏悔录》第六章及卢梭与第索医生通信里的记载相同：1756 年 11 月，卢梭感冒症状持续不停，突然间却好了，他都不知道怎么回事。③ 该士兵的尿液未呈深颜色，这是对邦苏桑有利的证据，"紫质症发作时患者尿液的颜色不一定异常"。④

1949 年，一位二十三岁的女性患者，腹痛难忍，每次持续 15～30 分钟，类似痉挛，伴有呕吐，一天发作三四次。先被误诊为肾病，又被误诊为胆结石，手术时没发现异常，之后她仍抱怨乏力，起不了床，心律每分钟 120 次，血压从 108/75mmHg 升至 135/95mmHg，第十八天不能说话，第二十四天不能吞咽，后死于松弛性瘫痪。她的病来自母系家族，她的母亲四十九岁去世，死于"中风"。母亲的两个堂兄妹健康糟糕：一个被诊断为"急性脊髓炎"，死于二十三岁；一个被诊断为"神经官能症"和"肝炎"，死于二十一岁。⑤ 这都是误诊，对于治疗鲜有益处。卢梭时常抱怨肾绞痛、排尿困难，劳作时头晕目眩，他还说住在隔壁的人都能听到自己心脏的急跳声，医生对此束手无策。

1952 年 12 月，一位六十一岁的女性患者，上腹部剧烈疼痛，两星期后病情恶化，四肢麻木，不能吞咽。1944 年，她曾因呕吐、呼吸困难

① E. Ritter, *Issac Rousseau, le père de Jean-Jacques*, Paris：BNF, p. 314；E. Ritter, "La Famille et la Jeunesse de J.-J. Rousseau," p. 59.

② E. Petrie, "A Case of Acute Porphyria," *BMJ*, Vol. 1, No. 4558（May. 15, 1948）, p. 927.

③ Rousseau à L.-F.-P. L. d'Epinay, novembre 1756, Tome IV, p. 126.

④ E. Petrie, "A Case of Acute Porphyria," p. 927.

⑤ E. Grossfeld, "Acute Porphyria With Unusual Features," *BMJ*, Vol. 1, No. 4717（Jun. 2, 1951）, pp. 1240, 1241.

入院治疗，却被误诊为高血压、冠状动脉心脏病。① 吞咽困难与卢梭的病情一样，症状复杂、难以确诊的情况也相似。同年，一位二十七岁的女性患者，腿和后背疼痛难忍，被送入精神病院，医生施以电休克疗法，没有疗效，她仍抱怨剧烈的腹疼，以至于扮鬼脸，还有便秘、四肢无力、呕吐症状，尿液呈深红色。② 这位患者的疼痛感与卢梭的一致，精神状态也相似，他对第索说"自己经常疼得泪流满面"，③ 18 世纪的人说他言过其实，或以为他疯了。

美国民间组织"紫质症基金会"（American Porphyria Foundation）收集了患者的自述。布里奇（Michelle Bridges）发病时卧床不起，身体虚弱，舌头僵硬，早上醒来精神迷糊，意识缥缈时有时无，他觉得身体的病痛感无法描述，不知从哪里来，也不知如何就消失了。托恩顿（Pamela Thornton）因心脏痛被送入医院救治，一周后不能走路，之后借助拐杖，两个月后慢慢康复，他却不知道发生了什么。治疗后医生允许他回家，几小时后病痛又一次发作，现在他能正常生活，做些简单的事，发作间歇期越来越长，每年去一两次医院。瓦伦（Lauren Warren）病发前会失去理智，事物在眼前飞速移动，发病时身体动弹不得，只能躺在床上，每天盼望疼痛感减轻一些。心脏跳得异常快，他觉得会死于剧烈的心跳，夜间盗汗、发烧，尿液不正常，呈暗红色，康复期又变作深橙色。十七岁时，里昂（Desiree Lyon）的病初次发作，第二次是几年后，腹部、胸部剧痛，心跳过速，呼吸困难，胸部疼痛难忍，尿液浓度大，呈暗红色，需要导尿，身体虚弱，性情无常，他希望自我了结，并在谵妄式的胡言乱语中重复这个愿望。费尼根（Jack Finnegan）经历了生活中的起落，健康时与常人一样快乐，在夜校读完中学课程，有两份工作，但病发时身体疼痛，思维混乱，像在浓雾里，记忆力丧失，说话急促不清，有时突

① E. G. Saint，D. Curnow，R. Paton，J. B. Stokes，"Diagnosis of Acute Porphyria," *BMJ*，Vol. 1，No. 4872（May. 22，1954），p. 1183.

② E. G. Saint，D. Curnow，R. Paton，J. B. Stokes，"Diagnosis of Acute Porphyria," *BMJ*，Vol. 1，No. 4872（May. 22，1954），p. 1182.

③ A. François，"Correspondance de J.-J. Rousseau et Du Médecin Tissot," *ASJJR*，Tome 7，Genève，1911，p. 31.

然眩晕，没有时间意识，与朋友和家人疏远。①

现代医学对紫质症已有系统的研究，但该病临床症状多样，诊断错误频出。布里奇的症状被误诊为胰腺炎，治疗效果不好。诺顿（Amanda Norton）因长期的胃疼，几年间在胃部多次手术，疗效不明显。约翰逊（Charles Johnson）因腹疼被切除阑尾，他的母亲也患有紫质症，四十九岁去世，临终前几天确诊，体重只剩 67 磅（约 30 千克）。杜格尔（Richard Dugger）切除了阑尾和胆，费尼根切除了扁桃体和阑尾，但疼痛感依旧，上吐下泻，没有人明白是怎么回事，却嘲笑他是疯狂医生弗兰肯斯坦（Frankenstein）制造的怪物——玛丽·雪莱（Shelley）在科幻小说《科学怪人》将之描述为恐怖物种。② 有病人不停地抱怨疼痛，却被送入精神病院。伯克（Geneva Burke）病发时身体剧烈疼痛，医生觉得那是她的想象，因为她时常说问题在脑袋里，伯克去看精神病医生时坚持说疼痛感是真实的，不是情绪化的表达，最终因无药可治而陷入深度昏迷。现代医生确诊病因时尚有难度，18 世纪的医生对卢梭的病更是无能为力，诊断结论千奇百怪：幸福病、文人病、胆结石、肾病、癌症、疑病症。治疗方法缺少根据：吃鸦片、泡温泉、喝牛奶、放血。

现代诊断方法用在卢梭身上仍有不确定性，因为得不到他的反馈。但健康问题极大影响了卢梭的历史形象，对之回避意味着失去一个新视野，所以值得冒险。这个新视野里包含着一个人的心灵、写作与生存境遇的隐秘关系，其中有诗意的疯狂、打不破的虚空，以及听不到声音的呼喊。所以思考卢梭问题时，感性的风格不一定离真实更远，隐喻式的、模糊的心灵感悟可能更接近卢梭及其时代的精神。启蒙时代以来，因果逻辑取代了神学的启示与顿悟，但它侧重于结果的有效性，而忽视了证明过程中所征引的原因的有效性，所以被视为原因的往往不需要论证，被视为结果的就需要多重论证。而在卢梭式的感性风格里，原因和结果没有明确的界限，理性话语的逻辑不一定有效。

---

① http：//www. porphyriafoundation. com. /about-the-apf/member-stories.

② M. W. Shelley, *Frankenstein：or，The modern Prometheus*，London，1823.

第四节 被害妄想症

　　1766 年 1 月，卢梭赴英避难，水土不服，营养不良，1766 年 8—10 月只以清水和面包为食①，病情再度发作。根据拜访者的描述，那时他的精神出了问题，即通常所说的被害妄想症，属偏执型精神障碍。乌德托夫人曾是卢梭的情感寄托，《新爱洛漪丝》的写作得益于他们的交往，卢梭去世后，她却称其为"有趣的疯子"。启蒙晚期的文人布里索(J.-P. Brissot)提及与卢梭断交的原因："有二十次我想给他写信，但没有，我怕他怀疑我是他的敌人派来的密探。"② 1798 年，比塞特医院的皮内尔从《忏悔录》中发现作者的忧郁和受迫害倾向。③ 19 世纪德国莱比锡的生理学家莫比乌斯(Möbius)有一天看到研究卢梭疾病的论文，之后去翻阅《忏悔录》，"这是一部极有吸引力的作品，让人着迷，尤其是对心理细致而深入的描写"，但读完后，他对自己的结论越来越确定，"这个人是个疯子"④。现代医生艾洛叙也将这部作品视为心理学文献，"指导精神病医生研究体质性的被害妄想症"，福柯在《古典时代疯狂史》中说被害妄想隐藏于文辞间；2006 年，新版《卢梭研究辞典》有了结论：他为被害妄想症所困扰，他的晚期作品里有证据。⑤

　　根据现代心理学和精神病学，被害妄想症源于个体心理困境或生活上的沟通障碍，患者在不知不觉中有了系统的妄想，逻辑清晰，却违背常理。所谓妄想，病人以为对他的迫害正在或即将发生，施加迫害的人是有意的，压抑感长期存在，难以克制，病人对社会的印象被持续性的妄想所干扰，精神错乱，失去对现实的感知力和控制力，与人疏远，甚

---

　　① Dépense de Rousseau à Wootton，4 août-12 octobre 1766，*CCJJR*，Tome XXX，pp. 323-325.

　　② *Mémoires de Brissot*，par M. De Lescure，Paris，1877，p. 130.

　　③ C. Wacjman，*Fous de Rousseau*，p. 85.

　　④ F. Brunetière，"La Folie de J.-J. Rousseau，" *Revue des Deux Mondes*，tome 97，1890，p. 683.

　　⑤ S. Elosu，*La maladie de J.-J. Rousseau*，pp. 99，133；R. Trousson，F. Eigeldinger (eds.)，*Dictionnaire de J.-J. Rousseau*，Paris，2006，p. 713.

至萌生敌意。① 在英期间，卢梭屡次控诉朋友和论敌合谋陷害他，这是被害妄想症的典型特征，患者有系统的推理，却建立于错误的基础上，将幻觉当真实。但古典时代与启蒙时代，被害妄想的病因已然不同，从上帝附身、恶灵发难到同类相害、精神空虚。自 1762 年起，天主教势力追捕卢梭，文人同侪的讥讽也未停息，伏尔泰的《公民的感想》一度是论敌诋毁卢梭的依据。1764 年，巴黎又流传着一本小册子《日内瓦卢梭的抄袭》，指责他模仿一些不知名作家"危险大胆的矛盾风格"②。

卢梭逃亡多年，压力重重，在英国仍不被人理解，诸事不顺，前三个月联系住所，多次搬家。③ 在匆忙中，他以为欧洲有权势的人沆瀣一气，到处是黑暗的影子，阴谋无处不在，"屋顶上有眼睛，墙壁上有耳朵，被心怀恶意、目不转睛的密探包围着"④。卢梭又获悉他被人诬陷为骗子，就在晚年的自传里澄清真相。《忏悔录》是在这样的精神状态下写成的，文本里有惶恐不安，以及对于社会不公的愤怒。1770 年 1—9 月，他在每封信的开篇附加短诗：

> 我们都是可怜的瞎子，
> 上帝，让伪君子们原形毕露吧，
> 好叫世人看到他们粗野的内心。⑤

在 1772—1775 年写就的《卢梭评判让-雅克》里，他塑造了热爱自然、

---

① D. Freman, P. Garety, *Paranoia*: *The psychology of persecutory delusions*, Hove, 2004, pp. 7, 10, 13; Y. Fried and J. Agassi, *Paranoia*: *A Study in Diagnosis*, Boston, 1976, p. 75.

② *Plagiats de M. J. J. Rousseau de Genève & publié à Paris en* 1764, Réponse des Auteurs à la precedente lettre, *CCJJR*, Tome XXXIII, p. 303.

③ 刚到英国，卢梭找住所时写的信：Rousseau à C. Price, 15 mars 1766, *CCJJR*, Tome XXIX, p. 31; Rousseau à D. Roguin, 15 février 1766, *CCJJR*, Tome XXVIII, p. 304; Rousseau à D. Malthus, 22 février 1766, p. 318; D. Malthus à Rousseau, 24 février 1766, p. 324; D. Hume à R. Penneck, 23 février 1766, p. 322; D. Hume à W. Fitzherbert, 25 février 1766, p. 328.

④ 卢梭：《忏悔录》，黎星、范希衡译，北京：商务印书馆，1986 年，第 346、726 页。

⑤ Rousseau à M. B. de La Tour, 22 janvier 1770, *CCJJR*, Tome XXXVII, p. 209.

追求正义的让-雅克，大人物、作家、医生和掌握公共舆论的机构加害于他，扼杀他对真理的追求。① 《忏悔录》是希望身后的读者为他评理，《卢梭评判让-雅克》是对自我的评判，在未完成的《漫步遐想录》里，他觉得生命最后十五年处于噩梦般的境地。② 在临终遗言里，他料想敌人待其死后会迫害他的妻子。

被害妄想症的发作，归因于性格、病痛，抑或生存环境？弗洛伊德视之为慢性的精神错乱，"病人有夸大、受压迫、被嫉妒和被爱的幻想"③。病因潜藏于个体心理中：年少时是否受过虐待或心理创伤，是否有认知错误（自大狂）和强烈的情感（愤怒、焦虑），是否有对他的交往形成压力的事件等。④ 根据弗洛姆的精神分析理论，"正常的心理成长过程是从同母亲的亲密关系发展到同父亲的亲密关系，这是心理健康的基础，否则容易有精神问题"⑤。所以，童年缺少母爱的人成年后会不安宁，尤其是面对无法逾越的障碍时。这些因素多少与卢梭有关。出生后第八天，他的母亲去世，父亲有时会责备他，卢梭深感内疚，请求父亲的原谅："我的出生让母亲丧命，这是我无数不幸中的第一个。"成年后，他根据父亲的讲述虚构了一个慈母形象，时常陷入温馨的想象，并在异性身上寻找母爱，包括少年时的朗贝西（Lambercier）小姐、巴兹勒（Basile）夫人、华伦夫人，成年后遇见的维尔德兰（Verdelin）夫人、埃皮奈夫人和卢森堡公爵夫人等。他给她们写信，诉说痛苦与快乐，以获得安慰。孤独的成长经历使其缺乏心理依靠，到老有天真的性情，拜访过他的人对之有所悟。1778 年，杜西（Ducis）说他的快乐是"孩子般的快乐"；1796 年，《巴黎日报》（*Journal de Paris*）的主编克兰赛（Corancez）从交往见闻中揣

① 卢梭：《卢梭评判让-雅克：对话录》，袁树仁译，上海：上海人民出版社，2007 年，第 104 页。

② 卢梭：《孤独漫步者的遐想》，钱培鑫译，第 1 页。

③ 弗洛伊德：《精神分析引论》，高觉敷译，北京：商务印书馆，1986 年，第 341 页。

④ M. Kantor, *Understanding Paranoia*, London：Praeger，2004，pp. 121, 132.

⑤ 弗洛姆：《爱的艺术》，李健鸣译，上海：上海译文出版社，2008 年，第 41 页。

测他的性格:"少见的单纯,有些孩子气,坦率善良,加上一点羞怯。"①
同年,艾斯切尼(Escherny)分析卢梭作品的心理背景:

> 他以成年人的语气写作,悲伤时却像个孩子……一个真正的孩
> 子,有发自内心的快乐,也有极度的悲伤。他是个有活力的孩子,
> 从哲学中获得滋养,毕生又以攻击这些滋养为乐。他在天真的《忏悔
> 录》里自我诋毁,可当初为什么去写?②

母亲的过早离世和父亲淡薄的家庭观念影响了卢梭的性格,成年后,
面对社会纷争时往往不知所措。旅英期间,身体病痛发作了,屡屡受报
纸嘲讽,心中郁郁。他的伴侣特蕾兹不久到了英国,日常相处不融洽。
特蕾兹不识字,辨别钟表的时刻有困难,1779 年,她以口语化的法语写
了一封信,勉强合乎语法,却有违通行的拼写规范:

口　语:geu vous embraceu e vous reuquemandeu avoire soin
a votteusanté

Voussssaves biendeula passianceu delire mongrifonage. ③

书面语:Je vous embrace et vous recommande à avoir soin à
votre santé.

Vous avez bien de la patience de lire mes griffonnages.

译　文:我拥抱您,建议您(里尔丹侯爵)注意自己的健康。

您读完了我的乱涂乱画,真有耐心。

特蕾兹时常喋喋不休,怨言不止,奚落卢梭缺点太多,"很多可恶的
蠢话不该出自她的口中"④。卢梭的朋友德吕兹(De Luze)和培鲁指责她

---

① 　J.-F. Ducis à René-Louis, marquis de Girardin, 7 aoust 1778, *CCJJR*,
Tome XLI, p. 141; O. de Corancez, *De J. J. Rousseau*, *extrait du* Journal de Paris,
des N° 251, 256, 258, 259, 260, 261, de l'an VI, pp. 6, 24.

② 　F.-L. d'Escherny et Rousseau, 1796, *CCJJR*, Tome XLIX, p. 9.

③ 　M.-T. Levasseur à R.-L., marquis de Girardin, 11 fevrier ? 1779, *CCJJR*,
Tome XLIII, p. 107.

④ 　J.-C. Grancher à J.-P.-J.-A. de Labouisse-Rouchefort, 4 juin 1798,
CCJJR, Tome XLIX, p. 139.

搬弄是非："卢梭是好人，敏感慷慨，间或有疑虑，因生活不幸和妻子的嫉妒更严重。"①根据博斯韦尔的记录，1766 年 3 月，他陪同特蕾兹去英国的路上，他们之间有过暧昧之事。② 又据培鲁的叙述，1778 年春卢梭在埃莫农维尔生活时，特蕾兹与里尔丹侯爵家的仆人关系亲密，卢梭去世不久，她就与其在巴黎普莱西（Plessis-Belleville）同居。③ 莫里斯（Antoine Maurice）对之也有微词，"卢梭刚去世，她就从卢梭秘书那里取得钥匙，找到了他积攒的 14600 利弗尔（livre，法国旧制度时代的货币单位）存款，急忙清点，她不节约，很快花费一空"④。事情真伪有待考辨，但确定的是，培鲁和莫里斯不认为特蕾兹是个好伴侣。

　　生活中的寄托不多，卢梭依赖他的狗苏尔坦（Sultan）。它有不寻常的智力，能识别音律，伴着节拍跳舞，卢梭视之为忠诚的朋友，避难路上带着它，去英国时带着它。回到法国后，苏尔坦得了病，卢梭请来兽医科施瓦（Cochois）救治，1767 年 6 月，他离开亚眠（Amien）时又托付给杜切尼（Duchesne）夫人照料。⑤ 写《忏悔录》时，他仍与之为伴，"这只狗不好看，我把它当成伴侣和朋友，它比大部分自称为朋友的人更配称为朋友，禀性对人亲热，我们彼此依恋"。1769 年 8 月末，苏尔坦走丢了，卢梭致友人的信里充满悲伤与忧虑，"采集植物标本时发生了灾难性的事，天总在下雨，我只发现很少的植物标本，又失去了我的狗，它被另一条狗咬伤了，跑得不见踪影，我觉得它会在树丛中死去"⑥。

　　在卢梭构想的阴谋里，一个关键词是间谍，这种职业给他造成无所

---

①　M. Peoples, "La Querelle Rousseau-Hume," *ASJJR*, Tome dix-huitième, Genève, 1927-1928, p. 80.

②　Boswell et Thérèse, 12 February 1766 (à Douvres), *CCJJR*, Tome XXVIII, p. 347.

③　A. Du Peyrou à Moultou, 5 aoust 1778, *CCJJR*, Tome XLI, p. 134; Une visite à Ermenonville en juillet 1789, 22 juillet 1789, *CCJJR*, Tome XLVI, p. 46.

④　Une visite à Ermenonville en juillet 1789, 22 juillet 1789, *CCJJR*, Tome XLVI, p. 46.

⑤　M. le Comte de Barruel-Beauvert, *Vie de J. J. Rousseau*, Londres 1789, p. 65; Rousseau à F. Coindet, 27 juin au soir 1767, *CCJJR*, Tome XXXIII, p. 177; Rousseau à madame Duchesne, 3 juin 1767, *CCJJR*, Tome XXXIII, p. 117.

⑥　Rousseau à H. Laliaud, 27 août 1769, Tome XXXVII, p. 130.

不在的压力。正是得益于四处打探的间谍，伏尔泰、休谟、狄德罗等策划的阴谋才得以实施。自英国回法国后，他觉得到处是间谍，一举一动都被监视，1770 年 2 月 26 日他予以斥责：

> 大人物、贵妇人、间谍、作家都在搜集我的消息，想抹黑我，寻找我的作品，企图篡改。对于有权势的人，扭曲他人的技巧太简单，能在各方面让我变得丑陋……派遣各种间谍，跟随我，按既定要求描绘我。①

这是卢梭的凭空想象，还是说在旧制度下间谍制度已影响到人的正常思考？根据警察局的档案，18 世纪中后期，法国间谍制度的监控力是空前的，巴黎的咖啡馆、沙龙和街头闲谈处都有间谍的影子，他们负责监视谈话内容和出版物。1748 年，狄德罗的《不得体的首饰》(*Bijoux indiscrets*)刊行不久，巴黎书商伯尼（Boni）向警察局通报："一个叫 Dridot（即狄德罗）的人写的，出版商是住在圣雅克街(St. Jacques)的杜朗（Durand），他以 1200 利弗尔购得书稿，埃杜（Eidous）是其同党，负责英语、西班牙语和意大利语版的翻译，Dridot 还在写一部更加无神论的作品。"②之后，狄德罗引起巴黎警察局的注意，1749 年出版《盲人书简》后，7 月 23 日他被收押于文森监狱，那天早上七点半，警察局官员罗什布朗（Rochebrune）与间谍埃梅里（Hémery）守在他的门前。③ 民众一不小心因言获罪，被关入巴士底狱或文森监狱，在押期间的遭遇会给他们留下难以消解的恐怖记忆。

自 1762 年起，卢梭受教会和政府缉捕，报刊上有侮辱他的消息，这让他有被人监视的感觉。1766 年旅英期间，他要承受来自身体、家庭和旧制度的压力，从受监视到受迫害，从为一人所害到为众人所害，心中更加悲观，被害妄想症发作。1762 年 1 月，致马勒泽尔布的第二封信已

---

① Rousseau à C. A. de Sanit-Germain, 26 février 1770, *CCJJR*, Tome XXXVII, p. 264.

② D. Diderot, *Correspondance*, Tome I, 1713-1757, G. Roth(ed.), Paris: Les édition de Minuit, 1955, p. 55.

③ *Ibid.*, p. 80.

有此倾向：

> 我渐渐与人群疏远，在想象中营造了另一个社会，我能随心所
> 欲地培育它，没有风险，始终可靠，完全合乎我的需要，也更吸
> 引我。①

1766 年春夏之交，卢梭以为帮助他的人意图险恶，"他们不惜代价，将之骗到他不熟悉的国家，容易施加迫害"。1767 年 5 月 5 日，他被来历不明的人追捕，从英国德比郡武通（Wootton, Derbyshire）的住处逃走，在百余公里外林肯郡的斯帕丁（Spalding）脱身。② 情节真伪已难以考证，因为被害妄想症患者有被人追踪的幻觉，卢梭却更加相信之前的想象。那时候，他的健康每况愈下，不能从周围的目光与言语中获得慰藉，就此想到《爱弥儿》出版后的境遇："在法国遭追捕，在瑞士受粗暴对待，在英国为人贬损。"③有头面的人物这样做，路上的行人也如此，批判的矛头偏向浮华的公共交往，以及不公正的制度。

根据医学研究，精神异常是紫质症患者的普遍现象。④ 乔治三世的精神有问题，如情感多变、出现幻觉、与不在场的人谈话等，1788 年 11 月国王精神错乱，次年 3 月又恢复神智，能处理日常事务，十二年后彻底疯了，最后转为老年痴呆。⑤ 又据《英国医学杂志》上的病例，1952 年，一位二十七岁的女性患者感觉腿和后背疼痛难忍，几星期后被送往精神病院。⑥ 1962 年，戈德伯格（Goldberg）观察了 50 例紫质症患者，14 例有

---

① Rousseau à C.-G. de Lamoignon de Malesherbes, 12 janvier, 1762, *CCJJR*, Tome X, p. 25.

② E. Duffy, *Rousseau in England: the context for Shelly's critique of the Enlightenment*, University of California Press, 1979, p. 26.

③ Rousseau à W. Wentworth, 19 avril 1766, *CCJJR*, Tome XXIX, pp. 123, 124.

④ P. Henri, *Contribution à l'étude clinique des formes neurologiques de la Porphyrie Aiguë Intermittente*, Paris, 1956, p. 26.

⑤ I. MacAlpine and R. Hunter, "The 'Insanity' of King George III: A Classic Case of Porphyria," *BMJ*, Vol. 1, No. 5479 (Jan. 8, 1966), pp. 69, 66.

⑥ Eric G. Saint, D. Curnow, R. Paton, John B. Stokes, "Diagnosis of Acute Porphyria," *BMJ*, Vol. 1, No. 4872 (May. 22, 1954), p. 1182.

抑郁、歇斯底里、爱哭等症状，9 例存在幻想、思维混乱、失去方向感等症状，其中 6 人的精神问题有助于确诊紫质症。1963 年，森特（Saint）研究了 16 个病例，5 例心中抑郁或精神分裂，并在精神病院治疗。① "紫质症基金会"的病人回忆录说明他们易患抑郁症、意识模糊和被害妄想症，"而且是诊断紫质症的诊断依据"②：诺顿（Amanda Norton）说他失去了理智，有被害妄想的倾向。塔非（Ruth Taffet）病发时脉搏每分钟180 次，精神抑郁。布鲁诺（Ruth Bruno）的情况更严重，思维混乱、情感麻木、内心惶恐。困扰布莱克（Cheryl Black-Blair）的是心中的抑郁，仿佛人行路时走进雾里，先是薄雾，后是浓雾，反抗也是无力，"生活里只有黑暗，我想放弃对上帝的信仰"。费尼根小时候有过离奇的精神问题，最好的儿童精神病学家无计可施，"医生想办法让我意识到我的问题，但我明白自己没有疯"。

相比于现代患者，卢梭的处境更艰难，他因导尿和持续的病痛而日渐成为舆论的丑角。排尿症状在 18 世纪对患者有伦理意义上的否定性，所以他对公共交往并不热衷。他曾努力维持与医生的交往，但医生无能为力，医德混乱，稿费和母亲的遗产多用来治病，甚至要举债，疗效甚微。医学在当时科学诸科目中最接近人的心理，好医生能抚慰心灵，坏医生徒增病人的怨恨。他们不能诊断卢梭的病，却会取笑他，这让他对科学与风俗失望。病痛使之退缩到与社会隔绝的个体世界，在误解与孤独中，受迫害的幻想压迫着精神，余生未能摆脱。1772 年 1 月 15 日，他致信友人萨迪纳（Sartine）时提及他的心灰意冷："十年来，有人将我围在黑暗里，我要用光线刺透这黑暗，只是徒劳，现在我已放弃了。"③1776—1778 年写作《漫步遐想录》时，他依旧没能从被侮辱与被损害的境地中走出来：

> 这个过去如此，现在依然如此的人，竟被一口咬定是魔鬼、毒

---

① I. MacAlpine and R. Hunter, "The 'Insanity' of King George III," p. 70.

② http://www.porphyriafoundation.com./about-the-apf/member-stories.

③ Rousseau à A.-R.-J.-G.-G. de Sartine, 15 janvier 1772, Tome XXXIX, p. 11.

夫、凶手，遭人切齿痛恨，为乌合之众所戏弄……怎能想到整整一代人串通一气，乐于将我活埋？

1766 年，童年经历、身体病痛、教会缉捕、生活贫困、同侪的奚落等问题迎面袭来，卢梭不堪重负，被害妄想症发作。紫质症是主因，病痛发作时，身心失衡，理智为变化的感受误导。反复发作的病痛为他的公共交往设置障碍，不清不白的症状使之备受奚落，精神苦闷。心理弱势的善良人易受此类问题的困扰，他们在无理无据的非议里独自体味人世的艰辛，不愿诉诸赤裸裸的铁血报复。若反思之路到了尽头，无力应付外界充满恶意的观念时，内心会出现介于反抗、报复与自我反省之间的精神状态，即被害妄想症，一种自我伤害式的反抗。

第五节 理解卢梭

卢梭去世后，理解他的努力持续不断。在史学界，1851 年，莫兰(G.-H. Morin)寻找卢梭精神问题的起因，尤其是 1766 年英国之行后他的心理变化。1859 年，梅西埃同情他的遭遇，"尿潴留起因于尿道炎，而非行为放荡"。1878 年，布朗什(L. Blanc)说他是"令人悲叹的命运的玩物"。1909 年，布弗诺瓦(H. Buffenoir)将卢梭的问题归咎于不正常的敏感，以及普世的同情破灭后的心理冲突。勒塞什(J.-L. Lecerche)说他的病态思想源自身心的不协调，"一味想象自己病了"。① 在卢梭的传记作家里，拉马丁(A. Lamartine)说他天性良善，但疯癫让他怪异。勒梅特尔(Jules Lemaître)说他不邪恶，却是有罪之人，后来成了疯子。② 这

① G.-H. Morin, *Essais sur la vie et le caractère de J.-J. Rousseau*, Paris, 1851; L. A. Mercier, *Explication de la maladie de J.-J. Rousseau et de l'influence qu'elle a eue sur son caractère et ses écrits*, Paris, 1859; L. Blanc, *Le centenaire de J.-J. Rousseau célébré à Paris sous la présidence de L. Blanc*, Paris, 1878; H. Buffenoir, *Le Prestige de J.-J. Rousseau*, 1909, p.193; J.-L. Lecerche, *J.-J. Rousseau*, Paris, 1973.

② Alphonse de Lamartine, *J.-J. Rousseau*, Paris, 1878; Lamartine, *J.-J. Rousseau: son faux Contrat Social*, Paris, 1926, p.69.

些分析缺乏医学根据，未深究思想与病痛、生存境遇的关系，又因研究者的思想倾向而难有共识。

因涉及病因学、症状学、精神病学，《忏悔录》是 19 世纪精神分析的文本，精神病学家参与其中。1802 年，里什兰(A. Richerand)说卢梭的忧郁是疾病，不是特殊的禀赋，1821 年，伊塔尔(J. Itard)注意到他在尚贝里时已有疑病症(Hypocondriaque)，盖兰(J. Guislain)将病因归于从加尔文教改宗天主教时的精神冲击，布瑞尔(A. Bougeault)以为从自然意义上认识事物导致了精神问题的发作。① 早期的精神分析缺乏实验理论，忽视身体症状，与当时的文学批评无根本区别。

生前，卢梭抱怨最多的是胃胀、尿潴留、肾绞痛等症状，外科医生随即介入，但他们很少思考卢梭精神的异常。夏特莱(A. Chatelain)根据解剖报告断定他的先天残疾(尿潴留)是想象的疾病，或神经质，庞塞(A. Poncet)和勒里什(R. Leriche)将神经衰弱和动脉硬化引起的早衰归因于尿路疾病。② 20 世纪初，艾洛叙(S. Elosu)仍从生理学的角度解释，"高血压、氮血症和慢性尿毒症是精神异常(受虐狂、精神衰弱、奔走狂)的原因"③。徒劳的纷争无益于寻求确定的答案，应对之策是追溯起源，对比病人陈述、舆论传言与现代医学研究，问一问卢梭是谁，去世后他如何以病痛之躯进入现代历史。

一、时代医学与误解的起源

疾病史是单向度的研究，论证思路可以是完整的，但人已作古，缺少临床证据，某一诊断即使有理有据，也不排除有其他的可能。关于卢梭紫质症的诊断同样有不确定性，"他是病人"却是无疑的。2012 年，时值卢梭

---

① A. Richerand, *Nouveaux éléments de physiologie*, Paris, 1807; J. Itard, *Traité des maladies de l'oreille et de l'audition*, Paris, 1821; J. Guislain, *Traité sur l'aliénation mentale et sur les hospices d'aliénés*, Amsterdam, 1826; A. Bougeault, *Etude sur l'état mental de J.-J. Rousseau et sa mort à Ermenonville*, Paris, 1883.

② A. Chatelain, *La folie de J.-J. Rousseau*, Paris, 1890; A. Poncet et R. Leriche, "La maladie de J.-J. Rousseau," *Bulletin de l'Académie de medicine*, déc 31, 1907.

③ S. Elosu, *La maladie de J.-J. Rousseau*, p. 38.

三百年诞辰，尚贝里、里昂、格勒诺布尔、日内瓦等地的医院共同举办卢梭健康问题展览，包括症状综述，为他治疗的医生（Côme，Daran，Fizes，Frazan，Helvétius，Malouin，Morand，Tissot，Tronchin，Salomon）的相关信息，卢梭疾病史专家瓦克曼应邀做了报告。①

卢梭的病表现为身体和精神两方面，他只在意前者，诸如腹痛、呕吐、尿潴留、失眠等，生活中备受嘲讽，他却觉得自己禀赋善良、信仰真诚，只是风俗堕落与人世纷争使之心绪不宁。但在外界看来，1750 年从他借助《论科学与艺术》进入文学共和国后，就精神异常：自相矛盾（自己写戏剧却反对日内瓦演戏剧）、哗众取宠（当众拒绝路易十五的年金）、奇装异服（1763 年后穿亚美尼亚民族的长袍，便于导尿）、忘恩负义（背叛朋友，诬蔑帮他到英国避难的休谟）。

为什么卢梭与他的时代有这么多误解？18 世纪，无人理解他的病，包括最好的医生。医学理论不统一，实验方法不系统，医生希望脱离宗教迷信，疾病分类法却不清晰，医学进展缓慢，皮内尔统计了 19 世纪初的疾病分类标准，有三类说、六类说、十六类说。② 蒙彼利埃医学院（Faculté de médecine de Montpellier）的课程涉及病理学、生理学、外科学、保健学、化学、医用材料、医学文献。其中病理学分为人体器官与组织、传染病与营养缺乏、发烧与呼吸系统、急性病和慢性病、神经问题和精神问题，传染病包括痢疾、霍乱、天花、坏血病、鼠疫、腹痛、痱子、疮痂、风疹，而人体器官和组织方面分为生殖、肺部、内脏、呼吸、肠道、消化、心脏、眼睛，生殖系统包括普通病理学、女性生殖和性病学。现代医学知识体系初见眉目，但来蒙彼利埃医学院学习的人不多，根据 1707—1789 年的注册资料，年均入学不足四十人，休学率为

---

① 参与纪念活动的医院包括：尚贝里医院（Centre Hospitalier de Chambéry）、里昂圣约瑟夫-圣吕克医院（Centre Hospitalier St. Joseph-St. Luc de Lyon）、格勒诺布尔大学医院（CHU de Grenoble）、日内瓦大学医院（Hôpitaux Universitaires de Genève）。

② P. Hecketseiler，*Histoire de la médecine*，Paris：Ellipses，2010，pp. 238，246；C. Wacjman，*Les jugements de la critique sur la ' folie' de J. -J. Rousseau*，p. 44.

10%～20%。① 法国医学界有注重实验观察的愿望，博尔德(Bordeu)主张人的生命从属于自然规则，他的学生皮内尔将医学与自然科学并列，避免形而上学倾向，但神秘主义仍是主流，常用的治疗方法是放血、淋浴、通风和服鸦片。② 1759 年，特罗尚分析卢梭的病情，未发现病因，却开了一剂药方：

> 半斤白蜜，两品脱水，煮一小时，漂去泡沫，加两盎司压碎的茴香根，靠近火浸泡两小时，滤除液体，冷却后加一德拉马克的氯化铵溶液，每两小时服用一杯。③

这是 18 世纪典型的神秘主义药方，文辞里有科学雄心，也有敷衍与混沌，其中的氯化铵可利尿，缓解尿潴留，但对紫质症难有疗效。久治不愈，卢梭不再相信他的医术，斥之为江湖骗子。特罗尚针锋相对，说他是最危险的作家，"向人的心灵倾倒的毒药是如此隐秘，只能从他们读后的效果中才能觉察，他坏事干尽，还想做更多"④。他们相互指责，言辞激烈，不再有和解的可能。之后，卢梭求助于瑞士的第索医生。第索想摆脱怪诞的治疗法，提出现代医学的宣言"人的身体是医学研究的对象"，与神学争夺人的身体管辖权，但他的诊断仍旧有形而上学的

---

① Hélène Berlan, *Faire sa médecine au XVIIIe siècle，recrutement et devenir professionnel des étudiants montpellierains*，Presses universitaires de la Méditeranée，2013，pp. 264，266，268，273，44，195-196.

② P.-P. Plan，*J.-J. Rousseau raconté par les gazettes de son temps*，p. 265；卡斯蒂廖尼：《医学史》，程之范主译，桂林：广西师范大学出版社，2003 年，第 512、519 页。

③ "Prenez un 1/2 livre de miel blanc，& 2. pintes d'eau，faites les bouillir prendant une heure，Ecumez les，& tirez les au Clair，ajoutez y alors 2. onces de raciness de fenouil concassées，on les laissera infuser près du feu，pendant 2. heures，on passera alors la liqueur，& quand elle sera refroidie，on y ajoutera une drachme d'esprit de Sel ammoniac，pour en prendre ainsi qu'il à été dit toutes les 2. heures une tasse tiedie." T. Tronchin à Rousseau，4 avril 1759，*CCJJR*，Tome VI，p. 56. 法国古斤，巴黎地区 1 斤合 490 克。品脱，容量单位，1 品脱合 0.9 升。盎司，法国古两，1 盎司合 30.5 克。德拉马克，古希腊重量单位，1 德拉马克合 3.2 克。

④ Le docteur T. Tronchin à L.-F. Tronchin，21 juillet 1762，Tome XII，p. 125.

风格。卢梭时常腹疼、胃胀，右侧更明显，第索断定肝脏为病灶，肠部病变是诱因，那是多发于 18 世纪的文人病，"文人久坐不动，下腹循环紊乱，遂引发身心病症，包括肾结石、消化不畅、发烧、神经问题等"。①

特罗尚和第索是欧洲名医，诊治依据不是科学理论，仅凭似是而非的经验，而庸医和骗子用神秘的手段牟利更使医学名声不正。勒格朗（Legrand）有治疗神秘疾病的药方，在法语报纸《阿姆斯特丹杂志》（Gazette d'Amsterdam）登广告，1717 年七次，1719 年九次。② 与之相应的是批评医生的潮流，那是欧洲现代早期的风俗。1513 年，荷兰人文主义者伊拉斯谟旅英期间致信坎特伯雷大主教，"我不得不与胆结石抗争，落到医生和药剂师手里，就落入了残酷贪婪者的魔掌"；在莫里哀的戏剧中，医生也不是救人危急的职业，"乱开药方，敲病人竹杠"；拉封丹在寓言诗里取笑大夫的医术，"经他治疗，病人重返大自然，付的诊费是生命"③。启蒙时代的画家布歇（F. Boucher）讽刺兜售万灵药的人，1748 年 12 月，狄德罗在病痛中批评外科医生的糟糕医术，"放血法会加重病情"④。卢梭也曾斥责野蛮的放血疗法，1761 年他差点搭上性命，在《忏悔录》中，他说医生是招摇过市的骗子，败坏风俗。18 世纪晚期，梅西耶（L.-S. Mercier）仍然批评医生拙劣的医术与不良的品性，"草菅人命，只为图钱财"⑤。

卢梭因不明不白的症状处在世俗伦理与现代医学的边缘地带，日夜

① Rousseau au professeur S.-A.-A.-D. Tissot，1 février 1769，*CCJJR*，Tome XXXVII，p. 38；S.-A. Tissot，*De la santé des Gens de Lettres*，Paris，1991，pp. 22-24.

② *La Gazette d'Amsterdam*，*Miroir de l'Europe au XVIIIe siècle*，Sous la direction de Pierre Rétat，Oxford，2001，p. 103.

③ 李瑜：《文艺复兴书信集》，上海：学林出版社，2002 年，第 105 页；莫里哀：《无病呻吟》，《莫里哀喜剧选》下，赵少侯、王子一等译，北京：人民文学出版社，1959 年，第 318、393 页；拉封丹：《拉封丹寓言诗》，远方译，北京：人民文学出版社，1982 年，第 172 页。

④ A M. de Morand，16 décembre 1748，D. Diderot，*Correspondance*，Tome I，1713-1757，G. Roth(ed.)，pp. 59，62.

⑤ Rousseau à Marie-Madeleine Bernardoni，16 novembre 1761，*CCJJR*，Tome IX，p. 243；L.-S. Mercier，*Tableau de Paris*，Tome I，Amsterdam，1782，pp. 227-229.

来袭的痛楚在外界看来是道德败坏的问题。一个人本来性情沉郁，又遭逢不幸，言行更易偏离常理，他常说病发时疼得泪流满面，这是否言过其实？乔治三世发病时，疼得狂奔乱跳，宫廷医生维里斯将之绑在特制的椅子上，结结实实，动弹不得，罔顾一国君主的体面。[①] 又据"紫质症基金会"的病人自述：瓦伦（Warren）说那疼痛像是尖刀穿过腹部，身体虚弱，不能说话；里昂十七岁时首次发作，就医几小时后，身体疼痛难以忍受，陷入幻想，医生要他描述感受，他说身体里有上千把烧红的刀；约翰逊（Charles Johnson）也说上千把带火的刀在腹部游离，医生切除了他的阑尾，可疼痛丝毫不减；布鲁诺（Ruth Bruno）感到腿和手臂刺痛，身体右侧抽疼，之后全身麻木，恶心呕吐，心跳过速，惶恐混乱；杜格尔（Richard Dugger）自童年起时常腹痛难忍，发作时犹如烧红的长矛刺过身体，灵魂像离开了肌肤，有时看不清东西，他的姐姐有同样的问题，多年虚弱不堪，却没有明确的诊断；布里奇一生有无法解释的症状，后背疼，腹部疼，说话急促不清，不能走路，他觉得那感受无法描述，来去捉摸不定。所以，卢梭病痛中的绝望是真实的，而非"说谎成癖"或"性情乖戾"。

革命前夕，法国精神病人增多，政府开设专门收治精神错乱者的疗养院。1785 年，哥伦布（Marie de Sainte-Colombe）夫人成立圣·哥伦布矫正所（Maison de correction Sainte-Colombe），同年，杜布莱（Doublet）发表关于精神错乱的研究报告，之后这一问题被纳入现代医学领域。[②] 革命时代，皮内尔负责照顾比塞特医院的精神病人，两百名患者之前接受的是粗鲁的治疗，他改用温和的精神疗法，隔离发作的病人，等亢奋过后辅以游戏、散步、阅读、谈话、听音乐、劳作和旅行，取代放血、催泻、监禁等手段。[③] 总之，去掉锁链，同情病人，以坦诚的对话传递生活的希望。在疯癫医学化的进程里，萨德有独特的意义，他的恶行最初被人看作是疯癫，这意味着疯癫处在道德领域与医学领域的边界上，更倾向于道德评判的领域。19 世纪初，情况有所改变，疯癫开始倾向于

---

① J. Brooke, *King George III*，p. 333.

② 福柯：《古典时代疯狂史》，林志明译，北京：生活·读书·新知三联书店，2005 年，第 437 页。

③ P. Pinel, *Traité médico-philosophique sur l'aliénation mentale*，p. 250.

医学领域。1803—1814 年，萨德被关押在夏朗东医院（Hospice de Charenton），一个囚禁精神问题者的地方。1808 年 8 月 2 日，该院院长克拉尔（A. A. Royer-Collard）致信警察部长，抗议政府将萨德关押于此："夏朗东有一个人，他的放肆与不道德行为使之恶名远扬，他的出现引起极大麻烦，我知道他是《朱斯蒂娜》（*Justine, ou les malheurs de la vertu*）的作者，这个人精神没有失常，他的癫狂是恶的发作……有人冒冒失失地在这里建了一座剧院，要给疯子演戏，却不考虑混乱的场景对其想象力的可怕后果，萨德是剧院的负责人，他指定上演剧目，分配角色，负责排练……我希望阁下将萨德先生羁押在其他地方，而不是夏朗东。"①克拉尔以"邪恶不同于疯癫"为由未能将萨德驱离夏朗东，但在现代知识领域里，这一论断说明疯癫向医学化又近了一步，即邪恶是伦理问题，但疯癫不是伦理问题。

疯癫进入现代医学知识体系之前，对待精神病人的方式先是驱赶，但游荡中他们仍是社会的威胁，于是将之囚禁，铁链锁手脚。② 野蛮的治疗方式暗示疯癫受世俗伦理排斥，不是纯粹的医学问题，卢梭曾被人斥为疯子，但那不是现代医学称谓，而是道德谴责。在滥用道德评价的时代，他的病得不到治疗，反而被曲解，伏尔泰谣传他有性病，遗弃亲生的孩子。"自 15 世纪末，性病像有遗产继承权似的接替了麻风病，被置于排斥性的道德空间，受到一整套的道德判断。"③此类的疾病与放荡的生活相关，难以治愈，受世俗伦理审判：病人是美德的背叛者，要受惩罚。那时，肆虐的梅毒加剧了民众的恐慌，因为那是品性堕落的标识，甚至是民族间相互诋毁的口实，英国人将梅毒讥讽为"法国天花"（Fench Pox），法国人称之为"日耳曼病"（Morbus germanicus）。④ 横遭无端指责，卢梭只能辩解，在遗嘱和晚年自传中不遗余力地为自己端正名声，

① Le médecin en chef de l'hospice de Charenton à Son Excellence le sénateur ministre de la police générale，2 août 1808.

② G. Spurzheim, *Oberservations sur la folie*，Paris，1818，p. 4.

③ 福柯：《古典时代疯狂史》，林志明译，第 9—11 页。

④ 桑塔格：《疾病的隐喻》，程巍译，上海：上海译文出版社，2003 年，第 121 页。

但在动荡的风俗中，一个人的声音微乎其微。

二、自我理解的偏差

在流言、嘲讽与混沌中，卢梭对病痛有所曲解。1749 年 10 月，他到巴黎东郊的文森城堡看望因《盲人书简》被囚禁的狄德罗，边走边读《法国信使报》上第戎科学院的征文启事：科学与艺术是否有助于净化风俗?① 天气炎热，他躺在路边的橡树下休息，一个迷幻的场景出现了：

> 突然间，我感到灵魂被上千道光照亮，无数思想强有力却混沌地袭来，把我抛进难以言表的不安，头晕目眩，酒醉一般，心剧烈跳动，胸膛受压迫，喘不过气，走路时呼吸不均，倒在路边的树下，之后半个小时狂躁。起身时，衣衫正面为泪水湿透，我却不知流过泪……树下的一刻钟里，那么多伟大的真理启发了我，其中的精华散见于三部著述：《论科学与艺术》《论人类不平等的起源》《爱弥儿》……几乎是在无意间，我成了作家。②

这是现代学术界所谓的"文森之象"(Illumination de Vincennes)，卢梭在致马勒泽尔布的第二封信、《忏悔录》第八章和《卢梭评判让-雅克》中提到这个神启般的场景，他由此踏上启蒙之路，影响了时代的写作风格，被视为浪漫主义鼻祖。19 世纪，法国、德国、斯堪的纳维亚等地浪漫派的传记里有思想刹那间开明的场景，类似于宗教界的顿悟，"赋有灵性的眼睛突然睁开，发现了自我，以及自我和世界的关系"③。

"文森之象"的魅力持续了两个世纪，一直被视为进入精神世界难得的路径。20 世纪初，医学界重新思考卢梭的身心关系，朗松质疑这个场景的传奇性，"那更像是模糊不规范的沉思"④。罗曼·罗兰赞同艾洛叙

---

① "Programme de l'Académie des sciences et des belles lettres de Dijon pour le Prix de Morale de 1750," *Mercure de France*, octobre 1749, Paris, pp. 153-160.

② Rousseau à C.-G. de Lamoignon de Malesherbes, 12 janvier, 1762, *CCJJR*, Tome X, p. 25.

③ G. Gran, "La Crise de Vincennes," *ASJJR*, Tome 7, 1911, p. 15；卢梭：《卢梭评判让-雅克：对话录》，袁树仁译，第 152 页。

④ G. Lanson, "L'unité de la pensée de Rousseau," *ASJJR*, Tome 8, 1912, p. 7.

医生的诊断，即卢梭患有膀胱炎，并据此推断"文森之象"是膀胱炎发作时的病态心理，但罗兰未怀疑卢梭的神圣感，"天才降临其身，违背他的意志，使之陷入悲剧性的精神错乱"①。当代学者加里尼（Galliani）从圣经解释学的角度理解：《忏悔录》第八章如此叙述，是因为耶稣死后第八天复活，数字八意味着末日审判与灵魂重生，"树"在犹太教和基督教中象征永恒的生命，"书"象征真理与启示，"旅行"为的是寻求真理，"光"意味着来自上帝的祝福。② 似是而非的推理是现代解释学的短处。历史文本中的蛛丝马迹说明"文森之象"源于卢梭的夸大或曲解。早在 1748 年，病痛时常发作，8 月 26 日，他向华伦夫人诉说难忍的苦楚：

> 给您写上一封信时身体两度发病，先是肾绞痛、体内燥热、尿潴留，淋浴和利尿剂减轻了病情，但排尿依旧困难，肾结石落到尿道里……最近上腹疼痛，伴有呕吐。③

　　1749 年年初，他的健康依旧坏，一个多月没力气写信。④《忏悔录》透露了当时的情况："狄德罗被捕后，我在酷热中常跑到文森城堡，结果受了热，得了强烈的肾绞痛，此后我没能恢复以前的健康。"⑤关于卢梭对炎热天气的描述，加里尼认为"热"不是指天气，而是逻辑的需要，去除后不影响这一图景的完整意义。⑥ 参考医学研究，"天热"是解释卢梭问题的关键，当时已十月，巴黎天气转凉，他强调眩晕与炎热的关系，不妥。1748 年 8 月至 1759 年 4 月是卢梭病情的第二发作期，1749 年 10 月的"文森之象"不排除是紫质症急性发作时的体内燥热，那时完成的《新

---

①　罗曼·罗兰：《卢梭的生平和著作》，王子野译，北京：生活·读书·新知三联书店，1993 年，第 2—4 页。

②　R. Galliani, *Rousseau, l'illumination de Vincennes et la critique moderne*, pp. 427-428.

③　Rousseau à Mme la Baronne de Warens, 26 août 1748, *CCJJR*, Tome II, p. 108.

④　*Ibid.*, 27 janvier 1749, *CCJJR*, Tome II, pp. 112-113.

⑤　卢梭：《忏悔录》，黎星、范希衡译，第 446 页。

⑥　R. Galliani, "Rousseau, l'illumination de Vincennes et la critique moderne," *Studies on Voltaire and the Eighteenth Century*, 245, Oxford, 1986, p. 438.

爱洛漪丝》有类似的感受:"天上的火不比你吻我时的火更热烈,在美妙接触时,我身体的所有部分结合在一起,火与嘴里的灼热叹息一同爆发……致命时刻之后发生了什么,我几乎全然不知……它们太过激烈,燃烧到骨髓,让我疯狂。"①之后,他的症状未消失,1765 年 11 月 5 日,途经斯特拉斯堡去巴黎的路上病情发作,他致信培鲁时提及发烧和内脏灼热的问题,以至于不能行路。②

撰写《论科学与艺术》时,卢梭为《艺术与科学大辞典》(*Grand Dictionnaire des Arts et des Sciences*)撰写词条,这为他批判现代科学、赞美古代风俗的观点提供了依据。对于身体感受,他从宗教信仰,而不是从医学角度解释,塑造了一个宗教启示的场景,虽是现代思想史上的神话,却无意间发现了"我",一个现代意义的主体人格,"它在古代感伤诗里偶尔出现,中世纪到 18 世纪中期几乎无人问津"③。

《新爱洛漪丝》是一部让 18 世纪的读者潸然泪下的小说,女主角茱丽以忠诚与率真应对不如意的婚姻,由善良姑娘变为有美德的女性,能否从中发现卢梭的病痛与思想的关系?1764 年 9 月,卢梭和来访的客人亲岑多夫(Zinzendorf)谈及这部作品,强调那就是他的故事。④《新爱洛漪丝》有三个主题:美德、爱情和病痛。写作的两年(1756—1757 年),卢梭沉浸于这样的语境,他的心情如此,与友人的通信也如此。那时,他住在沙尔麦特(Chevrette)的退隐庐,与乌德托夫人往来频繁:"我形单影只,意志消沉,长期遭受折磨的心渴望慰藉,我在她那里找到了。"⑤现实感受是卢梭描述茱丽与圣普栾相互爱慕的灵感,1757 年年初到 1758 年 3 月,他时常给乌德托夫人写信:

> 病痛和忧愁使我衰亡。即使精疲力竭,我的心里依旧想念您,

① 卢梭:《新爱洛漪丝》,第一、二卷,伊信译,北京:商务印书馆,1990 年,第 73 页。

② Rousseau à P.-A. du Peyrou, 5 novembre 1765, *CCJJR*, Tome XXVII, p. 225.

③ J. Lemaître, *J.-J. Rousseau*, Paris, 1905, pp. 348-349.

④ *Journal de Zinzendorf*, 7 septembre 1764, *CCJJR*, TomeXXI, p. 329.

⑤ Rousseau à Jean-François, 15 septembre 1757, *CCJJR*, Tome IV, p. 257.

想念的只有您。我应给您写信，可信里满是忧伤。您一定知道我那致命的激情，苏菲，我会在激情中死去……如果我看到您变得脆弱，我立刻会经受不住。①

1757 年 11 月的一封信里有这样的表述："再见了，可爱又亲切的朋友，我的笔竟敢这样称呼您，我的嘴唇、我的心灵竟敢这样说，真是快乐，真是自豪！"②所以，卢梭的书信与《新爱洛漪丝》风格一致，坦诚热烈，触动人的心灵，在理性日益横行、情感淡漠的时代，这是开拓性的风格。

书信段落能融入作品，病发时的痛苦也常进入文辞。1757 年，卢梭身体虚弱，心情悲观（参见附录，1757 年的病情），描述《新爱洛漪丝》里的圣普栾的感受时，卢梭写道："您的手刚落到我身上，一阵战栗袭来，使我发烧甚至昏迷，什么都看不见，什么也感觉不到，在那精神错乱的时刻，我能说什么，能做什么？"紫质症发作时，视力模糊、意识混乱是常见症状，还有体重下降和烧灼感，圣普栾常觉得"火在血管里流动，不能缓解，人在痛苦中憔悴，自己是季节的玩物，太阳或云雾、阴天晴天都能操纵他的命运"③。卢梭害怕严寒，1757 年秋末冬初，病情反复，他担心"看不到来年的春天"，1758 年 3 月留下遗嘱。④《新爱洛漪丝》还提到皮肤问题，"那些你认为是疤的，实际上是很快消失的红斑"⑤。紫质症患者在阳光照射后常有此类症状。

同样是在这部作品，卢梭对自杀的态度与众不同。中世纪，教会法规不许自杀，意大利人文主义者但丁构想的地狱的第七层是收押对自己施加暴力的人，他们同样受世俗伦理的谴责，世俗法律会严厉制裁，"毫

①　Rousseau à E.-S.-F. L. de Bellegande, comtesse d'Houdetot, début juillet 1757, *CCJJR*, Tome IV, pp. 225, 226.

②　Rousseau à E.-S.-F. L. de Bellegande, comtesse d'Houdetot, 1 novembre 1757, *CCJJR*, Tome IV, p. 339.

③　卢梭：《新爱洛漪丝》，第一、二卷，伊信译，第 61、101 页。

④　Rousseau à E.-S.-F. L. de Bellegande, comtesse d'Houdetot, octobre 1757, *CCJJR*, Tome IV, p. 270; T. Dufour, *Le Testament de J.-J. Rousseau*, février 1763, Genève, 1907.

⑤　卢梭：《新爱洛漪丝》，第五、六卷，伊信译，第 31、88 页。

不顾全自杀者的体面，在街上拖来拖去，羞辱他，将他的财产充公"①。
生命是上帝赋予的，个人无权支配，卢梭不以为然："我们抛下躯体时，
只是扔掉一件不方便的衣服，用得着大喊大叫？"②圣普栾是一个屡次思
考生死问题的病人，他忍受的痛苦与紫质症患者相似，不由让人想：卢
梭为何如此关注疾病，描写得那么真切？

作者与他塑造的人物息息相通，这是卢梭对僵化语境与说教式写作
的革新。之前的神学传统与古典主义时代，作者多隐藏起来，文字里即
使有酸甜苦辣，却是虚构的感受。广而言之，在卢梭的其他作品里，身
体话语也时隐时现。所谓身体话语，是描述身体感受（疼痛、呕吐、燥
热）的同时阐述思想，赋之以反思或批判的内涵。病痛发作时，身心分离
的意象一次次出现，《忏悔录》《卢梭评判让-雅克》和《漫步遐想录》遍布对
身心之苦的诉说，由此造就了浪漫派卢梭。健康时，身体话语减弱或消
失，卢梭更关注外部世界，1758—1762 年，他住在卢森堡公爵位于巴黎
北郊蒙莫朗西的寓所，生活无忧，健康好转，浪漫的心情油然而生，"自
去年到现在（1759 年 11 月），我未曾抱怨健康，身体状况着实不错"③。
1760 年冬，病情未发作，他盼望天气转暖后去旅行。④ 那时，他写信多，
语气和缓，充满希望，《爱弥儿》和《社会契约论》在平静中完成，论证严
谨，是启蒙风格。

卢梭的宗教观素来是为人所热议的话题。他生于信仰加尔文教的日
内瓦，后在意大利都灵迫于生计改宗天主教，1754 年回日内瓦时又转向
加尔文教。这就让人迷惑：他究竟信不信上帝，他是新教徒还是旧教徒？
1764 年冬，博斯韦尔旅行途中拜访过卢梭，交谈时得知他的游移，随即
有疑问，卢梭说他仍是基督徒。⑤ 1767 年 5 月，《瑞士报》刊登日内瓦人

---

① 孟德斯鸠：《波斯人信札》，罗大冈译，北京：人民文学出版社，2000 年，第
131—132 页。

② 卢梭：《新爱洛漪丝》，第五、六卷，伊信译，第 83—84 页。

③ Rousseau à Maréchal-duc de Luxembourg, 27 mai 1759, *CCJJR*, Tome VI,
p. 107；Rousseau à Neufville-Villeroy, 7 novembre 1759, *CCJJR*, TomeVI, p. 185.

④ Rousseau à Maréchal-duc de Luxembourg, 2 février 1760, *CCJJR*, Tome
VII, p. 27.

⑤ *Le journal de Boswell*, 5 décembre 1764, *CCJJR*, Tome XXII, p. 358.

勒盖特（Requete）为舒瓦瑟尔（Etienne François de Choiseul）公爵写的诗歌：

> 我的同胞让-雅克，
>
> 作为人并不贤明，
>
> 献给公众几部著作，
>
> 他不是基督徒，
>
> 尽管他说自己是。①

　　卢梭不说自己是无神论者，常以基督徒的身份阐述宗教问题。1769年，他与弗朗科耶尔（Franquières）谈及上帝的启示："我相信上帝对世人的启示已经很多，倘若有人还未认识到上帝的力量，或是因为他不想认识，或是不需要。"同样在这封信里，他又质疑上帝的绝对权威："我信仰上帝，却不以为人人要如此，我不知道上帝为什么非要向我们展示他的存在。"②所以，卢梭的信仰不是简单的问题，他不只是在旧教与新教之间变换，还有从敬畏上帝到质疑上帝，从信仰天国到关注尘世历史的不同。这与启蒙时代信仰的衰落有关，又是否关乎身心病痛？

　　1735年，卢梭信仰天主教的上帝，将身体之苦视作为灵魂赎罪："现在极度虚弱，没有人比我忍受的残疾更多，我心中有那么多罪恶要纠正。"③之后，他的原罪与救赎观念有所变化，1758年致信维尔纳（Vernes）神父："我受了那么多折磨，灵魂若不能永生，上帝就不公正。"④18世纪中期，卢梭进入文学共和国时认同蒙田的"野蛮人是善良的"观点，并参考沙尔勒瓦（Charlevoix）、拉菲陶（Lafitau）编写的远方游记和塔西陀、普鲁塔克的古代善政与美德故事，构想了人类历史的黄金

---

① Vers sur M. Rousseau，Reguete envoyée à son Excellence Monseigneur le Duc de Choiseul，1767，*CCJJR*，Tome XXXIII，p. 323. 1767 年 5 月，《瑞士报》上还有几首诗歌：Vers sur M. Rousseau，Quatrain sur M. Rousseau，Vers sur M. J.-J. Rousseau，*CCJJR*，Tome XXXIII，pp. 324-325.

② Rousseau à L. A. de Franquières，15 janvier 1769，*CCJJR*，Tome XXXVII，pp. 16，15.

③ Rousseau à I. Rousseau，fin de l'automne 1735，*CCJJR*，Tome I，p. 31.

④ Rousseau au J. Vernes，18 février 1758，*CCJJR*，Tome V，p. 32.

时代，这意味着他远离了信仰语境中的创世与原罪观，尘世理想取代了伊甸园的传说。此外，他在书信中多次提及身心矛盾，"肉体是自由精神的累赘"①。一般而言，对上帝的信仰与对尘世欢乐的追逐是矛盾的，灵魂要摆脱肉身的束缚，去追求至善。他说要卸下肉身的重担，那是源于病痛折磨的灵肉之争，而非宗教意义的欲望与信仰之争。

卢梭的遗嘱暗示宗教观的改变，第一份写于 1737 年 6 月 27 日，他与华伦夫人住在尚贝里，做化学实验时，装着雌黄与石灰的瓶子爆炸，卢梭受伤，神父以为他当天会去世，于是让他口述遗嘱。第二份写于1763 年 1 月 29 日，1762—1763 年冬天，他与伴侣特蕾兹在莫第埃避难，天气严寒，病痛发作，自觉不久于人世。② 心情不好，易怒，此时写的四封信有许多错误表述或模糊之处，也不再渴慕天国的荣耀。③ 另有 1758 年 3 月的遗嘱，只涉及财产分配问题。现存于柏林皇家图书馆的 1771 年遗嘱通常称为"文学遗嘱"，是一个现代人对文字生涯的总结，包括他所受的赞赏与迫害，不忘批评坏医术。④ 该遗嘱的真伪尚存争议，冉森（Jansen）和戈雅（Schultz-Gora）认为那是卢梭写的，但杜福尔（T. Dufour）、里特（E. Ritter）和布弗诺瓦（H. Buffenoir）认为是伪作，卢梭家谱学者里特推测出自律师马尚（Marchand）之手。⑤ 鉴于此，本书不对其做疾病与信仰关系的分析。

在 1737 年遗嘱中，卢梭向上帝说明发生的事故，神父根据天主教仪礼将十字架放在他的身上，以圣父、圣子、圣灵的名义祈求上帝，保佑

---

① 卢梭:《孤独漫步者的遐想》，钱培鑫译，第 7 页。

② *Testament de J.-J. Rousseau*，trouvé à Chambéry en 1820，publié par A. Métral，Paris：BNF；Bernard Gagnebin（ed.），*Testatement de J.-J. Rousseau*，29 janvier 1763，Paris：BNF.

③ Rousseau à maréchal-duc de Luxembourg，20 janvier 1763，*CCJJR*，Tome XV，pp. 48-69；28 janvier 1763，*CCJJR*，Tome XV，pp. 111-130；Rousseau à D. Hume，19 février 1763，*CCJJR*，Tome XV，pp. 198-200；Rousseau à C.-H. Mereau，1 mars 1763，*CCJJR*，Tome XV，pp. 246-252.

④ *Un testatement littéraire de J.-J. Rousseau*，publié par O. Schultz-Gora，1897.

⑤ R. Trousson，F. Eigeldinger（eds.），*Dictionnaire de J.-J. Rousseau*，Paris，2006，p. 882.

他的灵魂入天堂，这是天主教会的临终礼。① 1763 年的遗嘱未提上帝，他也不再渴望救赎，如实叙述病情，希望由医生解剖遗体，证明他没有感染性病。天主教会不支持人体解剖学，因为人体生理与《圣经·创世纪》的叙述矛盾。在日内瓦改革的加尔文抵制人体科学，1553 年，他将持异见、主张血液循环理论的塞尔维特（Servetus）处以火刑。卢梭践行现代学者喻世的职责，是公共事务的评判家，又在报刊舆论中发现了现代意义的读者，尊重他们的趣味，渴求他们的理解。从渴望灵魂救赎转变为关注尘世的名声，是因为他无法承受屡次发作的病痛，所以对天国不再有寄托。

信仰混乱，不唯卢梭如此。18 世纪是从中世纪向现代无神论过渡的时代，启蒙哲学家有了符合个体知识体系的信仰。伏尔泰在《风俗论》第一章不再讲述上帝创造万物的故事，而是写了中华文明，否定天主教的世界观；狄德罗创作《修女》，讽刺教会生活的丑陋；霍尔巴赫的《健全的思想》倡导的是无神论，"有必要检验宗教，置之于理性法庭，在理智健全的人看来，那只是一堆谬论、没有条理的寓言、荒诞的教条、幼稚的仪式，是从迦勒底、埃及、腓尼基、希腊、罗马那里借来的概念"②。人的生命意义在于尘世功业，不是对天堂的幻想与对地狱的恐惧，这就符合卡西尔所谓的启蒙时代的个人主义宗教观，以及梅尼克（F. Meinecke）的"现代历史主义"，即现代人的主体精神觉醒，要在世俗历史而非神的历史中寻找生命的依靠。

卢梭多次提到对生活在孤儿院的五个孩子的愧疚（生于 1746 年、1747 年、1748 年、1751 年、1752 年），他的论敌愿意提及此事，以之为"复仇的方式"，1786 年 7 月，《秘密回忆报》（*Mémoires Secrètes*）说他精神错乱才至于此。③ 雨果在《悲惨世界》中讽刺他薄情寡义，萨特在《什么

① "Testament de Monsieur Arnauld," P. Quesnel, *Histoire de la vie et des ouvrages de M. Arnauld，Docteur de Sorbonne*，Cologne，1697，p. 335.

② M. Boulanger, *Le Christianisme devoilé，ou examen des principes et des effets de la religion chrétienne*，Londres，1766，p. ii.

③ Voltaire, "Sentiment des Citoyens," *Œuvres Complètes de Voltaire*，Tome 26，p. 126；P.-G. Dentand à J.-P. Berenger，1 août 1778，*CCJJR*，Tome XLI，p. 110；P.-P. Plan，*J.-J. Rousseau raconté par les gazettes de son temps*，p. 279.

是文学》中怀疑卢梭人道主义的真诚，现代读者在自由谈中不时有否定性的疑问：他是因为信奉柏拉图的理想国才把孩子送入孤儿院？偶有为之辩护的声音，1789 年，伯维尔伯爵（Barruel-Beauvert）说那是迫不得已，"他拿什么养他们……他们忘记父亲，却学会谋生的本领"①。但这样想的人不多，认同者寥寥。1751 年 4 月 20 日，卢梭致信弗兰克里（Francueil）夫人，否定了柏拉图所谓的"每个孩子都在共和国中成长，不识父母"的观点，又言及丢弃孩子的实情：

> 我每天在痛苦中挣些生活资养，无力养活一家人。孩子们在孤儿院得不到良好的教育，但身体是健壮的；没有多余的食物，温饱不是问题；不会成为高贵的人，当个农民也不错。②

1761 年 6 月 12 日，他与卢森堡公爵夫人谈及此事：

> 五个孩子都被送到了孤儿院，那时不曾想有一天去找回他们，甚至没记住他们的出生日期，近年来，疏忽引起的悔恨让我无法平静。③

病痛让卢梭无力承担父亲的责任，他宁愿孩子们健康成长，不愿他们在父亲身边挨饿。卢梭懂得为父之道，晚年忆及旧事恨不由而生，1770 年 2 月又念及五个孩子："上帝，如果他们有我一样的遭遇，命运将如何，会是怎样的人？工人或农民，在默默无闻中平静地过日子？"④在误解与嘲讽中，卢梭日益孤立，他已不认识街谈巷议里的那个人，于是断言世界上有两个卢梭：

---

① M. le Comte de Barruel-Beauvert, *Vie de J. J. Rousseau*, Londres 1789, p. 379.

② Rousseau à S. D. de Francueil, 20 avril 1751, *CCJJR*, Tome II, pp. 142-144.

③ Rousseau à M. -A. de Neufville-Villeroy, duchenesse de Luxembourg, 12 juin 1761, *CCJJR*, Tome IX, p. 15.

④ Rousseau à C. A. de Sanit-Germain, 26 février 1770, *CCJJR*, Tome XXXVII, p. 255.

> 我的书在欧洲城市里都能找到，它们的作者却生活在森林里。所有人读我的书，批判我，谈论我，我却不在场……一个卢梭出现在上流社会，另一个却在隐居，两个卢梭没有相似处。①

现代人政治身份的基础包括公正的法律、健全的制度、独立的私人空间、相互信任的公共交往、情感与理智的平衡，以及具有道德关怀的医疗体系。18 世纪的法国，很少人有独立身份，权力说教和道德说教不断地否定个体的政治实践力。制度缺陷之外，疾病也会消解人的身份，落后的医学将病人推向道德评判领域，他的人格备受质疑，而流言喜欢这样的人格，怎么说都有人信，若遇到驳斥，它的形体更庞大，嗓门更嘹亮，受流言中伤的人开始变形，情感与理性各自走向极端。

青年卢梭在文学共和国里谋生，功成名就后在生命意义和政治意义上却没有独立的身份。中年卢梭在教权与君权之外寻求自我评判的力量，却因反复的病痛游离于科学、伦理与信仰交错的晦暗地带，像是意见王国里的流浪汉，自己的影子一个又一个，他都不认识，而别人以为那就是他。晚年卢梭要在现代历史意识中维护他的名誉权，不理会同代人的舆论，但他的意图为后代人的猜疑所冲散，寻找母爱的动机被视为心理病态，于是他抗争，他诉说，在孤独中创造了现代性批判的风格。一个人生前不被理解，去世后进入现代意识形态，误解更多。他的健康问题超越了时代医学的解释力，在不完备的医学体系里，寻求确定因果关系的雄心走入迷途，迷信荒诞、道德评价趁机蛊惑，病人的处境更糟。现代医学能够诊断紫质症，患者不再受非议，不再背负伦理的重担，而是躺在床上接受治疗，反复发作的病痛不再有末日审判的寓意，病人的精神却在科学面前沉寂，那个神秘的思想空间也消失了。

三、病痛与卢梭的历史境遇

1766 年英国之行后，卢梭是承受病痛的贫苦者，但在公共空间里他是疯子，忘恩负义，哗众取宠。两个形象从没有过重合，卢梭以为后一

---

① T. Dufour, "Les Confessions livres I-IV, premier rédaction," *ASJJR*, Tome quatrième, Genève, 1908, pp. 1-12.

个形象是假的，却难以纠正。去世后，他在思想界留下三个复杂的论题：卢梭与启蒙、革命和浪漫主义的关系。

关于卢梭与启蒙，他是启蒙的，反启蒙的，还是启蒙的自我批判？新康德主义者卡西尔将启蒙视为人在理性的引导下发现真理的过程，卢梭的契约精神和个人主义符合这一解释，所以他是启蒙思想家，"与18世纪的思想运动有彻底的融通"①。格拉尔（Garrard）提出反启蒙的观点：1758年卢梭发表《致达朗贝尔的信》，驳斥在日内瓦建剧场，他对启蒙界的批判演变为公开论战；与休谟争执后又因为对文学共和国的背叛被哲学家斥为疯子，所以他是反启蒙的。②"启蒙的自我批判"来自胡里昂（Hulliung），他不像卡西尔那样将启蒙看作系统的精神体系，而是认同文化史家盖伊（Peter Gay）的观点，即启蒙时代致力于发掘现代问题，像其他时代一样也不具备思想的一致性；相反，混乱与模糊是它的特点，"启蒙首先展示自然法，最后过渡到功利道德，它以理性开篇，却以眼泪与多愁善感落幕"③。卢梭的风格有普遍性，是启蒙精神的自我批判。

三种看法，哪个更有道理？卢梭与启蒙的关系既关乎身心疾病，又有古今之争的渊源。健康时好时坏，导尿的难堪使之不便在公共场合久留。1752年10月18日，《乡村卜师》在枫丹白露宫演出后，他拒绝路易十五的会见和年金，趁夜色逃离。根据卢梭自述，他离群寡居，是因为病了，"如果健康，也乐于参加沙龙聚会，在讨论中扮演为公众利益思考的角色"④。既然难在文学共和国维持"公民"身份，他开始向往隐居生活，写作风格偏离了启蒙的体系精神与进步观念。对于英国之行，他有隐居之意，没想到陷入了纠纷，公共舆论对之褒贬不一，"像一场欧洲范围的战争"⑤。这更坚定了他退出文学共和国的意图，一度放弃写作，与

---

① E. Cassier, *La philosophie des Lumières*, traduit de l'allemand et présenté par Pierre Quillet, Fayard, 1966, p. 266.

② G. Garrard, *Counter-Enlightenment*, New York, 2006, pp. 18-19.

③ M. Hulliung, *The Autocritique of Enlightenment*, Harvard, 1994, pp. 4-5; P. Gay, *The Party of Humanity*, New York, 1971, pp. 114-115.

④ Rousseau à Meuron, 23 mars 1765, *CCJJR*, Tome XXIV, p. 283.

⑤ M. Peoples, "La Querelle Rousseau-Hume," *ASJJR*, Tome dix-huitième, p. 292.

外界断绝联系，专心于植物标本。1767 年回国后，他改姓勒努（Renou），退出文学公共领域，"一个公开批判的练习场所"①。其他人与时代精神没有这样的决裂，卢梭的行为更加让人不解。

在古今之争的意义上，卢梭与启蒙的主调不同。17 世纪末，法国知识界有一场古代与现代孰优孰劣的争论。在诗歌与艺术上，古派以为现代人无法超越古代人，今派坚持现代科学远胜于古代。② 得益于科学与商业的进展，今派获胜，那是法国启蒙的先声，多数启蒙思想家亲近自然、鼓励发展科学与商业，呼吁独立人格。达朗贝尔在《百科全书序言》中阐述启蒙精神的主旨，"丢弃神学思辨，不再模仿古人，促进农学、医学、光学等实验科学，塑造健全的精神"；他觉得卢梭抨击科学与艺术，是因为混淆了科学精神的培育与滥用的区别，"真正的科学艺术有助于改良风俗"③。卢梭强调科学艺术对美德之害，批评今派哲学家拉莫特（La Motte）和特拉松神父（Terrasson）的浅薄。拉莫特不懂希腊语，却能写出优美的法语作品，"在诗歌、寓言、悲剧、芭蕾舞剧方面有杰作，以人的理性为思考基础，融合笛卡尔哲学与当时普遍流行的观念"④。特拉松神父也不懂希腊语，他以为笛卡尔的方法就是一切，"希腊人知道如何说话，拉丁人知道如何思考，但法国人知道如何推理"；1715 年，他在《〈伊利亚德〉的批判》里历数《荷马史诗》的不实之处。⑤ 卢梭反其道而行，他赞赏古派学者费纳隆（Fénelon），希望从古代共和国中寻找教化现代风俗的良策，不同于启蒙思想家所坚持的知识从实践中来，以科学塑造现代人格的要求。

持续的病痛和坏医术导致卢梭的伦理身份不确定，追慕古代的文风

---

① 哈贝马斯：《公共领域的结构转型》，曹卫东等译，上海：学林出版社，1999 年，第 35 页。

② M. Fumaroli，"Les abeilles et les araignées，" *La Querelle des Anciens et des Modernes*，Gallimard，2001，p. 203.

③ D'Alembert，*Encyclopédie ou dictionnaire raisonné des sciences，des arts et des métiers*，Paris，1986，p. 162.

④ J. M. Levine，*The battle of the books，History and literature in the Augustan Age*，Cornell University Press，1991，pp. 140-141.

⑤ *Ibid.*，pp. 141-142.

使之难以融入厚今风格的启蒙世界，这是他批判时代风俗的原因，并非像卡西尔所坚持的"推理方法造成了卢梭与文人的决裂"。1766 年后，卢梭着力撰写注重个体情感、迷恋乡村、疏远社会的自传，与启蒙时代的理性信仰、体系精神和进步观念有背离。批判时代风俗，向往独处的生活，个体因厌恶社会而退隐是对集体启蒙场景的否定。但卢梭与启蒙的疏远不同于天主教会对启蒙精神的压制，诸如 1758 年巴黎大主教博蒙（Beaumont）、高等法院和索邦神学院对《论精神》的作者爱尔维修的严厉谴责。与嘲讽启蒙的文人也不一样，1760 年，维护古典主义品位、轻视启蒙风格的帕里索（Palissot）创作了讽刺戏剧《哲学家》。其中有一个四脚走路、吃莴苣叶的克里斯潘（Crispin），讽刺卢梭的原始风俗观念，说他是"猩猩一样的野蛮人"，伏尔泰、格里姆、爱尔维修、狄德罗、杜克洛（Duclos）都是骗子，"统帅着炫耀的言辞，伺机利用慵懒轻信的贵夫人"①。

卢梭与 18 世纪后期住在巴黎顶楼和聚集于伦敦格拉布（Grub）街的失意者对启蒙精神的攻击更不一样。狄德罗描述过一个顶楼文人的愤怒与麻木："正直的人不快活，快活的人不正直，各阶层相互吞噬，他见惯了荒唐，每当夜里回顶楼，爬上床铺，伤心地蜷缩在毡子下，胸部收紧，呼吸困难，只是微弱的叹息，几乎没人听得到。"②格拉布街位于伦敦城区，到处是声名拙劣的小旅馆，寄居了出身寒微、为钱写作的笔墨客，18 世纪初他们被称为"格拉布人"（Grubeans），散布虚假信息，煽动民众动乱。③ 1755 年，约翰逊博士在其编纂的《英语辞典》（*A Dictionary of the English Language*）中将微不足道的作品称为"grubstreet"④。这些人生活艰难，在没落的风俗里无从实践理想，他们反启蒙的论调里有对社会不公的愤怒，可有时言行虚晃，为抚慰激烈的情感不惜歪曲事实。

---

① P. Gay，*The Enlightenment：An interpretation*，Tome I，Weidenfeld and Nicolson，1966，p. 6.

② 狄德罗：《拉摩的侄儿》，《狄德罗哲学选集》，江天骥、陈修斋、王太庆译，北京：商务印书馆，1983 年，第 218、238、244 页。

③ *Memoirs of the society of Grub Street*，Vol. I，London，1737，p. i.

④ B. Clarke，*From Grub Street to Fleet Street*，Ashgate，1935，p. 3；R. Darnton，"The High Enlightenment and the Low-Life of Literature in Pre-Revolutionary France，"*Past & Present*，No. 51（May，1971），p. 98.

卢梭对新的时代精神始终有温情的关怀，1771 年完成了有启蒙政治理想的《关于波兰政府的思考》，平生喜爱植物分类学，植物叶子与花的形状接近自然秩序，这门科学寄托着启蒙的探索精神和现代秩序感。卢梭对于启蒙是内部的批判，与意大利思想家维柯相似。由于倡导新思想的人不一定公正，维柯提防那些带着浮华的知识加入文学共同体的人，"观察他们，看他们怎样庄严实践那个社会的法"①。只是病痛让卢梭感受到不为常人注意的风俗流弊，诸如以讹传讹、滥用道德评价等，他的批判更具锋芒，斥责现代文明的野蛮化，他的视野是超越时代的。启蒙经科学实践、形而上学、实用主义、知识商品化之后才是现代性批判的阶段，文明的野蛮化是现代性批判的主题，全面怀疑启蒙精神。而卢梭在启蒙由实践体系走向形而上学的阶段就致力于此，容易引起争议。

18 世纪是科学革命的时代，是驱赶迷信鬼魅，回归真实的时代。但乐观中有不确定，致力于开拓现代事业的人受教条主义的阻挠，而他们自己有时也会在现代的路上走丢，打碎了旧教条的新观念随之变作控制一切的新教条。狄德罗与卢梭有仇怨，对于时代精神的缺点却有相似的见解：

> 理智有它的偏见，感觉有它的不确定性，记忆有它的限度，想象有它的朦胧，工具有它的不完善，现象是无限的，原因是隐蔽的，形式也许变化无常，我们面临很多障碍，自然又从外面与我们对立，实验很迟缓，思考很受限制，哲学想用来推动世界的正是这样的途径。②

关于卢梭与法国革命的关系，1789 年前《社会契约论》发行量不多，尤其与畅销书《新爱洛漪丝》相比。之后截然不同，《社会契约论》是"革命圣经"，1789—1800 年有 44 版③，卢梭的名字几乎出现于所有的政治辩

---

① 维柯：《论人文教育》，王楠译，上海：上海三联书店，2007 年，第 72 页。
② 狄德罗：《对自然的解释》，《狄德罗哲学选集》，江天骥、陈修斋、王太庆译，第 65 页。
③ C. Hesse，"Revolutionary Rousseau: The Story of his Editions after 1789," M. -C. Skuncke（ed.），*Media and Political Culture in the Eighteenth Century*，Stockholm，2005，pp. 107-110.

论中。流行的戏剧多以之为主角，诸如 1789 年的《巴黎厄庇墨尼德的苏醒》和 1790 年的《圣皮埃尔岛上的卢梭》。① 厄庇墨尼德（Epimenides）是古希腊克里特岛的诗人，根据古典作家拉尔修（Diogenes Laërtius）的描述，厄庇墨尼德放羊时在山洞里沉睡五十七年，醒来后有了预言能力，他的沉睡与苏醒暗示人在政治生活中的进退。1792 年 2 月，国民公会将卢梭的胸像和《社会契约论》安置于议会大厅，他由启蒙文人变为革命精神之父。尤其是在 1789 年 7 月至 1791 年 9 月制宪议会时期，以及 1793 年 9 月至 1794 年 7 月的恐怖时期，各地雅各宾俱乐部承担了宣传的职责。1792 年 4 月 13 日，里昂的妇女报国协会（Société des dames dévouées à la patrie)去当地的俱乐部向卢梭表达敬意。②

19 世纪的法国，卢梭的影响挥之不去，但在共和制与君主制的对抗时代，他受到的批判越来越多。那时，如何调解绝对主权与代议制的矛盾是争论主题。基佐在《论代议制政府的历史》中斥责卢梭的公意如绝对王权一样恶劣，纯粹的民主会导致无政府状态。拉马丁批判《社会契约论》的负面影响："如果这本革命教理是培根、伏尔泰或孟德斯鸠写的，变革可能采取改良的方式，但那是卢梭写的，所以社会充斥着断头台与犯罪。"③批判者未曾找到卢梭与激进主义相关的明确证据，即便如此，20 世纪极权灾难后，卢梭与革命的关系演化为"公意—革命暴力—极权主义"的逻辑。这与卢梭的政治诉求不协调，他在《爱弥儿》中说过不公平会引起下层社会的革命，所谓"小人物变成大人物、尊贵的沦为卑贱的"，却未倡导以恐怖与暴力实践启蒙时代的政治理想。

卢梭被视为革命精神之父，因其提出契约理论、主权者概念和公民

---

① R. Barny, *Rousseau dans la Révolution：le personnage de J. -J. Rousseau et les débuts du culte révolutionaire*, 1787-1791, Oxford, 1986, pp. 98, 129-132.

② Hommage Lyonnais à Rousseau et à Mirabeau：la Société des dames dévouées à la patrie, 17 avril 1792, *CCJJR*, Tome XLVII, pp. 38-40.

③ François Furet, "Rousseau and the French Revolution," Clifford Orwin and Nathan Tracov（eds.）, *The Legacy of Rousseau*, Chicago, 1997, pp. 171-172; Lamartine, *J. -J. Rousseau：son faux Contrat Social*, p. 70.

宗教，以及对美德和自由的赞扬。① 此外，疾病是解读的新视野，卢梭以身体话语塑造了一个在艰难困苦中寻求真理的形象，对受难者的同情与对压迫者的愤怒是革命的原始情感，这是他进入革命话语的心理基础。那些呼吁将卢梭的棺椁移入先贤祠的人为之鸣不平："他无妻无子，无家无国，只因被社会剥夺了幸福才如此凄惨。"② 1789 年，伯维尔伯爵出版《卢梭的生活》，比之为苏格拉底，"一个忠实传达真理的人，饮下比毒芹汁更烈的东西"。现代学者特鲁松批评伯维尔以热情代替真实，可在革命时代对未来生活的美好想象中，"伯维尔的小册子强化了卢梭与革命的思想关联"③。

　　卢梭的思想中有两个极端，生与死、爱与恨、入世的雄心与出世的苍凉，那是病痛引起的，与革命暴力的社会起源不同，但无限度的神化预示着他迟早是革命精神的信仰。革命者要打碎业已沦为世俗权力的天主教，寻找能托付心灵的真正信仰，他们在卢梭的身体话语中看到了纯粹的殉道精神，革命时代的宗教崇拜由此出现。在祭奠卢梭墓地时，崇拜者的心中有瞻仰殉道者般的情感："面对棺椁，人们感觉不到恐惧，只是在神圣的肃穆中接受他的注视。"④ 1790 年，一个法国年轻人想去亚洲传播卢梭的原则，并用阿拉伯语写了一本《教理问答》，他将卢梭视为先知；次年，巴黎贫困者协会（Société des indigents）的成员在他的胸像前祈祷，希望他在神意中复活。⑤ 现代思想家勒梅特尔从一本 1787—1793 年流行的小册子里觉察到"革命时期的人像宗教动物"⑥。这一点符合政

---

① M. Thiery, *Eloge de J. -J. Rousseau, qui a concouru pour le prix d'éloquence de l'Académie Française, en l'année* 1791, pp. 32、54.

② *Voyage à Ermenonville, ou Lettre sur la Translation de Rousseau au Panthéon*, Paris, 1795, p. 13.

③ Barruel-Beauvert, *Vie de J. J. Rousseau*, A Londres et se trouve à Paris, 1789, pp. 162、177、419；R. Trousson, *Rousseau et sa fortune littéraire*, Paris, 1977, pp. 35-36.

④ *Promenade ou Itinéraire des Jardins d'Ermenonville*, Paris, 1788, p. 23.

⑤ N. M. Karamzine à ses amis, juin 1790, *CCJJR*, Tome XLVI, pp. 214-215；R. Barny, *Rousseau dans la Révolution, le personnage de Jean-Jacques et les débuts du culte révolutionnaire* (1787-1791), p. 164.

⑥ J. Lemaître, *J. -J. Rousseau*, p. 347.

治学者阿伦特的观察，即"（西方）现代革命本质上源于基督教，哪怕它们打着无神论的幌子"①。所以，卢梭与革命的关系，不只是文本传播的问题，抑或革命派对公意与专制的曲折解读，还有人心的好恶，他的生存困境契合了革命时代的人同情苦难的心理。

卢梭在退隐格调中发现了现代意义的"我"，它的孤独感符合浪漫主义风格，但思想之间的相似性是否等同于相关性？自 17 世纪晚期，物质世界与精神世界的关系不断变化，科学理性排斥神学幻象，发掘人与物的关系，而在工业时代，启蒙精神转向客观、实证、控制与规训，法国革命后，旧制度又卷土重来，18 世纪的普世主义与乐观主义落空了，"忧郁母亲生下神经质的苍白激动的儿女，那些在拿破仑帝国时代的战斗中孕育、在战鼓声里长大的孩子，彼此以阴沉的眼光你望我，我望你"②。旧的困惑未消解，新的困惑又来了，浪漫主义作为时代心理的表达方式而风靡一时。

浪漫主义的早期风格里有高贵的忧愁，亲近自然，追慕中世纪的骑士传统，排斥理性主义和科学乐观主义，以人的情感为审美标准，与卢梭晚年的精神格调相似。夏多布里昂、斯塔尔夫人、雨果、乔治·桑、米什莱等多少受卢梭的情感语境和个体主义的影响。③ 夏多布里昂的《勒内》里有一个在北美荒野上流浪的孤独者，他不被文明的欧洲人理解，想去远方，混在人群里，谁也不认识。英国人华兹华斯（Wordsworth）的《抒情歌谣集》里有淳朴的自然，长篇诗歌《序曲》（The Prelude）关乎一个诗人的成长，像爱弥儿一样，"先学会用感官，情感完善后又有了理性……从自然界学到足够的经验，避免社会的缺陷，他会成长为健全的人"④。雪莱赞赏《新爱洛漪丝》的风格有普罗米修斯的力量，"打破作者与读者之间的

---

① 阿伦特：《论革命》，陈周旺译，南京：译林出版社，2007 年，第 14 页。

② 缪塞：《一个世纪儿的忏悔》，梁均译，北京：人民文学出版社，1980 年，第 2 页。

③ J. Lemaître, *J.-J. Rousseau*, p. 350.

④ B. D. Sewall, "The similarity between Rousseau's Emile and the ealy poetry of Wordsworth," *Studies on Voltaire and the Eighteenth century*, edited by T. Besterman, Volume CVI, Oxford, 1973, p. 159.

障碍"①。在《麦布女王》(*Queen Mab*)里，雪莱描述了一个粗鲁的世界：

> 上帝已沦落为一个睚眦必报、冷酷无情的恶魔，像渴求鲜血的猛兽。商业横行，消解最初的美德，人类的手艺和天然孕育的一切，都用货币交易，凡金钱买不到而人人需要的东西，以前靠自然的仁慈，自此枯竭，在商业的阴影下，没有哪一种道德敢发芽生枝。②

浪漫主义的晚期风格开始分化，一端走向没有出路的沉郁，另一端走向打碎虚无的亢奋。在工业化时代，精神自由的领地越来越小，人生活在确定的目的里，那个目的十之八九不是他的所愿，而是一个罗网，像海水中养鱼的网箱。束缚人的网箱是抽象的，无处不在，伦理与禁忌、理智与情感、生存与礼仪、监视与惩罚，这些绳索结在一起，坚固不破。高贵的忧愁沉落为碌碌无为的愤怒，寻求确定性的愿望滑向虚无，现代人的主体意识有解体的风险。缪塞式的"世纪病"由此而来："对社会不满，又无意反抗；对黑暗现实存几分嘲讽，又有几分厌弃。半是自由追求，半是沮丧颓唐。"在希望与绝望、迷茫与幻灭中，那些在理想与现实间无所适从的青年人体会得更深切。他们不再相信历史进步论，怀疑现代因果关系的正义性，情感与理性的对立开始了，这种对立不是某个人的心理困境，而是普遍的焦虑：

> 过去的一切已不值得留恋，因为信心已丧尽。未来嘛，他们是喜爱的，那是怎样的未来呢……像是用大理石雕的情妇，他们等候她的苏醒，盼望热血在她的血管里奔流。最后，为他们留下的只有现在了。所谓的世纪精神，黄昏的天使，不是黑夜，不是白天，他们看见它坐在一只装满骸骨的石灰囊上，紧紧裹在利己主义的大衣里，在可怕的严寒中发抖。③

---

① G. Dart, *Rousseau, Robespirre and English Romanticism*, Cambridge, 1999, p. 3.

② 雪莱：《麦布女王》，邵洵美译，上海：上海译文出版社，1983 年，第 48、54 页。

③ 缪塞：《一个世纪儿的忏悔》，梁均译，第 7 页。

浪漫主义文学表面上是沉郁的情感，但在政治意义上是 19 世纪无产阶级运动的心理背景。死亡率的降低使现代科层制度更牢固，社会结构固化，才华与情感不再受尊重，它或是为科层制度使唤的工具，或是无用，缺乏创造力的人规行矩步，却能获取足够的生存资源。现代生活的保守主义诞生了，它有别于政治性的保守，生活的保守主义是个体理智与情感的萎缩。一切神圣的转而让人鄙夷，一切让人有所托的让人厌恶，曾经因无限的可能性而兴奋，现在枯燥单一的确定性让人愤怒。君权和教权已被推翻，个体权利似乎解放了，但人与人之间的现代冲撞开始了，家庭出身、政治观念、经济地位、生存压力陡增交往的变数。资本是现代权力的基础，对于自古以来的乡村生活，以及人与土地的关系，它要将之从人的情感中剪除，人人都是生产者，不生产的时候是消费者，服从于物质诱惑能缓解二元生活的乏味，但这样的人不再是自然的生灵，这样的社会不再是理想者的归宿。一幅矛盾图景出现了，经济生机勃勃，人却不快乐：

> 当社会忙于制定各种程序时（分配人员，固定他们的空间位置，对之分类，最大限度地从他们身上榨取时间和力量，训练他们的身体，将连续的动作编入法典，维持他们的可见状态，在其周围设置观察的机器，发明一套相关知识并不断积累），监狱在法律机构之外形成了。[1]

现代人走在一条不能回头的路上，越走越恍惚，他们觉得不对，只能呼喊，耳朵震得嗡嗡响，但声音只在嘴巴里环绕，无处传播，也没人理会，脚步止不住地滑向深渊，魔鬼在那里等着，他挖了这个窟窿。这是让人沮丧的真实感，随之而来的是绝望，但一些人能将忧郁和恐惧变作政治热情，打碎既有的制度，对抗资产阶级，获取平等的生存权，在自然状态中寻找合理的权力契约，这是政治化的浪漫主义。

卢梭有走向情感浪漫主义和政治浪漫主义的可能，但它们的心理渊源和历史背景不同。卢梭的身体话语是纯粹的肉体之苦，或残酷的生命

---

① 福柯：《规训与惩罚：监狱的诞生》，刘北成、杨远婴译，北京：生活·读书·新知三联书店，1999 年，第 259 页。

体验，而非现代制度下的精神沉闷。退而言之，在旧制度下的法国，多数人口务农，卢梭四处游荡时看到了赋税、徭役等引起的不公平，这些现象古已有之，与物质霸权下的精神贫困不一样。对于卢梭，浪漫主义是源于病痛与生活阅历的"晚期风格"，一个人在生命后期，因身体功能衰退、健康或其他问题，作品会有新风格。① 颠簸的生活、错乱的想象、源于疾病体验的生命感悟，以及对社会不公的愤怒，他有了不同于以往的写作风格。而对于 19 世纪的人，浪漫主义是对物质化、不可预知的工业社会的迷茫，是在失望中呐喊的青年文学，是科学理性和科层制度所造就的普遍心理。

　　卢梭在德国思想界备受礼遇，他们对历史有共同的感受。1751 年，莱辛(G. E. Lessing)赞赏《论科学与艺术》，康德将卢梭介绍给他的学生赫尔德(J. G. Herder)，赫尔德又向歌德引介。1781 年，席勒瞻仰他的墓地，创作《卢梭颂》：

> 我们时代耻辱的墓碑，
>
> 墓铭让你的祖国永羞愧，
>
> 卢梭之墓，我对你表示敬意！
>
> 和平与安息，愿你身后享受！
>
> 和平与安息，你徒劳寻求！
>
> 和平与安息，却在此地！
>
> 何时能治愈古老的创伤？
>
> 过去黑暗，哲人死亡！
>
> 如今光明，哲人依旧丧生。
>
> 苏格拉底亡于诡辩家之手，
>
> 卢梭受基督徒折磨而死，
>
> 卢梭——他要把基督改化成人！②

---

　　① 萨义德：《论晚期风格》，阎嘉译，北京：生活·读书·新知三联书店，2009 年，第 4 页。

　　② 席勒：《席勒文集》，Ⅰ，诗歌小说卷，张玉书选编，钱春绮、朱雁冰译，北京：人民文学出版社，2005 年，第 16 页。

德国现代思想的先驱哈曼（J. G. Hamann）、雅各比（F. H. Jacobi）、费希特、黑格尔、洪堡（W. von Humboldt）、施莱尔马赫（F. Schleiermacher）、赫巴特（J. F. Herbart）都喜欢他的作品。① 《忏悔录》尚未出版，赫尔德急切地想看一看。② 待之出版后，歌德致信斯特恩（C. von Stein）："母亲给我寄来《忏悔录》，我翻了几页，每一页都像一颗明亮的星，这几大本足以照亮整个天空。"③法国革命后，卢梭在法国备受批评，但德国人未将激进民主实践的罪责归咎于他，1793 年，为革命欢呼的根茨（F. von Gentz）反对英国人伯克的卢梭批判。④ 费希特敬仰他，是因为他沉醉于纯粹的感觉和想象，而眼见风俗败坏，知识服务于感官之乐，他才抨击时代之弊，"我们不会责难他这种敏感性，它是灵魂高尚的标志"⑤。对于法国人，浪漫主义是忧郁的气质或政治热情，对于日耳曼民族，那是现代启蒙的方式，日耳曼民族心理的自我建构。18 世纪末，德国人盼望国家统一，歌德、席勒、费希特等希望唤醒同胞的民族意识，但分裂的日耳曼邦国要超越英国经济强权和法国的文化优势不是朝夕之功，所以困顿是德国浪漫派的心理背景，源自求之不得的政治愿望，与卢梭生命意义的困境不同。

对阴谋的想象是卢梭与浪漫派相关性的一个偶然因素。《忏悔录》，至少是 1782 年出版的前六章，是缔造浪漫主义的文本。⑥ 正是在其中，卢梭控诉了休谟、伏尔泰、特罗尚、达朗贝尔等人的阴谋，1766 年后他深陷其中，却是妄想症的心理。浪漫主义作品同样有受迫害的语境，他们控诉社会的不公，"启蒙的文明人、有德之士想有所作为，终究一事无

---

① A. Schinz, *Etat présent des travaux sur J.-J. Rousseau*, pp. 47-48.

② J. Mounier, *La Fortune des écrits de J.-J. Rousseau dans les pays de langue Allemande*, Paris, 1980, p. 36.

③ J. Mounier, *La Fortune des écrits de J.-J. Rousseau dans les pays de langue Allemande*, Paris, 1980, p. 42.

④ F. von Gentz défend Rousseau contre Burke, fin janvier-début février 1793, *CCJJR*, Tome XLVII, p. 102.

⑤ 费希特：《论学者的使命》，梁志学、沈真译，北京：商务印书馆，1984 年，第 49、51 页。

⑥ T. McFarland, *Romanticism and the heritage of Rousseau*, Oxford, 1995, p. 51.

成，于是认定历史中有恶的力量，阻挠人类的正义事业"①。这是对工业化问题的心理反应，属于早期现代性批判的范畴，利奥·施特劳斯将卢梭视为现代性批判的第二次浪潮，介于马基雅维利与尼采之间。② 这是观念史的解读，对历史人物的身心关系和生存境遇顾及不足。

浪漫派虽是卢梭的信徒，却未曾注意导师的身心病痛，也无力为之遭受的不公正批判辩护。19 世纪后期，浪漫主义式微，卢梭依旧受指责。1894—1906 年，德雷福斯事件期间，法国排斥犹太人的狂热归咎于他的唆使；拉塞尔以为法国的传统精神是古典主义，流行的浪漫主义意味着风俗的腐化，"正是卢梭创造了虚无的语境"；吉贝尔（Gilbert）将之比作古罗马的暴君尼禄，"《爱弥儿》《社会契约论》像那场焚烧罗马城的大火"③。浪漫派的精神也在变化，歌德中年后转向古典主义，对于青年时代的《少年维特的烦恼》弃之不顾，"生怕重新感受写作时的病态心情"④。对此不能苛求浪漫派，那是欧洲启蒙后的新思想运动，应对的是如何在实利社会中为独立自由的精神寻找栖居地，不是思考卢梭的病。但这不能说他们的心理差异是可以忽略的，若将卢梭思想纳入现代性批判，首先要说明个体生命意义的困境是否能等同于现代制度下的普遍沉闷。

---

① 以赛亚·伯林：《浪漫主义的根源》，吕梁等译，南京：译林出版社，2008 年，第 109 页。
② 利奥·施特劳斯：《现代性的三次浪潮》，贺照田编：《西方现代性的曲折与展开》，长春：吉林人民出版社，2002 年，第 86—101 页。
③ 尼禄（37—68 年），古罗马暴君，同时也是诗人、音乐家、艺术家，执政期间想扩建罗马城，因居民反对而受阻。公元 64 年 7 月 17 日晚，一场大火烧遍罗马，持续六天七夜，尼禄被指责是放火者。P. Lasserre, *Le romantisme français, essai sur la révolution dans les sentiments et dans les idées au XIXe siècle*, Paris, 1908, p. 74；Tanguy l'Aminot, *Images de J.-J. Rousseau de 1912 à 1978*, Oxford, 1992, pp. 172-173.
④ 爱克曼：《歌德谈话录》，朱光潜译，北京：人民文学出版社，1978 年，第 17 页。

第二章　1766 年卢梭休谟之争

——启蒙时代公共舆论的缺陷

　　1766—1767 年，卢梭旅英时历经艰难，在报刊舆论里进退不得，他的健康问题与失控的想象力改变了英国人对他的理解。他决定退出文学共和国，丢弃了青年时代的知识体系。在历史意义上，那是从启蒙者到浪漫派的转变，在个人意义上却有悲剧性，浪漫主义者的路会越走越难。休谟是卢梭幻想的受害者，起初他求助于公共舆论，徒劳无功，就以沉默应对流言，他晚年的《自传》对卢梭避而不谈。卢梭休谟之争是 18 世纪公共交往的一幕，有人解读为日内瓦哲学家与苏格兰哲学家的矛盾，有人视之为英国人对法国人的不友好。争论是在七年战争后不久，民族情感加剧了两国民众的对抗，而在革命时代，法国人忆及英国人对卢梭的敌意，这一事件有了新内涵。这场争论是西方文化史的主题。1910 年，库尔多（Courtois）发表《卢梭的英国时光》，去英国实地考察后再解释他的生存境遇与心理的关系；1927 年，波普尔（Peoples）发表长篇研究《卢梭休谟之争》，注重档案文献和事件进程。[1] 在新文化史领域，埃德蒙（Edmonds）和艾迪诺（Eidinow）的《卢梭的狗》讲述卢梭与狗的故事，延续了英国的批判传统。刚到英国时，休谟邀请卢梭参加宴会，但卢梭言行不得体，借口狗叫得凶而拒绝，他要为争论负责，"心灵健康的人不能让精神有问题的人康复，精神有问题的人却会让心灵健全的人发疯"。扎莱斯基（Zaretsky）和斯科特（Scott）将两人的矛盾视为启蒙时代让人困惑的

---

　　① L.-J. Courtois, *Le Séjour de J.-J. Rousseau en Angleterre* (1766-1767), *lettres et documents inédits*, *ASJJR*, Tome VI, Paris, 1910；M. Peoples, "La Querelle Rousseau-Hume," *ASJJR*, Tome dix-huitième, Genève, 1927-1928.

事件，不只与风俗传统有关，还涉及他们的生活态度。①

第一节　事件始末

1762年5月，卢梭在法国的处境日益危险，6月22日国王御前会议决定：在凡尔赛宫的院子里撕毁并焚烧他的书，"书上标明的作者要予以逮捕，关押于巴黎高等法院监狱（Prison de la Conciergerie du Palais）"。②卢梭辗转去了莫第埃村，1765年又被当地宗教势力驱逐，当时他有四个容身之处：普鲁士、荷兰、英国和萨克森-哥特（Saxe-Gotha）公国。英国不是理想的避难所，他对这片土地陌生，无论语言、风俗还是思想传统，因布弗莱伯爵夫人的努力，他最终去了那里。

1762年，卢梭被巴黎高等法院追捕时就有去英国的机会，布弗莱夫人致信休谟，请求他提供帮助，是年7月1日，休谟欣然应允："我敬重他的美德与天才，愿为其服务，他在英格兰声誉良好，我希望英格兰人的优雅让他印象深刻。"③布弗莱夫人收到休谟的信后译成法文，转交卢梭，他刚在莫第埃村安顿妥当，借口旅途遥远没有答应。④ 他更喜欢住在瑞士的小村子，对英国的印象并不好：

> 法国若不是自由人的国家，也是人道的国家……法国人好客，保护外国人，甚至能容忍刺伤他们的真理，假如有人在伦敦敢于对英国人说那些在巴黎对法国人说的一半坏话，那里的人大概会用石头痛击他。⑤

1763年8月，卢梭四面受敌，他想过去苏格兰，投奔老朋友基斯伯爵

① D. Edmonds, J. Eidinow, *Rousseau's Dog: Two Great Thinkers at War in the Age of Enlightenment*, Ecco, 2006; R. Zaretsky, J. T. Scott, *The philosophers' quarrel, Rousseau, Hume and the limits of Human Understanding*, Yale University Press, 2009.

② Extrait des registres du Parlement, 9 juin 1762, *CCJJR*, Tome XI, p. 266.

③ M. Peoples, "La Querelle Rousseau-Hume," *ASJJR*, Tome dix-huitième, p. 7.

④ Rousseau à Comtesse de Boufflers-Rouverel, *CCJJR*, Tome XII, p. 217.

⑤ 卢梭：《新爱洛漪丝》，第1册，伊信译，第304页。

(George Keith，任职于军队)，后来不了了之。之后两年，在莫第埃的生活越发困难，教会不友好，普通信徒对其也有敌意。1765 年 6 月，莫第埃召开教务会议，视之为"反基督者"。① 这是教会法中严厉的判决，卢梭不得已开始了流亡岁月。为保证他的人身安全，普鲁士国王在路上派人保护，其他友人也尽其所能。② 卢梭去了圣皮埃尔岛，一小块位于湖心的陆地，离瑞士新教城市纳沙泰尔不远，当地人称之为"土块岛"，但不久又被驱逐。

在欧洲大陆没有容身处，1765 年 10 月 17 日卢梭致信培鲁："到处受追捕，柏林太冷，我想去英国。"布弗莱夫人得知后，与英国驻法使馆秘书休谟联系，休谟与卢梭相约在巴黎见面，然后一起赴英。③ 对于这次旅行，卢梭多次犹豫，但也只好接受："去英国的想法越来越吸引我，尤其想到与您(休谟)旅行的快乐。"④ 11 月 17 日途经斯特拉斯堡，当地宗教势力对之警惕，普通人却热情欢迎。他就是否赴英避难一事询问一向尊敬的基斯，基斯说休谟是好人，"英国气候温和，法律健全，是成文法，而不是人在影响社会秩序"，并愿意资助路费。12 月 7 日，另一位友人德吕兹也建议他去，"从各方面看，英国比普鲁士更适合"。⑤ 至此，卢梭从心底里接受了休谟的帮助："您的善意里有对我的尊重，让我感动，最合适的回复是接受……五六天后我就出发，与您相见。"⑥ 12 月 9 日上午七点，他从斯特拉斯堡上路，乘坐邮车，忍着病痛，日行三五十公里，16 日晚抵达巴黎，落脚于圣西蒙(Saint-Simon)旅馆，因受孔第亲王(Prince de Conti)保护，很快获得法国通行证。期间，来访者如过江之

---

① Rousseau à G. Keith, *CCJJR*, Tome XVII, p. 137；Rousseau à M.-M. Rey, *CCJJR*, Tome XXVII, p. 10；P.-P. Plan, *J.-J. Rousseau raconté par les gazettes de son temps*, p. 59.

② Le Conseil d'Etat de Neuchâtel à Frédéric II, roi de Prusse, 17 décembre 1765, *CCJJR*, Tome XXVIII, p. 56；F.-H. d'Ivernois à Rousseau, 30 Xbre 1765, *CCJJR*, Tome XXVIII, p. 127.

③ M.-M. de Brémond d'Ars, marquise de Verdelin à Rousseau, 5 Xbre 1765, *CCJJR*, Tome XXVIII, p. 19.

④ Rousseau à J.-J. de Luze, *CCJJR*, Tome XXVII, p. 311.

⑤ G. Keith à Rousseau, 2 décembre 1765, *CCJJR*, Tome XXVIII, pp. 11-13；J.-J. de Luze à Rousseau, 7 décembre 1765, *CCJJR*, Tome XXVIII, p. 22.

⑥ Rousseau à D. Hume, 4 Xbre 1765, *CCJJR*, Tome XXVIII, p. 17.

卿，休谟第一次体会到卢梭的名声，"法国人对他的喜爱，使任何人逊色"，休谟作为他的保护人觉得光荣，并为卢梭的朋友赞赏。① 艰难的境遇已在他的心里留下阴影，日复一日地累积，没有缓解的良方。

避难路上，论敌的嘲讽不断。1766年1月4日，卢梭和休谟从巴黎启程赴英，因持有通行证，教会未阻挠。但沃波尔模仿普鲁士国王的语气，写了一封讽刺性十足的信(*Lettre du roi de Prusse*，以下简称伪信)，发表于《圣詹姆斯纪事报》(*St. James's Chronicle*)，传播极快，而这颠覆了卢梭对英国之行的美好想象：

亲爱的让-雅克：

你离弃了故国日内瓦，又被瑞士驱逐，那可是你在作品里极力颂扬的地方，法国把你列为通缉犯，到我这里来吧，我欣赏你的才能，乐意消遣你费时费力炮制的幻想。你让人到处谈论你那奇怪的秉性，这对君子而言不合时宜。你应该向敌人展示理智的一面，于你无害，却让他们气恼。你可在我的国家隐居，我愿意效劳，当然要有你的允许。你若执意拒绝，我不会告诉任何人；若自寻苦恼，恭请自便。我是国王，能让你享尽酸楚，而且我知道你的敌人所不知道的折磨人的手法。你若不再向人夸耀你的苦境，我就不迫害你了。

你的好朋友
弗里德里希②

这封信源于巴黎沙龙的闲谈。沃波尔生性桀骜，喜欢嘲讽政治和文学骗子。一天晚上，在若弗兰(Geoffrin)夫人家聚会，谈及卢梭的趣闻，说他多情、自相矛盾，沃波尔回家后记下了谈话内容，寄给爱尔维修和尼维农(Nivernois)公爵，他们为之润色语言，并建议发表。③ 休谟对此

---

① M.-M. D. de Saint-Maur，5 mars 1766，*CCJJR*，Tome XXIX，p. 16；M. Peoples，"La Querelle Rousseau-Hume，" *ASJJR*，Tome dix-huitième，p. 39.

② "Lettre du roi de Prusse，" D. Hume，*Exposé succinct de la contestation qui s'est élevée entre M. Hume et M. Rousseau*，Paris，1766，pp. 24-26.

③ H. Walpole au lieutenant-général H. S. Conway，12 janvier 1766，*CCJJR*，Tome XXVIII，p. 178.

有所耳闻，曾要求沃波尔不要公开，至少在他和卢梭离开巴黎前别发表，沃波尔未听劝告，"信的抄本像野火一样越烧越旺"，经由英国的《圣詹姆斯纪事报》和法国的《秘密回忆报》转载后，情况更糟。① 当时，亚当·斯密在巴黎游历，他在沙龙里目睹了热闹的情境，嬉笑怒骂不一。

　　赴英途中，卢梭还不知道这封信，但其他遭遇足以使之不快。从巴黎到加来港，途经沙朗(Chalons)时，卢梭造访当地的本笃会图书馆，碰到管理员卡什(Dom Cachot)，卡什与之谈起一本匿名小册子《日内瓦卢梭的抄袭》，它指责《社会契约论》不是原创的，卢梭觉得卡什阴险，"目光与莫第埃的牧师一样邪恶"②。1766 年 1 月 5 日晚，在小镇罗伊(Roye)停驻，卢梭与休谟同住一室，睡梦中他仿佛听到休谟的呼喊："我抓到让-雅克·卢梭了。"1 月 8 日，一行人抵达加来港，海上风浪大，两天后登船，二十海里(约四十公里)航行了十二小时，卢梭始终在甲板上，不顾海浪和冷风的吹袭。1 月 13 日，到达伦敦城，沿途见闻让人窒息，卢梭看到路边绞刑架上挂着受刑者的尸体。③ 无论那个人是否因罪孽或冤屈而死，权力的影子是抹不去的。初到伦敦，休谟向多人写信通报，他觉得完成了法国朋友的嘱托。④ 那时，他似乎对卢梭印象不错，愿与之生活一辈子，说他温和有礼貌，热心肠，像苏格拉底一样文雅持中。之前，休谟因其怀疑论被谴责无视信仰，此时因帮助卢梭得到一些人的宽容："我是基督徒，有信仰，我原谅你对上帝的疏忽，只因为你照顾他。"⑤

　　温和友好的气氛之下，矛盾在积累。1766 年 1 月 23 日，英国国王乔治三世和王后邀请卢梭参加宴会，他的狗"苏尔坦"狂吠不停，卢梭拒绝

---

　　① M. Peoples, "La Querelle Rousseau-Hume," *ASJJR*, Tome dix-huitième, p. 88; P.-P. Plan, *J.-J. Rousseau raconté par les gazettes de son temps*, p. 66.

　　② Rousseau à D. Malthus, 25 février 1766, *CCJJR*, Tome XXVIII, p. 326.

　　③ L.-J. Courtois, *Le Séjour de J.-J. Rousseau en Angleterre* (1766-1767), *ASJJR*, Tome VI, p. 14.

　　④ D. Hume à J. Home de Ninewells, 1 février 1766, *CCJJR*, Tome XXVIII, p. 267; D. Hume au professeur H. Blair, 11 février 1766, *CCJJR*, Tome XXVIII, p. 290; D. Hume à C.-F. Du Mesnildot du Vierville, marquise de Barbentane, 16 Feb., 1766, *CCJJR*, Tome XXVIII, p. 307.

　　⑤ Alison Cockburn à D. Hume, 1 février 1766, *CCJJR*, Tome XXVIII, p. 265.

出席，最终在休谟和英国朋友的劝说下勉强参加，却引起各方不满。当晚，皇家剧院上演黑尔（Aaron Hill）的悲剧《扎拉》（Zara）和讽刺剧《莱特》（Lethe），国王和王后在卢梭包厢的正对面，"他听不懂英语，却又哭又笑"①。3月17日，休谟告诉卢梭，康维（Conway）将军想请他吃饭，他说自己病了，借故推辞。② 休谟陪同卢梭渡海时，看到他始终在甲板上，不怕风浪，此时却脆弱不堪，不免怀疑他不真诚。

1750年，《论科学与艺术》的英文版发行后，英国人对卢梭很好奇。1762年后，作为受欧陆势力迫害的思想家，英国报刊的好奇心有增无减，热衷于他的风格和令人慨叹的遭遇。1765年1月，《绅士杂志》（Gentleman's Magazine）报道荷兰政府对《山中来信》的处罚；9月24日，报道他在莫第埃差点被三个陌生人谋杀的传闻，"他们闯进屋子，但没有发现他"。事件的真实性有待考察，却说明卢梭已是舆论的主角。1766年1月10日，《英国纪事报》（British Chronicle）说"所有人迫不及待地想见他"。③《新爱洛漪丝》和《爱弥儿》在英国风靡一时，《苏格兰杂志》（Scots Magazine）介绍作者生平，为他遭受迫害鸣冤，待其抵达，各地名人前来拜访，包括王储和约克公爵。④

不多日，卢梭厌烦了来客，搬到郊区齐斯维克（Chiswick）的一家杂货店。期间与休谟拜访伦敦城内哈利街（Harley Street）的画家罗姆塞（Allan Ramsay），罗姆塞为休谟画了肖像，顺便为卢梭画了一幅（图2-1）；1766年3月13日或14日，罗姆塞的助手格赛（Gosset）拿着休谟的介绍信，为卢梭送画。⑤ 与1753年法国画家拉图尔（Q. de La Tour）的作品相比（图2-2），卢梭觉得自己在罗姆塞的画里显得精神紧张，于是猜测

---

① L.-J. Courtois, *Le Séjour de J.-J. Rousseau en Angleterre* (1766-1767), *ASJJR*, Tome VI, p. 19.

② Rousseau à D. Hume, 17 mars 1766, *CCJJR*, Tome XXIX, p. 41.

③ H. Roddier, *J.-J. Rousseau en Angleterre au XVIIIe siècle*, Paris, 1950, pp. 268-269.

④ M. Peoples, "La Querelle Rousseau-Hume," *ASJJR*, Tome dix-huitième, p. 38.

⑤ D. Hume à J. Home de Ninewells, 22 mars 1766, *CCJJR*, Tome XXIX, p. 52; D. Hume à Rousseau, 13 ou 14 mars 1766, *CCJJR*, Tome XXIX, p. 26.

画家心怀恶意，贬低他在英国的形象："我在画上显得粗野，面容像是（希腊神话中的）独眼巨人，休谟长着独眼巨人的脑袋，肖像上却有迷人的表情。"①更糟的是，他们的画像被人摆在一起展览（图 2-3），卢梭觉得受到了刻意的侮辱："你们赋予我如此柔和的线条，你们想画我，却枉费心机，画出来的只能是你们自己。"童年时代感到孤独，青年岁月备尝艰辛，中年时代又碰上了乱糟糟的风俗，卢梭心里缺乏安全感，在英国不久就觉得那里的人也在害他，肖像画是阴谋的开端，之后再巧妙地贬低他。这是卢梭与休谟间的第一个问题。

图 2-1　卢梭肖像，Rasmay 画，1766 年

---

① Rousseau à C. A. de Sanit-Germain, 26 février 1770, *CCJJR*, Tome XXXVII, p. 265.

图 2-2 卢梭肖像，La Tour 画，1753 年

图 2-3 公开展览的卢梭、休谟肖像组合画，1766 年

1766 年 2 月 10 日，特蕾兹在苏格兰青年博斯韦尔的陪同下到达伦敦，卢梭的住处尚无着落。休谟联系了达文波尔，他在距离伦敦不远的武通（Wootton）有房子，位于德比郡（Derby）与斯坦福郡（Standford）交界

处。3月1日，卢梭在罗姆塞家与达文波尔见面，决定去那里。① 3月18日，他与特蕾兹坐邮车经伦敦城去德比郡，22日下午到达武通——一个田野里的村庄，有一座哥特式的小教堂。看门人热情欢迎他们，但阴沉的天气持续了几个星期，卢梭不停抱怨，"春天很冷，或下雨或下雪，伴着烈风"②。无法出门，他便在屋里弹大键琴，给朋友写信，修改《忏悔录》，继续写二至四章，天气好就上山散步，采集植物标本。尽管不喜欢这里，他还是向休谟致谢，说愿意在此度过余生；又致信达文波尔："武通太美了，我没有发现不足。"③除感激外，卢梭对休谟隐瞒邮车费用有所不满。休谟和达文波尔提前为他乘坐的邮车付了车费，谎称是免费的，他们知道卢梭没有钱，但有尊严，得知实情后，卢梭更加怀疑休谟的意图，想毁坏他的名声。④ 这是卢梭与休谟的第二个问题。

第三个问题源于英国报纸的无端讽刺。1766年4月1日，《圣詹姆斯纪事报》以英文和法文发表伪信，4月7日发表卢梭的学生"爱弥儿"的信，仍是沃波尔伪造的：

> 亲爱的老师：
>
> 一到这个国家，有人就对我说您精神失常……对一个跟您开玩笑的人（沃波尔）发怒，他只是给您提些好建议。我宁愿相信（这与您通常做法的）不一致，不是因为疯癫，而是您的策略……您不顾这个国家的趣味，想要他们谈论您……英国人诚实质朴，不矫饰，不会甜言蜜语，有良知，爱国爱自由，人人各得其所，从不关心文学争论的悲苦和游手好闲者的琐屑追求。
>
> 您应该相信普鲁士国王对别人借用他的名字（写信）不会生气，也不会对您穿的土耳其服装表达奉承之意。人们争相阅读您的作品，

---

① Rousseau à D. Malthus, 3 mars 1766, *CCJJR*, Tome XXIX, p. 9.

② L.-J. Courtois, *Le Séjour de J.-J. Rousseau en Angleterre* (1766-1767), *ASJJR*, Tome VI, pp. 36, 58, 42.

③ Rousseau à R. Davenport, 22 mars 1766, *CCJJR*, Tome XXIX, p. 47.

④ D. Hume à Comtesse de Boufflers-Rouverel, 3 avril 1766, *CCJJR*, Tome XXIX, p. 90; L.-J. Courtois, *Le Séjour de J.-J. Rousseau en Angleterre*, *ASJJR*, Tome VI, p. 56.

您却做了件从未有过的傻事，声称那个在巴黎编造笑话的人有英国同谋……愤怒让您变得荒唐，使嘲笑者第一次被冠以同谋的"罪名"。一旦此类的离奇事件构造出来，就没有什么更让哲学家心碎……若是有人发觉您的可笑之处，您还能心平气和地攻击宗教和政府，别人却是黑暗和恶毒的创造者与同谋？睁开眼吧，亲爱的老师，您以前有些蠢，现在可不了，正像您写的诗：面具落下，人是其是，英雄亦消失。

最后提醒您，那封信的作者不曾想让您难过，他本以为您会反过来愚弄他一番。为了不使您再次失去耐心，他只用礼数回应您的侮辱。

爱弥儿①

无度的讽刺扰乱了卢梭的心境。1766 年 3 月 9 日他读到伪信，急切地想知道是谁写的，德比郡的青年布斯比对此有记录："一天早晨，我发现卢梭怒气冲冲，他在一张伦敦的报纸上看到普鲁士国王的信。"②卢梭猜测是伏尔泰所为，后又怀疑达朗贝尔，休谟不置可否，却将消息转告达朗贝尔，这促使他力劝休谟发表《关于卢梭休谟之争的真诚简略的描述》(以下简称《告白》)，因其不想被人指责。③ 培鲁告诉卢梭信是沃波尔写的，"外界都这样议论"，而沃波尔是英国驻法国使馆人员，休谟也在那里工作，模糊的关系是卢梭一系列猜想臆断的根据，沃波尔或达朗贝尔，"无论哪一个，他们是朋友"④。

在英国，卢梭的人身安全有保障，内心却不平静，他以为在交往中不受公正对待，一些施以援手的人在友情的面具下陷害他。1766 年

---

① M. Peoples, "La Querelle Rousseau-Hume," *ASJJR*, Tome dix-huitième, pp. 66-67.

② Souvenirs de B. Boothby, *CCJJR*, Tome XXXIII, p. 277.

③ D. Hume, *A concise and genuine account of the dispute between Mr. Hume and Mr. Rousseau, with the letters that passed between them during their controversy, as also the Letters of the Hon. Mr. Walpole, and Mr. D'Alembert, relative to this extra-ordinary Affair*, London, 1766.

④ P.-A. du Peyrou à Rousseau, 27 janvier 1766, *CCJJR*, Tome XXVIII, p. 234; P.-A. du Peyrou à Rousseau, 9 mars 1766, *CCJJR*, Tome XXIX, p. 21.

3 月中旬，他说自己的信被人偷看，3 月 31 日觉得陷入"江湖骗子的圈套"。① 休谟就隐瞒伪信一事表达歉意，但卢梭不再信任他，4 月初指责他耍弄骗子伎俩，"竟与小特罗尚和沃波尔交往"②。讽刺政治人物在英国已是民众习以为常的舆论风格，卢梭不适应，4 月 7 日向《圣詹姆斯纪事报》写信抗议：

> 普鲁士国王的公开信夸张无度，在您身上看不到对国王应有的敬意，竟把一封充满恶意的信归于国王名下。只根据它的离奇与恶毒就知道不是国王写的，您竟敢签上国王的名字，就像您看着国王亲笔写的。先生，我得提醒您，这封让我心碎的信是在巴黎伪造的，杜撰人在英国有同谋。
>
> 为了国王、真理还有我的名誉，您要刊登我的信，我已签名，如果您觉得在这件事上被人利用了，这会补偿您的自责。先生，我向您致意。
>
> 让-雅克·卢梭
> 1766 年 4 月 7 日武通③

4 月 10 日，该报发表了卢梭的来信，未道歉，反而变本加厉，4 月 17—19 日发表伏尔泰的信，24—26 日又有两封"攻击力很强的信"④。卢梭遂将之归入敌人的阴谋："至少六个星期内，英国报纸对我是恭敬的，最近改变了口气，对我轻视，虚情假意。"⑤他对英国的好印象全

---

① Rousseau à P.-A. du Peyrou, 14 mars 1766, *CCJJR*, Tome XXIX, pp. 28, 29; Rousseau à F.-H. d'Ivernois, 3 mars 1766, *CCJJR*, Tome XXIX, p. 79.

② D. Hume à Rousseau, 30 of march 1766, *CCJJR*, Tome XXIX, 30 mars 1766, p. 77; Rousseau à G. Keith, 10 avril 1766, *CCJJR*, Tome XXIX, p. 106; Rousseau à J.-A.-M.B. de La Tour, 9 avril 1766, *CCJJR*, Tome XXIX, p. 105; Rousseau à M.-M. de Brémond d'Ars, 25 mai 1766, *CCJJR*, Tome XXIX, p. 222.

③ D. Hume, *Exposé succinct de la contestation qui s'est élevée entre M. Hume et M. Rousseau*, Paris, 1766, pp. 27-28; Rousseau à H. Baldwin, St-James's Chronicle, *CCJJR*, Tome XXIX, p. 96.

④ M. Peoples, "La Querelle Rousseau-Hume," *ASJJR*, Tome dix-huitième, p. 66.

⑤ Rousseau à M.-M. de Brémond d'Ars, 9 avril 1766, *CCJJR*, Tome XXIX, p. 100.

无，厌恶那里的污浊气，"英国人希望被骗，不了解他，却要评判，毫无正义心"①。

第四个问题是年金风波。休谟得知卢梭生活不宽裕，但仍然拒绝普鲁士和法国国王的资助，于是他想施以援手，为之向乔治三世申请年金。1766年1月，在加来时休谟曾征询他的意见，卢梭说要听一听基斯的建议，基斯来信说要感谢休谟，他是"好人大卫"（Bon David）。② 因联络人康维将军生病，此事耽搁，5月3日才有眉目，卢梭首先要向康维表明申请的意愿，但在猜疑中，他以为休谟想以此害他，遂断然拒绝。康维告知休谟，休谟又惊又气，耐着性子劝他接受，并就伪信一事再次道歉，卢梭不予理会，反而斥责他：

> 您的慷慨让我感动，带我来英国，表面上为我寻找避难地，却是羞辱我……我不愿跟您交往了，不接受您为我争取的好处，再见吧先生，祝您好运……这是您最后一次收到我的信。③

第五个问题是卢梭在伦敦见到了宿敌特罗尚的儿子。特罗尚赞赏亚当·斯密的《道德情操论》，遂将小特罗尚送到格拉斯哥大学跟随斯密学习。1766年1月，小特罗尚取道伦敦回瑞士，任教于格拉斯哥大学的埃利奥（Elliot）在伦敦有房子，小特罗尚住在那里。④ 卢梭陪同休谟到布肯汉姆街（Buckingham）拜望他的苏格兰同乡、经济学家斯图亚特（J. Stuart），埃利奥和斯图亚特两家相距不远，遂冤家相逢。与此同时，卢梭发觉信件常被人私下拆开，报纸上总有他的新闻，所以认为小特罗尚

---

① Le chevalier F. -J. Chastellux à D. Hume, 2 mars 1766, *CCJJR*, Tome XXIX, p. 8; Rousseau à M. -M. Rey, 3 mars 1766, *CCJJR*, Tome XXIX, p. 10; Rousseau à R. Davenport, 19 avril 1766, *CCJJR*, Tome XXIX, p. 122; Rousseau à W. Wentworth, 19 avril 1766, *CCJJR*, Tome XXIX, p. 124.

② G. Keith, comte-maréchal d'Ecosse à D. Hume, 4 mars 1766, *CCJJR*, Tome XXIX, p. 15.

③ Rousseau à D. Hume, 23 juin 1766, *CCJJR*, Tome XXIX, p. 275.

④ J. Rousseau à Rousseau, 17 novembre 1766, *CCJJR*, Tome XXXI, p. 172.

是日内瓦派来的间谍，卢梭又得知休谟经常到埃利奥家，心中悲愤。①
小特罗尚注意到卢梭的反应，并转告父亲："我在伦敦时，卢梭与休谟来
了，他痛恨我的名字，以为我来伦敦是为监视他……他还问休谟，我们
家是否有力量在伦敦祸害他。"②

第六个问题是信件转交的麻烦。18 世纪信件投递周期长，逢上坏天
气更慢，读写之间有一块想象的余地。1766 年 5 月 19 日，卢梭给勒尼
(Lenies)写信，6 月 10 日才到达。6 月 14 日，培鲁写于瑞士纳沙泰尔的
信，半月后身在英国的卢梭才收到，他原以为培鲁不想回信。更糟的是，
信件有时会丢失。6 月 28 日，卢梭抱怨不久前给伊维农(Ivernois)的信半
路上丢了。③ 当时的英国，外埠来信要求收信人付邮费，卢梭因经济困
难拒绝签收，休谟获悉后，出钱替他收下这一类的信，拆阅后，若有重
要的就转交给他。休谟本是好意，卢梭想到不久前丢的信，不免怀疑休
谟在窥探他的隐私。孤立的事在沉郁的精神里有了确切的因果联系："我
收到您的信，它被拆开过，又重新封好，是休谟给我的，他与江湖骗子
特罗尚的儿子联系密切……与我在巴黎的敌人交往频繁。"④

至此，卢梭的心理已失控。1766 年 4 月中旬他持续向友人写信揭发
敌人的卑劣，致信维尔德兰夫人时将休谟纳入阴谋，致信拉图尔夫人
(Boy de la Tour)时说休谟企图毁坏他的名誉，致信同姓朋友卢梭(F. H.
Rousseau)时怀疑休谟筹划了更多的阴谋，致信罗斯(Rose)时斥责那一伙

---

① Rousseau à P.-A. du Peyrou，14 mars 1766，*CCJJR*，Tome XXIX，p. 28；
Rousseau à F.-H. d'Ivernois，31 mars 1766，*CCJJR*，Tome XXIX，p. 79；Rousseau à
P.-A. du Peyrou，27 janvier 1766，*CCJJR*，Tome XXVIII，p. 231；W. Rouet au
Baron W. Mure，Jan. 25 1766，*CCJJR*，Tome XXVIII，p. 225.

② L.-F. Tronchin à L.-F. Guiguer，13 février 1766，*CCJJR*，Tome XXVIII，
p. 297.

③ Rousseau à T.-P. Lenieps，10 juin 1766，*CCJJR*，Tome XXIX，p. 258；P.-
A. du Peyrou à Rousseau，14 juin 1766，*CCJJR*，Tome XXIX，p. 260；Rousseau à
F.-H. d'Ivernois，28 juin 1766，*CCJJR*，Tome XXIX，p. 287.

④ Rousseau à F.-H. d'Ivernois，31 mars 1766，*CCJJR*，Tome XXIX，p. 79；
Rousseau à M.-M. de Brémond d'Ars，9 avril 1766，*CCJJR*，Tome XXIX，p. 100.

是"戴面具的猴子带领的一群顽童，溅了他一身泥水"①。在孤独与惶恐里，他陷入悲观的宿命论：

> 似乎从童年起，命运就为我布下陷阱，让我长期以来轻易跌落。生来轻信，一旦明白，我迅速走向另一个极端……厌恶人类。②

　　1766 年 5 月 10 日，卢梭的阴谋图已趋完整。那天，他给三个人写信，致马勒泽尔布的长信中历数阴谋的罪证，"开始于 1762 年，由伏尔泰、休谟、达朗贝尔、特罗尚、舒瓦瑟尔公爵、巴黎大主教博蒙等人谋划，休谟是主角，他道貌岸然，居心叵测"，为此卢梭要退出公共交往，今后不再看报；给德吕兹夫人的信里，他描述了武通的住所，抱怨英国气候；致信培鲁时，他将伪信的罪责归于达朗贝尔，"我了解他的风格，这封信像我亲眼看他写的"③。7 月 10 日，他写了一封万言书(八千余法文词)，历数 1762 年以来所受的迫害，指责休谟策划阴谋。④ 米拉波是《爱弥儿》的热心读者，得知纷争后力促息事宁人："休谟可能有不周之处，却是好人，温和恬淡，不拘小节。"⑤此时，没人能说服卢梭，他已决心与社会隔绝，全力撰写《忏悔录》，以表明他的善良天性，揭发敌人的恶。被害心理是精神异常中对假想敌人的反击，不合常理又难以预料，休谟被动应付，有些慌乱，他向朋友诉说冤屈，责备卢梭的不可理喻，以及沃波尔的鲁莽。⑥

　　这件事像以前法国佩剑贵族的决斗一样四处传播，引起种种推测。

---

　　①　Rousseau à M.-M. de Brémond d'Ars, 9 avril 1766, *CCJJR*, Tome XXIX, p. 99；M. Peoples, "La Querelle Rousseau-Hume," *ASJJR*, Tome dix-huitième, p. 83.

　　②　卢梭：《孤独漫步者的遐想》，钱培鑫译，第 70—71 页。

　　③　Rousseau à C.-G. de Lamoignon de Malesherbes, 10 may 1766, *CCJJR*, Tome XXIX, pp. 188-193；Rousseau à M.-F. de Luze, née Warney, 10 may 1766, *CCJJR*, Tome XXIX, pp. 197-200；Rousseau à P.-A. du Peyrou, 10 may 1766, *CCJJR*, Tome XXIX, pp. 202-203.

　　④　Rousseau à D. Hume, 10 juillet 1766, *CCJJR*, Tome XXX, pp. 29-46.

　　⑤　V. Riquetti, marquis de Mirabeau à Rousseau, 27 8bre 1766, Tome XXXI, p. 75.

　　⑥　P.-P. Plan, *J.-J. Rousseau raconté par les gazettes de son temps*, pp. 70, 71.

一位亲历者写道："那个哲学家和来自北方的休谟的矛盾吸引了全世界的目光。"①巴黎地区有影响的沙龙，包括霍尔巴赫沙龙、勒皮纳斯(Lespinasse)夫人的沙龙时常讨论，爱尔维修、尼维农公爵、莫尔莱、杜克洛(Dulcos)、杜尔格(Turgot)等哲学家或政治家想知道前因后果，法国南方的《阿维农邮报》(Courrier d'Avignon)期待各自公布来往信件，英国国王也希望了解详情。②

　　既然没有和解的可能，维护名誉就显得紧迫。1766 年 7 月，休谟向霍尔巴赫寻求对策，霍尔巴赫随即在自家沙龙讨论；不久又致信布莱尔(Blair)，斥责卢梭是卑劣的恶棍，"与有才能的人争论是危险的"③。7月 4 日，休谟决定撰写他们的交往始末，请求达文波尔到卢梭的住处，将他写给卢梭的信誊抄一份，8 月休谟完成草稿，即《告白》一文，起初在熟人间传阅，对于能否出版，休谟犹豫再三：

　　　　卢梭是恶棍、疯子，或兼而有之……除非迫不得已，我不会公布信件……我的行为会为我博得名声，他的行为将使他身败名裂，他的作品也将毁灭。本来就浪得虚名，当作者的品质一落千丈时，对作品的评价自然会下降。我担心我会被迫公布这些文件……没理由害怕令人长期不快的争论。④

　　七年战争后，英国力求修复两国关系，休谟在法国有良好的名声。1749 年 9 月 3 日，孟德斯鸠说自己怀着极大的愉悦读完休谟的《论人类的

　　① Un ami de Rousseau écrit d'Ecosse，*SJC* du 16 au 18 décembre 1766，*CCJJR*，Tome XXXI，p. 347；De Paris le 20 novembre，Le *Courrier d'Avignon*，28 Nov. 1766，Tome XXXI，p. 329.

　　② A. Lilti，Le monde des salons：*Sociabilité et mondanité à Paris au XVIIIe siècle*，Fayard，2005，p. 351；De Paris le 4 octobre 1766，Le *Courrier d'Avignon*，*CCJJR*，Tome XXXI，p. 327；D. Hume à R. Davenport，2 septembre 1766，*CCJJR*，Tome XXX，p. 313.

　　③ M. de Vichy de Chamrond，marquis Du Defand à H. Walpole，9 juillet 1766，*CCJJR*，Tome XXX，p. 27；M. Peoples，"La Querelle Rousseau-Hume，" *ASJJR*，Tome dix-huitième，p. 124.

　　④ 英斯纳、罗斯编：《亚当·斯密通信集》，林国夫、吴良健、王翼龙等译，北京：商务印书馆，2000 年，第 167—168 页。

精神》，这本书"只能出自一个有哲学思想的人"①。1759 年，苏亚尔(J.-B.-A. Suard)翻译休谟《英国史》的段落，在《法国信使报》上发表。1760年，百科全书派的中坚力量莫尔莱(Morellet)，被关押于巴士底狱期间希望书报总监马勒泽尔布给他带书，包括塔西佗的作品、斯塔勒(Stahl)的化学论文，以及休谟的《英国史》(六卷英文版)和《哲学论文》(Essais Philosophiques)。② 自 1763 年 10 月，休谟担任英国驻法公使赫尔福德(Herford)的秘书，任职不久，去枫丹白露宫例行公事，"在一片阿谀声里受到破格的吹捧与不虞之誉，达官贵人的殷勤与赞美与我何干? 来自女士的另当别论，蓬巴杜夫人从未对任何人说这么多话"③。

答应帮助卢梭之前，休谟意识到这不是小事，于公于私都不能懈怠。虽尽力而为，却不能说他们的交往是真诚的。批评者察觉到，"肥胖的休谟自豪地向外界介绍卢梭，像是驯兽员，又像展览会的讲解员"④。自交往之始，休谟发觉卢梭性情敏感，"表面和蔼，心中却不高兴，他对社会的厌恶不是装样子，独处时也不快乐，他宁愿忍受落寞"。等卢梭去武通后，休谟又提到他的怪性情，"读书不多，没有足量的知识，却会感受，我从未见过这样的敏感，但他从中得到的是痛苦，不是快乐"。⑤ 卢梭在武通安顿妥当，休谟希望就此结束口是心非的交往，"这个人中怪杰好不容易离开我们，我不期望得到他的友情，尽管他说若在伦敦或爱丁堡定居，每年会徒步来看我"⑥。

休谟陷入纠纷，混乱的舆论使之进退两难，就向朋友征求意见。布弗莱夫人对卢梭有所袒护，但她又宽慰休谟，说他不是告密者，"卢梭的

---

① *Catalogue de la bibliothèque de Montesquieu à La Brède*，par L. Desgraves et C. Volpilhac-Auger，avec la collaboration de F. Weil，Oxford：Voltaire Foundation，1999，p. 4.

② F. Brayard，A. De Maurepas (eds.)，*Les Français vus par eux-mêmes*，*Le XVIIIe siècle*，Robert Laffont，1999，p. 851.

③ 英斯纳、罗斯编：《亚当·斯密通信集》，林国夫、吴良健、王翼龙等译，第 138 页。

④ 雷蒙·特鲁松：《卢梭传》，李平沤、何三雅译，北京：商务印书馆，1998年，第 411 页。

⑤ D. Hume à J. Home de Ninewells，22 mars 1766，*CCJJR*，Tome XXIX，p. 52.

⑥ D. Hume à H. Blair，25 mars 1766，*CCJJR*，Tome XXIX，p. 58.

言行不会伤及他的名誉";她得知休谟执意要发表《告白》后十分不满，"卢梭的心已伤痕累累，理智不能控制情感，休谟的方式是对付敌人的"①。休谟没有改变初衷，只是在其中删去布弗莱夫人的名字。霍尔巴赫建议印行一部分，在朋友间辨明是非即可；伏尔泰不赞成出版，"那会有损于哲学的声誉"②。达朗贝尔前后有所摇摆，起初他担心公开文人的矛盾会引来讥讽，劝休谟三思。不久，他听休谟说卢梭指责他写了"那封以普鲁士国王的名义在报纸上发表的信"，而在卢梭的《回忆录》里，他和休谟可能是主角，达朗贝尔转而赞同出版，"但要待其再次反击时"③。英国同胞的意见同样让休谟不知怎么办。沃波尔未公开道歉，但对自己的鲁莽有所愧疚，就允许休谟在《告白》中引用伪信，1766 年 7 月 26 日却反对他的写作计划。亚当·斯密了解巴黎的舆论态势，他不同意公开，而是一笑置之，"三星期内，眼前这桩让您烦恼的小事会为人理解，您若努力揭发伪君子，不免打乱生活的平静"④。作为休谟和卢梭共同朋友的基斯也反对，他赞扬休谟乐于助人，又说卢梭不会忘恩负义，"他忍受的责骂多，身处这般境地的人，无论多么清白都没有澄清是非的力量"⑤。

反对的声音未触动休谟，他受布弗莱夫人之托，帮助卢梭逃亡，又为他申请年金，却被反诬是阴谋家，不由想到尽人皆知的寓言《农夫和蛇》，他是那个因善良之心而受伤害的农夫，卢梭是那条冻僵的蛇。1766 年 10 月初，经达朗贝尔的协调，苏亚尔将《告白》译成法文，达朗贝尔写了前言："休谟在欧洲有名气，坦率正直，那些严厉批评他的人也尊敬他的品德；他不善于争吵，因为争吵是哲学的耻辱；他同情卢梭，为之寻

---

① M. Peoples, "La Querelle Rousseau-Hume," *ASJJR*, Tome dix-huitième, pp. 131-132, 157.

② F.-M. A. de Voltaire à E.-N. Damilaville, 15 octobre 1766, *CCJJR*, Tome XXXI, p. 30.

③ J. le Rond d'Alembert aux éditeurs de l'Expose succinct, 1er octobre 1766, *CCJJR*, Tome XXXI, p. 1; D. Hume à Comtesse de Boufflers-Rouverel, 2 février 1767, *CCJJR*, Tome XXXII, p. 93.

④ 英斯纳、罗斯编：《亚当·斯密通信集》，林国夫、吴良健、王翼龙等译，第 161 页。

⑤ M. Peoples, "La Querelle Rousseau-Hume," *ASJJR*, Tome dix-huitième, pp. 128, 161, 181, 163.

找避难地，他的朋友对此有误解，所以要解释。"①

11月，《告白》在英法两国出版，一个月后英文版卖了五百份。这本小册子的影响力不小，至少让人思考：卢梭真诚吗？② 达朗贝尔对法文版有所修改，休谟不满，至于法国人的反应，他有些担心，"敌人会推断，我们虽是优秀的民族，但开化不足，现在正快速地堕入野蛮、无知与迷信"③。之后，休谟将与卢梭来往的信件保存于英国国家博物馆，避免有人篡改事实，同时让后人有评判的机会，他觉得这样做足以结束争吵。

对于卢梭，这才是阴谋的开始。一直以来，让他闷昏的是：休谟帮助他，又与他的敌人秘密交往，"他关心我是否能过上安宁的生活，但私下里诋毁我的名誉，这是为什么？"④此后，卢梭的受害想象逐渐失控。1764年，科西嘉总督保利曾去莫第埃拜访，请求他为科西嘉制定宪法，卢梭欣然同意，因其向来不满于欧洲君主制下的权力垄断，也思考过改革波兰的旧宪法。⑤ 1769年，法国军队在旁那乌(Ponte-Novu)战役中战胜保利，将科西嘉纳入法国版图，这对卢梭打击不轻，他不能在那里推行先前构想的法律。在普鲁士、奥地利和俄罗斯的觊觎下，波兰地位危急，1772年，三国合谋分割波兰，卢梭觉得那都是针对他的阴谋。1770年1月，他忆及受到的不公正待遇，谴责舒瓦瑟尔、格里姆、狄德罗、

---

① J. le Rond d'Alembert à D. Hume，6 octobre 1766，*CCJJR*，Tome XXXI，p. 16；D. Hume，*A concise and genuine account of the dispute between Mr. Hume and Mr. Rousseau，with the letters that passed between them during their controversy，as also the Letters of the Hon. Mr.Walpole，and Mr. D'Alembert，relative to this extra-ordinary Affair*，London，1766，pp. iii-v.

② H. Roddier，*J. -J. Rousseau en Angleterre au XVIIIe siècle*，Paris，1950，p. 327.

③ D. Hume à H. Walpole，20 Nov. 1766，*CCJJR*，Tome XXXI，p. 187.

④ Rousseau à D. Hume，10 juillet 1766，*CCJJR*，Tome XXX，p. 36；Rousseau à Comtesse de Boufflers-Rouverel，30 août，*CCJJR*，Tome XXX，p. 291；Rousseau à M. -M. de Brémond d'Ars，30 août，*CCJJR*，Tome XXX，p. 298；Rousseau à F. -H. d'Ivernois，30 août，*CCJJR*，Tome XXX，p. 303.

⑤ *Correspondance littéraire，philosophique et critique de Grimm et de Diderot，depuis* 1753 *jusqu'en* 1790，Tome 12，juillet 1778，pp. 131，132.

达朗贝尔等人的过错："他们派遣各类间谍跟踪我，有冒险家、文人、神父、军人和妓女。"①在最后的作品《卢梭评判让-雅克》和《漫步遐想录》里，他仍在控诉无所不在的阴谋，1778 年春天，杜索尔拜访卢梭，听他讲述冤屈事：

> 舒瓦瑟尔是专制制度的帮凶，对我施加那么多迫害，我一清二楚。还有休谟，不顾我的意愿，把我带到陌生的地方……真是个野蛮人！我能忘记这些吗？只是我不说罢了，"谁会长久泪流不止"（Quis talia fando temperet a lacrymis）。②

卢梭休谟之争不再是两人的私事，那是启蒙时代人心与风俗的全景图。多样人格参与争论，结果是非难辨。卢梭因身心病痛不合于群，误解袭来，形象分裂；休谟因早年的怀疑论受苏格兰主流思想界排挤，后在英格兰涉足政治，谨慎小心；沃波尔以批判权威出名，有公正心，但行事鲁莽；亚当·斯密继承了苏格兰的思想传统，为古典经济学的理论奠基；约翰逊博士是英格兰的文化保守派，在古典风格与现代风格、民族传统与外来文化之间有所犹豫。在普通民众里，有人希望吵得再凶一些，有人希望尽快结束；对于那些到处搜集新闻消息的报刊撰稿人，纷争越剧烈，他们的文章越受欢迎，获取的稿费就越多；而保守的教士找到了对付启蒙哲学家的道德武器，一群叽叽喳喳的文字匠，苦心孤诣地制造惹人注意的新话题，哪能担负得起开拓人类福祉的责任？

1767 年 3 月 25 日，弗雷隆（Fréron）出版小册子《一个公正的英国人对于卢梭休谟之争的感受》，严厉斥责沃波尔，"取笑普鲁士王的行为应受到惩罚"③。18 世纪法国的《秘密回忆报》提及两本小册子：一本是 1766 年 11 月 16 日出版的《为卢梭辩护》，但它缺少有利于卢梭的新证据；

---

① Rousseau à C. A. de Sanit-Germain, 26 février 1770, *CCJJR*, Tome XXXVII, pp. 248, 262, 264.

② J. Dusaulx, *De mes rapports avec J. J. Rousseau et de notre correspondance, suivie d'une notice très importante*, p. 46.

③ "Sentiments d'un Anglais impartial sur la querelle de M. Hume et Rousseau," P.-P. Plan, *J.-J. Rousseau raconté par les gazettes de son temps*, p. 81.

另一本是1767年1月8日的《对卢梭休谟事件的思考》，"巴黎人以为休谟在愚弄一个留在英国的瑞士人"①。争论前，《秘密回忆报》取笑卢梭，但获悉英国人讽刺同胞后，它转变了立场，批判休谟和沃波尔的轻浮，乃至英国人的冷漠，"卢梭只是病了，没有坏心思，休谟正相反，他有病，居心叵测"②。

意见的对立，不只在两国民众间，也出现于一国的民众。英国人布斯比读完《告白》后，内心苦闷，他是支持卢梭的，但同胞让他失望："先生，您以前说过，敏感的心灵是上帝的致命赠予……如果您有错，那是因为有伟大善良的心灵，若冷漠迟钝、以数学规则衡量友谊，不至于如此。"③ 1770年，英国人西克奈斯（Thicknesse）又为卢梭鸣不平：

> 一个游荡的世界公民，备受迫害，他的感性不是随意的、异想天开的，是哲学的，充满了天才的独创性，他观察人类的角度如此不同，却被视为荒谬。斯威夫特说过，伟大天才的不同之处在于所有的笨蛋一致反对他。④

法国民众的分裂更严重。1766年12月亲历争论的杜潘（Dupan）观察到，"巴黎人有支持卢梭的，有反对的，像是大规模的战争"；拉里奥（Laliaud）批评达朗贝尔招惹事端，"想到他在其中的角色，及其写给休谟的信，就可以判断这个人"；卢梭曾给杜宾（Dupin）的孩子当过家庭教师，此时，这一往事成了外界羞辱他家人的借口。⑤

---

① "Justification de Rousseau dans la contestation qui lui est survenue avec M. Hume," "Réflextions posthumes sur le procès de J.-J. Rousseau et de David," P.-P. Plan, *J.-J. Rousseau raconté par les gazettes de son temps*, pp. 73, 74.

② P.-P. Plan, *J.-J. Rousseau raconté par les gazettes de son temps*, pp. 15, 81, 95, 68.

③ B. Boothby à Rousseau, Dec. 23, 1766, *CCJJR*, Tome XXXI, p. 300.

④ P. Thicknesse, *Sketches and characters of the most emient and most singular persons now living*, Bristol, 1770, pp. 74-75.

⑤ J.-L. Dupan à A. Freudenreich, 25 8bre 1766, *CCJJR*, Tome XXXI, p. 68; H. Laliaud à René-Louis, marquis de Girardin, 12 juillet 1779, *CCJJR*, Tome XLIII, p. 354; P.-P. Plan, *J.-J. Rousseau raconté par les gazettes de son temps*, p. 96.

伏尔泰是复杂的角色，他的作品一贯冷静，饱含讽刺，但狡黠的笑容之后是迷惑的心。18 世纪初，因与贵族的仇怨，他赴英避难，对那里的自由与宽容有好印象；1756 年七年战争之初，英法对抗，他向军队捐钱造军舰抗击英军；而 1759 年获悉英军攻占法国殖民地魁北克后，他在费尔奈庄园演戏庆祝。1748 年，他的《论戏剧》(*Dissertation sur la tragédie*)对莎士比亚不敬，"《哈姆雷特》是粗糙野蛮的作品，法国和意大利最普通的人都不会认同"，"《尤利乌斯·恺撒》是幼稚的风格"。约翰逊博士得知后予以回击，1768 年沃波尔批评伏尔泰对英国戏剧的恶意，"费尔奈的'大主教'不能这么粗鲁"①。伏尔泰维护法国古典主义风格，又服膺英国现代精神，他乐于看到卢梭难堪，不失时机地落井下石，"我觉得这一切对于文学是不幸的，要去除坏掉的部分（指卢梭，译者注)"②。但面对外国报纸对同胞随意取笑，他又难以接受。在青年文人面前，他是古典主义者，不喜欢标新立异，对于新哲学的潮流却无可奈何。1766 年之后，伏尔泰为卢梭的支持者指责，因其散布谣言，他也数落英国人的不友好，偶尔哀叹人心不古，"现在的文人品性低劣，没有理智，难道他们不知道最重要的写作原则是主题与风格的统一？"③

达朗贝尔担心是非不分的争论会损害哲学家的名声。18 世纪中叶，这一群体不独立，或受制于出版商，或依附于宫廷教会，仍不免受政治宗教权威的谴责，《百科全书》第一卷出版后，索邦神学院、耶稣会、冉森派指责他们传播无神论，亵渎神灵。果然，卢梭休谟之争后，对新式哲学的批判严厉起来，历来排斥现代风格的宗教界借此攻击启蒙哲学家，一个"假冒的贵格派"说休谟(David Youme，据法语发音拼写)是伪君子，"像残忍的日本人，从来不懂情感，让-雅克是敏感的穴居人，一心想着

---

① J. Pappas, "La campagne de Voltaire contre Shakespeare," *Voltaire et ses combats*, Actes du congrès international Oxford-Paris 1994, I, Oxford, 1997, pp. 69, 72, 73.

② Voltaire *à* J.-F. Marmontel, 24 9bre 1766, *CCJJR*, Tome XXXI, p. 208.

③ Voltaire *à* J. le Rond d'Alembert, 15 octobre 1766, *CCJJR*, Tome XXXI, p. 31；Voltaire *à* E.-N. Damilaville, 3 9bre 1766, *CCJJR*, Tome XXXI, p. 107.

名誉"①。另一位匿名作家取笑哲学家的轻浮：

> 两个大人物的矛盾不一定是哲学问题，并非起因于不同的感受，
> 而是卢梭认为休谟背叛了他，休谟认为卢梭忘恩负义……哲学扮演
> 了多么卑微的角色，那些首先将之公布于众的人是有罪过的。②

卢梭休谟之争威胁到文学共和国的精神。它本来致力于实践美德、
公益、理性，培育现代社会的常识与共识，以之取代教权和君权时代的
旧规范，但争论展示最多的是人性的弱点。在匿名的语境里，坏倾向暴
露无遗，讥笑、报复、同情、旁观、好奇，真实为恶意的谎言驱离，剩
下的只有滋生是非的传言。1766 年 7 月，梅尼埃（Meinières）担忧争论的
后果："文学共和国里竟有这样的麻烦事，我很生气。"③

龃龉不相投，两人都是受害者。原本乐观的休谟察觉到生活中的阴
暗，"一片弥漫着冷漠、无知与迷信的荒漠，一个蒙昧愚钝的世界"④。
在 1776 年的《自传》里，他刻意回避这场争论，也未提及卢梭："1766 年
年初，我离开巴黎，夏天在爱丁堡，去那里的意图和先前一样，找地方
隐居。"⑤卢梭受影响更大，无论言行举止、思想风格，还是对社会的态
度。自 1766 年 5 月，他沉默不语，要从街谈巷议和报纸新闻中消失，最
后更名换姓，与外界断绝来往，发誓不再写信。⑥ 但面对无端的质疑，
他又不得不写：1766 年 3 月 23 封，4 月 16 封，5 月 12 封，6 月 8 封，7
月 7 封，8 月 18 封，9 月 13 封，10 月 5 封，11 月 15 封，12 月 13 封；
1767 年 1 月 16 封，2 月 28 封，3 月 15 封。他的病时轻时重，待遇不公
引起的愤懑不平，理想受挫后的抑郁感在心中积累，人身安全有保障，

---

①　Un pseudo-quaker defend Rousseau contre Hume et Voltaire，*CCJJR*，Tome
XXXII，p. 292.

②　Remarques d'un anonyme，*CCJJR*，Tome XXXIII，p. 289.

③　O. Durey des Meinières à D. Hume，7 juillet 1766，Tome XXX，p. 23.

④　P. Gay，*The Enlightenment*：*An interpretation*，Tome I，p. 20.

⑤　休谟：《休谟自传》，《人类理解研究》，关文运译，北京：商务印书馆，
2007 年，第 7 页。

⑥　Rousseau à L.-A.-J.D. de Chenonceaux，21 juin 1766，*CCJJR*，Tome
XXIX，p. 263；Rousseau à G. Keith，20 juillet 1766，*CCJJR*，Tome XXX，p. 124.

内心却孤独，羞涩的性情在不信任的交往中四处碰壁。1766 年 8 月，卢梭忆及英国之行：

> 作为外国人，不会说英语，也听不懂，没有朋友，没有依靠，没有熟人，不知道将信托付给谁才能安全送达……身体病着，待在屋里，看不见任何人，很少写东西。说到底，这是在隐居，采集标本是我全部的寄托。①

判断力恍惚，朋友不断幻化为敌人，卢梭日渐对一切失去信任。健康问题是他心理失控的最初原因，启蒙时代的恶风俗又使之无从缓解。他将孤立的事件放在明确的因果关系里，其中的原因会变作结果，结果会变作原因，所以那是失控的因果关系，一个无意识、潜意识、梦境与幻觉的思维世界。他的心理日渐为这样的因果关系所控制，阴谋一天比一天大，他高呼，他控诉，但没人理会。在冷漠与空寂里，他与离奇的想象搏斗，变幻的情节又将之引向更坏的境地。卢梭余生为此所困，觅不得出路，也没有什么能振作起他日益消沉的精神。

第二节　天气、舆论与卢梭休谟之争

卢梭说自己有二十余种病患，尿潴留从小就有，年轻时代备受折磨，中年时差点死去，"终其一生没有健全人的快乐"②。健康状况受天气的影响，1766—1767 年在英避难时身体出了问题，这与当地的气候有何关系？18 世纪，英国以言论自由著称，有别于法国威权下的肃厉，但报刊舆论讥诮无度，对人不尊重，卢梭的精神问题与之有没有关系？

1905—1906 年，法国人库尔多去英国博物馆阅读休谟所藏的书信，1910 年 9 月又去武通考察。他发现这个小村子所在的地区与瑞士汝拉山相似，有森林、灌木、山谷、石洞，冬季早早到来，大雪不断，雪后是足量

---

① Rousseau à P. Guy，2 aoust，1766，*CCJJR*，Tome XXX，p. 197.
② 《贝纳尔丹·德·圣·皮埃尔眼中的卢梭》，卢梭：《孤独漫步者的遐想》，钱培鑫译，第 264 页。

的雨水，潮湿寒冷，春天迟迟不来。① 1766 年英国的冬天出人意料的冷，基斯曾说那里比法国好得多，"乡村美丽，自由富足，在伦敦城，人们像生活在森林里"②。而卢梭去武通时一路上寒风扑面，大雪下了一天，之后数日遍地冰冻，大雪时断时续，他喜欢那所孤零零的小房子，却不适应气候，"3 月时节像 1 月，田野里白茫茫一片，都冻住了"③。休谟对此有所歉意："近些日子天气很糟，一想到你我就难以安心，希望没有令人不快的事。"④

卢梭喜欢晴天，害怕阴霾，雪天后是雨天，只能窝在屋里。⑤ 时至 5月又湿又冷，春天来了，寒凉久久不去，"法国已姹紫嫣红，这里的树还没长叶子"；6 月阴雨连绵，不便出门。⑥ 坏天气损及他的健康，而且耽误了日常漫步，这让他不适应。1756 年 8 月，卢梭致信勒尼普斯（Lenieps）时提及田野树林的意义："我迫不及待放下笔，去林中慢跑，屋里的空气快要窒息我，一看写字台就有噩梦般的感受。"⑦英国秋天降雨少，适合外出散步，采集标本，但冬季又是一样寒冷多雪。1766 年 11 月 26 日，他因一星期前的坏天气而忍受病痛，闷在屋里，时光空流逝，心中不免焦躁。⑧

刚到伦敦时，卢梭忙于交际应酬，书信中很少提及 1766 年年初的天气，1767 年 1—3 月的记录能补充英国全年气候对他的害处。1 月 15 日，

---

① L.-J. Courtois, *Le Séjour de J.-J. Rousseau en Angleterre*, *ASJJR*, Tome VI, pp. 42-43.

② G. Keith à Rousseau, 3 juillet 1766, *CCJJR*, Tome XXX, p. 5；Georht Keith à Rousseau, 2 décembre 1765, *CCJJR*, Tome XXVIII, p. 11.

③ Rousseau à D. Hume, 29 mars 1766, *CCJJR*, Tome XXIX, p. 67；Rousseau à R. Davenport, 22 mars 1766, *CCJJR*, Tome XXIX, pp. 47, 48.

④ D. Hume à Rousseau, 27 mars 1766, *CCJJR*, Tome XXIX, p. 62.

⑤ 卢梭：《孤独漫步者的遐想》，钱培鑫译，第 266 页。

⑥ Rousseau à M.-F. de Luze, 10 may 1766, *CCJJR*, Tome XXIX, p. 199；R. Davenport à D. Hume, 23 juin 1766, *CCJJR*, Tome XXIX, p. 276.

⑦ Rousseau à M.-F. de Luze, 10 mai 1766, *CCJJR*, Tome XXIX, p. 199；Rousseau à B. Granville, 3 mai 1766, *CCJJR*, Tome XXIX, p. 168；Rousseau à T.-P. Lenieps, 4 aoust 1756, *CCJJR*, Tome IV, p. 31.

⑧ R. Davenport à Rousseau, 26 novembre 1766, *CCJJR*, Tome XXXI, p. 211；Rousseau à B. Granville, 28 fev. 1767, *CCJJR*, Tome XXXII, p. 185.

"天气坏透了，想有多坏就有多坏，两星期持续降雪，已封住路"，达文波尔担心大雪将他埋了；雪停了，大风自旷野吹袭来，雪化了，路泥泞，要等踩结实才能外出。[1] 无常的天气唤起卢梭的寒冷记忆："我正给您写信，但不知何时送达，近十四天大雪要埋了我，从屋里出去都不容易，更是阻断了交通，没有过路马车，没有去往附近的邮车，我从未经受过如此的寒冷，比瑞士还要冷。"[2]"瑞士"指瑞士和法国边界的汝拉山，1762 年 7 月至 1765 年 9 月，卢梭在此躲避追捕，那时病情恶化，尿路不畅，为掩饰携带导尿用具的尴尬，他穿上了当地亚美尼亚族的服装：皮大衣、圆帽子和黑腰带。[3] 1763 年 1 月 29 日，他的病坏到极致，遂写下遗嘱，"女管家"特蕾兹继承他的遗产。（1767 年卢梭与特蕾兹结婚，此时未以夫妻相称[4]）

　　每逢天气不好，卢梭就在屋里写信，修改《音乐辞典》以及《忏悔录》第一章。以写信为例，1767 年 1 月 31 日写了 6 封，2 月 7 日 7 封，2 月 28 日 5 封。他的信多是中等篇幅，八开纸四五页，最多的一封有八千余词汇，手稿三十七页，如 1766 年 7 月 10 日斥责休谟时。笔耕不辍，他却忍着病痛，"有时不知道写了什么"。他还说不习惯英国的生活方式，那让人不舒服，所谓"生活方式"是指吃穿住行，他曾抱怨英国的菜没味道，又涉及糟糕的气候，他的身体不适应。[5] 邮政受天气影响大，1767 年 1 月降雪两星期，道路不通，邮车暂停运营，通信送达缓慢，卢梭担心信件遭窃。[6] 湿凉、严寒、嘲讽、背叛，意想不到的事偏偏发生，念及前途茫茫，卢

---

① R. Davenport à Rousseau, 15 janvier 1767, *CCJJR*, Tome XXXII, p. 47；Rousseau à B. Granville, 19 janvier 1767, *CCJJR*, Tome XXXII, p. 54；Rousseau à R. Davenport, 21 janvier 1767, *CCJJR*, Tome XXXII, p. 168.

② Rousseau à P. Guy, 20 janvier 1767, *CCJJR*, Tome XXXII, p. 55；P. -A. du Peyrou à Rousseau, 25 mars 1766, *CCJJR*, Tome XXIX, p. 55.

③ 卢梭：《忏悔录》，黎星、范希衡译，第 740 页。

④ B. Gagnebin（ed.），*Testament de J. -J. Rousseau*, 29 janvier 1763, Paris：BNF；Theophle Dufour，*Le Testament de J. -J. Rousseau*, février 1763, Genève, 1907.

⑤ Rousseau à W. Rose, 16 avril 1766, *CCJJR*, Tome XXIX, p. 119；Rousseau à P. -A. du Peyrou, 2 mars 1766, *CCJJR*, Tome XXIX, p. 5；Rousseau à M. -F. de Luze, 10 mai 1766, *CCJJR*, Tome XXIX, p. 199.

⑥ Rousseau à P. Guy, 20 janvier 1767, *CCJJR*, Tome XXXII, p. 55；Rousseau à R. Davenport, 23 janvier 1767, *CCJJR*, Tome XXXII, p. 67.

梭忧虑不安，感受力与想象力错乱，在毫无联系的事件里寻找确切的联系，这是他那时候的心理。1766 年 3 月 27 日，他致信孔代（François Coindet）：

> 眼下，我无法观赏此地乡村的景致，整片土地埋在雪下……只能自娱自乐。近十四年，我目睹了文人职业所引起的不幸，幸好没沾染一丁点儿，嫉妒、阴谋欺诈的心理、江湖骗子的甜言蜜语从未侵入我的心灵。①

来武通前，卢梭对休谟已心存芥蒂，在武通的孤独里，阴谋图渐趋完整。他的推理方式不复杂，休谟是伏尔泰、达朗贝尔、沃波尔、特罗尚的朋友，这些人是卢梭的敌人，敌人的朋友就是敌人。英国文人并未构陷阴谋，那是卢梭因安全感缺失而出现的幻觉，而此时，想象中的敌人在现实里有了对应的角色。

卢梭不习惯英国气候，也不适应那里的舆论。自 1730 年起，英国现代意义的言论自由借助现代经济事业和科学成就生根发芽，"公共舆论在日常生活中有明确的地位"②。那是一个与王权和教权并立的话语体系，为资产者和下层民众所认可：

> 我们可以向公众表达自己的任何想法，同国王大臣一道公开谴责每一项法案。无论什么，都不会像我们的极度自由更易使外国人惊异……这样的自由不是在其他国家都为人宽容，无论是共和国还是君主国，无论是荷兰还是威尼斯，更不用说法国和西班牙。③

英国现代早期的公共舆论有缺陷。为满足公众的好奇，谋求更高的报刊发行量，公共视野任意侵入私人空间，个人名誉权不受保护，报刊

---

① Rousseau à F. Coindet，29 mars 1766，*CCJ JR*，Tome XXIX，p. 69.

② M. Ozouf，"L'opinion publique," *The French Revolution and the creation of modern political culture*，Volume I，edited by Keith Michael Baker，Pergamon Press，1987，p. 420.

③ 休谟：《论新闻自由》，《休谟散文集》，肖聿译，北京：中国社会科学出版社，2006 年，第 41 页。

的褒贬没有限度。英国人熟悉这样的风格，对于没有清晰的伦理和法律界限的言论，置之不理。卢梭受嘲讽时，一个英国人在《圣詹姆斯纪事报》发表公开信，劝他视而不见："如果那些偏执的人在您身上发现了弱点，您会很不愉快，但英国人不会愚蠢到一件事印在报纸上就相信它是真的。"① 1766 年 4 月 11 日，该报主编又为卢梭出谋划策："嘲笑在英国是被许可的骚扰人的唯一方式，不受约束。"②情势混乱，有人就此批评舆论的缺陷：

> 一些作家甚至认为公开嘲笑是检验真理的最好方式，您一定听说这里的报纸是如何讽刺（英国首相）皮特先生的，说他不诚实，是傻瓜、空想家，乃至疯子。③

旧制度晚期的法国，政治事务的公开性不足，有让人猜不透的神秘感。哲学家已经意识到公共舆论的存在，而且是普通人介入政治的途径，但它的含义不清晰。出版物内容刻板，缺乏英国式的自由，这样的舆论有一个优点，它不会随意奚落人的尊严。卢梭在瑞士和法国遭到追捕，一度有生命危险，却总有避难地，在心底里，他以为是因追求真理和正义才受责难，荣誉感由此而生。在英国，公之于众的讽刺对心理的影响是持续的，道德贬低威胁个体存在的合理性，他果真像报纸上所说的，忘恩负义、哗众取宠，抑或虚伪高傲？

英国舆论的另一个缺点是过度商业化，刻意迎合公众的阅读趣味，不管内容是否真实。1718 年，《博学欧洲》杂志(*L'Europe savant*)提及规范报道的原则：

---

① H. Walpole à D. Hume, Nov. 6th 1766, *CCJJR*, Tome XXXI, p. 121; Lettre du quaker Z. A. à Rousseau (To the printer of the *S. J. Chronicle*)，*SJC* du 17 au 19 avril 1766，*CCJJR*, Tome XXIX, p. 300; *SJC* du 15 au 17, avril 1766, copy of a Letter to the celebrated Rousseau, *CCJJR*, Tome XXIX, p. 299.

② Après la publication de la protestation de Rousseau, Copy of a Letter to the celebrated Rousseau, *CCJJR*, Tome XXIX, p. 299.

③ *SJC* du 15 avril 1766, copy of a Letter to the celebrated Rousseau, *CCJJR*, Tome XXIX, p. 299.

熟悉相关地区的法律、风俗和习惯；完全依据事情真相，以明快、易懂和简练的风格写作；只以亲历者的表述为依据；说实话，不夸张，忌诡诈；只从事实性的文章里摘录，杜绝浮夸；不刻意褒贬，适当时温和地赞扬，简短明确。①

但在利益的驱使下，现实状况与之相差甚远。为吸引读者，获得最大收益，报刊编辑想方设法增加报纸发行量，有些报纸"不惮于采纳夸张的叙述"②。18世纪初，格拉布街文人数量激增，源源不断地为报纸采集信息，他们走遍城市、郊区和周边村落，杜撰故事，他们的报酬取决于新闻的长度、数量和趣味性。既然不讲是非，无中生有的滑稽剧就经常上演，"一些人在报纸上已死去，甚至有葬礼的情节，实际上他们生活得很好，关于外国的消息情况更糟"；报刊间相互窃取，"早报的故事在晚报上讲，晚报的文章转而印在第二天的早报上"。1731年，卡韦(E. Cave)创办《绅士杂志》，编辑地点位于伦敦的圣约翰·伽特街(St. John's Gate)，离虚假信息的发源地格拉布街不远。《绅士杂志》的信息源主要是其他报纸，为此，塞缪尔·约翰逊说新闻作家没有道德感，"为一己之利在屋里编造谎言，不需要才华和相关的知识，不必靠勤奋，无需充沛的精力，只要不知羞耻，不求真实就好"。③ 有人想泼灭出版界的名利心，并为此筹办《格拉布街报》(The Grub-street Journal)，督促作家、书商和发行人有团体意识，并自我约束，但收效不大。④ 与报纸发行量密切相关的是广告收入，18世纪末，每期销量3000份的报纸一年刊登23000个广告，获利2300英镑。1770年，《公共广告家》(Public Advertiser)一期销售3133份，招揽23612个广告，获利2233.9英镑。⑤

出版商不尊重作者意愿，修改文稿不与之沟通，发行事宜自主决定。

----

① "Histoire journalière de Paris, 1716," *L'Europe savante*, Tome I, A la Haye, 1718, pp. 304, 305.

② Le Conseil d'Etat de Neuchâtel à Freédeéric II, roi de Prusse, 3 décembre 1765, *CCJJR*, Tome XXVIII, p. 14.

③ B. Clarke, *From Grub Street to Fleet Street*, pp. 68, 70, 9.

④ *Memoirs of the Society of Grub Street*, Vol I, pp. iii-iv.

⑤ B. Clarke, *From Grub Street to Fleet Street*, p. 99.

表 2-1　18 世纪英国报纸广告收入

时间 (年)	伦敦报纸 广告收入(英镑)	外省报纸 广告收入(英镑)
1715	931	92
1720	1319	136
1730	1882	436
1740	2969	814
1750	4951	1248
1760	11239	4567
1770	15642	9505
1780	20796	15748
1790	36660	18230

1766 年，休谟在伦敦准备出版《告白》时碰到这样的问题："我不敢出版卢梭给我写的信，它们会被人篡改，面目全非，我要在前言中说明，信的原件已保存在国家博物馆。"①这在法国也不稀奇，1751 年《论科学与艺术》在巴黎皮索(Pissot)出版社连印三版，而卢梭并不知情。之后他为《百科全书》编写词条，出版前又被人改动，所以在出版《音乐辞典》时，他小心翼翼，"这些文章匆匆而就，若被随意删减，又标上我的名字，那我就得抗议"②。英法有这样的问题，荷兰、德国也不例外。③ 出版商随意改动，书稿质量没有保障，商业之利损及独立思考的庄严。

　　私人信件也会在作者不知情时公之于众，它们属于私人空间，写作时更注重情感，观点少顾忌，在公共空间里显得与众不同，虽能吸引注意，却有害于作者对现代公共性的认同。沃波尔的伪信即是一例，起初在熟人间传播，

---

　　①　D. Hume à W. Strahan，25 novembre 1766，*CCJJR*，Tome XXXI，p. 209；"Recueil de Lettres de M. J. J. Rousseau et autres pièces relatives à sa persécution & à sa Défense，" D. Hume à Mathieu Maty，23 janvier 1767，*CCJJR*，Tome XXXII，p. 69.

　　②　A. Schinz，"Histoire de l'Impression et de la Publication du Discours sur l'Inégalité, de J.-J. Rousseau，" *PMLA*，Vol. 28，No. 2（1913），p. 257；Rousseau à M.-M. Rey，3 mars 1766，*CCJJR*，Tome XXIX，p. 10.

　　③　Réponse du Comte D＊＊＊ au Chevalier D＊＊＊，*Critique du siècle，ou lettres sur divers sujets，par l'auteur des Lettres Juives*，Tome I，A la Haye，1755，pp. 11，12. "＊＊＊"是法国旧制度下的匿名现象，逃避审察制度。

经《圣詹姆斯纪事报》刊载后，传播之快、影响之大出乎作者预料，"读过的人都想见见写作者"①。扰人的局面难以收拾，沃波尔觉得自己是受害者。

英国报刊业不完全受制于政府与教会，却滥用了言论自由。卢梭是畅销书作家，因挑战神学权威受迫害，英国人希望了解他的一切，报刊编辑发现关于他的事总能吸引公众，便千方百计地获取。公众虽被视为沉默理智的裁判，却不总能主持公道。在词义学上，18世纪的"公众"(Public)有两层意义，首先是包容而有美德的群体，作家以之为交流对象，"当公众慷慨地给予掌声时，我们就知道他们的期许，尽力满足，争取没有疏忽"②。其次是轻信而不宽容的公众，缺乏专业知识，只能雾里看花，不关心公益，喜欢猎奇，以讹传讹。③ 休谟进退维谷时，曾向他们说明事情原委，有人是真挚地同情，有人纯粹是因为好奇。④ 为此，《秘密回忆报》批评公众只为取乐，"对休谟和卢梭都是嘲讽的，不关心其中的是与非"。1766年8月，梅斯特(J.-H. Meister)根据道听途说为这场争论写了部戏剧，"它一定能让人痛哭流涕"。⑤

空泛的好奇心对一切都打听，又对虏获的一切将信将疑，心中不解更多，有人会诉诸道德审判，以为世间都是谎言，有喜好纷争的人，煽动争端，余烬加炭，火上添柴。梅西耶对此很失望，"谴责文人时，公众是伪善

---

①　Comtesse de Boufflers-Rouverel, à D. Hume, 7 janvier 1766, *CCJJR*, Tome XXVIII, p. 166；H. Walpole à Anne Pitt, 19 janvier 1766, *CCJJR*, Tome XXVIII, p. 206.

②　*Critique désintéressée des journaux littéraires et des ouvrages des savans*, par une société de Gens de lettres, Tome II, Tome VII, A la Haye, 1730, pp. 4-6；*Critique du siècle, ou lettres sur divers sujets*, par l'auteur des Lettres Juives, Tome I, A la Haye, 1755, p. 2.

③　M.-M. D. de Saint-Maur à D. Hume, 10 aoust 1766, *CCJJR*, Tome XXX, p. 257；Jacob-Henri Meister au pasteur J. H. Meister, 12 octobre 1766, *CCJJR*, Tome XXXI, p. 27.

④　D. Hume à Comtesse de Boufflers-Rouverel, *CCJJR*, Tome XXX, p. 95；D. Hume à Andrew Millar, 8 novembre 1766, *CCJJR*, Tome XXXI, p. 129；D. Hume à W. Strahan, 8 novembre 1766, *CCJJR*, Tome XXXI, p. 130；J. von Bondeli à S. Necker, 1er mars 1766, *CCJJR*, Tome XXIX, p. 1；J. von Bondeli au L. Usteri, 6 mars 1766, *CCJJR*, Tome XXIX, p. 19.

⑤　*Mémoirs secrètes*, 22 février 1767, P.-P. Plan, *J.-J. Rousseau raconté par les gazettes de son temps*, pp. 75, 68；Jacob-Henri Meister au professeur Johann-Jakob Bodmer, 27 oct. 1766, *CCJJR*, Tome XXXI, p. 87.

的，只是旁观者，心怀恶意，麻木不仁"①。法国科学院驻里昂的通讯院士塞尔凡(Michel Servan)也怀疑过舆论的公正性："那么多人身攻击的作品都出版了，我不得不重新考虑出版滥用的问题。"②法语随之有"公众的吵闹"(Cri du public)、"公众的传言"或"公共噪音"(Bruit public)等新的表述。③

公共舆论的持续关注有审判的功能，迫使当事人出面澄清。卢梭的朋友向外界展示他的信，证明休谟心地不善良；休谟的朋友力劝他公布证据，所以发表《告白》是休谟的被动应对："事情已无法挽回，我的沉默可能被人视为罪证。"④而出版后，公众仍不辨曲直，当事人受到的批判更多。偏离真实的好奇心使每个情节都有不同的版本，猜测与曲解使一个私人事件泛化为启蒙时代的娱乐事件。休谟尚可应付，而卢梭的处境最艰难，身在异国，却得不到不受损害的尊严。

第三节　卢梭休谟之争与英法的卢梭形象

生存处境艰难，病情复发，误解随之而来，而误解的交叠又衍生了新的误解。这是抵制辩解的公共空间，其中没有什么是纯洁的，也没有什么是邪恶的，但一切都受怀疑。卢梭以为自己朴实善良，热爱美德，在这个空间里却无说服力，他的形象日渐失控。1766 年之前，他的事总让人有兴致，报纸派人跟踪他的行程，奔赴各地搜集信息，包括他的着装、住所和交往中的言行。⑤卢梭休谟之争后，关注他的人普遍以为他疯了。普莱斯勒忆及 1778 年的见闻："他看待一切都悲观，喜欢夸大不

---

① L.-S. Mercier, *Tableau de Paris*, Tome troisième, 1783, pp. 418, 415.

② M. Servan, *Réflexions sur les Confessions de J. J. Rousseau, sur le caractère & le génie de cet écrivain, sur les causes & l'étendue de son influence sur l'opinion publique, enfin sur quelques principes de ses ouvrages, insérées dans le* Journal encyclopédique *de l'année* 1783, Paris, 1783, p. 5.

③ "Je ne savais rien jusqu'ici de la rupture entre M. Hume et Rousseau par le bruit public." Comtesse de Boufflers-Rouverel à J.-J. E. de Lespinasse, 21 juillet 1766, *CCJJR*, Tome XXX, p. 129.

④ D. Hume à R. Davenport, 8 novembre 1766, *CCJJR*, Tome XXXI, p. 128.

⑤ P.-P. Plan, *J.-J. Rousseau raconté par les gazettes de son temps*, pp. 59, 62, 85.

利的形势，尤其在心情忧郁时。"克兰赛去过埃莫农维尔，卢梭说他是敌人，之后又承认不是；杜索尔也有这样的经历，"谈话时卢梭常陷入疑虑，担心我扑过来"。① 朱尔丹(Jourdan)解释他晚年的精神状态：

　　一生纷争不断，是因为性情以及外在的麻烦，重重压力之下，妄想出现，他远离了朋友，晚年为猜疑、不信任所困，言行难为人理解。②

　　1766年后，卢梭有了新形象(疯癫、忘恩负义、愤世嫉俗、江湖骗子)。蒙田说"忘恩负义"是贪婪者的特性，"疯癫"在卢梭生前并不专指现代意义的精神疾病，而是有道德批判的倾向，背负这一称谓的人要被驱离社会；"江湖骗子"是嘲讽那些到处行骗的庸医，后来指文学界和科学界里装腔作势、附庸风雅的人，"他们说起话来像希腊人那样夸张，见到表述精当的语言就会叫嚷"③。卢梭曾说给他治病的日内瓦医生特罗尚是"江湖骗子"，此时他被斥为"江湖骗子"。所谓"愤世嫉俗者"，是那些对一切不满的人，他们与人说话时言辞激烈，不想从丑恶里甄别良善，眼中只有纷乱，心底都是愤懑。

　　这些否定的评价，对卢梭来说一个都不轻松，他在晚年自传里希望辨明真相，但收效甚微。1782年，《卢梭评判让-雅克》与《忏悔录》结集出版，读过的人会问：这样的风格是不是疯癫的征象？达朗贝尔翻了《忏悔录》几页，觉得作者疯了，《秘密回忆报》有相似的评论，"卢梭有严密的思维和雄辩，也有阴暗的想象和离奇的�… 妄"④。布弗莱夫人在1766年

────────────

① O. de Corancez，*De J. -J. Rousseau*，*Extrait du Journal de Paris des N°* 251，256，258，259，260，261，*de l'an VI*，p.11；J. Dusaulx，*De mes rapports avec J. J. Rousseau et de notre correspondence*，*suivie d'une notice très-importante*，Paris，1798，p.190；P. -P. Plan，*J. -J. Rousseau raconté par les gazettes de son temps*，p.188.

② *Aymé Jourdan contre Dusaulx sur l'ouvrage intitulé：De mes rapports avec J. J. Rousseau*，le 29 juin 1798，Moniteur du 11 messidor an VI，29 juin 1798，N° 281，*CCJJR*，Tome XLIX，p.176.

③ L. -S. Mercier，*Tableau de Paris*，Tome troisième，pp.236-240.

④ D'Alembert au *Mercure de Paris*，Mercure de 14 octobre 1789，*CCJJR*，Tome XLIV，p.340；P. -P. Plan，*J. -J. Rousseau raconté par les gazettes de son temps*，pp.233，297-298.

就听休谟说过，卢梭在英国时内脏有问题，曾找当地的医生治疗，用了热敷的方法；但读完《忏悔录》后，她不再同情卢梭，"邪恶无常，像是月球转动引起的精神错乱"①。安维尔(Anville)公爵夫人从中观察到卢梭受病痛的干扰才将不幸的遭遇编排成阴谋。②马勒泽尔布读后觉得作者不正常，他总说世间人迫害他，"这让人苦恼，但塔索(Tasse)也患有疯癫，发作间歇写了崇高的作品，帕斯卡尔(原文 Paschal，又写作 Pascal)有类似的问题"。马勒泽尔布曾与卢梭有相互信任的交往，此时却将他的疯癫归于性情高傲，"虽不是唯一原因，至少有不小的作用"。③

高傲与疯癫是 1766 年后解释卢梭精神问题的途径，尽管缺乏证据，同情他的人却无法反驳。法国舆论中的卢梭印象就此分裂，在嘲讽的意义上，他是受诅咒的恶棍，仇视善行，舍弃友谊，终为社会抛弃，罪有应得。即使出于同情，他也只是让人怜悯的疯子。法国革命时代，与卢梭年龄相仿的哲学家多已离世，他们的日记、书信、回忆录陆续出版，此时的人有更多的参考材料，仍不能客观看待他的精神问题。1796 年1—2 月，沃尔内(Volney)在法兰西学院发表演说："卢梭的高傲导致了疯癫，没有一本书像《忏悔录》的开篇，以寥寥数语表述那么多傲慢，他的去世是因敏感过度，以至于精神失常，他曾对自然发表长篇大论，却未从自然里获取智慧。"④朗贝尔(Saint-Lambert)觉得卢梭的性格有缺陷，高傲嫉妒，忘恩负义，"朋友们原谅他，是因为以之为疯子"⑤。

英国的卢梭形象也有 1766 年前后两阶段。第一阶段英国人说他是雄辩家，虽质疑他的观点，却认同他的才华，并同情他为权力迫害的境遇，因为在不自由的地方，与权力对抗的人更有可能是正义与美德的同路人。第二阶段的卢梭形象起因于文人争论，他的一切暴露于公共舆论，极端

---

① Comtesse de Boufflers-Rouverel à Gustave III, roi de Suede, le 1er mai 1782, *CCJJR*, Tome XLV, pp. 83-84.

② G.-L. Lesage à Marie-Louise-Nicole-Elisabeth de la Rochefoucauld, duchesse d'Anville, 11 décembre 1789, *CCJJR*, Tome XLVI, p. 125.

③ C.-G. de Lamoignon de Malesherbes à P.-C. Moultou, 26 juillet 1780, *CCJJR*, Tome XLIV, p. 301.

④ Volney et Rousseau, janvier-février 1796, *CCJJR*, Tome XLIX, pp. 3-5.

⑤ Rousseau critiqué et satirisé par Saint-Lambert, *CCJJR*, Tome XLIX, p. 115.

的爱恨、说不清的病痛、与众不同的言行，英国人觉得他的性格有缺陷，批判随之严厉。

瓦纳(Warne)调查了 18 世纪后期英国各地的藏书，卢梭著作的收藏量不少，分散于 218 家图书馆，因为《论科学与艺术》使英国人好奇不已，"那是对 18 世纪文明社会的战争宣言"①。1750 年，《雷德周报》(*Reid's Weekly Journal*)注意到法国知识界关于这部作品的争论。1751 年 6 月，鲍耶(W. Bowyer)将之译成英文，《皇家杂志》(*Royal Magazine or Quartely Bee*)转载部分段落，"作者思想高贵，表述勇敢，关心美德，论辩有力量"，《每月书评》(*Monthly Review*)赞誉它文辞雄辩。1752 年，维那(R. Wynne)出版第二译本，1760 年出版第三译本，1767 年出版第四译本(W. Kentick)，1779 年出版第五译本(J. Nichols)。②

《乡村卜师》在英国上演后以纯净的风格受好评，"前言独特，情节动人，卢梭是荷马之后唯一的诗人，孤独地吟唱自己的诗歌"③。1762 年《论人类不平等的起源》才有英译本，但之前亚当·斯密已在《爱丁堡书评》(*Edinburgh Review*)上引介。1759 年，英国多份报纸评论《致达朗贝尔的信》，同年，埃德蒙·伯克主编的《年度纪事》(*Annual Register*)评论过六本书，其中就有这部作品。1760 年，《新爱洛漪丝》在荷兰出版法语版，1761 年 1 月，伦敦《书评》(*Critical Review*)杂志予以介绍，4 月，法语版在英国两度刊行。为满足迫切的阅读需求，英国书商又从荷兰进口了一批，多家报纸长篇节选，英国出现了"卢梭热"(Rousseaumania)。④ 不久，贝克特(Becket)出版社发行英文版，1762 年、1764 年、1776 年重印三次，

---

①　J. H. Warner, "The Reaction in Eighteenth-Century England to Rousseau's Two Discours," *PMLA*, 1933, vol. 2, pp. 474-476.

②　英译本题目为："The Discourse which carried the premium at the Academy of Dijon in MDCCC on this question proposed by the said academy whether the reestablishment of arts and sciences has contributed to the refining of manners? By a citizen of Geneva." H. Roddier, *J. J. Rousseau en Angleterre au XVIIIe siècle*, Paris, 1950, pp. 31, 33; E. Duffy, *Rousseau in England*, p. 9.

③　Le Devin du Village à Londres, *CCJJR*, Tome XXXI, p. 349.

④　评论《致达朗贝尔的信》的报纸有：*London Chronicle*, *Monthly Review*, *Critical Review*, *London Magazine*. E. Duffy, *Rousseau in England*, p. 14.

"英国作家关注家庭与生活的倾向归因于它的影响"①。

18世纪，英国思想界批判商业社会的弊端，以伯林布鲁克（Bolingbroke）、理查德森（Richardson）、蒲柏（Pope）为代表，与之相应的是道德作品、冒险作品和旅行小说的流行。1711年，斯蒂尔（Steele）在《观察家报》（*Spectateur*）发表《安克尔和亚里克的历史》（*Histoire d'Inkle et de Yariko*），批判文明社会的堕落。1775年，麦肯基（Mackenzie）出版《感性的人》：苏格兰青年哈里（Harley）靠微薄的土地收入为生，只身到伦敦谋前程，那是金钱控制的世界，善良毫无用处。同声相应，同气相求，英国人觉得《新爱洛漪丝》写得好，卢梭被誉为"古罗马的老加图"，反对奢华，向往朴素。胡德（Hurd）神甫读完后受益很多，"因其优雅不乏美感，对自然与美德的描写要好于伏尔泰和克莱比昂（C.-P. J. de Crébillon，1707—1777年，法国作家，文笔优美）的作品"②。1761年，《书评》欣赏卢梭："他感性、细腻优美，而理查德森更自然、真实有趣，卢梭在深度上胜过他。"③

《爱弥儿》的主题（淳朴、自然、美德）与英国的时代风俗相似，尤其是督促母亲给孩子喂奶的情节。卢梭在英国被视为敢于变革的人，1688年光荣革命的受益者及其后代多支持他，政治保守派却是批评，《爱弥儿》是双方论战的主题。肯迪克（W. Kentick）在《爱弥儿》英译本序言里视之为"真理与自由的朋友"，长老会牧师福迪斯（J. Fordyce）出版《对年轻女性的布道》（*Sermons to young women*），强调女性抚育孩子的义务，而保守派杂志《书评》批评《爱弥儿》对社会有敌意。④

赞誉之外仍有否定性的解读，英国人对于卢梭是毁誉参半。沃波尔读完《新爱洛漪丝》后觉得没意思。1761年，戈登（J. Gordon）出版《古今风俗新论》，反驳卢梭在《论人类不平等的起源》里对自然的过度美化，"自

① 节选《新爱洛漪丝》的报纸有：*London Chronicle*，*Monthly Review*，*Critical Review*，*Gentlemen's Magazine*. H. Roddier，*J.-J. Rousseau en Angleterre au XVIIIe siècle*，pp. 64-66，138.

② Pasteur R. Hurd à W. Warburton，18 mars 1761，*CCJJR*，Tome viii，p. 354.

③ E. Duffy，*Rousseau in England*，pp. 105，334-364，50，71，338.

④ E. Duffy，*Rousseau in England*，pp. 139，20.

表 2-2　18 世纪中期，卢梭作品法文版和英文版统计①

作品名称	法文版数量	英文版数量	发行总量
《新爱洛漪丝》(1760 年)	15 版	9 版	24 版
《爱弥儿》(1762 年)	11 版	5 版	16 版
《论人类不平等的起源》(1755 年)	8 版	2 版	10 版
《社会契约论》(1762 年)	8 版	2 版	10 版
《关于植物学的信》(1771—1772 年)	1 版	4 版	5 版
《忏悔录》(1782 年)	3 版	1 版	4 版
《音乐辞典》(1768 年)	4 版	—	4 版
《致达朗贝尔的信》(1758 年)	2 版	1 版	3 版
《论法国音乐的信》(1753 年)	2 版	—	2 版
《致博蒙大主教的信》(1763 年)	1 版	1 版	2 版
《论科学与艺术》(1750 年)	1 版	—	1 版
《论波兰政府》(1782 年)	1 版	—	1 版
《山中来信》(1764 年)	1 版	—	1 版
《卢梭作品集》	15 版	1 版	16 版
《让-雅克·卢梭的思想》	1 版	2 版	3 版
发行总量	74 版	28 版	102 版

然没有为人类造福，只提供了物质条件"②。卢梭推理混乱，为此有人从他的性格中找原因，1755 年斯密曾指责他"神经兮兮，有时极端可鄙"③。但非议像赞扬一样，是现代名声的因素，更多的人会关注他。卢梭成了欧洲的名人，英国报纸争相报道："不久前被驱逐出瑞士的卢梭先生上周六来到英国，在多佛港登陆。"④此类新闻在《每日广告家》(*The Gazeteer & New Daily Advertiser*)和《圣詹姆斯纪事报》上都看得到。

──────────

①　J. H. Warner，"The Reaction in Eighteenth-Century England to Rousseau's Two Discours，"p. 474.

②　"Nouvelle appréciation des mœurs et des principes，sous forme de comparition entre les temps anciens et les temps modernes，pour ce qui est des trois grands sujets du Savoir，du Bonheur et de la Vertu à la fois en ce qui concerne le genre humain tout entier et ce royaume en particulier." H. Roddier，*J.-J. Rousseau en Angleterre au XVIIIe siècle*，p. 57.

③　J. H. Warner，"The Reaction in Eighteenth-Century England to Rousseau's Two Discours，"pp. 477，480.

④　"让-雅克·卢梭"英文翻译为"约翰·詹姆斯·卢梭"(John James Rousseau)。R. A. Leigh，*CCJJR*，Tome XXIX，p. 295.

一个叫邦德利（Julie Von Bondeli）的人关注他的大小事："自新年，我每星期从德吕兹先生处获知卢梭的消息，德吕兹陪他从斯特拉斯堡到伦敦，除了我对他在伦敦遭非难的消息震惊以外没有其他要紧事。"①

但英国人见到了一个疯癫的卢梭，出乎想象，对他的批评遂居上风，卢梭休谟之争后开始厌恶他的人格。约翰逊博士归咎于卢梭，"他是无赖……三四个国家将之驱逐出境，我们国家竟然保护他，真是奇耻大辱"。亚当·斯密写信宽慰休谟，斥责卢梭是坏蛋、伪君子。② 1764 年，博斯韦尔与卢梭有矛盾，得知他又与休谟吵闹，遂斥其难相处，"那年夏天，他给我的信里尽是恼怒之辞，疯癫十足"③。1766 年，一幅木刻画在英国流行，卢梭是一只刚从森林中捉来的 Yahoo，休谟是农夫，正喂他燕麦，卢梭愤怒地拒绝，伏尔泰与达朗贝尔从背后鞭打，沃波尔使之撕心裂肺地叫喊。④ 斯威夫特在《格列佛游记》里将 Yahoo 描述为人模人样的动物，喜怒无常，生活肮脏。这幅版画将之比作卢梭，其意甚贬。

英国知识界的卢梭印象里有民族主义的因素。18 世纪中期，英法竞争激烈，"国家、爱国者、爱国的、爱国主义、同胞、民族、民族的"等词语在两国报刊多次出现。⑤ 而卢梭的英国之行伤害了"一个自由民族的感情"，戈德文（W. Godwin）说他疯了，《书评》说他不理智，"言行以瞬间的印象为依据，为感受控制"⑥。对于他的作品，无论是 1766 年前还是之后出版的，批评压倒了赞美。《政治新闻》（*Political Register*）说《论

---

① J. von Bondeli au professeur Leonhard Usteri, 6 mars 1766, *CCJJR*, Tome XXIX, pp. 19-20.

② 包斯威尔：《约翰逊传》，罗珞珈、莫洛夫译，北京：中国社会科学出版社，2004 年，第 119 页。英斯纳、罗斯编：《亚当·斯密通信集》，林国夫、吴良健、王翼龙等译，第 161 页。

③ C. Wacjman, *Les jugements de la critique sur la 'folie' de J.-J. Rousseau*, Oxford, 1996, p. 38.

④ D. Hume à Comtesse de Boufflers-Rouverel, 2 février 1767, *CCJJR*, Tome XXXII, p. 94.

⑤ Edmond Dziembowski, *Un nouveau patriotism français*, 1750-1770, *La France face à la puissance anglaise à l'époque de la guerre de sept ans*, Oxford：Voltaire Foundation, 1998, p. 519.

⑥ E. Duffy, *Rousseau in England*, pp. 51, 47.

人类不平等的起源》混杂了良好的判断和荒诞的夸张,《每月书评》指责《爱弥儿》不切实际,"他的政论作品更荒诞,自相矛盾里是无法驾驭的怒火"①。1767年,弗斯里(Fuesli)画了一幅画:自由女神和平等女神被吊死,贵族舒坦地骑在农民身上,手执鞭子,面露得意,卢梭却闪在一旁偷笑,弗斯里以此讥讽卢梭的平等观,他一贯宣扬的美德是无中生有。②1782年,《忏悔录》在法国出版后,虽有英国人为其独特的叙事所吸引,并很快有了英译本,但厌世退隐的主题不容于英国共和制度下的平静心灵,受到的批判也尖刻,对卢梭友好的人"希望最好别出版"③。

卢梭去世后十余年,仍有英国人去瞻仰他的墓地,以之为传说中的人物。布斯比写过颂歌,说他诚实、有美德④,但总体上,为之辩护的声音已寥寥无几。英国公众接受了卢梭的两个形象,"一个是创作《新爱洛漪丝》《爱弥儿》和《社会契约论》的天才作家,一个是《忏悔录》的作者、与休谟吵架的穷傻瓜"⑤。

1789年,卢梭在法国一度是革命精神之父,英国人的批评里多了政治寓意,他的名字是"革命恶作剧的代名词"。坎宁(G. Canning)主编的《反雅各宾报》(Anti-Jacobin)将对法国激进主义的不满发泄在卢梭身上,

---

① *Ibid.*, p. 45.

② Henry Fuesli, *Remarks on the writings and conduct of J. J. Rousseau*, London, 1767.

③ 关于英译版的题目,1783年出版的前六章标题是:*Confessions of J.-J. Rousseau, with the Reveries of the solitary Walker*;1790年出版的后六章标题是:*The Confessions of J.-J. Rousseau, Part the second, to which is added a new collection of letters*. H. Roddier, *J.-J. Rousseau en Angleterre au XVIIIe siècle*, p. 320; E. Duffy, *Rousseau in England*, p. 32; J. Gillies à A. Strahan, 18 mai 1782, *CCJJR*, Tome XLV, p. 90.

④ Say, is thy honest heart to virtue warm! Can Genius animate thy feeling Breast! Approach, behond this venerable Form, Tis Rousseau, let thy bosom speak the rest. "A new Oxford Guide, or companion through the University," *Gentleman of Oxford*, Oxford, 1788, p. 131; R. A. Leigh, "J-J. Rousseau en Angleterre au XVIIIe siècle," *The Modern Language Review*, 1951, vol. 2, p. 91.

⑤ A. G. Engstrom, "Reviewed work(s): J.-J. Rousseau en Angleterre à L'Epoque Romantique," *Comparative Literature*, Vol. 13, No. 1, p. 94.

说他玩世不恭，"《忏悔录》里有自私、堕落和无耻，冒犯高雅，蔑视道德"①。青年伯克曾欣赏卢梭的风格，他的《保卫自然社会》（*A Vindication of Natural Society*）与《论人类不平等的起源》主旨一致，语言风格相似，有些段落能互换。1792 年，伯克却在《致国会议员的信》里批评他是虚荣哲学的创始人，"因虚荣才坦白错误，但虚荣心太强烈，像是疯了，法国人对传统的毁坏归咎于卢梭，他的血流入国民公会议员的静脉，他是革命暴力的宣传者"②。伪善、疯癫与政治暴力成为他的思想标签，伯克的观念是英国现代思想界理解卢梭的根据，他的批判是基于英国未曾断裂的传统、宗教宽容与现代自由制度，总之是英国人所乐于称道的关于传统的"伟大连续性"。1794 年热月政变后，卢梭在法国受质疑，英国人的批评更严厉：

> 与其说他心怀恶意，不如说他善变；与其说他发现了坏原理，不如说他缺乏固定的法则。如果他看到自己的矛盾理论对于我们幸福的恶劣影响，他一定第一个去咒骂他那诱惑人的才能。③

19 世纪，卡莱尔的卢梭观走向极端，卢梭是出版时代的文人英雄，有憔悴的额头，深凹的眼睛，性格有缺陷，怀疑、自我孤立、喜怒无常，最终精神错乱。他的书是不健康的东西，有粉红色的俗丽打扮。④ 卡莱尔在理智与情感之间摇摆，有时不为英国人接受，达尔文与之经常见面，发现他神情抑郁，近乎消沉，有仁慈的心，却会讽刺每个人。⑤ 卡莱尔的卢梭印象却因其极端性而四处传播。在英国短暂出现的浪漫派一度赞赏卢梭的感性风格，"拜伦和雪莱有卢梭悲天悯人的思想，莫尔继承了他

---

① E. Duffy, *Rousseau in England*, pp. 33, 42.

② H. Roddier, *J.-J. Rousseau en Angleterre au XVIIIe siècle*, pp. 36, 333; Edmund Gosse, "Rouseau en Angleterre au XIXe Siècle," *ASJJR*, Tome Huitième, 1912, p. 133.

③ *Anecdodes of distinguished persons, chiefly of the present and two preceding centuries*, Vol. IV, London, 1798, p. 465.

④ 卡莱尔：《英雄和英雄崇拜——卡莱尔讲演集》，张峰、吕霞译，上海：上海三联书店，1988 年，第 304 页。

⑤ 达尔文：《达尔文自传》，曾向阳译，南京：江苏文艺出版社，1998 年，第 55 页。

的尖锐批判"①。但这一文学潮流持续不久就消失了，卢梭的英国形象仍旧处于分裂状态，一个是有情义的哲学家，另一个是让人不解的狂放者。前一个形象基于他的写作风格，后一个形象源于疯癫的性情，以及英国人对法国革命意识形态的批判。法国革命前，英国学者批评的是卢梭，革命之后，表面上他们还是在批评卢梭，而实际上批评的是革命时代卢梭思想的解释学。英国人未区分思想与实践的区别，就将对法国革命的怒气撒在卢梭身上。

第四节　《忏悔录》的写作：情境与意图

对于那场争论，休谟视之为生活里的意外，希望尽快忘却；对于卢梭，那是新的开始，从前所向往的黄金时代、自然教育和契约精神，现在他觉得无所谓了，重要的是揭露伪君子。1766 年卢梭逃往英国，在思想意义上，那是他带着顽疾和忧郁闯入公共空间的冒险。误解与猜疑大肆袭来，他觉得迫害的企图无处不在，虽是假想的，却挥之不去，他要在文字世界里反击。鉴于同代人没有公正的判断力，他就向后代人说明真相，为此专心写作《忏悔录》，在英国时两易其稿。对于题目，到底是"回忆录"还是"忏悔录"，卢梭犹豫不定。草稿上标着"忏悔录"，致友人信中却说是"回忆录"。《忏悔录》出版后，它的风格为人质疑。卢梭生前的论敌埃皮奈夫人怀疑它的真实性，1849 年拉马丁（Lamartine）在法国立法议会演讲时斥责卢梭虚伪。罗曼·罗兰批评他言辞高傲，与托尔斯泰一样亲近自然，但两人的《忏悔录》差异大，托尔斯泰有纯粹的基督教精神，卢梭放肆，有法利赛人的狂妄。② 第二次世界大战后，耶鲁修辞学派的保罗·德曼（Paul de Man）从文本角度追溯写作情境，他觉得卢梭是在辩解，不是忏悔。"忏悔"是以追求真理和至善的名义克服罪孽和羞耻，

---

① H. Roddier, R. A. Leigh, "J-J. Rousseau en Angleterre au XVIIIe siècle," p. 91.

② 罗曼·罗兰：《卢梭的生平和著作》，王子野译，北京：生活·读书·新知三联书店，1993 年，第 34、174 页。

是对语言认识论的运用，"辩解"是敷衍的修辞术。①

德曼分析了《忏悔录》的一个场景，卢梭、玛丽永（Marion）与丝带的故事：卢梭偷了维塞利（Vercellis）夫人家的丝带，诬陷是女仆玛丽永干的，她是个聪慧和善的小姑娘，人见人爱，却被赶走了。卢梭对此印象深刻，1776 年又在《漫步遐想录》中提及，"这个谎言的罪过够大了，我对其后果始终一无所知，内疚使我将之想象得非常严重，罪过就更大"。对于卢梭的目的有很多解释，1787 年 1 月，《文学通信》（Correspondance littéraire）说他偷窃成性，"头脑中满是浪漫的想法，像个受不良教育的孩子，没有谋生的本领"②；加多（C. Gardou）归咎于病态的敏感，"因偷窃丝带受盘问时，他难以控制言行，所以有反常"③。但对于德曼，那不是道德问题或精神问题，而是宗教问题。除了表达悔恨之意，卢梭阐述谎言的修辞是炫耀性的，"卢梭注重的是那个用语言构建的公共场景，偷窃的事在其中更有意义"④。

要忏悔的人，写一部《忏悔录》就够了，卢梭多次提及此事，以雄辩的修辞构造了自我审判的空间，不能救赎灵魂。"以忏悔的名义辩解，毁坏了忏悔仪式的严肃性，使之成为自我毁灭的话语。"⑤既然忏悔与辩解是不同的风格，为什么卢梭要以忏悔的名义，而不采纳自传风格？《忏悔录》里的观念错位（信仰与自救、辩解与忏悔、现代与后代）是否意味着时代精神的变化？

一、"回忆录"或"忏悔录"

1764 年 12 月末，伏尔泰匿名发表《公民的感想》，在巴黎的沙龙和咖啡馆里散布。1765 年 1 月，卢梭获悉这篇文章，那时他在莫第埃村，

---

① 保罗·德曼：《解构之图》，李自修等译，北京：中国社会科学出版社，1998 年，第 265 页。

② Correspondance littéraire, philosophique et critique de Grimm et de Diderot, depuis 1753 jusqu'en 1790, janvier 1787, Tome 13, p. 247.

③ Charles Gardou, "J.-J. Rousseau: de l'érrant infirme au géant de la littétarure," Reliance, 2005/3, no. 17, p. 135.

④ 保罗·德曼：《解构之图》，李自修等译，第 263、271 页。

⑤ 保罗·德曼：《解构之图》，李自修等译，第 264、265 页。

面对侮辱决定写《忏悔录》，1月13日完成前言（手稿前12页，现藏于瑞士纳沙泰尔图书馆，即《纳沙泰尔序言》）。① 但在颠沛流离中进展缓慢，1765年9月8日完成手稿44页，行文至"最后，由于我的笨手笨脚被赶出那家事务所，很不光彩，我除了会用锉刀，一无是处"②。1766年3月22日，在英国安顿后又着手写作，完成前三章和第四章的一部分，手稿共计182页。③ 是年5月同休谟争吵后，他决定重新写，1770年完成，该手稿现藏于巴黎国民议会图书馆，即"巴黎手稿"。

关于题目，1759年，卢梭暂居于法国小镇蒙莫朗西，瑞士书商雷伊（Marc-Michel Rey）建议他为已过的大半生写部"回忆录"（Mémoires），卢梭同意，但迟迟未动笔。1761年12月31日和1763年1月4日，雷伊两次与之商讨写作事宜，杜克洛也劝他写"回忆录"或"忏悔录"。④ 1761年的圣诞节，开明贵族马勒泽尔布来信询问近况，卢梭于次年1月4日、12日、26日和28日回复四封信，叙述他的思想近况、写作生涯与身体健康，这是"回忆录"的前奏。1763年年初，瑞士同乡穆尔图知道他要写"回忆录"，1765年培鲁也认为那是部"回忆录"。⑤休谟陪同卢梭去伦敦的路上提及"回忆录"，卢梭说正在写。⑥ 1766年7月25日，休谟致信梅尼埃（Meinières）夫人："卢梭正在写'回忆录'，有意贬低我和伏尔泰。"⑦德

---

① T. Dufour, "Les Confessions livres I-IV, premier rédaction," *ASJJR*, Tome quatrième, Genève, 1908, p. XIV.

② 原文为：Enfin je fus renvoyé du Greffe ignominieusement pour mon inéptie, et il fut décidé que je n'étais bon qu'à mener la lime. *Ibid.*, p. 42.

③ *Ibid.*, p. IX.

④ 关于卢梭打算写《忏悔录》的最早时间，有不同的说法，索苏尔（Saussure）追溯到1757—1758年，那时格里姆和狄德罗开始攻击卢梭。参见：H. de Saussure, *Rousseau et les manuscrits des Confessions*, Paris, 1958, p. 19.

⑤ Rousseau au ministre P.-C. Moultou, 20 janvier 1763, *CCJJR*, Tome XV, p. 70; P.-A. du Peyrou à Rousseau, 29 Xbre 1765, *CCJJR*, Tome XXVIII, p. 122.

⑥ D. Hume à Comtesse de Boufflers-Rouverel, 19 january 1766, *CCJJR*, Tome XXVIII, p. 203.

⑦ M. Peoples, "La Querelle Rousseau-Hume," *ASJJR*, Tome dix-huitième, pp. 139, 153.

方(Deffand)夫人时常与沃波尔猜测这部"回忆录"的情节。① 1765 年 7 月，卢梭却对培鲁说他要写"忏悔录"，而纳沙泰尔手稿的题目是："卢梭的忏悔录，包括一生所经历事情的细节和他处在这样的情景中的私密感受。"写作时，他会忘记那是"忏悔录"，1768 年 1 月完成后，他对拉图尔夫人说那是"回忆录"。② 1777 年夏，杜索尔去拜访卢梭，两人谈及标题，卢梭说"回忆录"或"忏悔录"都可以，交谈过半，他倾向于"回忆录"。③

作者不清楚写作体裁，外界更不确定。1778 年夏天，卢梭在埃莫农维尔时，宫廷医生普莱斯勒来访，当时有传言说作品手稿被窃，普莱斯勒觉得他比任何人都了解卢梭，断定类似的传言没有根据，"他一直保存着'回忆录'或'忏悔录'的手稿④。卢梭去世后，有人说"回忆录"很快出版，"他或许会交代一些不诚实的事，甚至是罪恶之事，诸如偷窃"；有人说特蕾兹背叛了丈夫，以两万块钱卖给了警察，特蕾兹被迫出面澄清，在由人代笔的信里她称之为"回忆录"。⑤ 报纸上关于"回忆录"的报道很多，"这个文笔流畅的作家写了部'回忆录'"，《秘密回忆报》猜测出版时

① Madame la Marquise du Defand à M. H. Walpole, 28 juin 1778, *Correspondance complète de la Marquise de Deffand*, par M. De Lescure, Tome Second, Paris, 1865, p. 659.

② *Les Confessions de J. J. Rousseau, contenant les détails des événements de sa vie, et de ses sentiments secrètes dans toutes les situations où il s'est trouvé*. Manuscrit Neuchâtel des Confessions, Bibliothèque publique et universitaire, Neuchâtel. (《忏悔录》纳沙泰尔版手稿，第 1 页。) Rousseau à Marie-Anne Alisson de la Tour, 20 janvier 1768, *CCJJR*, Tome XXXV, p. 40；卢梭：《忏悔录》，黎星、范希衡译，第 447、748 页。

③ J. Dusaulx, *De mes rapports avec J. J. Rousseau et de notre correspondence*, pp. 113-114.

④ *Relation ou notice des derniers jours de Mons. Jean Jacques Rousseau, circonstances de sa mort et quells·sont les ouvrages posthumes, qu'on peut attendre de lui*, par Le Bègue de Presle, Londres, 1778, pp. 3, 8.

⑤ J.-G. Virchaux à M.-T. Levasseur, 2 novembre 1778, *CCJJR*, Tome XLII, p. 84；*Mémoires secrètes pour servir à l'histoire de la République des lettres en France*, volume 12, Londres, 1783-88, 1788, p. 26；P.-P. Plan, *J.-J. Rousseau raconté par les gazettes de son temps*, p. 144；Marie-Elisabelle La Fite, née Bouee, à Peter Ochs, 7 octobre 1778, *CCJJR*, Tome XLII, p. 37；M.-T. Levasseur à Cjhales-Joseph Panckoucke, 6 décembre 1778, *CCJJR*, Tome XLII, p. 197.

会用什么题目。① 1782 年，日内瓦印刷公司（Société typographique de Genève）以"忏悔录"出版，因为日内瓦手稿上标着"卢梭的忏悔"（*Les Confessions de J. J. Rousseau*）。同年，格里姆在《文学通信》上撰文，"《忏悔录》里有偏见，对于认识自我却有用，让我们发现人的行为的隐秘原因"②。但巴黎书商在买卖中不认为那是一部"忏悔录"，而是"回忆录"，读者也觉得它不符合忏悔风格，只是一部坦白思想的书。③ 而英译本的题目改成《让-雅克·卢梭的私生活》（*Vie privée de J.-J. Rousseau*）。④ 一部伟大的作品，题目不确定，这是问题。

二、《忏悔录》手稿与卢梭休谟之争

《忏悔录》有四份手稿，第一份是纳沙泰尔手稿，1765 年 1 月完成于莫第埃，赴英避难时未携带。特蕾兹去伦敦前，卢梭让她准备的行李中有《皮格马利翁》（*Pygmalion*）、致马勒泽尔布四封信的抄录本、致音乐家拉莫和奥夫兰维尔（Offreville）的信，但他最需要的是"关于他的生活"的稿子，特蕾兹担心海关检查，改为邮寄。⑤ 1766 年 3 月，卢梭在英国继续写，该手稿包括《忏悔录》现代通行本的前言、前三章和第四章的一部分，学术界称为《忏悔录》第一草稿。第二份是巴黎手稿，卢梭去世前，封存于一个纸袋，上面写着："让-雅克·卢梭抄写，盖有他的印章，1801 年打开。"1794 年 9 月，特蕾兹上交革命政府，现藏于国民议会图书馆（Bibliothèque de l'Assemblée Nationale），又称特蕾兹手稿、国民议会

---

① P.-P. Plan, *J.-J. Rousseau raconté par les gazettes de son temps*, pp. 133, 135, 137, 232.

② *Correspondance littéraire, philosophique et critique de Grimm et de Diderot, depuis 1753 jusqu'en 1790*, juillet 1782, Tome 11, p. 173.

③ J. Ranson à F.-S. Ostervald, 7 9bre 1778, *CCJJR*, Tome XLII, p. 103；P.-P. Plan, *J.-J. Rousseau raconté par les gazettes de son temps*, p. 270；D. I. Fonvizine au comte P. I. Panine, 10 août 1778, *CCJJR*, Tome XLI, p. 154.

④ Rousseau fêté à Montpellier, 9 mai 1784, *CCJJR*, Tome XLVII, pp. 239-240；H. Roddier, *J.-J. Rousseau en Angleterre au XVIIIe siècle*, p. 321.

⑤ Courtois, "Le Séjour de J.-J. Rousseau en Angleterre," *ASJJR*, Tome VI, p. 23.

手稿，或波旁宫(Palais Bourbon)手稿。① 第三份是日内瓦手稿，1778 年春天，卢梭交给瑞士同乡穆尔图保管，1782 年穆尔图出版第一部分，1789 年出版第二部分，又称穆尔图手稿，现存于日内瓦图书馆(Bibliothèque de Genève)。第四份手稿是穆尔图和培鲁于 1779 年根据日内瓦手稿抄写的备份，现藏于纳沙泰尔市立图书馆。②

第二份手稿和第三份手稿相差无几，后者笔迹工整，第四份是誊抄本，对于卢梭问题没有分析价值。第一份手稿更值得分析，其中有一个变化的内心世界。该手稿有 182 页，前 77 页，每页 25～30 行；第 78 页之后字迹越来越密，34～40 行，其中两页 41 行；手稿第 166 页之后多是 31～34 行。③ 卢梭在英国时放弃这份手稿，重新写成了巴黎手稿，纳沙泰尔手稿大体是巴黎手稿第一章至第四章中间的部分，个别词汇和段落编排上有所不同(斜体为不同处)。

纳沙泰尔手稿第 13 页：

Un bien *très*-médiocre à partager entre *beaucoup d*'enfans ayant réduit presque à rien la portion de mon père, il n'avoit pour vivre que son métier d'horloger, dans lequel il était à la vérité fort habile *et qui était alors en honneur, surtout à Genève.*

在很多孩子中间分一点微薄的财产，我父亲得到的很少，他只能从事钟表匠的行业谋生，在这一行里，说实话，他非常熟练，那时候，这一工作受人尊敬，尤其是在日内瓦。

巴黎手稿第 1 页：

Un bien *fort* médiocre à partager entre *quinze* enfans ayant réduit Presque à rien la portion de mon père, il n'avoit pour subsister que son métier d'horloger, dans lequel il était à la vérité

---

① Thérèse remet à la Convention un manuscript des *Confessions*, le 5 vendemiaire an III/26 septembre 1794, *CCJJR*, Tome XLVIII, p. 33.

② H. de Saussure, *Rousseau et les manuscripts des Confessions*, pp. 3-6.

③ T. Dufour, "Les Confessions livres I-IV, premier rédaction," *ASJJR*, Tome quatrième, Genève, 1908, p. IX.

fort habile.

在十五个孩子中间分一点微薄的财产，我父亲得到的很少，他只能从事钟表匠的行业谋生，在这一行里，说实话，他非常熟练。

两份手稿最大的不同在开篇，纳沙泰尔手稿前12页是巴黎手稿所没有的，学术界称之为《忏悔录》"纳沙泰尔序言"，巴黎手稿第一页前三段是纳沙泰尔手稿所欠缺的，但两处不同的最后一句话相似。"纳沙泰尔序言"第12页，"每个读者效仿我，像我一样反观内心，希望他们从心底里这样说，如果他敢的话：现在的我比过去的那个人要好"（S'il l'ose：Je suis meilleur que ne fut cet homme-là）。巴黎手稿改为："每个人在您的宝座前真诚展示他的心灵，希望其中一个人会这样说，如果他敢的话：以前的我比现在的那个人更好"（S'il l'ose：Je fus meilleur que cet homme-là）。据此判定，卢梭重写时改动了纳沙泰尔手稿的开篇部分，其余是誊抄。写作期间，他受公共舆论影响，巴黎手稿前三段是与休谟争吵后改动的，对于理解卢梭的写作情境有用。

"纳沙泰尔序言"节选（文中着重号为笔者所标注。手稿见图 2-4）：①

人们对我的行为的判断依据几乎总是错的，越是有智慧的人，错误越严重。他们的视野越是广，所做的判断离事物本身的差距越大。我决心使我的读者（lecteurs）对于人的知识上有所进展。（手稿第 1—2 页）

一个人要描述自己的一生，只有他自己能胜任，只有他能认识自己的内心活动，那是真实的生活。但写作时，他会掩饰真实，以生命的名义为自己辩解，表面上他希望被人审视，事实上并非如此。（手稿第 3 页）

如果我能实践我的诺言，那将是独一无二的事。我是普通人，没有值得读者注意的功业。我不会过多地按顺序叙述我经历的事，而是关注事情发生时我的心情如何。（手稿第 4 页）

事情是公开的，每个人都能了解，重要的是发现其中的原因。

---

① T. Dufour, "Les Confessions livres I-IV, premier rédaction," *ASJJR*, Tome quatrième, Genève, 1908, pp. 1-12.

对此，没人比我看得更清楚，若揭示它们，就要描写我一生的历史。（手稿第 6 页）

我做的好事，或是坏事，都没有得到公正的评价。（手稿第 8 页）

既然我的名字要在人群中流传，我不希望背负虚假的名声，不希望获得与我不相干的美德或劣迹，更不希望有人用一些不属于我的特点描绘我。想到能活在后人的心目中，我会有一丝快乐，但得靠真实的事，不是我名字的几个字母。（手稿第 8 页）

（在作品中）我是真实的，无所保留地诉说一切，无论善恶，总之是一切。（手稿第 9 页）

有必要发明一种新语言，以适应我的写作计划，要想理清如此复杂多样、相互矛盾、卑劣与高贵夹杂的情感，需要什么样的文体，什么样的风格？（手稿第 9 页）

这是一部研究人的心灵的参考资料，只有这一部。（手稿第 11 页）

希望每个读者模仿我的风格，像我一样描写自己，若有胆量，他敢在心里说：现在的我比过去的那个人更好。（手稿第 12 页）

巴黎手稿第一页前三段（着重号为笔者所标注，楷体字为卢梭写作时所标注。图 2-5）：

我要做的是没有先例的事，也不会有模仿者。我想把一个人真实地，原原本本地展示在人们面前，这个人，就是我。

我这样的人只一个。我了解我的内心，了解其他人的内心。我生下来就与我所见到的人不一样，我甚至敢说我与世上的人都不一样。如果我不比他们好，至少与众不同。大自然若是打碎了她曾塑造我的模子，这样做到底是好是坏，读了我（的书）才能评定。

无论末日审判的号角何时响起，我都敢拿着这本书，在最高的审判者面前大声说："看，我是这样做的，也是这样想的，我从前就是这样的人。我用同样的直率诉说自己的善良与邪恶。我没有隐瞒（做过的）坏事，没有夸大（做过的）好事。如果我有过一些无关紧要的修饰，那是为了弥补记忆力衰退留下的空缺。我会把自以为真的说成真的，不会把自以为假的说成真的。我以前是怎样，现在就怎样写，我有卑鄙与邪恶的时候，有善良、慷慨和高尚的时候，我要坦露我的内心，就像你看到的那样。永恒的上帝，请将我那难以计数的同类聚集在我的周围，让他们听一听我的忏悔，让他们为我的不幸叹息。再让他们在您的宝座前袒露自己的心，是不是有人会说，如果他敢的话：以前的我比现在的那个人更好。"

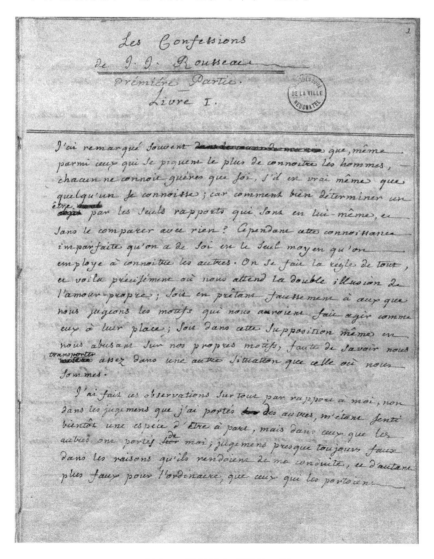

图2-4　纳沙泰尔手稿第1页

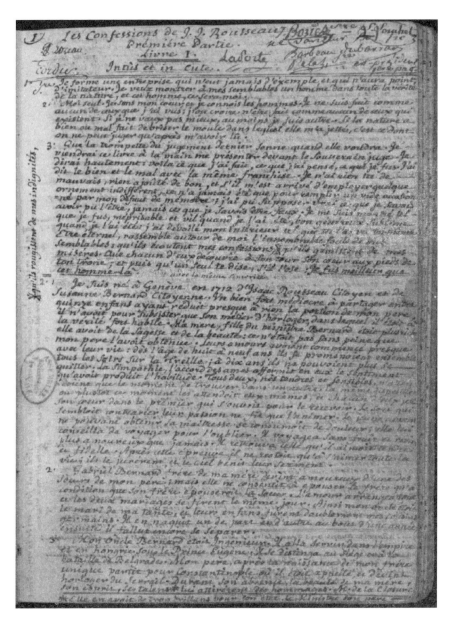

图 2-5　巴黎手稿第 1 页

根据"纳沙泰尔序言"，卢梭未打算向上帝忏悔，而是向读者说明情况。他以为自己本性善良，却受人指责，舆论中的形象与自己不一样。

反驳误解的方式有两种，或是证明批判者的错误，或是证明受批判者的无辜，阴谋就会不攻自破。卢梭选择了后一种，他的坦白本质上是反驳，"我始终如此，正直、热诚、勇敢，应该得到不一样的报答，而不是像我最近的遭遇"①。关于写作风格，卢梭觉得传统的"忏悔录"不能承载他的想法，于是要推陈出新，至少形式上自由自在，只当是写"回忆录"或"自传"。这篇序言写于 1765 年年初，那时卢梭还想留在文学共和国，尽力为受损的名誉辩护，但与 1750 年年初相比，他的目的有所改变，不再与那些批评他的人争论，而是寄希望于旁观者，让他们担当裁判。

"纳沙泰尔序言"语气缓和，卢梭与其中的人与物保持距离，而巴黎手稿言辞急切，作为写作者的卢梭与文字中的卢梭交错不清，过多地干涉读者的判断，强调"我"的存在。1782 年，哈珀(La Harpe)观察到这一点，"作者就是这部书的主题"②。巴黎手稿有意模仿奥古斯丁的风格，上帝作为评判者的形象在第三段出现，但他不再是最高意志，而是一个受卢梭支配、兼有读者评判功能的精神。去世前不久，卢梭承认没有达到奥古斯丁的境界，"因为他自己不虔敬"③。巴黎手稿的前三段有虔敬之心，但之后，"读者"的地位取代了上帝。该手稿谈及与华伦夫人在尚贝里的生活，卢梭负责日常事务，闲暇时学习音乐，广泛阅读，"读者可以看见，我的空闲时间极少，却做了很多事"④。他要向读者袒露自己，"始终站在读者面前，使之洞见生活的一切角落"⑤。所以，这部手稿处在"忏悔录"与"自传"之间，虽冷落上帝，对之仍有敬畏之心，开篇是末日审判的场景，但上帝要听卢梭的使唤。"死后出版"是现代意义的历史观，一个包含过去、现在与未来的时间谱系，卢梭丢弃了中世纪的时空观(地狱、炼狱和天堂)，不想在同代人中寻找裁判，而是寄希望于后代人。

---

① 卢梭：《忏悔录》，黎星、范希衡译，第 373 页。

② La Harpe à A. P. Schouvalov, 20 mai 1782, *CCJJR*, Tome XLV, p. 95.

③ 卢梭：《孤独漫步者的遐想》，钱培鑫译，第 19 页。

④ 卢梭：《忏悔录》，黎星、范希衡译，第 38，170 页。

⑤ 卢梭：《忏悔录》，黎星、范希衡译，第 69 页。

三、《忏悔录》的写作背景

写作前后，卢梭身心常受触动：交往障碍、制度压迫、反复的病痛、流亡的生活。紧迫的语境里有冲不破的艰难，他无力改观，甚至不知道怎么回事，尽是被动、惶恐与无助。

首先是文学共和国的是非。1756 年，《百科全书》第七卷刊载达朗贝尔的"日内瓦"词条，批评加尔文教的一些牧师不相信耶稣基督的神性，又为戏剧辩护，"若在法律约束下，戏剧不会让风俗堕落"，他呼吁在日内瓦建剧场：

> 在日内瓦，人们不能忍受戏剧，不是不赞赏戏剧，而是害怕演员在年轻人中间传播装扮、挥霍与下流的趣味。严厉的法律能否限制演员的行为，杜绝其中的弊端？这样，日内瓦既能演戏，又有好风俗。戏剧能提升公民品性，使之有细腻的感受和优雅情感。①

关于戏剧与风俗的关系，之前的欧洲思想界已有过争论，包括"卡法罗事件"（Affaire Caffaro）。天主教会禁止信徒阅读戏剧，或去剧院观看，防止舞台上的人体、放荡和暴烈的情感破坏心灵的安宁，"戏剧家的才华不是美德，而是邪恶"。但在 1694 年，卡法罗（F. Caffaro）的《一封神学家的信》极力为戏剧辩护："圣经里没有明确反对戏剧的论断，戏剧是普通人的娱乐，是语言与行为的恰当配合，若加以规范，就不会败坏风俗，也不会亵渎上帝……人的精神会疲劳，就像劳作后的身体一样，需要放松。"②随后，索邦神学院予以反驳，博叙埃神父在《论戏剧的信》（*Lettres sur les spectacles*）和《关于戏剧的思考》（*Maximes et réflexions sur la comédie*）里否定卡法罗的

---

① J. le Rond d'Alembert, "Genève," *Encyclopédie ou dictionnaire raisonné des sciences, des arts et des métiers*, Volume 7, p. 578b.

② C. R. Caffaro, "Lettre d'un théologien, illustré par sa qualité & par son Mérite, consulté par l'Auteur pour savoir si la comédie peut être permise, ou doit être absolument défendue," *Pièces de théâtre de M. Boursault*, Paris: Jean Guignard, 1694, pp. 10, 4, 22, 23.

论断。1694—1697 年，十余位各界人士参与争论，双方相持不下。[①] 表面上，这是场文艺争论，实际上是关于宗教道德的争论，以前不受质疑的教会权力在世俗生活中不再有绝对的控制力。

卢梭与达朗贝尔的争论不仅是宗教、文艺或道德问题，也是政治问题，涉及社会阶层的矛盾，即日内瓦上城人（贵族）和下城人（平民）的对立。[②] 卢梭看到"日内瓦"词条后，猜测达朗贝尔可能与贵族联合，就用三星期写完《关于戏剧问题致达朗贝尔的信》，否定了戏剧的道德意义，尤其是日内瓦这样的小城市，如何承受戏剧造成的堕落？

卢梭对戏剧的怒气也与伏尔泰有关。伏尔泰定居瑞士费尔奈后，在庄园舞台上演戏，包括《扎伊尔》（*Zaïre*）、《浪子回头》（*L'Enfant prodigue*）、《祖利姆》（*Zulime*），并在舞台上扮演其中的角色，台词采纳古典主义的壮美风格，英国青年爱德华·吉本在欧洲游历时路过费尔奈，沉迷于伏尔泰的风格，几乎一场不落，"自童年起我对莎士比亚的崇拜开始逊色"[③]。伏尔泰认同古典主义风格，素来不接受卢梭的新思想，视之为极端的疯子，"写了部拙劣的戏剧后就出来反对戏剧，批判养育他的法国，找了几个烂木桶，就像第欧根尼一样躲在里面骂……他对我说过：

[①]　参与者及其作品：J. B. Bossuet, *Lettres sur les spectacles*, Paris, 1881；J. B. Bossuet, *Maximes et réflexions sur la comédie*, Paris, 1694；H. Lelevel, *Réponse à la lettre d'un théologien défenseur de la comédie*, Paris, 1694；C. de La Grange, *Réfutation d'un écrit favorisant la comédie*, Paris, 1694；J. Gerbais, *Lettre d'un docteur de Sorbonne à une personne de qualité sur le sujet de la comédie*, Paris, 1694；L. Pegurier, *Décision faite en Sorbonne touchant la comédie, avec une réfutation des sentiments rélachés touchant la comédie*, Paris, 1694；P. Le Brun, *Discours de la comédie*, Paris, 1694；P. Coustel, *Sentiments de l'Eglise et des Saints Pères pour servir de décision sur la comédie et les comédiens*, Paris, 1694；P. Bardou, *Epistre sur la condamnation du théâtre, à Monsieur Racine*, Paris, 1694；Leibniz, *Correspondance avec l'éléctrice Sophie de Brunsewick-Lunenbourg*, Hanovre, 1874；F. Gacon, *Le Poète sans fard ou Discours satyriques*, Paris, 1696；A. Lalouette, *Histoire de la comédie et de l'opéra, où l'on prouve qu'on ne peut y aller sans pecher*, Paris, 1697.

[②]　雷蒙·特鲁松：《卢梭传》，李平沤、何三雅译，第 220 页。

[③]　爱德华·吉本：《吉本自传》，戴子钦译，北京：生活·读书·新知三联书店，2002 年，第 71—72 页。

日内瓦为您提供避难地，您却败坏了它"①。1764 年卢梭出版《山中来信》后，伏尔泰骂他没良心，丢弃孩子，放荡无耻：

> 人们可怜疯子，若其疯癫变暴烈，就要吊死他，宽容是美德，忍让这样的疯癫是恶德……疯癫使之亵渎耶稣基督，竟敢说福音书是粗鲁下流、大逆不道的作品，让孩子弃绝父母……身为基督徒却想毁坏基督教，他不只亵渎宗教，是背叛……十足的伪君子。如此批评不为过……有学问的人会与同侪相争吗？正直的人，谁会陷于错误的热情，隐晦地批判有美德的人？我们愤怒却有些脸红地说，他身上有放荡留下的可怕痕迹，伪装成江湖艺人，从一个村子到另一个村子，从一座山到另一座山，他的恶使母亲丧命，抛弃善良人的职分，将亲生的孩子扔在育婴院门口，失却自然的情感，丢弃荣誉与宗教感受。②

其次是作品给卢梭惹下的麻烦。1762 年前后，他想放弃写作，隐遁山林，为此计算过稿费是否能应付开支。是年 5 月《爱弥儿》出版后，他陷入为多方势力迫害的境地，巴黎神学院斥责他妄图与宗教界争夺民众心灵，巴黎高等法院斥责他宣扬自然宗教，"教育年轻人时推广罪恶的体系"③。6 月 1 日，索邦大学以否认神迹和启示为由，查禁《爱弥儿》，以之为"怪异的作品，作者奇怪高傲，要推翻最神圣的真理，风俗中最纯净的规则和世俗政治中最基本的道理……作者想毁坏养育他的摇篮"④。6月 11 日，高等法院当众焚烧此书，并要监禁作者。6 月 23 日，阿姆斯特

---

① Voltaire *à* J. le Rond d'Alembert，19 mars 1761，*CCJJR*，Tome VIII，p. 272.

② Voltaire，"Sentiment des Citoyens," Louis Moland（ed.），*Œuvres Complètes de Voltaire*（Tome 26），Paris：Librairie Hachette，1893，p. 127.

③ Verbal de l'Auditeur Bonet，sur la saisie par lui faite du livre intitulé *Emile ou de l'éducation*，*CCJJR*，Tome XI，p. 293；Extrait des registres de la faculté de théologie，Paris，*CCJJR*，Tome XIV，p. 247；Extrait des registres de Parlement，9 juin 1762，*CCJJR*，Tome XI，p. 262.

④ R. Granderoute，"Mémoires de l'université（1762-1762）et plan d'études," *SVEC*，2000：08，Oxford，2000，p. 59.

丹市政当局禁止《爱弥儿》出版，"因其有自然神论和斯宾诺莎的思想元素"①。日内瓦小议会也予以谴责："《社会契约论》的政府理论冲击了日内瓦的体制，《爱弥儿》传播以人的理性为基础的自然神论，他的言行背离资产阶级的职分。"②在险境中，卢梭致信巴黎大主教博蒙，叙述他的写作生涯、一贯的道德原则，以及作为日内瓦新教徒所具有的宗教观：

> 如果您只是批判我的书，我任凭您怎么说，您不只如此，还攻击我的人格，羞辱我，您在人群中越有权威，越不允许我沉默不语。③

申辩难有效用，不能阻止天主教会的通缉令。1762 年 7 月 9 日，卢梭从新教城市伯尔尼逃往纳沙泰尔，暂居于汝拉山麓，荒凉偏僻，交通不畅，才得以安顿下来。但平静的日子过了不久，纷扰又来了。8 月 20 日，日内瓦公民代表团为卢梭的境遇鸣不平，引起公民与贵族阶层的对立，日内瓦有权力专断的现象，二十六人构成的小议会无根无据就否定公民的提议权，贵族文人特罗尚（J.-R. Tronchin）出版《乡间来信》（*Lettres écrites de la campagne*），为这样的行为辩护。情急之下，公民求助于卢梭，由他撰文反驳《乡间来信》。1763 年 10 月至 1764 年 5 月，卢梭完成《山中来信》，批评小议会专权：

> 他们不顾及我的健康和艰难处境，就下达逮捕我的命令，用辱骂坏人的语言对待我。这些先生没有宽容心，难道也没有公正心？两百人议会的设立，是为削弱小议会的权力，结果却强化了它的权

---

①　Censure de l'Emile par la Sorbonne，*CCJJR*，TomeXII，p. 283；Les Etats de Hollande et de Wets-Frise à la Municipalité d'Amsterdam，23 juin 1762，*CCJJR*，Tome XI，p. 302；Examen de l'Emile par les Pasteur français d'Amsterdam，*CCJJR*，Tome XII，p. 273.

②　Notes d'un membre de Petit Conseil de Genève au sujet de la condemnation des ouvrages de Rousseau，18 juin 1762，*CCJJR*，Tome XI，p. 295.

③　*Jean Jacques Rousseau，citoyen de Genève，à Christophe de Beaumont，Archevêque de Paris，Duc de St. Cloud，Pair de France，Commandeur de l'Ordre du St. Esprit，Proviseur de Sorbonne*，Amsterdam，1763，p. 1.

力……两百人议会徒有其名。①

日内瓦贵族阶层暴跳如雷，顺势取消卢梭的公民身份。这件事对他触动很大，1763 年 5 月 26 日，与查普里（Marc Chappuis）叙旧时，他说自己为此"陷于最激烈的痛苦，但又无可奈何"②。1765 年 1 月，《山中来信》在荷兰海牙被焚毁，在伯尔尼和巴黎遭查禁，卢梭在莫第埃乡间忍受谩骂。最坏的事发生于 1765 年 9 月 6 日深夜，冰雹般的石头砸向他的屋子，躲避不及，腿部受伤。9 月 10 日，卢梭逃往圣皮埃尔岛，在那里享受了短暂的清静：

> 假如有这样的境界，心灵无须瞻前顾后，就能找到它能寄托、凝聚它全部力量的牢固基础，时间对之已不起作用，现在的一刻永远持续，既不显示它的绵延，又不留下更替的痕迹。心中无匮乏又无享受，不觉得苦也不觉得乐，无所求无所惧，只感到自身的存在，单凭这个感觉就足以充实心灵。只要这种境界持续下去，身处其中的人是幸福的，这不是从生活乐趣里获得的不完全的、微弱的、相对的幸福，而是不会让心灵空虚，充分而圆满的幸福。③

四面受敌，卢梭的幸福是乌有的幻影，转瞬即逝。1765 年 10 月 10 日，伯尔尼安全委员会下达驱逐令，他只好去英国，在那里他织造了一幅阴谋图，涉及哲学界、医学界、神学界，跨越普鲁士、瑞士、法国和英国，阴谋家的监视无孔不入，"迈的每一步都有人数着，手指头动一下就有人记录"。时值欧陆的"英国热"，法国的科学理论和商业实践受此影响，卢梭的英国之行却留下疯癫的名号，英国人不解，法国人对之有怨言。卢梭不得不反驳，法官、哲学家、教士、才子、作家都恨他，普通民众不理解他，瑞士、日内瓦给他增添痛苦，这是《忏悔录》的心理背景："在我所处的位置，要写书，也是维护声誉，揭露那些污损我的骗子，使

---

① 卢梭：《卢梭全集》，第 5 卷，李平沤译，北京：商务印书馆，2012 年，第 279、478 页。

② Rousseau à M. Chappuis, 26 mai 1763, Tome XVI, p. 245.

③ 卢梭：《漫步遐想录》，徐继曾译，北京：北京十月文艺出版社，2005 年，第 76 页。

之无地自容。"

关于文本的身体背景：1763 年，卢梭的健康一度变坏；1765 年仍未好转，牙疼、腹胀、严重失眠、记忆力减退；1766 年病得厉害，眼神不好。病痛发作时的身体话语进入《忏悔录》，包括剧烈耳鸣、心脏狂跳、消化困难、腹胀便秘、一劳作就大汗淋漓。他怀疑心脏上长了肉瘤，惶惶不安，"我得了更严重的病，那就是治病癖，读过书的人难以避免"[1]。1770 年 2 月完成草稿后不久，他致信圣日耳曼（Saint-Germain，龙骑兵团上尉），说自己已厌弃人世的艰辛："我在这世界难得快乐，若能选择生活，我选择死亡。"[2]对于卢梭的困境，论敌却说他性情乖张，既然不为同代人理解，他寄希望于后代人："时间能揭开幕布，我的回忆录若传到后世，它会替我说话，人们就明白我为什么沉默。"

卢梭在进退无路时思考生命的世俗意义，开启了新的写作时代，依附于神的人格开始解脱，人性复苏了，但它仍处于枷锁下。所谓的"枷锁"，是指身体病痛对精神的压迫，以及恶风俗对人性的阻抑。"卢梭与疾病"是创造现代知识的二元结构，这个结构是一个流动的思想空间，18 世纪的人对之有些陌生，这个空间里的观念是新的，其中有现代历史观和独立人格。

四、《忏悔录》与时代精神

"忏悔录"属于欧洲神学传统，"忏悔"可解释为承认或认罪，"忏悔的过程是与上帝和解的契约"[3]。忏悔者如实地叙述其一生，坦白罪业，歌颂神的伟大。"忏悔录"是一个人在晚年实践那个契约的最后环节，是宗教行为，不是个体精神世界里的私事。"自传"和"回忆录"是现代人对往事的回顾，作者寻求的是自我认同，或历史评判，语境里不再有绝对的力量。

---

① 卢梭：《忏悔录》，黎星、范希衡译，第 235 页。

② Rousseau à M. de Saint-Germain, février 1770, *Œuvres Complètes de J.-J. Rousseau*, Tome XXV, Paris: Dalibon, 1826, p.176.

③ L. Sylvaine, "Le Motif des Confessions chez Saint-Augustin, J.-J. Rousseau et A. de Musset," *Religiologiques*, 1992, p.25.

　　奥古斯丁的《忏悔录》是严格意义的"忏悔录"，不论是书写风格，还是忏悔的动机，但文艺复兴之后，"忏悔的虔诚性因人而异，个人主义越来越明显"①。有些人会从阐述上帝律法的一端转向描述个体生活与救赎灵魂的另一端，但上帝仍不受质疑，不受冒犯。17 世纪法国冉森派的思想堡垒波尔-罗亚尔（Port-Royal）修道院诸位先生的作品就是如此，既敬畏上帝，又对尘世的名利有所图。② 同样，1879—1882 年，托尔斯泰的《忏悔录》记述世俗生活见闻，以及心灵皈依上帝的始末，他敢于质疑教会代表上帝权力的合理性，极力维护上帝的威严。

　　18 世纪，批判圣经已是流行的修辞，上帝创造了善，也衍生了恶，坚持正义的未必得生命，追求恶的未必自取灭亡。卢梭是当时宗教个人主义化的典型，他不再向个体精神之外的至高力量忏悔，而是以雄辩的修辞构造了独立的精神空间，让上帝以他的方式评判："我们落入深渊，便向上帝祈祷，为什么你把我造得这样软弱？上帝不管我们怎样辩解，只对我们的良心说，我是把你造得太软弱了。"③ 1776 年，卢梭冲动之下责备上帝参与了阴谋，有极不公正的作为。④ 在"纳沙泰尔序言"里，卢梭向读者澄清真相，在巴黎手稿中，他将审判权赋予读者："说真话在我，说公道话在读者。"⑤他愿意为之展示一切，包括病痛之苦和情感经历：

　　　　读过的人会发现我所有的爱情奇遇，漫长的序幕后，最有希望的只不过吻一下手而已，他们一定会大笑。读者，请你们不要弄错，在这种以吻一次手结束的爱情里，我得到的快乐比你们以吻手为开始的恋爱要多。⑥

---

　　① L. Sylvaine, "Le Motif des Confessions chez Saint-Augustin, J.-J. Rousseau et A. de Musset," *Religiologiques*, 1992, p. 25.

　　② 菲力浦·勒热讷：《自传契约》，杨国政译，北京：生活·读书·新知三联书店，2001 年，第 50 页。

　　③ 卢梭：《忏悔录》，黎星、范希衡译，第 75 页。

　　④ 卢梭：《孤独漫步者的遐想》，钱培鑫译，第 237 页。

　　⑤ 卢梭：《忏悔录》，黎星、范希衡译，第 338 页。

　　⑥ 卢梭：《忏悔录》，黎星、范希衡译，第 131 页。

但卢梭的自我意识有些极端，若有读者质疑他的善良，就会受其责难：

> 请你(读者)再找出一个六岁的孩子，他能被小说吸引……甚至感动得流出泪来，如果你能找出来，我就认错。我的品德不受怀疑，如果谁还相信我是坏人，他就理应是被掐死的坏人。①

在卢梭的语境里，"忏悔"的词义有了变化。Confession，卢梭强调"坦白"的含义，为读者塑造真诚的语境，一种现代叙事方式，这意味着"忏悔录"向现代"自传"的过渡。起初，他不确定怎么写，这一点暗示他对写作风格的革新是下意识的行为。关于"自传"(auto-bio-graphie)，"自身—生活—书写"，即一个人写自己的一生，法国学者勒热讷(Lejeune)对之做了定义："当某个人强调他的生活，用散文体写成的回顾性的作品称为自传。"②后来，他在《自传契约》里对之有所修订："一个真实的人以自身生活为素材，用散文体写成的回顾性叙事，强调个性。"③两个定义的主体要素没有变化：语言是叙事性的散文体，涉及个人生活和个性历史，叙述者和人物要统一，回顾的视角。而"回忆录"是现代历史意识的衍生物，写作者从记忆中寻找他的历史地位，他是耳闻所见的陈述者，也是故往人与事的评判者，总之，他要在那个已经消失的空间里发现个体的意义，要重建公共记忆的结构。

若区别三类体裁，要看是谁在写，为谁而写，以及语境的开放性。"忏悔录"的语境是地狱、炼狱和天堂构成的精神国度，信徒向上帝坦白，目的是救赎，不顾及现代公共舆论，也就不具备大众阅读史与出版史的分析视角。"回忆录"和"自传"是为后代人写的，让作者名声传世，或为以前的言行辩护，有展示自我的天性，语境开放，其中有一个包含过去、现在和未来的时间谱系。"忏悔录"除了赞颂上帝的功业就是为自己赎罪，不会有读者的影子，"回忆录"和"自传"的作者知道读者的评判功能，读者也知道作者的目的。待之出版，时代变化赋予了审美意义，读者有了

---

① 卢梭：《忏悔录》，黎星、范希衡译，第 8—9、73 页。
② 菲力浦·勒热讷：《自传契约》，杨国政译，第 3 页。
③ 菲力浦·勒热讷：《自传契约》，杨国政译，第 201 页。

兴趣，"回忆录"和"自传"得以进入大众阅读史，由此开始了在人类集体记忆中的旅行。"回忆录"和"自传"的区别在于前一类的公开性更强，后一类也会进入公共空间，但它有远离公共空间的愿望，在半开半闭的私人空间里自我反省。但这样的区别不是绝对的，一个人生前的交往越多，在公共空间的影响力越大，他的"自传"会趋同于"回忆录"。

奥古斯丁的《忏悔录》、嘉梅里（V. Jamerey，1695—1775）的《回忆录》和切利尼（B. Cellini，1500—1571）的《自传》能说明三类体裁的区别。《忏悔录》各卷开篇和结束多赞美上帝，时时顶礼膜拜，卷一引《旧约·诗篇》的颂词："主，你是伟大的，你应受一切赞美；你有无上的能力，无限的智慧。"①讲述尘世的罪业，坦白得越真诚，渴望救赎的心情越迫切："主，你愿意我回忆往事并向你忏悔，请你看看我的心，你把我胶粘于死亡中的灵魂洗拔出来，希望它从此依附于你。"②奥古斯丁讲述了他与一群青年人深夜偷梨喂猪的故事，那是因为"他的心跌落深渊，邪恶的灵魂挣脱了主的挟持自讨灭亡……追逐耻辱"③。这就避开了一个神学争论：恶是不是上帝创造的？奥古斯丁时刻面对的是上帝："圣父，请您看，请您重视，请您俞允。"④现代人阅读时会有些不耐烦，因为那不是为他们写的，是为作者心中至善至美的上帝，控制个体自由精神的绝对力量。所以，这部作品缺少现代历史意识，冷落现代人。

法国古物学家嘉梅里的《回忆录》（*Mémoire de Valentin Jamerey-Duval*）完成于 1747 年，开篇有朴实的现代感："我生在法国的一个小地方，那里曾是富裕的小镇，但严厉的统治使之凋敝，盐税、赋税过重，它像很多地方一样蒙受厄运，到处是贫困低矮的茅草屋……"⑤之后，他坦诚叙述艰难的童年、流浪岁月、自学成才之路，以及作为大学教授的经历。1695 年，他生于阿托奈（Arthonnay），五年后父亲去世，家境

---

① 奥古斯丁：《忏悔录》，周士良译，北京：商务印书馆，1963 年，第 1 页。

② 奥古斯丁：《忏悔录》，周士良译，第 98 页。

③ 奥古斯丁：《忏悔录》，周士良译，第 30 页。

④ 奥古斯丁：《忏悔录》，周士良译，第 233 页。

⑤ V. Jamerey-Duval, *Mémoires，enfance et éducation d'un paysan au XVIIIe siècle*，Paris：Editions Le Sycomore，1981，p. 111.

艰难。1708 年，母亲携他及其妹妹改嫁，因受不住继父的粗鲁，他离家出走，四处流浪。在托内尔（Tonnerre）受伤，骨头断过，得到当地农夫和教士的照顾，伤愈后又去漂泊，沿途为人养鸡放羊，跟同伴学写字，在隐士的居住地生活时阅读地理、天文书籍。后在利奥波尔（Leopold）公爵的提携下看管图书，公爵赏识他的才华，他得以入读耶稣会学校，学成后担任卢奈维尔科学院（Académie de Lunéville）的古代史教授。

切利尼的《自传》成书于 1562 年，他用的是佛罗伦萨方言，"纯净诙谐，有独创性，简直无法翻译"，内容涉及童年岁月的大小事。切利尼多才多艺，精通诗文、绘画、雕刻，喜欢新奇与冒险。他的交往对象不分身份等级，有威严的教皇，有权倾一时的贵族，有流连于放纵虚空的人。行文中有人物对话，未必真实，却符合"特定条件下虚构"的自传特征。[1]文艺复兴时代的意大利，宗教权力式微，世俗法律体系尚未成形，切利尼的"我"不受传统信仰约束，也不受市民法限制，既有世俗意义的生命力，也有野蛮的气质，为所欲为，没有负罪感：

> 得知安尼巴莱欠下我家多少债之后，我十分气愤……我是天性易怒的人……离开官署，怒气冲冲赶回作坊，拿了一把匕首，匆匆赶到敌人住处，他们正等着吃午饭。我一露面，那个挑起是非的年轻的盖拉尔向我扑过来。我向他的胸口刺了一刀，穿过他的马甲与短外衣，恰巧碰到他的衬衣，他没受一点伤。可我的手进去了，也听到衣服被捅破的声音，我以为已杀死他……他们全家觉得末日审判已来临，一起跪下，顾不得体面，尖叫求饶。[2]

切基诺（切利尼的弟弟）的徒弟贝尔蒂诺被巡逻队杀害，切基诺知道后大吼一声，十里之外都能听到，得知是一个帽子上插蓝羽毛的人干的，他握着剑冲向巡逻队，那个人猝不及防，剑就刺进肚子，另一个人点了火绳枪，击中切基诺的右膝盖。切利尼得知后飞奔而来，听到弟弟说："我的好哥哥，不要让我的厄运搅乱你的心。"切基诺救治无效，去世前对

---

①　本威努托·切利尼：《致命的百合花：切利尼自传》，平野译，上海：上海人民出版社，2008 年，序言第 7 页，第 20 页。

②　本威努托·切利尼：《致命的百合花：切利尼自传》，平野译，第 41、42 页。

切利尼说了三声"再见"。切利尼以最高的荣誉将之埋葬于教堂墓地，之后密切注意那个人，就像他是自己所热恋的姑娘。一天晚上，他持剑站在门口，切利尼潜行到其身边，要砍他的头，他飞快地转过身，剑砍在左肩，他摇晃着身子，撒腿就跑，切利尼几步追上，剑砍在脖子上，用力猛，几乎拔不出来。教皇得知后传唤切利尼，眼中的凶恶几乎让他灵魂出窍，但看到他的作品，教皇变了脸色，"一个人能在如此短的时间有这样的成就，了不起"，继而说："切利尼，现在你的病治好了，要当心你的命。"切利尼不久又杀了人，教皇知道后说："像他那样在一门艺术里独一无二的人不受法律约束，尤其是他，我知道他没有错。"①

卢梭没有奥古斯丁的虔诚，不像嘉梅里那样平静地陈述个人的历史，缺少切利尼的疯狂与洒脱，他更关注自己的心理，其中有现代风格，有神学遗存，也有一点反叛陈规的冲动。与其说卢梭不再虔诚，不如说他转而相信自己的判断。除了丝带的故事，《忏悔录》里还有两件事，一是关于丢弃的孩子，卢梭无法甩掉愧疚感，便自我反省："我的错误在于我无力抚养他们，才交由国家抚养……我以为这是做了一个公民和慈父的分内事，我把我看作柏拉图共和国的一分子。"②二是反驳蒙泰古（Montaigu）伯爵，他是卢梭在法国驻威尼斯使馆工作时的上司，卢梭力求讲明真相，批评蒙泰古霸道，有违普遍的正义。③ 这一结论在开始写时已预设好，证明思路水到渠成，蒙泰古后来走霉运，卢梭觉得他理所应得。

辩解的目的始终清晰，但卢梭混淆了"忏悔录"与"自传""回忆录"的区别，他承认这一点："我不怕读者忘记我在写《忏悔录》，而以为我在写自辩书。"④在虔诚者的心里，经过忏悔的罪业，等到末日审判时上帝不追究，动荡不安的心会平静；经过辩解的事则不然，罪恶感难以忘掉，"每当想起，曾经的谎言就活跃，啃噬良知"⑤。卢梭为此一生困惑，"到

---

① 本威努托·切利尼：《致命的百合花：切利尼自传》，平野译，第71—74页。

② 卢梭：《忏悔录》，黎星、范希衡译，第441、513页。

③ 卢梭：《忏悔录》，黎星、范希衡译，第403页。

④ 卢梭：《忏悔录》，黎星、范希衡译，第34页。

⑤ 卢梭：《忏悔录》，黎星、范希衡译，第268页。

了老年，一颗饱受折磨的心仍深感内疚"①。这是以忏悔的名义辩解的后果，他以理智为最高主宰，不是忏悔，这类风格要到浪漫主义时代才被人理解。18世纪中期，忏悔语境已逝去，卢梭的心里没有地狱与天堂的二元世界，上帝不再是最高正义的主宰，卢梭将信念托付于后代，以雄辩的修辞获得了自我审判权，却留下忏悔与辩解的矛盾。在卢梭的年代，两类语境边界不清，他在无依靠和仓皇里创造了现代风格。

---

① 卢梭：《孤独漫步者的遐想》，钱培鑫译，第36页。

第三章　卢梭与文学共和国

——启蒙兴衰与理想主义者的命运

　　"文学共和国"（République des lettres）是 17 世纪法国人对于时代精神的共识，1694 年这一表述收录于《法兰西学院辞典》，1684 年《文学共和国新闻报》（*Nouvelles de la république des lettres*）创刊，并在三十余年里持续报道文学共和国的消息。[①] 在现代学术界，启蒙是文学共和国的代称，18 世纪后期，沃波尔、达朗贝尔、伏尔泰称他们的时代为"光明时代"或"启蒙时代"，区别于之前的"蒙昧时代"或"黑暗时代"。[②] 1784 年柏林星期三学会的征文比赛之后，启蒙被视作 18 世纪的时代精神，现代启蒙解释学偏于形而上学，相比而言，文学共和国有形而上学的倾向，但更多的是实践的愿望，致力于新事业的有哲学家，还有手艺人、出版商、冒险家。在法国布列塔尼的田间读报的农民，在巴黎郊区磨纸浆的技工，在大西洋航路上探险经商的海员，在国王花园里照料东方植物的

---

　　① *Le Dictionnaire de l'Académie françoise*, Tome second, Paris: Jean Bapriste, 1694, p. 398; F. Waquet, "République des Lettres," Y. Durand, "République," *Dictionnaire de l'Ancien Régime*, *Royaume de France*, XVI-XVIII *siècle*, PUF, 1996, pp. 1082-1083.

　　② "Je vous embrasse de tout mon Cœur, je vous salue, lumière du siècle", Voltaire à J. le Rond d'Alembert, 29 novembre, 1766, *CCJJR*, Tome XXXI, p. 226; "En sortant d'un long intervalle d'ignorance que des siècles de lumière avaient précédé, la régénération des idées, si on peut parler ainsi, a du nécessairement être différente de leur génération primitive"; "Discours préliminaire par d'Alembert," *Encyclopédie ou dictionnaire raisonné des sciences*, *des arts et des métiers*, Paris, 1986, p. 125; "When in this enlightened age, as it is called, I saw the term Philosophers revived. I concluded the jargon would be omitted, & that we should be blessed with only the cream of Saprience", H. Walpole à D. Hume, Nov. 11th 1766, *CCJJR*, Tome XXXI, p. 142.

园丁，他们的劳动是文学共和国话语体系的基础。这套话语的指涉越多，掌握它的人就越有力量，受旧制度追捕时它就衍生出虚无的语境，当具体物象受驱赶时，它能虚构异种生灵，话语的变形意味着更多的自由。①在文学共和国里，识字率、写作和阅读是有政治内涵的行为，关乎人在权力下的处境。旧制度后期，识字率提高，写作与阅读的空间变得开阔，但它仍受监视，批判精神弱化，人隔绝于真实，这会导致民族心理的失控。民族心理失控之前有一个缓解紧迫的地带，即文学共和国，它的话语体系若能突破旧制度的用词习惯和语法体系，进而形成新风俗，法国革命时代传统破裂的可能性要小，所以时代话语的革新有政治意义。

卢梭与文学共和国的关系不是单纯的思想问题，他的进退涉及新风俗与旧制度的对抗。青年卢梭渴望进入文学共和国，参加各地的征文比赛，结识有名望的人，一番努力后成为它的公民；但因有别于主流观点，时人斥其愚妄，1766 年后他承受不了文学共和国的恶风俗，所以要退出。恶风俗来自理想主义者的变形，他们进入文学共和国之初有崇高的追求，又为生存理性控制，与旧制度同谋，背叛文学共和国的精神。卢梭的进退是在挑战现代启蒙解释学的历史基础。

第一节　文学共和国的结构

大航海时代后的世界旅行、探险和商业开拓了人的视野，人员、商品、信息有了新的流通形式，并催生了现代人格。他们追求真实，注重实利，在力量和勇气上胜过古人。与之相应的是新话语体系的出现，它希望了解一切，发现人的力量，反思域外风俗，破除陈规旧习，这是现代精神的萌芽。远方见闻录和实验科学的确定性冲击了经院哲学的逻辑，世俗生活的真实性取代了异象与启示，教会史不再是绝对真理。拉丁语的时代结束了，用民族语言写成的作品日渐增多，训导、说教或启示性的修辞已不多见，类似诏谕、告示和命令等单向传递的信息受人冷落，取而代之的是平等、开放与包容，以清晰的语言传达确定的知识。

---

①　2009 年，德国作家赫塔·米勒(Herta Müller)在获得诺贝尔文学奖时的演讲中有一句话："我们能掌握越多的词语，我们就越自由。"本书作者对之做了阐释。

　　在文学共和国的早期历史中，书信来往承载它的功能。身在伦敦、阿姆斯特丹、斯德哥尔摩的学者，平生不曾谋面，却有稳定的通信联络，"伏尔泰的通信人有一千四百个，卢梭的不少于六百，孟德斯鸠的多于两百，狄德罗的不下百人，古物和植物学家塞古（Jean-François Séguier）有三百人"①。与通信网络同时形成的还有一套新式的交往规则：及时回复信函，行程里就近拜访，礼貌接待远道而来的学者，即使是不速之客。1773—1783 年，塞古在尼姆（Nîmes）隐居时，1383 名大小人物前去拜访，他都尽力招待。②

　　没有报刊业就没有文学共和国，报刊的编辑、出版、发行、阅读的过程里包含了文学共和国的机制。1685 年南特敕令废除后，法国新教徒逃亡荷兰、英国、瑞士。得益于那里的信仰自由，他们创办报刊，印制书籍，向法国走私，包括创刊于伦敦的《赞成与反对》（*Le Pour et Contre*），创刊于荷兰的《文学报》（*Journal littéraire*）、《理性图书馆》（*Bibliothèque raisonnée*）、《法国图书馆》（*Bibliothèque française*），这一类报刊宣扬宽容，批评宗派主义，大获成功。③ 法国的报刊业同样繁荣，《学术会议报》（*Les Conférences Académiques*，1660—1665）、《书摘》（*Bibliothèque choisie*，1703—1713）、《巴黎邮报年鉴》（*Annales de la Courrier de Paris*，1697—1698）相继创办，风格相对保守，却在新知识领域有所开拓。库柏（G. Cuper）生前被称为"文学共和国的秘书"，1708 年订阅了十余份报纸，包括法兰西科学院主编的《学者报》（*Journal des savants*）。共济会修士爱尔维修的藏书里有《法国信使报》（72 卷）、《百科

① C. Berkvens-Stevelinck，H. Bots，J. Haseler，*Les grands intermédiaires culturels de la république des lettres*，p. 24；D. Roche，*Le siècle des lumières en province*，*Académies et académiciens provinciaux*，1680-1789，Paris，1978，pp. 295，296.

② L. W. B. Brockliss，*Calvet's Web；Enlightenment and the Republic of Letters in Eighteenth-Century France*，Oxford，2002，pp. 104，107，108.

③ J. Mondot，C. Larrere，*Lumières et commerce，l'exemple bordelaise*，Peter Lang，2000，p. 43；H. Bots，*L'Esprit de la république des lettres et la tolérance dans les trois premiers périodiques savants Hollandais*，XVIIe Siecle，1977，N° 116，Paris，pp. 55，51；M. -R. de Labriolle，"*Le Pour et Contre et son temps*，"Studies on Voltaire and the Eighteenth Century，Volume XXXIV，p. 24.

全书报》(304 卷)、《文学共和国新闻报》(40 卷)、《信使新报》(*Le Nouveau Mercure*)、《学者新报》(*Nova Acta Eruditorum*，43 卷)、伦敦皇家学会的《哲学学报》(*Philosophical Transactions*，15 卷)、《柏林皇家科学院纪事》(*Histoire de l'Académie Royale des Sciences et des belles lettres*，25 卷)、《经济杂志》(*Journal œconomique*，23 卷)等。① 1740 年，达米尼(d'Arminy)去世后，家人在他的藏书里发现了十二种报刊，包括《学者报》(1665—1735)、《文学共和国新闻报》(1684—1699)、《书目选编》(*Bibliothèque choisie*，1703—1710)、《科学文艺历史备忘录》(*Mémoire pour l'histoire des sciences & des beaux arts*，1701—1735)等。② 一个包含作者、发行商和读者的信息网络随之成形，《法国公报》(*Gazette de France*)在君士坦丁堡、圣彼得堡、柏林、斯德哥尔摩、维也纳、罗马、阿姆斯特丹、伦敦、海牙等城市派驻通讯记者，尽快捕捉当地的新闻。1748 年，《法国信使报》在 26 个城市设立发行处，1756 年增至 46 个，1764 年增至 56 个。新知识不再为少数懂拉丁语的人垄断，普通人的思想交流变得容易，"所有人都在阅读，而且喜欢阅读一切东西"③。

各国科学院是文学共和国的上层机构，包括英格兰皇家学会(1662 年)、伦敦皇家学院(1665 年)、巴黎皇家科学院(1666 年)和柏林科学院(1700 年)。1789 年革命前，法国有一百多个科学院，包括医学院、农学院、文学院，其中巴黎有七十个，外省三十个，它们编辑杂志，传播新观念。④ 英格兰皇家学会秘书奥登伯格(H. Oldenburg)和巴黎皇家科学院的主席比农(J.-P. Bignon)相信科学进步依赖于思想交流，为之竭尽

---

① D. W. Smith，"*Helvétius's library*，" Studies on Voltaire and the Eighteenth Century，Volume LXXIX，1971，pp. 155-161.

② *Catalogue des livres de la bibliothèque de M. Le Gendre d'Arminy*，Paris，1740，pp. 163-164.

③ 达尼埃尔·莫尔内：《法国革命的思想起源(1715—1787)》，黄艳红译，上海：上海三联书店，2011 年，第 145 页。

④ L. W. B. Brockliss，*Calvet's Web：Enlightenment and the Republic of Letters in Eighteenth-Century France*，pp. 9-10；P. Gay，*The Enlightenment：An interpretation*，Tome II，p. 9.

所能。①

科学院对于文学共和国的最大贡献是征文比赛，选题是现代风格，启发并提携青年人，所以影响广泛。法兰西学院多次发起征文比赛：1748 年，"人类不知道共同的幸福对自己的益处"；1749 年，"经历困境是有益的"；1750 年，"圣贤在多大程度上有助于人类的判断"②。1700—1790 年，外省科学院的奖项快速增加，1700—1709 年有 48 次竞赛，1780—1789 年有 618 次，种类繁多，有艺术类、科学类、历史类，学术热情贯穿整个世纪。③ 1748 年，第戎科学院征文涉及遗传病因，蒙托邦（Montauban）科学院的问题是"相比于为别人造福，我们更关心自己的利益"，马赛科学院的问题是"人在生活中更需要理性而非情感"。1749 年，普奥（Pau）科学院的问题是"论与真理对立的人类情感中，嫉妒是最危险的"，第戎科学院的问题是"为什么有弹力的物体不吸电？"1750 年，蒙托邦科学院又提出了一个道德问题，"人类若有更多美德，那么相互间的友谊更多"，科西嘉科学院在《法国信使报》公布主题"论臣民对国王的义务"。④ 天主教势力强大的图卢兹市因长期为诗歌艺术和科学设立征文奖而闻名欧洲，花卉科学院（Academie des Jeux Floraux）发起多次征文比赛，1741 年"论礼仪的功用"，1749 年"富足相比于贫困对于美德更危险"，1750 年"我们的幸福在于我们自己"。1750 年 11 月，该市的铭文-文艺皇家学院组织比赛，奖金为五百利弗尔，足以应付一个家庭的年度开支。⑤

文学共和国的机制最终形成，有人称之为"文人共同体"（Communauté

① C. Berkvens-Stevelinck, H. Bots, J. Haseler, *Les grands intermédiaires culturels de la république des lettres*, p. 14.

② M. Bouchard, *L'Académie de Dijon et le premier discours de Rousseau*, Paris: Société les Belles Lettres, 1950, pp. 49, 50.

③ D. Roche, *Le siècle des lumières en province, Académies et académiciens provinciaux*, pp. 325, 345.

④ M. Bouchard, *L'Académie de Dijon et le premier discours de Rousseau*, pp. 45, 49, 50, 51.

⑤ "Prix proposés par l'Académie Royale des Sciences, Inscriptions & Belles-lettres de Toulouse pour les années 1751 & 1752," *Mercure de France*, novembre 1750, Paris, p. 147.

des Gens de Lettres），它的特点是从逻辑论证和具体实践中发现因果关系；马蒙泰尔觉得是"文人社团"（Société des Gens de Lettres），有别于以师徒关系为特征的垄断行会；也有人称之为"思想者的国度"（Nation des Gens d'esprit），一个超越民族国家、创造性的语言空间。① 文学共和国表面上是全新的话语体系，实际上是君权与教权之外的新式权力，是观看的权力、记录的权力、评判的权力、思考的权力。这一类权力只有在开放的公共空间里能发挥最大的力量，在那个空间里，有权力的人和被迫服从的人是平等的，文学共和国因此而成为卑微者施展才华或申诉不公的途径，它同时也为君权和教权所用，但不受其控制，"当其繁荣时，政治王国沐浴在它的光辉里"②。1779 年，《法国文学艺术共和国史》概述了它的本质：

> 所有决定人的命运的政府……它们的权力只限于人身和财产，但时下有一个特别的王国，只影响人的精神，它保持一定的独立性，本性自由。那是才能与思想的王国，各类科学院是它的法庭，才能卓越的人是最重要的成员。它的名字里有良好的名声，在读者心里开拓领地。它由公众自由选举……出身和财富不再起作用……扮演主角的往往是出身卑微的人。③

第二节　文学共和国的主题

一、自然

"自然"（Nature）是文学共和国里含义最广的词，指四季轮替的自然界，或事物本初状态；有科学意义，有道德和审美意义。既是科学论文

---

　　① La nation des gens d'esprit est fort occupée aujourd'hui d'un roman nouveau qui parait sous le titre des heureux orphelins, p. 149.

　　② *Histoire de la République des lettres et arts en France*，Année 1779，p. 8.

　　③ *Histoire de la République des lettres et arts en France*，Année 1779，Amsterdam et se trouve à Paris，pp. 5-6.

和游记文学的主题，也是绘画的技法。在宗教意义上，"自然"像上帝那样宽慰人心，却对信徒的灵魂没有强制力，他们自己决定信还是不信。

科学意义的"自然"是植物学。17世纪，植物学寄托着现代科学最初的热情，它不与教权直接冲突，植物学知识谱系日渐完善。1635年，博斯(G. de La Brosse)建成皇家药用植物园(Jardin royal des Plantes médicinales)，是当时法国植物学的研究基地。1663—1666年的欧洲大陆之行奠定了英国人约翰·雷(J. Ray)的倾向，"研究植物让身心愉悦，思考眼睛之所见，欣赏植物的美和自然造化之功"，1686年他完成《植物学史》(*Historia plantarum generalis*)，被誉为现代植物学之父。1728年，朱西(A. de Jussieu)关注蘑菇和苔藓分类，1753年，瑞典植物学家林奈在亚里士多德的基础上完善二界分类系统(植物和动物)。

创造新知识的愿望吸引着越来越多的人。1737年，博奈(C. Bonnet)跟随里乌(Rive)学习植物学，8月21日，博奈在老师家里看到莱奥姆的《昆虫史备忘录》(*Mémoires pour servir à l'histoire des insects par M. de Réaumur*)，三年前出版，此时已是受人瞩目的作品。博奈翻了几页，兴奋又震惊，里乌却认为这本书不适合他的年纪：

——你拿这本书干什么？去读《自然景观》(*Le Spectacle de la Nature*)。

——我读了一遍又一遍，已烂熟于心。

——不管怎样，莱奥姆的《备忘录》对于你们太专业了，而且我是借自公共图书馆。

下课后，博奈去公共图书馆找到了这本书，管理员允许他读几个星期。博奈觉得这本书足以将自己造化为一个小自然学家，于是白天读，黑夜读，全神贯注，大量摘录，之前他"不曾想到有一天能读到这样的书，会亲手拿着一个伟大植物学家的作品"[①]。博奈最终成长为日内瓦有名的昆虫学家，1753年入选瑞典皇家科学院外籍院士，1769年当选丹麦皇家科学与文学院外籍院士。忆及翻阅《昆虫史备忘录》的时刻，他以之

---

① F. Brayard, A. De Maurepas (eds.), *Les Français vus par eux-mêmes*, *Le XVIIIe siècle*, p. 224.

为"不同寻常的一天"①。

自然借助语言和符号进入人的意识,它是为人观看、解剖、收藏和研究的对象,服从于现代因果关系,但它不是独立的知识体系,要服从人的观念,离开这些观念,它的身份会模糊。自然受人的支配,这是现代人与自然关系的弱点。自然界是否有独立的话语与思考体系,深秋河边的芦苇会不会有思想往来?那些被风吹断的会不会对风不满,它的结构会更加坚固?自然时间有别于人的时间,那是缓慢的,比宇宙时间快,却慢于人的时间,是不是因为时间观念的不同,人才悟不透自然的意识?源于缓慢时间观念的知识体系会不会更深奥?自然意识在现代观念中即使在今天也没有独立。

抽象意义上,"自然"是现代理性风格的基础,有力量否定陈旧的知识体系,即那些忽视经验、幻想来世的经院哲学。之后,现代风格从理念转向实践,以真实为依据,融通理性规则与自然物象,注重归纳概括,不再依靠演绎法。卡西尔受康德理性主义的影响,以"自然"为新知识的来源:

> 所有知识,无论与哪一学科有关,只要源于人的理性,并且不依赖其他确定性的基础,就是"自然的"。与其说"自然"是一堆客观对象,不如说它是知识的"视野",一种透彻理解现实的"视野"。在"自然之光"(lumen naturale)里,若要证明和理解(某些事物),需要的只是知识的自然官能。②

道德意义的"自然"强调与自然相关的品质,纯粹、直白。自 17 世纪,民众阅读远方游记时发现原始人接近自然,却有美德,启蒙思想家据此推测,与自然相近也与美德相近。荒野中的旅行犹如宗教朝圣,能净化灵魂。法国新教牧师格柏兰(Court de Gébelin,1719—1784)在森林里生活了三个月,他觉得离自然更近了:"自然,我在阵阵难以遏止的情

---

① F. Brayard, A. De Maurepas (eds.), *Les Français vus par eux-mêmes*, *Le XVIIIè siècle*, p. 224.

② 卡西尔:《启蒙哲学》,顾伟铭、杨光仲、郑楚宣译,济南:山东人民出版社,2007 年,第 36 页。此处参考法译本做了修订:E. Cassier, *La philosophie des Lumières*, traduit de l'allemand et présenté par Pierre Quillet, Fayard, 1966, p. 71.

感中呼喊，你要为我做些什么?"之后，他来到巴黎，惊诧于文明的弊端，发誓要传播他从自然中获得的纯洁质朴。①

审美意义的"自然"伴随 18 世纪的商业化与城市化出现。首先指自然风物，包括乡村景象、田野生灵、城市植物园。其次是从自然风物中获得的愉悦感，这种感受影响了风俗画的创作，狄德罗在评论中世纪的画作《晚钟》时，关注画家描绘景色的技法，以及自然对于人的意义："橡树林荫下，近旁有地下水轻声流动，大地上盖满赐给劳动流汗者的财富……多瓦尔沉醉于自然景物，他挺起胸，用力呼吸，专心致志地包揽一切……他被景色迷住了。"②

宗教意义的"自然"涉及 18 世纪的自然神论或自然宗教。现代早期的科学成就，如三棱镜、望远镜、显微镜等，让人觉得自然中有神秘的力量，而另一方面自然愿意倾听生活于苦难中的人的诉说，给予道德指引，是现代人的情感寄托。有人就此以为自然有上帝那样的力量："自然为了说明在它引导下不会有野蛮，往往在教育与艺术不发达的民族所孕育的作品能与(其他地区的)艺术杰作相媲美。"③法国植物分类学家布封(Bouffon)不再将"自然"当作客观的存在，而是一种精神。1766 年，英国人雷玛鲁(Reimarus)看到了自然宗教的意义：

> 自然宗教中关于真理的知识借由理性获得，仍然维护上帝的第一存在，并觉得这一存在是必要的、自明的、永久的，他是世界的创造者、保护人、统治家，将人类引向更完善、更长久的幸福。④

与传统宗教相比，自然宗教泛化偶像崇拜，将自然中美好神秘的事

① 达恩顿：《催眠术与法国启蒙运动的终结》，周小进译，上海：华东师范大学出版社，2010 年，第 116 页。
② 狄德罗：《狄德罗美学论文选》，张冠尧、桂裕芳等译，北京：人民文学出版社，1984 年，第 53 页。
③ 米歇尔·德·蒙田：《论学究式教育》，《蒙田随笔全集》，第 1 卷，马振骋译，上海：上海书店出版社，2009 年，第 123 页。
④ S. J. Brown, T. Tackett, *Enlightenment, reawakening and revolution*, 1660-1815, Cambridge, 2006, p.259; H. S. Reimarus, *The principal truths of natural religion, defended and illustrated*, London, 1766, p.1.

物赋予信仰的内涵，这些物象又非遥不可及，借助科学实践就能识其本质，所以，当时有人敢说："我抬眼仰望大自然，从那里得到我的支援。"人摆脱了教会规章，无论信仰什么，自然都会接纳：

　　背叛(自然)的孩子，重新回归自然，她会安慰你，驱除压迫你的恐惧，驱除折磨你的不安，驱除改宗后的忐忑心情，驱除让你与周围的人分离的仇恨。①

二、理性

在文学共和国里，理性有时指正确清晰的原理，有时指推理方法，有时指人的心智，以区别于动物，"哲学家一致认为人不同于动物是因为他有理性"②。理性的首要目的是驱除权力偶像对人的控制，也就是那些关于圣礼、灾祸、神话与奇迹的谣传，人对世俗生活的不安与对天国的想象源于这些离奇的事。其次是帮助人发现世俗生活中的确定性，对于模糊的论述，以实证或严密的逻辑去检验，对于惯常的说教，借助于批判精神发现真相。最后是建构现代人的身份，人在有现代理性之前要有观念和欲望，要有观念和欲望，必须有敏锐的感受力，要有感受力，健全的身体和精神是不可缺少的，在此基础上，自我认知能力渐趋完备，现代人的主体解释学有存在的可能。1765 年，魁奈在《论构成社会的人的自然权利》中从这一意义上看待理性：

　　它是人的官能，据此获得必需的知识，又借助这些知识去获得个体意义的善和道德意义的善，这对于人的存在本性不可缺少，理性对于人的心灵犹如眼睛对于人的身体一样重要。③

---

　　①　"Abrégé du Code de la Nature," extrait du *Système de la Nature*，de d'Holbach，J. Assezat(ed.)，*Œuvres complètes de Diderot*，Tome IV，p. 110.

　　②　"Dissertation sur la Nature du Peuple," *Choix littéraire*，Tome I，p. 3.

　　③　Quesnay，"Observations sur le Droit naturel des hommes réunis en société," *Journal de l'Agriculture*，*du Commerce et des Finances*，septembre 1765，Tome I，Paris，p. 34.

法国革命前，理性主导的话语体系已经完备，而且出现了与各学科相关的风格，涉及科学研究、文艺批评、政治实践等。这套话语的风格最终是由人控制的，由此而来的是现代人的主体解释学。一个物象进入文字世界，就得允许这套解释学赋予它意义。在形式上，现代解释学与经院哲学和古典主义风格没有区别，但它们在本质上有所不同。现代解释学的责任首先是说明世界末日是心智蒙昧时代的荒诞剧，它永远不会到来，上帝的隐去对于现代人没有什么损失，却是福音。其次是让人认识自己，认识他人，认识自己与世界的关系。最后让他们掌握自己的命运，敢于思考生命的意义，敢于质疑神权和世俗权力的起源与合法性。

在理性的成长史上，数学是任职最长久的导师。数学知识及其推理方法不与教会理论冲突，相反，它的严密性素来被神学家视为是上帝伟大事业的论据，"一个人既是忠诚的天主教徒，又是优秀的数学家"①。1665—1672年法国官方刊物《学者报》的文章里半数引介新书，其中88％是数学类。② 快速进步的天文学让理性的地位更坚固，太阳中心说驱逐了地球中心说，教会世界观解体，取而代之的是现代意义的天体运行规律。1726年，伏尔泰羞辱罗昂(G.-A. de Rohan-Chabot)伯爵，被关入巴士底狱，出来后流亡英国。两年后归来，他已是科学理性的使者。1734年与夏特莱(Emilie du Châtelet)夫人定居希莱(Cirey)城堡，传播牛顿的理论体系。

最后，理性进入实践领域，法国百科全书派的风格源自英国经验主义，他们不只关注形而上学，又在农田、战场、山间、林地、手工作坊与建筑工地上寻找知识的本源。理性的力量不断冲击旧制度的思想边界，"理性的进展"(progrès de la raison)是文学共和国的关键词。③

———————————

① M. Mersenne, "La vérité des sciences, 1625," *La Querelle des Anciens et des Modernes*, p. 223.

② T. Volpe, *Science et théologie dans les débats savants de la seconde moitié du XVIIe siècle : la Genèse dans les* Philosophical transactions *et le* Journal des savants (1665-1710), Turnhout : Brepols, 2008, p. 33.

③ "Discours préliminaire par d'Alembert," p. 159.

　　法国革命时代，理性与现代自由观结合，是专制与奴役的对立面。孔多塞在《人类精神进步史表纲要》里追溯人类精神的历史，在第九个时代，从笛卡尔到法兰西共和国的形成，"理性丢弃了枷锁，不断获得新力量，为争取自由的时刻准备着"。理性话语因激进派的宣传有巨大冲击力，一度是革命乌托邦的基础理念。1793 年，有人在马拉雕像的落成仪式上唱歌："理性启发我们，她散播智慧，将人类引向自由。"①梅西耶视之为自由与平等的倚靠：

　　　　在这个世界上，从没有人合法地成为另一个人生活的主人，只因为缺少智慧和理性，一些法律才认可独裁与奴役的合法性。②

三、远方

　　人性中的原始情感，经历几千年进化仍未消失，作为潜意识存在于心灵深处，等待野性的呼唤。一旦面对荒野，或阅读关于原始风俗的文字，游荡的愿望又会复生，随之而来的是历史意义的同情心。尤其是那些在不良风俗制度下的人，他们会感念祖辈筚路蓝缕的生活，向往远古的质朴纯真，偶尔希望回到历史源头，生活在那个令人向往的黄金时代。

　　与古典时代人心的静穆不同，启蒙时代的个体精神活跃外向，它要了解自然秘密，对于远方未知的国度，以及教会和世俗权力所隐瞒的事充满好奇。17 世纪，旅行趣味高涨，探险家离开祖居地，去异域感受不同风俗。"如果你感到好奇，就去旅行吧！"③商人、教士、海盗和殖民者都有横渡海洋的愿望，难以阻挡。一批域外观察家随之出现，他们随时随地记录见闻，或旅行后写成回忆录，为那些对远方向往的人提供域外

---

　　① 　*Hymnes et Couplets*，*chantés à l'inauguration des bustes de Rousseau*，*Marat et Le Pelletier*，*à la section du* Contrat-Social，le 25 frimaire，deuxième année de la République，p. 7.

　　② 　M. Mercier，*De J. J. Rousseau*，*considéré comme l'un des premiers auteurs de la Révolution*，Tome premier，Paris，1791，p. 119.

　　③ 　P. Hazard，*La crise de la conscience européene*，1680-1715，Fayard，1961，pp. 4，5.

的视野。17 世纪末，法国知识界受人欢迎的东方游记有贝尼尔（Bernier）的《大莫卧尔游记》、塔维尼（Tavernier）的《土耳其、波斯、印度游记》、斯图（Struys）的《俄国游记》、特维农（Thévenot）的《欧亚非游记》、夏尔丹（Chardin）的《波斯、东印度游记》。① 域外探险不断有新发现，包括地理学、人种学、植物学、气象学等。1770 年，古特利（Guthrie）总结探险家对太平洋的认识。② 人对世界面貌的认识日新月异，与之相关的是一套应对异域景观的心理机制：

> 地球广阔无边，不同地区有不同的自然风物，不同气候孕育不同的风俗。人的习惯要入乡随俗，制定不同的法律，但它们有相同的目标，使人自由、幸福与向善，这是自然赋予我们的基本需求。③

不是人人都去旅行，但都愿意读游记，讨论异域见闻。在巴黎生活的达米尼（d'Arminy）的藏书里有三十二部游记，涉及印度、波斯、希腊、西班牙、中国、美洲、非洲、海洋岛屿等地，包括塔维尼的《土耳其、波斯、印度游记》，以及 1692 年耶稣会出版的《欧亚游记论，发现到达中国的新路途》（Voyages en divers états d'Europe & d'Asie, pour découvrir un nouveau chemin à la Chine）和丹皮埃（G. Dampierre）的《环球游记》（Nouveau voyage autour du Monde）。④ 借助于域外见闻录，人的视野变得开阔，"在你小的时候，不以为地球比你的城市更广……（现

---

① F. Bernier, *Mémoires du sieur Bernier sur l'empire du grand Mogol*, 4 volumes, Paris, 1670-1671; J.-B. Tavernier, *Les Six Voyages de Jean Baptiste Tavernier, qu'il a fait en Turquie, en Perse, et aux Indes*, Paris, 1676; J. J. Struys, *Les voyages de Jean Struys en Moscovie*, Paris, 1681; J. de Thévenot, *Voyages de Mr. de Thévenot Tant en Europe qu'en Asie & en Afrique*, 5 volumes, Paris, 1689; J. Chardin, *Journal du voyage en Perse et aux Indes Orientales*, Moses Pitt, 1686.

② W. Guthrie, J. Knox, *A new geographical, historical and commercial grammar*, London, 1770.

③ *Eloge de Jean Jacques Rousseau, qui a concouru pour le prix d'éloquence de l'Académie Française, en l'année 1791*, par M. Thiery, Membre de plusieurs Académies, 1791, p. 38.

④ *Catalogue des livres de la bibliothèque de M. Le Gendre d'Arminy*, pp. 113-116.

在知道)城市里人来人往,那只是它的一小部分"①。在众多异域故事里,拉菲陶的《美洲原始人的风俗》影响广泛,欧洲读者震惊于原始人的懒惰、怯懦、贪婪与残酷,却从中悟到自由、平等与美德的本初状态:美洲野蛮人游手好闲,科学艺术落后,却不忧愁;秘鲁和墨西哥的土著人生活艰苦,住在简陋的茅屋,无公共设施,缺乏优美感;埃及人用芦苇围成简易住所,同样无忧无虑。经拉菲陶的描述,原始人的生活为人向往,文明的生活让人厌恶,而在这部作品之前"原始人的美德在欧洲已减弱,甚至不复存在"②。

在全新的地理知识和人文空间里,文明的"相对性"出现了。所谓相对性,是阅读远方游记时的慕古情结,对质朴的情感和平等自由制度的向往,以及对欧洲教权和君权时代堕落风俗的批判。"无论是真实的还是想象的游记,都让人察觉道德和文化的相对性,思考欧洲之外有没有更好的生活"③。对于教会,不同地域之间的相对性有破坏力,来自远方的风俗变革着时代知识体系。17—18世纪的地理学有对抗无知的天性,即使不是探险家有意为之,他们的作品也有颠覆力。经院学者被迫根据新大陆的人种学、民族志、气候与风俗修订不实的说教,但陈词滥调往往无力招架,真实总会排斥权力所制造的幻象。

远游与哲学精神自古有因缘,"一种简单明确的因果关系"④。孟德斯鸠借助休伦人和波斯人批判法国浮泛流光的礼仪,伏尔泰借助东方文明批判天主教的创世观,虚构了黄金国:"老实人看到一片平原,四周是崇山峻岭,所有实用的东西都赏心悦目,百姓富庶友爱、知礼节。法国风气是谈情说爱、恶意中伤、胡说八道,政府、法院、舞台,凡是你能

---

① *Journal de l'Instruction publique*,rédigé par Thiebault & Borrelly,Paris,1793,pp.136,137;René Pomeau,*Voyage et lumières dans la littérature française du XVIII siècle*,Studies on Voltaire and the Eighteenth Century,T. Besterman(ed.),volume LV,1967,p.1269.

② P. Lafitau,*Mœurs des sauvages Amériquains*,Tome II,Paris,1724,pp.2,5,7.

③ P. Hazard,*La crise de la conscience européene*,1680-1715,p.10.

④ R. Pomeau,*Voyage et lumières dans la littérature française du XVIII siècle*,Studies on Voltaire and the Eighteenth Century,T. Besterman(ed.),Volume LV,1967,p.1271.

想象到的矛盾应有尽有。"① 狄德罗描写过塔希提岛的风情，原始简单，
"我们的社会是复杂的机器，塔希提人身处世界的本初状态，欧洲人临近
迟暮之年"。一位塔希提人奥鲁（Orou）到欧洲旅行，见不惯人间的奴役，
于是排斥文明社会。②

那时的人为移动的视野所吸引，不愿待在房子里烤着炉火思考，
要去体验广博与新奇。1713 年，孔第（Antonio Conti）在巴黎生活，
1715 年去伦敦，参与牛顿与莱布尼茨的微积分之争，随后到汉诺威与莱
布尼茨面谈，途中又取道荷兰，拜访列文虎克（A. P. van Leuwenhoeck，
1632—1723，荷兰商人、科学家、现代微生物学之父）。③ 卢梭受拉
菲陶和沙尔勒瓦游记的影响，《论人类不平等的起源》里的原始习俗在
知识界不乏争论，有人在远游时会留心原始风俗与美德是否有必然
关系：

> 要检验人类社会是在进步还是退步，野蛮人的风俗是不是更好，
> 一个方法是去远方旅行，实地观测，另一方法是观察人类历史，通
> 过我们的眼睛，或所处的场景去判断。卢梭的《论人类不平等的起
> 源》使用的正是这样的方法。④

时值中年，法国文人马蒙泰尔有一次长途旅行，途经波尔多、图卢
兹、贝吉埃（Béziers）、尼姆、日内瓦、里昂、圣阿西斯（Sainte-
Assise）。⑤ 领略风土人情，努力结识各地名流，因为他想入选法兰西学
院，得疏通关系。

法国人关心遥远大陆上的民族，既包括未开化的野蛮人，也包括文明的

① 服尔德：《老实人》，傅雷译，合肥：安徽文艺出版社，1998 年，第 57、73、
77 页。

② Diderot，"Supplément du voyage de Bougainville，ou dialogue entre A et B，"
J. Assezat(ed.)，*Œuvres complètes de Diderot*，Tome deuxième，pp. 212，215.

③ P. Hazard，*La crise de la conscience européene*，1680-1715，p. 7.

④ Garat interprète de l'Inégalité，juillet-septembre 1783，*CCJJR*，Tome XLV，
p. 154.

⑤ "Mémoires d'un père pour servir à l'instruction de ses enfants，" *Œuvres
complètes de Marmontel*，Tome I，pp. 411-450.

中国人。17 世纪中期，赴远东的探险活动多起来。1664 年 8 月 27 日，路易十四签署了开拓东印度商路的法案，首相柯尔柏(Jean-Baptiste Colbert)组建法国东印度公司(Compagnie Française des Indes Orientales)，中国问题进入政治权力的视野。① 由于耶稣会、巴黎外方传教会和宫廷的鼓励，法国出现了"中国热"，中国的瓷器、服饰、习俗引起各阶层的兴趣。1700 年元旦，凡尔赛宫举行"中国之王"的盛大舞会，路易十四乘坐中国轿子来到会场。② 同年 8 月，耶稣会的方特内(Fontenay)神父将一批据说是中国皇帝赠送的礼物献给路易十四，有珍贵的布料、瓷器和茶膏，法国人之前从未见过这些东西。1702 年，追随巴黎外方传教士梁弘仁(Artus de Lionne)赴法的福建人黄嘉略此后未归，编辑汉语词典和汉语语法，满足法国人学习汉语的需要。③

来华传教士回国后会出版中国见闻录，从西方的视野观察中国，翻译四书五经，但免不了曲解附会。根据拉卢贝尔的《暹罗游记》，培尔(Bayle)认定亚洲存在唯物主义思想和无神论，以此质疑上帝的存在；亚当·斯密在《国富论》中批判中国风俗，城市街道脏乱，新生的婴儿被弃于路边；伏尔泰却视中国为开明专制的典范，重农派学者魁奈以为《论语》是真实的场景，对于古代中国的制度有所美化，以之为"自然和科学规律发展的结果，君主的统治符合自然权利的法则"④。法国革命时代，共和派思想家高度评价孔夫子，说他有庄严又简朴的智慧，朗格多克省

---

① *Déclarations du Roy，l'vne，portant établissement d'une Compagnie pour le Commerce des Indes Orientales，l'autre，en faueur des Officiers de son Conseil，& Cours Souueraines interessées en ladite Compagnie，& en celle des Indes Orientales*，Registrées en Parlement le 1 septembre 1664，Paris，1664.

② 许明龙：《黄嘉略与早期法国汉学》，北京：中华书局，2004 年，第 9、48、126、154 页。

③ H. Belevitch-Stankevitch，*Le goût chinois en France au temps de Louis XIV*，Genève：Slatkine reprints，1970，pp. 60-61.

④ *La morale de Confucius，philosophe de la Chine*，Amsterdam，1688；艾田蒲：《中国之欧洲》，上册，许钧、钱林森译，桂林：广西师范大学出版社，2008 年，第 221 页；魁奈：《中国的专制制度》，《魁奈经济著作选集》，吴斐丹、张草纫选译，北京：商务印书馆，1979 年，第 396、405 页。

贝吉埃地区的哲学家尤其关心中国，"有时对那里的事感到不安"①。传闻、寓言、小说等以不确定的语气叙述中国，又以想象的中国风俗去批判欧洲的旧制度，那是符合欧洲新价值观的中国形象，不是真实的中国。19 世纪，西方向东方扩张经济与军事之际，关于中国的美好想象破灭了，或是说西方理解中国的方式变了，从文明交流转向经济殖民，在社会达尔文主义的规则下弱肉强食。

文学共和国里的域外游记是流动的思想景观，物象变换的速度虽不会快于马的奔跑，仍在欧洲人的心里激起对远方的兴致。但开拓者难掩占有的欲求，沙尔勒瓦踏上北美土地时，长久以来沉浸在天国与地狱中的人突然发现了广阔的新世界，呼吸顿时轻快，继之而来的是征服的快感："一大片比法国还要广阔的土地为法国占有了。"②殖民主义是启蒙时代不光彩的思想倾向，与普世道德相悖，多数欧洲学者至今在回避。

四、科学

17—18 世纪的科学培育了世俗精神。首先是平等，科学研究者是平等的，面对古代诗艺，他们不再自卑，对于世俗生活中的事理，人人可以质疑，敢于挑战经院哲学的权威及其专断风格，"这是对精神高贵者的重重一击"③。其次是自我批判精神，"人的理解力会从特殊的东西冒失地飞向普遍性的原理，这是不妥的，要在理解力的翅膀上系以重物，以免它跳跃和飞翔"④。最后是珍视人的世俗身份，独立思考，不盲从。吉尔伯特（W. Gilbert）在《磁石论》（De Magnete）中，要求"自由推理，自由发表学说"；培根维护现代人的自信，尤其是面对古人的名望和鸿篇巨制时，"这类作品数量多，但若去除寓言、古代事例、松散的论证、语言学

---

① J.-J. Rousseau à l'Assemblée nationale，Paris，1789，p. 195；"Mémoires d'un père pour servir à l'instruction de ses enfants," Œuvres complètes de Marmontel，Tome I，p. 345.

② P. de Charlevoix，Histoire et Description générale de la Nouvelle France，Tome I，Paris，1744，p. 1.

③ R. F. Jones，Ancients and Moderns，a study of the rise of the scientific movement in seventeenth-century England，New York，1961，p. 15.

④ 培根：《新工具》，许宝骙译，北京：商务印书馆，1984 年，第 81 页。

研究和只适于闲谈而无益于学问进展的材料，就所剩无几"①。

英格兰科学界在现代经验主义的指导下成就斐然，法国的科学精神也在形成，对于自然的观察丰富了各类科学的研究素材，物理、化学、医学、机械、水力的新发现时时刊登在报刊上。1679年，皮卡尔(Picard)神父主编报纸《时代知识》，后更名为《天体运动知识》，1685年由勒菲弗尔(Lefebvre)负责，1702年由利奥塔(Lieutaud)负责，1730年由高丹(Godin)负责，1735年改由马拉第(Maraldi)负责，代际相承，坚持到1759年，前后84期。其中一例是借助月球运动研究地球经度，观察者记录每天的数据，包括春分时节太阳的运动、半日弧、时角。② 与专业研究相应的是科学普及潮流，罗莱(Jean-Antoine Nollet)从布维中学(Collège de Beauvais)毕业后来到巴黎，建了一个物理实验室，因其灵巧的手艺受到克莱蒙(Clermont)伯爵赏识。1728年，罗莱进入克莱蒙主持的艺术协会(Société des Arts)，那是一群力求融合文学、科学和机械技术的热心者，他由此进入巴黎学术界，不久受雇于植物学家莱奥姆，负责看管他的实验室。1734年，罗莱与其合作者杜菲(Dufay)赴英国学习电学知识，在伦敦结识科学家德萨古里(J. T. Desaguliers)，自1713年，德萨古里坚持为公众演示电学实验，他的科学热情鼓舞了罗莱。1735年回法国后，罗莱在巴黎开设物理公开课，1736年授课地点转移到马扎然中学(Collège de Mazarin)附近洛克马里(Locmaria)侯爵的家里。到1738年，演示仪器有345件，很多人慕名而来，听众里有小孩、老人，有女士、贵族，包括旁第维(Penthièvre)公爵和夏尔特(Chartres)公爵。③ 普雷乌斯特主编的《赞成与反对报》(Le Pour et Contre)一直跟踪罗莱的公开课："他看到了另一个世界，其中的因果关系是全新的……一位女士从课程里发现了强有力的理性，能指导她的言行。"④

法国学者的兴致无所不在，一度有掌握人类全部知识的雄心。《化学

---

① R. F. Jones, *Ancients and Moderns*, pp. 17, 44.

② *Connaissance des mouvemens célestes*, Paris, 1762, pp. 2, 5-144.

③ M. -R. de Labriolle, "*Le Pour et Contre et son temps*," Studies on Voltaire and the Eighteenth Century, Volume XXXIV, pp. 515-517.

④ *Ibid.*, p. 517.

年鉴》报道与化学相关的各类技艺和所有发现，包括冶金学、染色、制药工艺。1749 年 8 月，《数学与物理学普世辞典》出版，达朗贝尔和狄德罗着手编纂《百科全书》，"发现知识的普遍原则，借此推演出所有定量"①。1789 年前，科学革命的观念在法国普及，现代意义的科学公共领域已然形成，社会动乱时，它会滑向道德语境，科学要承担净化风俗的责任。

五、商业

18 世纪的商业实践，尤其是海外贸易要有冒险精神，还需要无止境的技术创新、完善的航海设备和专业人才。而它给人带来的是开放视野，挑战既存的世界观，由此是变革的力量，要除去有碍于流通的陈规陋习，商业与权力的关系变得比国王与权力的关系更近。德莱顿（J. Dryden）在《奇迹之年》中歌颂富庶的航海图景："帆船驶向富庶的商贸之地，遥远的地方结成联盟，寰宇之内变为一座城池，一人获益，全体获益，吾辈就此向天涯海角出发。"②四处游荡的现代经济人出现后，符合商业运作的规范随之而来。风雨路上，教会法规形同虚设，艰难开拓，陌路相逢，只有诚心诚意才能买卖。1769 年，罗伯逊（W. Robertson）在《欧洲社会的进步》（A View of the Progress of Society in Europe）中说，商业带来的是"井然的秩序、公平的法律和健全的人性"③。

英国和荷兰的商人、投资者、银行家淡化政治或宗教信念的差异，一心经营世界贸易，"在阿姆斯特丹和伦敦的交易所里，拜火教徒、巴尼安派信徒（婆罗门教派）、希腊天主教徒、罗马天主教徒、贵格会教徒往来交易，不会动刀子"。商业改良风俗，塑造现代精神，法国诗人让-巴

---

① *Annales de Chimie，ou Recueil de Mémoires concernant la Chimie et les Arts qui en dépendant*，Tome I，p. 3；"Dictionnaire universel de Mathématique et de physique contenant l'explication des termes de ces deux Sciences et des Arts qui en dépendent，" *Mercure de France*，août 1749，Paris，p. 128；"Des sciences et des arts，" *Ephémérides du citoyen ou chronique de l'esprit national*，Tome I，Paris，1765，p. 241.

② 约翰·伯瑞：《进步的观念》，范祥涛译，上海：上海三联书店，2005 年，第 69 页。

③ P. Gay，*The Enlightenment：An interpretation*，Tome I，p. 258.

蒂斯特·卢梭(Jean-Baptiste Rousseau，1671—1741)在荷兰旅行时记录了新的时代风貌：

> 帆船驶到阿姆斯特丹市中心卸货，周围是豪华建筑，证券所、银行、印度公司的旅馆，运河边是阔气的房子，井然有序，气氛富足，没有乞丐，没有穷人，有的是踏踏实实的商人和容光焕发的资产者。这是外国人眼中的阿姆斯特丹，他们以为荷兰是优美胜地，纯真而自由，富足却质朴，有威严无奴役，有财富无放荡，有高贵与责任却不傲慢。①

相对而言，法国商业滞后，捐税重，谷物交易不繁荣，眼见邻国商业进步与自由精神相辅相助，法国人呼吁革故鼎新，雷纳尔(Raynal)倡导商业自由，"因为成功的商业是宽容的女儿，写商业历史就是写人类的政治史和哲学史"②。1726—1728 年，伏尔泰在英避难时，观察到商业不会败坏风俗，却能改良风俗，英国人富裕自由，自由能扩展商业，国家威望随之壮大：

> 贵族知道国王几点起床，几点睡觉，摆出庄严的神色，在大臣候见室里却表演着奴颜屈膝。商人能让国家富裕，他在办公室对苏特拉和开罗发号施令，对世界的幸福有所贡献。③

法国西部各省，包括吉伦特、布列塔尼、卢瓦尔等，以及南部临近地中海的地区长期以来经营海外贸易，比其他地区有更多的商业自由。那里的学者呼吁更自由的制度，相关书籍、报刊和征文比赛接连出现，涉及商业历史与理论、商业辞典的编纂。1757 年 1 月，临近大西洋的卢瓦尔省的维尔纳乌圣母院(Notre-Dame de Villeneuve)的神父致信古尔内(Gournay)领导的商业委员会(Commission du Commerce)："我们有幸向

---

① P. Hazard，*La crise de la conscience européene*，1680-1715，p. 66.

② "*Réflexions d'un citoyen sur l'Admission des Etrangers à la concurrence du fret pour l'exportation de nos grains,*" *Journal de l'Agriculture，du Commerce et des Finances，septembre* 1765，Tome II，Paris，p. 139；J. Mondot，C. Larrere，*Lumières et commerce，l'exemple bordelaise*，p. 27.

③ 伏尔泰：《哲学通信》，高达观等译，上海：上海人民出版社，2005 年，第49 页。

诸位先生呈交蒙托顿先生的《农业、商业和工艺备忘录》(*Mémoire de M. Montaudouin sur l'Agriculture, les Arts & le Commerce*)，蒙托顿提议建立一个协会，促进这些产业的进步，古尔内认可这个计划，我们与他想的一样，没有什么机构比它更有益于外省的发展。"① 1764 年 1 月 14 日，吉伦特省的巴卡兰(Isaac de Bacalan)向波尔多科学院提交备忘录《关于民族之间商业自由的矛盾》。1765 年 9 月，《农业、商业和金融报》发表变革谷物交易的文章《一个公民关于允许外国人参与法国谷物出口运费竞争的思考》。②

有改革的声音，就有守旧的力量。商业、奢华与风俗的关系一度是文学共和国的辩论主题，"1750—1760 年的争论尤其激烈"③。一派赞成商业，在未有商业与奢华之前，"土地只是战场，少数人适当奢华，会让数以百万计的民众生活有保障，否则他们会因担心乞讨度日而萎靡不振"。另一派以为商业能激发新的乐趣和需求，"虽然能确立现代财富观念和法律体系，但其中的风险会威胁国家的稳固"。④ 英国思想界在争论中形成共识，即奢华有助于社会进步，而法国思想界在革命前没有为商业找到世俗道德的通行证。1791 年，第耶里(Thiery)解释卢梭批判商业的原因，因为他注意到"一切在腐化堕落，根源是商业之恶"⑤。

---

① *Corps d'Observations de la Société d'Agriculture, de Commerce & des Arts*, Etablié par les Etats de Bregagne, Années 1757 & 1758, Rennes: Jacques Vatar, 1760, p. 1.

② "*Réflexions* d'un citoyen sur l'Admission des Etrangers à la concurrence du fret pour l'exportation de nos grains," *Journal de l'Agriculture, du Commerce et des Finances*, Tome II, Paris, p. 138; J. Mondot, C. Larrere, *Lumières et commerce, l'exemple bordelaise*, pp. 4, 18.

③ D. Roche, *Le siècle des lumières en province, Académies et académiciens provinciaux*, p. 347.

④ Rousseau, *Discourse on the Sciences and Arts and Polemics*, edited by R. G. Masters, C. Kelly, University Press of New England, 1992, p. 106; "Du commerce des Indes," *Ephémérides du citoyen ou chronique de l'esprit national*, Tome I, Paris, 1765, p. 114.

⑤ *Éloge de Jean Jacques Rousseau, qui a concouru pour le prix d'éloquence de l'Académie Française*, en l'année 1791, par M. Thiery, pp. 8, 33.

18 世纪初，苏格兰人约翰·劳（John Law，1671—1729）在法国主导的经济改革彻底失败，投机狂热尽现，此事影响了法国人对于商业活动的理解。约翰·劳是现代早期的金融冒险家，曾出版《论货币与贸易》，1720 年法语版发行。[1] 他希望以贸易增加财富的想法不错，但以纸币流通量作为衡量国家财富的观点却有害无益。路易十四晚期，由于西班牙王位继承战争的损耗，宫廷财政亏空，因奥尔良公爵推荐，劳担任财政大臣，打破土地垄断，废止道路运河通行费，振兴海外贸易，组建法国第一家银行。之后成立密西西比公司，主导北美殖民地的开发，以发行纸币的方式帮助王室缓解财政危机。密西西比公司股价持续上涨，认购者多，约翰·劳规定购买者要先买法国国债，以国债购股票，后来又规定以旧股购买新股，发行依然顺利。1718 年，他觉得股价上涨不可持续，就超量发行货币，物价失控。1720 年密西西比公司垮台，银行出现挤兑风波，7 月 17 日，12 人或 15 人死于拥挤，遗体又被众人踩踏，约翰·劳被人谴责挖空了法国，将财富输向国外。[2] 他仓皇逃往比利时，很多人为此负债累累，或进监狱，或进济贫院。[3] 约翰·劳在法国报刊里被人讽刺，商业改革，尤其是金融制度建设受抵制，直到 1800 年拿破仑组建法兰西银行，法国现代经济体系才见雏形。

对于教会，土地收益足以维持权力体系，而世界贸易，尤其是对异域风俗的感知威胁到权威者的说教，它惯以商业缺陷予以否定。实际上，那是戴面具的道德家的短视。金融冒险的苦果，旧制度特权阶层的保守，以及暴力革命延缓了法国的商业变革。

六、农业

农业问题在启蒙思想中发出的是低沉的声音，它不像科学、商业那

---

① Mr. Law, *Considerations sur le commerce*, Traduit de l'Anglois, La Haye, 1720, pp. 18, 24.

② F. Brayard, A. De Maurepas (eds.), *Les Français vus par eux-mêmes*, *Le XVIIIe siècle*, pp. 1058, 967.

③ J. P. Wood, *Memoirs of the life of John Law of Lauriston*, *including a detailed account of the rise*, *progress and termination of the Missisippi System*, Edinburgh, 1824, pp. 25, 34, 41, 44-45.

样与自由、平等、独立等现代观念密切相关，农业的思想意义在于它与美德、质朴风俗的天然关系。在拉丁语里，关于农耕的词语有高贵之意，人们称赞人时会说他是"好农民""好庄稼人"。古罗马的老加图（Cato）说农业耕作孕育勇敢与坚强，农耕生活稳定，不被人忌恨，最无不满之念，他的沉静与肃穆源于农耕生活的滋养：

> 翻耕橄榄园，耕得最勤的人会将最纤细的根挑出来，如果耕得不好，树根露出来，长得粗大，橄榄树的力量会损耗在根部。
>
> 为使牛健壮，让厌食的牛爱吃，要在饲料上撒橄榄油渣，先少撒，待牛习惯后，再加多，有时可将油渣与水对半搅和喂牛，每隔四五天喂一次，牛的身体更好，不易得病。①

亚当·斯密在《国富论》里赞扬乡村风景的美丽和生活的愉快，他对于农业有老加图、贺拉斯和维吉尔的古典情结，"耕作这个原始职业为人爱悦，一个农民从劳作中获得生活物资，是真正的主人，独立于世界"，"农业要受特别对待，社会资本首先投入农业，然后是制造业、对外贸易，这是事物的自然顺序"。而法国人对于农业不只有超然的情感，还有变革的愿望。农业关乎各阶层的生计，"教会的十一税、贵族领地的繁荣与十一税、第三等级和食利者的财富"。但旧制度晚期农业问题多，农民欠缺良好的耕作规则，作物产量低，收成不稳，谷贱伤民，课税重，遇到荒年流民遍野，格勒诺布尔地区多次发生动乱（1725 年、1737 年、1739 年、1752 年、1764 年、1765 年、1766 年、1767 年、1768 年），布列塔尼的问题同样多，"最不关心农业的人也注意到农业的萧条"②。乡村景致不再淳朴迷人，到处是孤立无援的人，每逢危机就涌入城市，城市无力容纳，一批流浪者出现了。在启蒙文学中，他们是有理想的远游者，可现实中与之相关的是饥饿、暴乱与死亡。1689 年拉布吕耶尔经过乡间时已察觉到危机，"以农业为生的人不再有尊严，一群田地里的野

---

① 加图：《农业志》，马香雪、王阁森译，北京：商务印书馆，1997 年，第 37、50 页。

② *Corps d'Observations de la Société d'Agriculture, de Commerce & des Arts, Etabli par les Etats de Bregagne*, Années 1757 & 1758, pp. xi, v.

兽，毫无血色，快被太阳烤干，他们有清晰的嗓音，直起身子露出脸，却是人"。既然农业不是稳妥的生计，大量农田就被抛荒，布列塔尼有三分之二的土地无人耕种，传统乡绅和新晋者相互轻视，委身其下的农民心里也有怨气。① 18 世纪，法国农业落后于英国，法国人对于各地的土壤种类、气候特点、作物分布及其播种期、收获期等问题没有统一的认识，几个世纪以来国家政策不知如何鼓励农业。关于改良农业的作品，包括杜哈麦尔（Duhamel）的《土地耕种》（Culture des terres）、拉萨尔（La Salle）的《人工牧场》（Prairies artificielles）、帕图罗（Patullo）的《论土壤的改良》（Essai sur l'Amélioration des Terres）等，只有很少一部分人读过，更没有农民读，为此，有人呼吁在各省主要城市设立农业学校（Ecole d' Agriculture）一类的机构，系统地传授耕作的技艺，改善农业状况。②

对农业问题的忽视是旧制度的隐患，在田间耕作的人不受旧制度眷顾，为此努力的哲学家也不受眷顾。鉴于此，重农学派的前期人物布瓦吉贝尔（Boisguillebert）思考变革的良策，他首先从道德意义上为之辩护，"农业是荣耀的职业"，又在实践意义上提出改善的方法，"减轻税负、提高谷价、允许谷物自由贸易"③。系统阐述重农理念的是魁奈，他的《谷物论》提及农业、工业和商业的原则：

　　第一条：工业劳动不会增加财富。

　　第六条：有大规模农作物贸易的国家能维持该国的手工业贸易。

　　第十四条：相互贸易时，出卖最必需和最有用商品的国家，比出卖奢侈品的国家更有优势。④

---

① 泰纳：《现代法国的起源：旧制度》，黄艳红译，长春：吉林出版集团有限责任公司，2014 年，第 341、346、350 页。E. Labrousse, P. Léon, J. Bouvier, C. Carrière, P. Harsin (eds.), *Histoire économique et sociale de la France*, Tome II, Presses Universitaires de France，1970，p. 594.

② *Journal de Commerce*, Dédié à son Altesse royale Monseigneur le Prince Charles-Alexandre Duc de Lorraire et de Bar, Mars 1759, Bruxelles, 1759, pp. 42-43, 47-48, 50-51.

③ 布阿吉尔贝尔：《谷物论》，《布阿吉尔贝尔选集》，伍纯武、梁守锵译，北京：商务印书馆，1984 年，第 200 页。

④ 魁奈：《谷物论》，《魁奈经济著作选集》，吴斐丹、张草纫选译，第 84、87、91 页。

18 世纪中期,魁奈担任宫廷医生,在凡尔赛宫组织沙龙,时常论及农业,吸引了各阶层的人士,包括:米拉波,旧制度晚期的没落贵族;莫尔莱(André Morellet),百科全书派的中坚力量,1785 年入选法兰西学院,负责编纂法语辞典;还有 1774—1776 年担任海军大臣和财政总监的杜尔格,他有意融通农业理论与耕作实践。1761 年 12 月,杜尔格完成《下诺曼底地区小麦种植备忘录》,介绍小麦种类和特点,提供改良农业的具体知识。① 重农学派与旧制度、文学共和国的特殊关系使之能在自由批判与保守观念间盘桓,不至于受压制,也不会受无端冷落。

1761 年 3 月 1 日,法国皇家农业协会(Société Royale d'Agriculture)成立,贵族成员占 35%,教士 18%,第三等级 36%,另有 10% 难以考订身份的人,他们与资产阶级的相似处更多。② 该协会创办《资料汇编》,传播关于农业经济的知识,1785 年更名为《农业、乡村与家庭经济备忘录》,在法国三十二个地区指定通讯员,他们的理念借助学术会议、报刊杂志对外发表,农民通过集体订阅的杂志对其有所了解。③ 外省农业社团相继建立,其中之一是奥尔良皇家农业协会(Société Royale d'Agriculture d'Orléans),"擅长研究经济科学的普遍原则"④。18 世纪后期,这些协会主导耕地与村庄实地测量,这是对国家地理面貌的认知。卢梭素来重视农业,尤其是在道德意义上,农业离朴素的美德要近一些:"所有技艺里最值得尊敬的是农业,炼铁第二,木工第三。农业是历史最

---

① "Mémoire sur les Blés que l'on cultive dans quelques parties de la basse Normandie," par M. Le Marquis de Turgot , *Mémoires d'agriculture*, *d'économie rurale et domestique* , publié par la Société d'agriculture de Paris, trimestre d'automne, 1785.

② D. Roche, *Le siècle des lumières en province*, *Académies et académiciens provinciaux* , p. 282.

③ "Recueil contenant les Délibérations de la Société Royale d'Agriculture de la Généralité de Paris, au Bureau de Paris, depuis le 12 mars jusqu'au 10 septembre 1761 & les Mémoires publiés par son ordre, dans le même temps," "Mémoires d'Agriculture, d'Economie rurale et domestique publiés par la Société Royale d'Agriculture de Paris," *Histoire de la Société Royale d'Agriculture*, p. i.

④ *Journal de l'Agriculture*, *du Commerce et des Finances*, septembre 1765, Tome II, Paris, p. 101.

悠久的职业，讲究诚实，最有益于人，是人类所从事的最高尚的职业。"①

七、教育改革

经院教育是为培养神职人员，在工业化时代早期，这类教育不实用，又压抑人性，因其一贯宣扬人有原罪的观念，要靠全心全意服从上帝才能得救。孔多塞回忆童年经历时，批判教育枯燥无味，偏离现实，"整整六年学习拉丁文，仅能了解一点地理和历史知识，以及演讲和写作的技巧"②。这是一个人的抱怨，又是一代人的不满，老式教育延缓了健全人格的成长，他在中学毕业时仍有哺乳期的天真眼神，不知如何应对艰难的生活。18 世纪初，耶稣会对教育有所变通，注重法语教学，为学生提供新式科学仪器，但仍过于重视古典知识。特拉松神父(Terrasson，1670—1750)曾任法国皇家中学的拉丁语和希腊语教师，不满于荷马的不良影响与亚里士多德的粗浅理论。

改革呼声渐起，变还是不变关乎个体和民族的前途，这一点在欧洲已是共识。1650 年，英格兰的杜里(J. Dury)出版《学校改革》(*The reformed school*)，"大学教育滞后，效率低下，没有系统的方法，缺乏有能力的教员"；在法国，呼吁改革的论文、书籍、小册子大量出版。③

① 卢梭：《爱弥儿：论教育》，李平沤译，北京：商务印书馆，1978 年，第251、263 页。

② *French liberalism and education in the eighteenth century*，translated and edited by F. de la Fontainerie，pp. 14，339.

③ Barbier，*Principes généraux pour servir à l'éducation des enfants，particulièrement de la noblesse française*，Paris，1763；J. H. S. Formey，*Anti-Emile*，Berlin，1763；J. J. Garnier，*De l'éducation civile*，Paris，1765；G. Grivel，*L'Ami des jeunes gens*，Lille，1764；A. de Serres de la Tour，*Du Bonheur*，Paris，1767；La Fare，*Le Gouverneur，ou Essai sur l'éducation*，Paris，1768；G. F. Coyer，*Plan d'éducation publique*，Paris，1770；G. F. Coyer，*Dissertation sur le vieux mot de patrie*，La Haye，1775；J.-H. Bernardin de Saint-Pierre，"Discours sur cette question：Comment l'éducation des femmes pourrait contribuer à rendre les hommes meilleurs，1777，" *Œuvres complètes*，ed. L. Aime-Martin，Paris，1818；Le Mercier de La Riviere，*De l'instruction publique*，Paris，1775；J. A. Borrelly，*Plan de réformation des études élémentaires*，La Haye，1776；L. Philipon de La Madeleine，*Vues patriotiques sur l'éducation du peoples*，Lyon，1783. 该书目来自布洛赫的研究：J. Bloch，*Rousseauism and education in eighteenth-century France*，Oxford，1995.

教育改革目标渐渐明确，即世俗化，讲究现实功用，不再顾及上帝需要什么：

> 让受教育的人思想健全，若有可能，再将之培育为世界性的人，在一切方面完善的人。
>
> 不是在某一领域异常博学，而是让人了解不同种类的知识。
>
> 注重美德教育，在潜移默化中传授美德。
>
> 实行统一制度，设立公立学校，制定统一的学习标准。
>
> 除启发心智，要以教育振兴民族。①

倡导改革的有两派，一派以孔多塞、狄德罗和卡拉德尔（Caradeul）为代表，发展实用教育、公共教育或国民教育，培养公民意识，注重国家的现实需求。孔多塞希望传播数学、自然史和化学知识，推进伦理学和社会科学研究，根据商业的规则改良教育。② 1763 年 3 月 24 日，沙罗代（La Chalotais）向雷恩议会提交报告，认为"教育为国家所有，为国家所办，为国家服务，以实用性为目的，独立于教会，教师应为世俗人士，最好是普通信徒"，所谓国民教育，首要目标是让人最大限度地施展才华，在交往中确立平等的关系，最终实现法律意义的平等。③ 根据狄德罗的规划，在初等教育阶段，传授美德和爱国主义，要适合孩子的心智，在高等教育阶段，大学无所区别地向所有孩子开放，教师要掌握所有科学的基础知识，"之所以无所区别，是因为天才与美德，更容易出自茅草屋，

---

① *Journal de l'Instruction publique*，rédigé par Thiebault & Borrelly，Tome I，N° I，Paris，1793，pp. 4，8；*French liberalism and education in the eighteenth century*，translated and edited by F. de la Fontainerie，p. 219；M. Berquin，"Prospectus," *L'Ami des enfants*，janvier 1782，*Journal de l'Instruction publique*，Tome I，N° I，p. 107；"De l'éducation nationale," *Ephémérides du citoyen ou chronique de l'esprit national*，Tome I，Paris，1765，p. 101.

② *French liberalism and education in the eighteenth century*，translated and edited by F. de la Fontainerie，p. 332.

③ La Chalotais，"Essai d'education national，ou plan d'études pour la jeunesse," *Journal de l'Instruction publique*，rédigé par Thiebault & Borrelly，Tome I，N° I，p. 25；*French liberalism and education in the eighteenth century*，translated and edited by F. de la Fontainerie，pp. 37，323.

而非宫殿"①。1770 年，科耶（Coyer）的《公共教育规划》（*Plan d'éducation publique*）支持公共教育；1785 年，戈斯兰（Gosselin）主张"教育要合乎各行业的需求，又有地域特色"②。

　　另一派看重自然教育，以卢梭和爱尔维修为代表。此类教育关注孩子的心智和身体，饮食适中，辅以体育锻炼，培育健全的人格，"自然是理想的导师，与之接触能感悟它的美德与真理"③。终因其过于理想，对社会的理解不符实际，这一派的教育理念无从推广。在现实中，孩子的成长，除受惠于学校课程和教师的理念，还有家庭环境与生活见闻，要依靠普遍的风俗，包括好制度、好老师、好父母，各种因素之间要有良好的融通，才能养育好孩子。一个社会的教育出了问题，有人自然而然地想到变革教育，但变革范围若限于学校，那可能是个伪命题。

　　法国革命前，尽管讨论热烈，有人甚至想以教育改革取代政治改革，但在僵化的制度下实践不容易。长久争论，歧义横生，实践的可能性更小。面向普通人的教育有所改观，却不成体系，"正面作用不及负面影响"，时兴的私人教育只能满足少数富裕家庭的需求，公共教育对于国家最迫切，却发展缓慢。④ 最大限度的教育改革开始于革命时代，1794 年，担任公共教育委员会（Comité de l'Instruction publique）委员的拉卡纳尔（J. Lakanal）向国民公会提交报告，希望建立高等师范教育体系，10 月 30 日国民公会通过法令："在巴黎设立师范学院，所有共和团体以及受过实用科学教育的公民，希望它在各行各业有经验的教师的指导下传授

---

①　*Journal de l'Instruction publique*，rédigé par Thiebault & Borrelly，Tome I，N° I，p. 8；"Plan d'une Université pour le Gouvernement de Russie," *Œuvres complètes de Diderot*，Tome III，p. 433.

②　J. Bloch，*Rousseauism and education in eighteenth-century France*，Oxford，1995，pp. 45，54.

③　*Nouvelles de la république des lettres*，p. 240；*Journal de l'Instruction publique*，rédigé par Thiebault & Borrelly，Tome I，N° I，p. 9.

④　J. Bloch，*Rousseauism and education in eighteenth-century France*，p. 58；*Ephémérides du citoyen ou chronique de l'esprit national*，Paris，p. 97；G. F. Coyer，*Plan d'education publique*，Paris，1770，p. vii.

教育艺术。"① 1794 年 9 月 28 日，在兰布拉迪(J.-E. Lamblardie)、芒日(G. Monge)和卡诺(L. Carnot)的努力下，公共工程学校(Ecole centrale des travaux publics)成立，一年后更名为巴黎综合理工学院，为新生共和国培育工程师。该校的教育理念受惠于 1748 年在麦兹里(Mézières)设立的皇家人才学校(Ecole royale du Génie)，课程包括绘图、数学、静力学、流体学、切割技术、用测高仪和指南针调查城市建筑等。就读于巴黎公共工程学校的学生首先学习数学，培养分析能力，根据图像学和几何学描述物体(石头断面特点、劈木头的技巧、简单机械与复杂机械的原理)，熟悉建筑学(运河和桥梁建设、煤矿工程、楼宇施工、加固与装饰)，掌握切割术、绘画技艺，之后学习物理学，包括物质(固体、液体、气体)属性，第一年侧重理论学习，第二年专注于实践。②

八、公众或公共性

法国革命前的百余年，报刊前言里出现最多的是"公众"(public)，他们不写作，却能评判是非，他们的注视无处不在，与作者有同等地位。作者有创造的愿望，公众掌握评判的标准。达朗贝尔在《百科全书前言》中说："我以狄德罗的名义将这篇前言再次呈现给公众……为阐述这项事业的性质，我们向公众说了很多，包括编写成功有哪些益处，每一部分如何分工，主编有何职责。"③《农业、商业、金融报》在创刊前言中让公众自由评判："若对一篇文章不满意，之后的就别读了，若满意再读下去。"④《文学选编》尽力回复读者的来信，重视他们的感受："对于赞扬，我们受益，对于批评，我们感谢，从不怀疑他们的好意。"⑤在文字世界里，本该属于"国王"的地方，"公众"取而代之，并有主权者的力量，不

---

① R. Grevet, *L'avènement de l'école contemporaine en France*, 1789-1835, Presses Universitaires du Septentrion, 2001, p. 68.

② A. Fourcy, *Histoire de l'École polytechnique*, Paris, 1828, pp, 3, 4, 7, 14, 15, 41, 42-51.

③ "Discours préliminaire par d'Alembert," pp. 170, 184, 163, 128.

④ *Journal de l'Agriculture, du Commerce et des Finances*, Paris, p. 46.

⑤ *Choix littéraire*, Tome II, p. iii.

理会神学和世俗权威。① 公众阅读是现代出版史的一个主题，但出版史的相关分析还不够深入，因为阅读是一个有政治意义的问题，阅读习惯普及到哪里，哪里就更有可能进入政治空间。

　　普遍的阅读习惯在现代社会是代议制的基础。个体政治常识的培育除了靠公开辩论，还需要广泛的阅读，而政治常识走向政治共识同样靠阅读习惯，所以喜欢阅读是良好的政治品质。读者若觉得这样说有问题，不妨去看一看伟大政治家的阅读经历，他们的性情决定读什么书，他们在读书时最大限度地完善自由独立的品格，这种完善是在私人空间，不受外界干扰，他的判断力更深刻。而对于普通人，那首先是自我教育，并有从私人生活走入公共空间的可能。所以，有远见的政治家会尽力保护民众的阅读习惯，因其知道在眼睛与文字之间有一个理性世界和情感世界，这个私人空间能抵御那些转瞬即逝、却有破坏力的流言。但维持民族阅读空间的难度很大，它需要开放的政治意识，不让人与生存境遇脱节，现实感与历史感有良好的平衡，同时有批判的精神，拒绝模仿，不受制于权威。中世纪的教会一直压制民众的阅读习惯，教士受制于圣经文本，不知疲倦地考据、解释、辩护；科学界受制于亚里士多德的知识体系，人的创造力萎缩，在现代历史上留下一个"黑暗的时代""蒙昧的时代"。18 世纪，法国人的阅读习惯在改变，泛泛而读取代了精读，但旧制度一直在干扰民众的阅读方向，并希望不受文学共和国话语体系的挑战，实际上这是法国现代政治的灾难。在受到监视的舆论里，公众的阅读能力得不到引导与培育，在公共事务里就不一定是明智的裁判，少数识字的人会从报刊文章中寻找信息，但多数人单凭无根据的传言参与讨论，为此，公众被分成了两类，一类只关心无聊的争吵，没有公正心，"不能阅读的公众的判断力不如阅读公众那样准确"②。

　　与阅读公众相关的是"公共利益"，或"公益"，17 世纪，它已是许多

---

　　① D. A. Bell，"The 'Public Sphere,' the State, and the World of Law in Eighteenth-Century France," *French Historical Studies*，Vol. 17，No. 4（Autumn，1992），p. 913.

　　② Anonyme，"Dissertation sur les ouvrages de Monsieur de La Motte," *La Querelle des Anciens et des Modernes*，p. 549.

作品的关键词，18世纪，实践公益的愿望更强，写作者和阅读者的互动基于对公益的共同关注。1730年，格勒诺布尔和瓦伦斯(Valence)科学院院士格玛纳(A. de Germane)论及成立科学院的目的："在各省科学院委任一些人，由他们思考民众的福祉，包括汇总各类气候报告、省内外发生的事，探索解决问题的途径，向那些有权力的人说明为了实现公共福祉他们要走的路。"①在为公共利益的呼吁中，这些人知道他们在文学共和国里的责任："不论职业是什么，一个院士是公共人物，要顾及共和国的利益。"②由于触逆旧制度权力体系不多，"公益"是启蒙时代公共辩论的道德指向，有充分的话语权。

以下是18世纪"公众"(public)的词义：

> 阅读公众对我们的评价，与只会谈论的人是不同的。③

> C'est au *public* qui lit *à* nous juger：nous croyons devoir le distinguer de celui qui parle.

> 对两篇前言适当修改和增补后，我以狄德罗的名义将之再次奉献于公众。④

> (译者注，《百科全书》有两篇前言：一篇由狄德罗撰写，借鉴培根的"知识表"；一篇由达朗贝尔撰写，置于《百科全书》第一卷卷首)

> Je vais en son nom le remettre ici de nouveau sous les yeux du *public*, avec les changements et les additions qui nous ont paru convenables *à* l'un et *à* l'autre.

> 今天，我们出版了一份特殊的报纸，献给公众，借此说明为什么要变更以前编辑杂志的方法，这是我们一直欠公众的，他们已在最新的杂志上看到了这些变化。⑤

---

① D. Roche, *Le siècle des lumières en province*, *Académies et académiciens provinciaux*, p. 57.

② *Ibid.*, p. 176.

③ "Discours préliminaire par d'Alembert," p. 184.

④ *Ibid.*, p. 163.

⑤ *Journal de l'Agriculture*, *du Commerce et des Finances*, Tome II, Paris, p. ii.

Nous nous acquittons de ce que nous devions au *Public* par un Journal extraordinaire que nous lui offrons aujourd'hui, & pour lui rendre compte des raisons qui déterminant les changements de méthode qu'il a déjà pu remarquer dans nos derniers gazettes.

这份杂志中与金融相关的部分，对于公众来说是全新的，它应该会让杂志的文章有一些吸引力，这有助于激发普遍的好奇心。①

La partie qui concerne les Finances, toute nouvelle pour le *public*, doit donner à nos feuilles un degré d'intérêt bien propre à exciter la curiosité générale.

公众对于字典有热烈的兴致。②

Le goût du *Public* pour les Dictionnaires parait bien décidé.

前言包括这份地图和相关解释，为的是揣摩公众的趣味。③

Cette carte et cette explication ont été déjà publiées dans le*Propectus*, comme pour pressentir le goût du *public*.

公众会评判这场争论，选择各自的立场。④

Le *public* sera jugé de la dispute & sera mis à la portée de prendre un parti.

九、后代

人死后是下"地狱"还是入"天堂"，对于 18 世纪的人，尤其那些不拘成规的勇敢者，不再是严肃的话题，他们冲破了迷信说教所制造的恐慌，心底却不虚无，后代的注视使之有所惧，有所依。1765 年冬天一个夜晚，狄德罗在家中与来访的雕塑家法尔科奈(Falconet)有过对话：后世的

---

① *Journal de l'Agriculture, du Commerce et des Finances*，juillet 1765，Paris，p. ii.

② *Mercure de France*，août 1752，p. 35.

③ "Discours préliminaire par d'Alembert,"p. 120.

④ *Journal de l'Agriculture, du Commerce et des Finances*，juillet 1765，Paris，p. 46.

关注会不会（让现代人）举止优雅，创作出优秀作品？① 两人没有共识，随后，狄德罗写了两封信（1765 年 12 月 10 日和 1766 年 2 月），他将"后代"看作评判性的注视，或是有正义感的神灵：

> 神圣高尚的后代，你是受压迫者的依靠，公正，不受腐化，为善良人复仇，揭穿伪君子，对付独裁者，你有让人欢欣的确定观念，绝不会抛弃我。对于哲学家，后代的意义像是天堂对于教徒。②

"天堂"，对于中世纪的信徒是灵魂的寄托，在现代时间观念之外；"后代"是未来的注视，一种现代意义的时间观念，暗含审判之意，一个人体面地生活在未来的记忆里比生前所获得的名利更重要。1750 年，《文学选编》批评阅读热潮中的浮华：在那个"书的时代"，一些人出于炫耀的心理抢着读同一本书，然后在高谈阔论中崭露头角。而谨慎的人看重的是书籍在历史上能流传多远，不会因为内容的新奇或多变的风格就去读，他的图书馆里有少量作品，他收藏它们是因为"善良的品性胜过了竞争者的嫉妒、小气鬼的取笑和无才学者的讽刺，这样的书会译成各国语言，高贵的人对之不吝嘉言，它们能传到遥远的后代"③。所以，"后代"是现代历史观，有公正性的诉求，不同于证明圣经叙事真实性的神学历史，不同于中世纪为君主权力寻找合法性的宫廷史学，它要从真实的意义上看待故往，而这是现代思想批判性的基础。"现代历史是道德学校、最高法庭，它教人认识各种性情，对之做精神剖析，对于善良的君主是一幕喜剧，对于拙劣的国王是断头台。"④1775 年，马勒泽尔布（Malesherbes）当选法兰西学院院士时发表演讲："后代人才有资格赞美国王，也只有他们有评判是非的力量。"⑤

---

① *Œuvres complètes de Diderot*, J. Assezat et Maurice Tourneux (eds.), Tome 18, p. 80.

② Lettres à Falconet, février 1766, *Œuvres complètes de Diderot*, Tome 18, pp. 100-101.

③ *Choix littéraire*, Tome I, pp. iii-iv.

④ P. Hazard, *La crise de la conscience européene*, 1680-1715, p. 27.

⑤ "Discours prononcé dans l'Académie française, le jour de la réception de Monsieur Lamoignon de Malesherbes, le 16 fevrier 1775," *Œuvres inédites de Chrétien-Guillaume Lamoignon Malesherbes*, Paris, 1808, p. 163.

　　后代人，相比于身边的读者，因时间距离和旁观的视野，他们的判断力更加公正。《百科全书》的编者希望他们看到这部作品时会了解以前的科学与艺术，并能加以增补，"人类的精神代代传承，以至于无穷"①。在卢梭前期的观念里，他将评判权托付于身边人，1766 年后却寄希望于后代人，"我相信，他们会有公正的评判，这是我不在意同代人侮辱我的原因"②。1793 年，日内瓦的平等俱乐部(Club des égaux)回应了他的要求："靠作品出名的人有的受迫害，有的遭冷遇，只有后代能公平地看待他们的功绩。"③法国革命时代，后代有更多的政治内涵，1792 年国民公会代表梅林(Melin)在雅各宾俱乐部借后代之名赞扬启蒙哲学家，说他们是"自由的奠基者"④。罗伯斯比尔视之为尘世的信仰："后代，你是人类最美妙、最温存的希望……每当受阻时，我们就需要你的慰藉。"⑤

　　启蒙时代的人批判陈旧观念中的幻象，却沉浸于新幻象，传统被无限度贬低，现实被人忽略，即使有未来也不真实，所以，现代学术界有"启蒙反历史"的论题。所谓"启蒙反历史"，是针对 18 世纪的政治乌托邦，那是一个个让人沉醉、却浮在现实之上的幻象，不会有通达之路，而在"后代"的问题上，启蒙不反历史，相反，那是从未来的视野思考人的处境。在文学共和国里，"后代"的出现意味着"未来"已来到尘世，与"现在""过去"一同构成现代历史的时间谱系。

　　以下是 18 世纪"后代"(postérité)的词义：

　　　　我能不能分析这部不朽的作品(《新爱洛漪丝》)？它已为所有民族知晓，值得流传到最遥远的后世，让天才的火光和语言的魔力到处传播。⑥
　　　　Pourrai-je jamais analyser cet ouvrage (*La Nouvelle Heloïse*)

---

①　"Discours préliminaire par d'Alembert," p. 176.

②　Rousseau à P. -A. du Peyrou, 8 janvier 1767, *CCJJR*, Tome XXXII, p. 31.

③　Rousseau au Club des égaux de Genève, 7 juillet 1793, *CCJJR*, Tome XLVII, p. 150.

④　Discours du Président, Melin, Député à l'Assemblée Nationale, Société fraternelle des patriots des deux sexes, Séance en la Bibliothèque des Jacobins-Saint-Honoré, à Paris, *Extrait du Procès-Verbal*, 12 février 1792, p. 11.

⑤　C. Vellay, *Discours et rapports de Robespierre*, Paris, 1908, p. 155.

⑥　*Éloge de J. J. Rousseau*, Genève, et se trouve à Paris, 1788, p. 42.

connu de toutes les Nations, & si digné de passer à la *postérité* la plus reculée, cet ouvrage immortel qui porte partout la flame du génie & la magie de l'élocution?

卢梭在这部简短的作品(《社会契约论》)中确立了社会结构最完备的基础，它的根基如此宽广，足以吸引后代人的注意。①

Rousseau dressa dans ce court ouvrage (*Du Contrat social*) le temple le plus superbe de l'architecture social: les bases en sont grandes, et fixeront l'oeil de la *postérité*.

在所有时代，尤其是那些凭借作品出名的人，在其有生之年，或受迫害，或遭冷遇。通常而言，只有后代能公平地看待他们的才华和功业。②

De tout temps les hommes célébrés surtout par leurs écrits, ont été ou persecutés ou ignorés pendant leurs vies, et ce n'est ordinairement que la *postérité* qui rend justice à leur merite et à leur talent.

毫无疑问，后代会将他(卢梭)视为人类(社会的)一个奠基者。③

La *postérité* le regardera, n'en doutons pas, comme l'un des principaux instituteurs du genre humain.

卢梭打算将真实的叙述留给后代，人们从中可以洞察他的心灵，公正地看待他，不偏不倚。④

Il avait voulu laisser à la *postérité* une pièce authentique dans laquelle on put voir jusques dans le fond de son ame, pour qu'on put le juger avec justice en ne le voyant ni meilleur ni plus mauvais qu'il avait été.

---

① M. Mercier, *De J. J. Rousseau, considéré comme l'un des premiers auteurs de la Révolution*, Tome premier, p. 45.

② Rousseau au Club des égaux de Genève, 7 juillet 1793, *CCJJR*, Tome 47, p. 150.

③ Dusaulx présente au Conseil des Anciens son livre sur Rousseau, le 12 mai 1798, *CCJJR*, Tome 49, p. 126.

④ René-Louis, marquis de Girardin à M.-F.-A.-U. Le Danois de Cernay, comtesse de La Marck, 23 août 1778, *CCJJR*, Tome 41, p. 211.

举世闻名的自由的奠基者，今天请接受世人对您的赞歌，这是您该得的。这些花环由美德编织，由理性和后代授予。①

Illustres créateurs de la liberté, recevez en ce jour le juste tribut d'éloges que l'univers vous doit. Que ces couronnes formées par la vertu, décernées par la raison et la *postérité*.

十、荣誉

荣誉，最初靠邦族混战年代的勇敢、忠诚与不畏生死的品质；民族疆域稳定后，以勇气与力量为象征的骑士精神衰落，高贵的出身与对上帝的虔诚是中世纪荣誉的来源。17 世纪，天主教会的贪欲、保守与严刑峻法使上帝的荣光褪色，课税寄生的生活败坏了高贵的出身，一切寄生的都是为一己之利损害公共福祉。18 世纪初古今之争后，精通古代学问的博学者不再像文艺复兴时代一样获得由衷的敬意，旧信仰解体，现代荣誉感出现了，那是独立人格的最高诉求。1665 年出版的《论荣誉的要义》说明了它的现代价值：

人们听到谈论最多的不是其他，是荣誉……它赋予人以价值、尊严、权威和他人的信任，它是真诚的基础，判断是非的依据，能抵消命运的轻视，能胜过社会的攻击，只有荣誉能让人幸福，相对于生命，他更渴望荣誉。总之，荣誉在人群中最珍贵，最圣洁。②

对于作者的功绩，明白事理的公众会做出判断，"批评或遗忘是对他们的惩罚，赞扬是回报"；若发现的道理有现实之用，或能冲击旧社会的

---

①　"Discours du Président, Merlin, Député à l'Assemblée Nationale, Société fraternelle des patriots des deux sexes, Séances en la Bibliothèque des Jacobins-Saint-Honoré à Paris," *Extrait du Procès-Verbal*, 12 février 1792, p. 11.

②　*Traité du véritable point-d'honneur, ou la science du monde, contenant les régles & les maximes de prudence, nécessaires pour se bien conduire dans la Société Civile, & bien vivre avec tout le Monde*, Rouen, 1655, pp. 1-2.

价值观，他会被人尊敬，荣誉随之而来，"他们的名字比本人更有名气"①。在英国，这种荣誉深孚人心，政府把最重要的责任委托于这些人，维柯、伏尔泰、达朗贝尔对此羡慕不已。② 正是这样的荣誉感让人重视文字职业，写作前先有灵妙深沉的构想，写作时全心投入，甚至会忘却身在牢狱，修改时字斟句酌，仿佛那是他在精神世界里的重生，"看着一部让后人和当代人快乐的作品积累成篇，是多么快乐……一个和悦的母亲何尝不为养育了可爱的孩子而兴奋？"③

一个人要在文学共和国里获取荣誉，首先是对公共福祉和民族前途的关怀。④ 呼吁改革的人从形而上的论辩中寻找现代制度和个体权利的依据，希望开报禁，广言路。在旧制度下，这是危险的路，经常受迂腐者排斥，但有现代荣誉感的照耀，他们孜孜不倦，"在中央集权制日益使一切性格变得一致、柔顺、黯淡的时代，自由在人心中保留了天生的特质……培育自豪感，对于荣誉的热爱压倒了一切"⑤。

其次是建立新学科，或总结人类知识的全貌，并发扬传播。17 世纪，科学作品的标题频繁出现"新"或"前所未有"之类的词，根据维柯的见解：单枪匹马创立一门新科学，比起扩充、改革旧科学能获得更多的荣誉。⑥ 在求新之外，欧洲还出现了一批人，"他们关心真理的传播更甚于发现真理，他们将荣誉寄托于破除流俗的错误，更甚于开拓人类知识的疆界"⑦。鉴于此，狄德罗和达朗贝尔的《百科全书》受到同胞的认可，"这

---

① "Lettre sur la multitude des livres," *Choix littéraire*, Tome I, p. 169; *Œuvres complètes de Duclos*, Tome premier, Paris, 1820, p. 137.

② "Discours préliminaire par d'Alembert," p. 161; 维柯：《论人文教育》，王楠译，第 48 页。

③ "Dedicace à Monsieur Haller," *L'Homme machine*, Leyde, 1748.

④ *Ephémérides du citoyen ou chronique de l'esprit national*, 1765, Tome I, Paris, p. 242.

⑤ 托克维尔：《旧制度与大革命》，冯棠译，桂裕芳、张芝联校，北京：商务印书馆，1992 年，第 156 页。

⑥ 维柯：《新科学》，朱光潜译，北京：人民文学出版社，1986 年，第 28 页，英译者引论。

⑦ 孔多塞：《人类精神进步史表纲要》，何兆武、何冰译，北京：生活·读书·新知三联书店，1998 年，第 140 页。

部卷帙浩繁的作品让路易十五的时代在历史上有不朽的意义，也是为狄德罗和达朗贝尔的荣誉树立的永恒的纪念碑"①。

最后，在文学共和国里，公众对一部作品满意，作者就会感受到至高的荣誉。② 同样，为新作品的出版有助益的人也有荣誉感，旧制度的名号不再让人羡慕。贵族越来越仰仗文化活动，主持阅读会，观看戏剧，资助文艺，或是保护受难者，若被誉为文艺的保护人，帕纳萨斯山上的阿波罗（Parnasse，希腊中部的山脉，阿波罗神殿的所在），那就更好。1665 年，巴黎高等法院的宗教事务顾问萨罗（De Sallo）创办了《学者报》，文风活跃，有批判精神，结果引起保守力量的反对，三个月后停刊，1666 年在法国首相柯尔柏的保护下复刊，柯尔柏一直以来被誉为"科学的忠实保护人"③。新风气里，报刊编辑、沙龙主人、戏剧或畅销书作家整日忙忙碌碌，他们若想活得有尊严，就得在文学共和国里有所开拓。那些出身低微者，狄德罗、苏亚尔，还有德国青年格里姆，他们更愿意走这样的路，创办报刊，出版书籍，传播新思想。新风潮中不免有旧人，一心想着功名利禄，或在公共舆论中窃取最多的话语权，在他们的心里，现实所得比荣誉感更有吸引力。

第三节　文学共和国的精神

一、乐观

"乐观主义"（optimisme）在词源上可追溯到 1737 年的耶稣会杂志《科学文艺史备忘录》（又称《特雷乌报》）关于莱布尼茨《神义论》（*Essais de théodicée*，1710）的评论性文章：那是一部基于世界是"最完美的存在"（optimum）的作品，"最完美的存在"是善与恶的平衡状态，也是应对世

---

① *Choix littéraire*，Tome I，p. xiii.

② *Œuvres complètes de Duclos*，Tome premier，p. 64；"Discours préliminaire par d'Alembert，" p. 168.

③ *L'Europe savante*，Tome I，p. iv.

间之恶的最好方法。① 在文学共和国里，有些人对于世俗生活的前景是
乐观的，而蒲柏的《人论》(*Essay on Man*)里就有一个幸福现代人的形象：

> 有降生，有死亡，他能推理，会犯错，他是奇妙的生物，在科
> 学指引下攀登，量地球，称空气，描写潮汐，发现天体运行的轨道。
> 去吧，与柏拉图一起飞向宇宙最高处，飞往最善良、最完美、最公
> 正的地方。

蒲柏的风格为人喜爱，因其以温和的言辞激励人。1755 年，法语杂
志《文学选编》刊登一篇评论蒲柏的文章，除了认同他的"一切存在的都是
好的"(Tout ce qui est，est bien)之外，又进一步提出"一切存在的在当下
是好的，在未来也是好的"②。1756 年，卢梭就里斯本地震与伏尔泰辩论
时的乐观就受他的影响。③ 1762 年，《法兰西学院辞典》收编了"乐观主
义"，柏林科学院以之为征文主题，让人们思考为什么一切存在的都尽可
能的完美。

悲观是 17 世纪法国思想的特征之一，这要归因于世界纪年表和文艺
复兴的不良影响。关于世界纪年表，当时有一个说法：世界只存在 6000
年，耶稣降生时末日审判已临近，3 世纪，一种观点认为，世界的存在
时间为 5500 年，即阿夫里甘(Jules l'Africain)纪年表，5 世纪又被定为
5200 年，之后变更为 4000 年。④ 世界末日越来越近，自然异象让人心波
动，普遍的焦虑感在虔诚者的心里蔓延。1729 年，富凯神父出版《中国
历史纪年表与六十甲子》和《中国历史新年表讲解》，中国历史的开端比耶
稣降生早五百年，一个比欧洲更古老的中华文明蓦然出现，世界末日已

---

① "Essai de Théodicée sur la bonté de Dieu，la liberté de l'Homme & l'origine
du mal，par M. Leibnitz," *Mémoires pour l'Histoire des Sciences & des Beaux-Arts，
commencés d'être imprimés l'an* 1701 *à Trevoux*，Lyon，Février 1737，p. 207.

② "Discours philosophique sur ces paroles de Mr. Pope：Tout ce qui est，est
bien," *Choix littéraire*，Tome III，p. 92.

③ *The Cambridge history of Eighteenth-century political thought*，edited by
M. Goldie，R. Wokler，Cambridge，2006，p. 196；Rousseau à F.-M. A. de Voltaire，
18 août 1756，*CCJJR*，Tome IV，pp. 38，45.

④ 艾田蒲：《中国之欧洲》，下册，许钧、钱林森译，第 163、164 页。

在眼前。宗教界惯于以谎言和说教维护旧观念，就为中国历史人物更名换姓，伏羲为以诺，盘古是雅弗，尧是伊克坦(Jectan)，汉字的"公"是指三位一体，《道德经》开篇的"道生一，一生二，二生三，三生万物"是更好的证据，汉字的"船"可分解为"舟—八—口"，也就是诺亚方舟，根据《圣经》，世界大洪水时，诺亚、闪、含、雅弗及其妻子共计八人。①

神学界内部的争论仍旧无从融通。1659 年，荷兰的新教徒学者沃休斯(Isaac Vossius)根据"七十子圣经"重新确定世界纪年，将世界的开端向前推 1440 年，创世纪是在耶稣降生前 5400 年。这种纪年法能化解迦勒底、埃及和中国历史对于传统纪年法的挑战，东方文明不再完全领先于西方文明。但同年，莱顿大学的霍恩(Georg Horn)坚持之前的圣经纪年法，即从创世纪到大洪水之间有 1656 年，沃休斯以为是 2256 年，而霍恩认为基督诞生于创世纪后的 4000 年，到 1659 年，世界年龄应该是 5659 年，而非沃休斯所说的 7048 年，他的文献不可靠。② 17 世纪末英国皇家学会的《哲学学报》和法国皇家科学院的《学者报》介入后，这场争论传播范围更广。启蒙哲学家足以应对绝望，自然神学和无神主义者更加确信他们的时代要来了，于是努力论证神学世界观的矛盾，彻底否定教会历史观。

另一方面，文艺复兴时代的人性气息消解了信仰时代的沉闷与慌张，人的容颜不再像往日那般庄严与死寂，人的主体性与想象力苏醒。然而，新的自卑感萌生了，历史经由黄金时代、白银时代、青铜时代，正滑向黑铁时代，无可挽回。风俗诗艺堕落，一天不如一天，1616 年，古德曼(G. Goodman)在《人的堕落》(*The fall of Man*)里有悲观的宿命论："自然进程持续堕落，从完美到老态龙钟，时间越久越腐朽，像流水一样，离源头越远，越浑浊。"③古今之争后，堕落的历史观受冷遇，现代人不再自卑，莫尔莱对此有所论：

---

①　艾田蒲：《中国之欧洲》，下册，许钧、钱林森译，第 167 页。

②　T. Volpe，*Science et théologie dans les débats savants de la seconde moitié du XVIIe siècle*，p. 190.

③　R. F. Jones，*Ancients and Moderns*，p. 26.

如果一个未曾受教育的人不是厌世者，或未被无益的论辩误导，他真希望自己生活在荷马以美妙可怕的色彩描绘的野蛮时代？谁会后悔自己没有出生在斯巴达，生活于那些装模作样的英雄中间，他们以为凌辱自然就是美德，惯于偷盗，以屠戮奴隶为荣？①

除却旧知识的面纱后，世界看起来是新的，"人人感受到自己的力量，为无数的秘密所吸引"②。现代人的自信不是乌有的想象，它有坚实的依靠，科学界丢弃了经院哲学的演绎法，转而以综合法和分析法证明问题，世俗知识体系服从于一套全新的因果关系。世界地理、现代制度随之成为时兴话题，推理与论证不再满足于单纯的假设，探究真实的热情出现了，观念活跃，四处传播，像决堤的河水："对于这个世纪，我不知道是否有恰当的理解，只是感觉到源于正在进展的普遍理性的兴奋。有人任其消失，有人通过良好的教育加快它的进步。"③ 18 世纪的哲学家多是乐观的，对人的身体与精神、自然、国家与世俗生活有全新的理解，他们喜欢说生活在"智慧的时代"（Siècle des lumières）。④ 1793—1794 年，孔多塞与妻子维尔纳（Vernet）在逃亡途中依然怀着希望，描绘了一幅人类精神进步史表："人类精神在摆脱所有枷锁，离弃偶然性王国以及敌视进步的王国后，坚定地在真理、德行和幸福之路上前行。"⑤

二、进步论

文艺复兴之后的人要回答三个问题：自然是否已耗尽能量？是否还能创造出在心智上与古人相匹敌的人？人类的才华是否已到尽头？1735 年，柏林布鲁克在《关于历史研究及其功用的信》里就是这么悲观，他觉得社会在普遍退步，宗教信仰无限沉沦，人类历史难逃此运。历史退步论是一些人所坚信的，"历史进程是日益衰落的寓言，时好时坏，不会有

---

① 约翰·伯瑞：《进步的观念》，范祥涛译，第 135 页。

② "Discours préliminaire par d'Alembert," p. 156.

③ Duclos, *Considérations sur les mœurs de ce siècle*, Londres，1784，p. 23；T. L. Hankins, *Sciences and the Enlightenment*, Cambridge，1985，pp. 21, 1.

④ "Discours préliminaire par d'Alembert," p. 125.

⑤ 孔多塞：《人类精神进步史表纲要》，何兆武、何冰译，第 204 页。

大起色"①。与此相反的观点是，人的心智不断突破陈规，发现改造世界的无限可能。在文学共和国的早期历史上，进步论曾是有争议的问题，之后，它对于退步论有颠覆力，学术研究获得了新生。那是个体心理的新生，也是教条主义为批判精神所取代之后现代思想的新生。古学研究日渐荒芜，荷马的权威一次次被动摇，亚里士多德的知识体系和经院式的咬文嚼字不受待见，现代人在文学、科学、艺术领地开拓领地。1716年，拉莫特在《关于批判的思考》(*Réflexions sur la critique*)中有敏锐的见解：

> 难道我们就不能坚持认为，在一个又一个世纪里，人类不断获取新知识，先祖所积累的成就已为我们的父辈所超越，继承了父辈的智慧与劳动，我们会超越他们？②

与退步论相关的压抑感、自卑感和失落感渐渐消失，科学进步弥补了现代人在文艺上不敌古人的缺陷，物理、医学、天文、化学、地理等古人造业不多的学科日新月异，为新社会提供越来越多的确定性。人类境遇的改进，并最终实现幸福，只系于打碎愚昧，纠正源自固执与懒惰的错误。关于理性如何使用的一系列观念，即理性主义，是进步论的思想基础。巴黎的朗贝尔（Lambert）夫人、唐辛（Tencin）夫人和杜邦（Dupin）夫人所主持沙龙时常讨论这个话题。③ 吉本在《罗马帝国衰亡史》中纠正了没落的历史观，每个时代都在创造财富、幸福和知识，德行会改善。18世纪初，丰特奈尔模糊地论及永久进步的理念；18世纪末，它已变得确定无疑，人性会更加完善，世俗生活也会无限美好，人人自由平等，质朴有德。民族国家间战争与杀戮不断，却未动摇历史进步观。1750年，杜尔格在索邦大学演讲：

> 自私自利、雄心与自负改变着世界图景，世界淹没在血泊里，

---

①　P. Gay，*The Enlightenment*：*An interpretation*，Tome II，p. 6.

②　H. Gillot，*La querelle des anciens et des modernes en France*，Paris，1914，pp. 560，538.

③　约翰·伯瑞：《进步的观念》，范祥涛译，第91页。

但在一次次毁灭中，人的举止不再暴烈，思想渐开明，在动荡与平静、伤痕与悲痛的变幻里，人性趋向于完善，虽然过程有些慢。①

所以，致力于开拓的人对于文艺复兴后的三个问题的回答是否定的：自然之力不减当年，还会创造出荷马、西塞罗那样的人，培根、笛卡尔、牛顿、高乃依就是现代英雄，人在理性的引导下前行，独立自由的精神使他能把握自己的命运，中世纪的意识形态最终为现代意识形态所驱逐。但历史进程有时像人生一样无常。1755 年 11 月，里斯本地震一度动摇了民众对乐观主义的普遍信念，保守的教士质疑那些认同启蒙精神的人：为什么他们颂扬的自然会吞噬生命？为什么他们信仰的自然宗教没能避免这样的灾难？新思想不能解释地震原因，但它转换了理解的视野，对宗教界反戈一击：既然世界是上帝的杰作，他至美至善，却为何使善与恶并存于世？地震后，百科全书派的理念未受冲击，"未来会胜于过去"②。1773 年，圣皮埃尔在《各国联盟政府的完善规划》中要彻底消除退步论的残留：

> 铁器时代最先到来，那是社会的幼年，人类贫穷，对各种艺术一无所知，非洲和美洲的野蛮人现在就是这样生活，之后才是青铜时代、白银时代和黄金时代。③

三、追求真实

18 世纪，法国游记文学里的乌托邦语境是文字遭权力驱离后在妥协中抗争的结果，与之相关的政治理论同样偏离实际，但科学研究、史学写作、宗教史批判仍旧以真实为纲，不只关乎客观的世界，也涉及人的感觉及知识的来源。"谁能承担描述人的责任……哲学家，他们研究自己

---

① *The Cambridge history of Eighteenth-century political thought*, edited by Mark Goldie, Robert Wokler, pp. 202, 203.

② M. Cranston, *Philosophers and Pamphleteers*, *political theories of the Enlightenment*, Oxford, 1986, p. 6.

③ 约翰·伯瑞：《进步的观念》，范祥涛译，第 96 页。

的内心，看人的本性，了解各种职业，明白它们的价值、麻烦和便利。"①牛顿对于文学共和国影响深远，1713 年，罗杰·科茨为《自然哲学的数学原理》作序：

> 从真实存在的原因推导事物本性，寻找那些定律，发现最高创造者所建立的这个最美丽世界的秩序……是真正的哲学……正直和公平的法官会赞成最好的哲学方法，因为它以实验和观察为根基，由于作者的杰出著作而增光添彩，他的卓越才华解开了最困难的问题。②

清晰准确是文学共和国话语的风格，对于模糊的事也要用严谨的语言陈述，营造真实的语境。里斯本地震后不久，尽管无从解释它的发生原理，各类小册子却以貌似理性的语言发表评论，理性被人误用。1756 年 5 月，《百科全书报》记录了这一类的科学热情：

> 所有物理学家都在寻找地震原因，很多科学院为此设立奖金，各个中学只关注那些残酷事件……总之，所有人想知道自然的秘密。一个人猜测是地下的突然爆炸，因为炸药的主要成分（铁屑、硫黄）存在于地下，里斯本地震后，空气里有硫黄的味道。③

但在普遍意义上，实践理性已是文学共和国的基础，天体观测、动植物研究、物理化学实验都在寻求真实性与客观性，不同于经院哲学式的理念拼凑（见图 3-1，1708 年 9 月太阳观测记录④）。18 世纪中期，狄德罗和达朗贝尔主编《百科全书》时重视直接经验，"编写者求助于最好的手艺人，不辞劳苦，到手工作坊请教，在他们的指导下编写条目，选用

---

① 狄德罗：《狄德罗美学论文选》，张冠尧、桂裕芳等译，第 121 页。

② 牛顿：《自然哲学的数学原理》，赵振江译，北京：商务印书馆，2006 年，第 20、26、27 页。

③ M. Georgi, "The Lisbon earthquake and scientific knowledge in the British public sphere," *The Lisbon Earthquke of* 1755, *representations and reactions*, edited by T. E. D. Braun, J. B. Radner, pp. 138, 85.

④ *Connoissance des temps pour l'année* 1709, au Méridien de Paris, publiée par l'ordre de l'Académie royale des sciences et calculée par M. Lieutaud, 1708, p. 56.

最恰当的术语，列出表格，逐一定义"①。

Jours.	SEPTEMBRE.	Cómencement du Crepuſcule. H. M.		Lever du Soleil. H. M.		Couch. du Soleil. H. M.		Fin du crepuſcule. H. M.	
1	F Dim. s. Leu, Ar.	3	20	5	17	6	42	8	39
2	g lun. s. Jû, Ev.	3	22	5	19	6	40	8	37
3	a mar. s. Godegr.	3	25	5	21	6	38	8	34
4	b mer. steRoſalie.	3	27	5	22	6	37	8	32
5	c jeu. s. Victorin.	3	29	5	24	6	35	8	30
6	d ven. s. Saffier, C.	3	32	5	26	6	33	8	27
7	e ſam. s. Cloud, P.	3	34	5	28	6	31	8	25
8	F Dim. Nat. N. D.	3	36	5	30	6	29	8	23
9	g lun. s. Omer, E.	3	38	5	31	6	28	8	22
10	a mar. s. Nic.deT.	3	41	5	33	6	26	8	18
11	b mer. ste Theod.	3	43	5	35	6	24	8	16
12	c jeu. s.Raphaël.	3	45	5	37	6	22	8	14
13	d ven. s.Maurille.	3	47	5	39	6	20	8	12
14	e ſam. Exal. steC.	3	49	5	40	6	19	8	10
15	F Dim. s. Nicom.	3	51	5	42	6	17	8	8
16	g lun. ste Euph.	3	54	5	44	6	15	8	5
17	a mar. s.Lambert.	3	56	5	46	6	13	8	3
18	b mer. 4. Temps.	3	58	5	48	6	11	8	1
19	c jeu. s.Euſtoche.	4	0	5	49	6	10	7	59
20	d ven. jeune.	4	2	5	51	6	8	7	57
21	e ſam. s.Mathieu.	4	4	5	53	6	6	7	55
22	F Dim. s. Maurice.	4	6	5	55	6	4	7	53
23	g lun. ste Thecle.	4	8	5	57	6	2	7	51
24	a mar. s. Germer.	4	10	5	58	6	1	7	49
25	b mer. s.Firmin,E	4	12	6	0	5	59	7	47
26	c jeu. ste Albine.	4	14	6	2	5	57	7	45
27	d ven. s.Cof.s.D.	4	16	6	4	5	55	7	43
28	e ſam. s. Chaum.	4	18	6	6	5	53	7	41
29	F D.m.S. Michel.	4	20	6	7	5	52	7	39
30	g lun. s. Jerôme.	4	22	6	9	5	50	7	37

图 3-1　1708 年 9 月太阳观测记录

① "Discours préliminaire par d'Alembert," p. 177.

追求真实的倾向超越科学界，蔓延到史学、文学和戏剧领域。伏尔泰研究过瑞典国王查理十二在土耳其避难的历史：一封以瑞典国王名义致苏丹的信冲击了土耳其的政治秩序，民众对局势有不同的判断。行文至此，伏尔泰提及现代史学规范："史学家要坦率地记录事件，别去探寻什么动机，只写准确了解的，不猜测模糊的情节。"①这一趋向在18世纪未曾间断，1789年，伯维尔描述卢梭的生活时讲述亲眼所见，至少是他以为真实的事，"可能有错误，非有意为之"②。狄德罗要求文字接近生活，"一旦抛开自然和真实，美感就消失了"，在评论戏剧《嫉妒者》时，他注意的是日常事：几堵墙围成一个房间，房间深处有一张桌子，桌子上摆一盏灯、一个水罐、一块面包。情景简单，却是开放的、可延伸的想象空间：一家人的生活是怎样的，是否有普遍的象征意义，一个作家如何将现代美置于琐碎的对话中？在评论戏剧《家长》时，狄德罗关注儿女婚事，"一家之长要考虑对方的财产、门第与教育，那是父亲的责任，最费心力"③。中世纪不乏类似的事，却未进入思想世界，18世纪就不同了，世俗生活与艺术的距离近了，只要其中有静穆或灵动的优雅，就有变成艺术的可能。

辨明哪些是事实，哪些是权力的说教，哪些是庸俗者的卖弄，哪些是大嗓门的叫喊，以真相驱逐幻象与谎言，从后代的注视中获得荣誉感，这样的动机支撑着文学共和国的现实感："事实最重要，事实不是别的，正是那些真实的存在。"④源于这样的现实感，现代早期的人在抛弃幻象与迷信后有力量把握确切的因果关系，语言与客体世界的统一成为可能，即福柯所谓的"词与物的统一"。

四、"我"或人的主体性

主体人格是现代知识体系的起点，涉及人对上帝、历史、自然、社

---

① Voltaire，"Histoire de Charles XII," *Œuvres complètes de Voltaire*，Tome 16，Paris，Garnier frères，1878，p. 310.

② Barruel-Beauvert，*Vie de J.-J. Rousseau*，Londres，1789，p. 15.

③ 狄德罗：《狄德罗美学论文选》，张冠尧、桂裕芳等译，第86、94、69、122页。

④ *French liberalism and education in the eighteenth century*，translated and edited by F. de la Fontainerie，p. 74.

会的独立判断，以及现代医学和心理学对于身体和精神的关怀。在神学时代的话语中，人的身体和精神是分离的，身体归属上帝管辖，精神活动是为救赎原罪。在信仰语境衰落时，身体和精神的融合仍旧困难，古代文本注疏学流行，亚里士多德的理论在经院哲学家诠释后排除了重新认识自然的必要性，只要遵循旧范就可以，不要有超越的雄心，人在古学与神学语境里没有独立的地位。病痛为身心合一提供了可能，但痛苦的感受仍会导向原罪论，与此同时，混沌疯狂的医学实践让精神备受压迫，走投无路时不得不回归救赎原罪的命定论。

在文学共和国里，主体人格首先要脱离古代规范的束缚，现实变化太快，古代的道理捉襟见肘，古今之争在这样的背景下开始。16 世纪，蒙田批判人性在文字世界的缺席，反思过分信仰古人、迷失自我的弊端，唤起现代意识：

> 我们会说：西塞罗是这样说的，这是柏拉图的思想，这是亚里士多德的原话，我们自己又说了什么，评判了什么，又能做什么？鹦鹉学舌……我们接受了他人的看法与学问，仅此而已。正像那个到邻居家借火的人，看到炉子里的火烧得旺，就留在那里烤火，忘了取火回家的事。必须把那些看法与学问化生为自己的。①

蒙田之后，从成见中解放心灵的进程从未间断。笛卡尔要求人人独立判断既有的说教，不盲从，忌妄言。洛克重视人的感觉，反思个体观念的来源，以此为现代心理学奠基。达朗贝尔又有所推进，"感觉教会我们的第一类知识是关于自我的意识，第二类知识是对于外部存在的认知"②。沙罗代强调感觉对于初等教育的意义，"一个人，只有当他使用感觉时才有知识，他的第一次感知就是最先获取的知识"③。人的身体与心理在文学共和国里不再是受冷落的本能，它是理性的基础，新知识的来源和个体政治权利的依据。鉴于此，霍尔巴赫对那些内心混沌的人呼

---

① 蒙田：《论学究式教育》，《蒙田随笔全集》，第 1 卷，马振骋译，第 123—124 页。

② "Discours préliminaire par d'Alembert," p. 78.

③ *French liberalism and education in the eighteenth century*，pp. 69，70.

吁：“回归自然，回归人性，回归你自己，在生命路上撒播鲜花。不要考虑未来，要为自己而活，为同伴而活。观察自己的心，之后再考虑你身边有感受力的存在，抛弃对你的幸福无助益的神灵。”①之后，他要将“我”从成见中解放，使之不再充当没有灵魂的奴隶。狄德罗虚构了塔希提岛的居民奥图鲁（Aotourou）与布甘维尔的对话，希望为主体人格的力量划定边界：“我不会滥用我的权威，我确定我所了解的，尊重其他人的权利。”②在“我”成为独立人格后，文字中的情感活跃起来，写作者渴望描写他对世俗生活的态度，阅读者也希望看到这一类的文字。这是现代人的精神状态，那不是源自教会或世俗权力的优越感，而是人与人之间的心理认同。

　　但此时人的存在感还不是健全的品质，它会走入迷途。在自我认识上，古希腊的自恋之神纳西塞斯（Narcissu）复活了，他在水边看到自己的影子，就爱上了它，始终不离去，死后变成水仙花。文学共和国的公民也这样，有人对自己的作品爱不释手，对自己的身份极为珍惜，这种心理使现代意义的“我”更坚定，不甘心受冒犯，所以个体意识碰撞激烈。“所有时代、所有人都有自尊，但有才能的人的自尊，今天已到夸张地步，以前的时代不是这样。”③人与人有相互的好奇，希望从同类身上看到自己的影子，在对比中发现人的共性，但窥探的视野时常越界，过度关注私人生活。休谟批评不讲规矩的公众视野，“（卢梭休谟之争）本是私事，我只告诉一个朋友，竟能传遍整个王国，如果英国国王向法国国王宣战，也不会比这件事更快地成为谈论话题”④。休谟未夸大其词，杜莱

---

① "Abrégé du Code de la Nature," extrait du *Système de la Nature*, de d'Holbach, J. Assezat(ed.), *Œuvres complètes de Diderot*, Tome IV, p. 110.

② Diderot, "Supplément du voyage de Bougainville, ou dialogue entre A et B," *Œuvres complètes de Diderot*, Tome II, p. 221.

③ La Harpe à Andrei Pétrovitch Schouvalov, 20 mai 1782, *CCJJR*, Tome XLV, p. 95；*A history of reading in the west*, edited by G. Cavallo, R. Chartier, University of Massachusetts Press, 1999, pp. 295, 293.

④ D. Hume à J.-B.-A. Suard, 15 novembre 1766, *CCJJR*, Tome XXXI, p. 166；D. Hume à Comtesse de Boufflers-Rouverel, 12 Aug. 1766, *CCJJR*, Tome XXX, p. 233.

(Durey)说几乎人人猜测议论，以讹传讹。① 口耳相传时，真相面目全非，旁观者却看得意兴盎然。所以，1766 年，休谟与卢梭不只是吵得不可开交的哲学家，这两个现代早期的人格比古典戏剧所虚构的英雄更吸引人。

五、批判精神

表象，尤其是语言修辞制造的表象，像一片长满郁金香的土地，浓烈的色彩能让人忽视它的来历，但批判精神注意的是表象之后的东西，那片土地是古罗马的城市遗址，还是一个谋杀案的现场？郁金香有败落的时候，关于土地的真相应该让人知道。要实现这个目的，不能借助于与表象同质的语言，而是异质性的语言，这类语言不会忽略表象的美，但清楚地知道那不是全部，灿烂的背后可能是灰暗。所以，批判是两类语言的对抗，确切地说是不同观念的对抗。

批判精神在文学共和国里有多重角色。文学共和国培育了它，将之塑造为旧风俗的劲敌，要求它把旧风俗打翻在地，为新思想加冕。但它也会与文学共和国对抗，在理性独裁时，它在非理性一边，在商业横行时，它在农业一边，它有时支持作家，有时支持读者。它还对自己发起进攻，不断地自我批判。正因为有这样的品质，批判精神是值得珍视的现代理念。当批评意图无所不在时，那可能是最好的时代，也可能是最坏的时代；但当批判意图被压瘪时，那是最坏的时代。在愤怒的沉默里，它开始羡慕刀剑与枪炮的果敢，而这是破坏性的力量，它们天生高傲蛮横，批判精神暗地里与之结盟。在一个批判精神要谋反的时代，没有什么是确定的，历史的大戏法要开始了，它让人在绝望中亢奋，在亢奋中失落，在失落中归于无形，又使之从灰烬里重生，往复不已。

法国旧制度官僚有压迫批判精神的办法，他们发现在人不敢说话的地方，批判精神的空间最小，但他们不知道谎言会到来。谎言有暴君的品性，虽能驱赶批判精神，却会复活人的野蛮本性。与此相反的图景是让人向往的，批判精神无处不在，锐利不狂暴，温和不怯懦，在批判精

---

① O. D. des Meinieres, née Guichard, à D. Hume, 7 juillet 1766, *CCJJR*, Tome XXX, p. 23.

神面前，理性驱逐迷信后不敢重蹈迷信的覆辙，情感因受理性排挤变得沉郁，但在批判精神的帮助下，它会从沉郁转向深沉。语言中那些造作的腔调不见了，道貌岸然跑得远远的，一路上灰溜溜，匆忙中遗忘的道具被挂在现代展览馆里。善的国度有了坚实的城墙，在城墙外，恶还存在，不再招摇，不敢四处冲撞，在人性的荒野上沉淀为狂放的诗意，陪伴那些情感与理智一时失衡的流浪者。

批判的早期史符合福柯的论断，"第一个时代是回归圣经，它究竟写了什么？直到能够回答最简单的问题：圣经是真的吗？"1650 年，加尔文派学者卡佩尔（Cappelle）出版《神圣批判》（Critica sacra），对比《旧约》的原文和译文，发现了翻译中的错讹。1678 年，天主教徒西蒙（R. Simon）发表《旧约批判史》，也有这样的目的。关于圣经文献学的批评不只是挑战经院哲学，也是现代理性方法论的开端。18 世纪，批判的方法已成体系，1751 年马莱（Mallet）、达朗贝尔、马蒙泰尔为《百科全书》编写的词条"批判"（CRITIQUE）涉及全部知识领域。其中，文艺批判是复原古代文本，整理文献，解释图像，确定纪年法，对比不同文本，言之有据，追根溯源，消除误解；科学领域的批判倚重于实践，公正地辨别科学知识、艺术知识、工艺知识，敢于开拓新领域；对于抽象科学，在观念和实物、形而上学与几何学、道德学与物理学之间建立联系。① 世俗历史批判注重史学家的性格和写作情境，根据原始文献比较不同史学家的记述，评判他们的推断是否合理、有没有探求真理的力量。"阅读历史时应该有这种精神，检验事实是否有足够的依据，分清具体的事与假设的事。"②《农业、商业和金融杂志》对此有所补充：避免抽象推理的误用，坚持从简单观念到复杂观念，探索原因之前首先确定事实，采纳合适的

① *Encyclopédie, ou Dictionnaire raisonné des sciences, des arts et des métiers,* par une société de gens de lettres, mis en ordre & publié par M. Diderot, de l'Académique Royale des Sciences & des Belles-lettres de Prusse, & quant à la Partie mathématique, par M. D'Alembert de l'Académie Royale des Sciences de Paris, de celle de Prusse, & de la Société royale de Londres, Tome IV, pp. 492, 490.

② *Encyclopédie, ou Dictionnaire raisonné des sciences, des arts et des métiers,* Tome IV, p.491; *French liberalism and education in the eighteenth century,* translated and edited by F. de la Fontainerie, p.122.

证据，允许公民有不同观点，公开辩难，"经过争论的问题才清楚明白，困难也就消除了"①。报纸上有双重批判的风格，那是对批判性话语的批判。《针对文学报与学者作品的无私批判》不满于《学者报》的编纂风格，"节选的文章肤浅，青睐优美有趣的作品，偏袒是它的第一动机"②。表面上，这是批判形式的扩展，实际上是批判精神的普及，一切都可以质疑，质疑本身也要受质疑。现代批判原则就此明确：认知—判断—批判—批判的批判。

在文学共和国之外，批判精神就不再是单纯的思想问题，有时会触及制度与风俗，并有介入政治实践的愿望。对于这种倾向，福柯认为那是"怀疑、挑战和制约统治的艺术，寻找统治的规则，或是改造它们，或是逃脱，但本质上是不服从、不被统治的艺术"。18世纪初，路易十四的威权弱化，待之去世后大众文化兴起，街头演说成风，拒绝公众评论的事往往会激起否定性的质疑，君主权威和宗教体制的合法性也不例外，"大众化批判时代或现代新闻业开始了"③。1763年七年战争后，法国被迫将北美和印度的殖民地转让给英国，只保留几个贸易据点，英国确立海上霸权，普鲁士强大起来，法国民众的政治批判意识更强烈，对于权力有情绪化的不认同。

第四节　卢梭进入文学共和国

对于出身低微，有才华，但在旧制度下难以实践理想的青年人，进入文学共和国是不错的选择，既可谋取生计，又能发现生命的现代意义，在公共交往里有机会获得声誉与年金。幸运者进入各地科学院，至少能

---

① "Réfutation d'un mémoire inséré dans la *Gazette du Commerce* du 29 juin（N° 9）sur les causes de la cherté actuelle des Grains en Angleterre，par M. le Trosne，Avocat du Roi au Bailliage，Membre de la Société，" *Journal de l'Agriculture，du Commerce et des Finances*，Tome II，septembre 1765，Paris，pp. 102，103.

② *Critique désinteréssée des journaux littéraires et des ouvrages des savans*，par une société de Gens de lettres，Tome I，A la Haye，p. 10.

③ E. Hatin，*Histoire politique et littéraire de la presse en France*，Tome I，Paris，1859，p. XVI.

结识一些有人文精神的贵族廷臣，他们的荫护可助其逃避因不当言论招致的灾祸，即使因不合时宜被关入监狱，也能通过他们的交涉而提前获释，或是在牢房里有好一点的待遇。1760 年，莫尔莱神父被关于巴士底狱，因权势人物的帮助，生活舒适，每天有上乘的葡萄酒、面包、烤肉、点心和凉菜，还能在院子里散步，与管理人员平等谈话。①

文学共和国为人向往，经由沙龙讨论或科学院征文而成为"文学公民"的人不少，他们就此进入一个观看与被人观看、议论与被人议论、解释与被人解释的空间，个体言行不再是单向的付出，多少会有舆论或政治后果。他们勇敢地担负起变革风俗的责任，时至晚年在回忆录中描述青年时代的作为，18 世纪的"青年"进入了现代历史，与"中年""老年"有一样的地位。所以，文学共和国扩展了个体生命的长度，一个人在二十岁，或更年轻时，只要在时代精神里有所开拓，他的生命就有历史分析的价值。但幸运者少，多数人境遇艰难，文学共和国不是理想国，有名利就有扭曲的品性，身处其中的人有时会随波逐流。

卢梭走了这条路。青年时代，他认同文学共和国的精神，支持科学事业，参考热门话题创作诗歌、戏剧和科学文章，希望被人关注。1736 年与华伦夫人住在沙尔麦特时，他读过奥拉托利会和波尔-罗亚尔修道院出版的作品，还有一本科学入门读物，笛卡尔派的贝尔纳·拉米（Bernard Lamy）的《论科学》（*Entretiens sur les Sciences*），"反复读了上百遍"②。1738 年 7 月，他向《法国信使报》投递论文《我们居住的世界是否是球形的》，提及亚里士多德、托勒密、牛顿、卡西尼（Cassini）、菲兹（Fizes）、哥白尼的理论，他自己也做证明地球是椭圆体的实验③。之后，他创作诗歌《华伦夫人的果园》（1739 年）、《西尔维的林荫道》（1745 年），以及戏剧《乡村卜师》（1752 年）等二十余篇作品。因与主流思想有别，卢

---

①　F. Brayard，A. De Maurepas（eds.），*Les Français vus par eux-mêmes*，*Le XVIIIe siècle*，p. 852.

②　A. Barnes，*Jean Le Clerc et la République des lettres*，Paris：E. Droz，1938，p. 51；卢梭：《忏悔录》，黎星、范希衡译，第 219 页。

③　Rousseau au rédacteur du *Mercure de France*，20 septembre 1738，*CCJJR*，Tome I，pp. 73-80.

梭为同侪所轻，尤其是 1750 年发表《论科学与艺术》后，身心问题引起交往障碍，他在文学共和国总要应对出乎意料的麻烦。

卢梭努力结识声名显赫的人，1745 年向伏尔泰自荐："十四年来，我努力不懈，以引起您的关注。"①伏尔泰欣赏古典风格，对于新思想不认同，时而批判青年人不谙古典文体，写作不论章法，他的诗歌《可怜虫》里有一个游荡者，借之讽刺时代风气：

> ——你最初的生活如何？
> ——那是地狱，可怕的罗网。
> 　我无财产，无职业，无才华。
> 　读完几个蹩脚作家的书，
> 　我也要寻找保护我的人，
> 　迷恋于写诗的癖好，
> 　无法摆脱，我成了文人。②

由于古典主义风格与启蒙风格的差异，他们的交往不顺利。1755 年，卢梭给伏尔泰寄去《论人类不平等的起源》，伏尔泰视之为反人类的书，言辞刻薄："从没有人费这么多思虑让我们退化为野兽，读者读您的作品时，他希望自己四条腿走路，六十年来，我已丧失这个习惯，不能那样了，我为此感到不幸。"③卢梭体会到讽刺之意，回信时没留情面："重新用四肢走路，那是让人惊异的奇迹，只有上帝能如此，这一举动里有危险，只有魔鬼才愿意这样，您还是别用四条腿走路，尽管世上没人比您做得差。"④

第二次接触不欢而散，卢梭仍未放弃。1755 年 11 月，葡萄牙里斯本发生 8.5～8.8 级的大地震，教堂、住房等设施倒塌大半，伤亡八万余人，北非的梅德内斯(Mequinez)和得土安(Tetouan)等地也有人伤亡。⑤

---

① Rousseau à F.-M. A. de Voltaire，11 décembre 1745，*CCJJR*，Tome II，p. 92.

② "Le pauvre diable," *Œuvres complètes de Voltaire*，Tome 10，Paris，Garnier Frères，1877，p. 102.

③ F.-M. A. de Voltaire à Rousseau，30 août 1755，*CCJJR*，Tome III，p. 156.

④ Rousseau à F.-M. A. de Voltaire，7 7bre 1755，*CCJJR*，Tome III，p. 164.

⑤ *The Lisbon Earthquke of* 1755，*representations and reactions*，edited by T. E. D. Braun，J. B. Radner，Oxford，2005，p. 1.

伏尔泰受地震的冲击，致信贝特兰（Elie Bertrand），讽刺英国诗人蒲柏的天真，"如果他在里斯本，还敢说一切都是好的吗?"第二年，他又在诗歌《论里斯本灾难》里彻底否定德国人莱布尼茨、英国人沙夫茨伯里和柏林布鲁克的乐观：

> 误入歧途的哲学家喊着：一切都是好的。
> 你们过来看看这可怕的废墟，
> 断壁残垣，还有不幸者的遗骸。
> （死去的）妇女孩子积压着，
> 破碎的大理石下是残存的肢体，
> 大地吞噬成百上千不幸的生灵。
> 那些流着血、肢体不完整、颤抖的人，
> 为他们的房屋所掩埋，无人施救，
> 在备受折磨的恐惧中凄惨度日。
> ……
> 看到成堆的遇难者，您会说：
> 上帝在复仇，他们的死不是在抵偿他们的罪?
> 这些躺在母亲压碎的、流着血的怀里的孩子，
> 他们有什么罪，有什么错?
> ……
> （又有高傲的诡辩家对我们说:）
> 或是因为人生而有罪，
> 上帝要惩罚他的后代，
> 或是这个世界的绝对主人，
> 不发怒，不怜悯，平静冷漠，
> 他的第一批法令颁布后是滔滔洪水。①

　　卢梭当时在退隐庐（Hermitage），收到了伏尔泰寄来的诗歌。卢梭曾受蒲柏人文主义影响："蒲柏的诗缓解了我的痛苦，让我坚毅。"《论里斯本灾

---

　　① *Querelle sur le Mal et la Providence*，*Lisbonne* 1755，notes et postface par C. Morana，Fayard，2011，pp. 19，20，28.

难》却让他失落，但他仍为神意辩护："灾难是自然和宇宙中的必要现象，全能仁慈的上帝有意让我们脱离灾难，在所有经济活动里，他为人选择那些利多弊少的……他做得不是最好，却已尽力。"卢梭展示了惯有的雄辩力：

> 如果上帝存在，那么他是完美的，如果他是完美的，他就是明智、强大、公正的；如果他是明智公正的，一切都是好的；如果他是强大公正的，我的灵魂就是不朽的；如果我的灵魂是不朽的，那么活三十年也无所谓，这或许对于理解宇宙是必要的。如果同意我的假设前提，就不会动摇之后的推理；如果否定我的前提，就不能讨论这些推理的后果。①

卢梭的信有八千余法文词，伏尔泰的回复简短，以身体欠佳拒绝深论："当前，请原谅我抛开所有的哲学争论，这只是些消遣，您的信写得很美，但我的侄女病重，我也病了……听说您已回到日内瓦，希望您来做客，眼下的情况不允许我多说了。"②此事未罢休，1759 年，伏尔泰出版讽刺小说《老实人》，未改变里斯本地震后的悲观论，其中有躲避地震的情节：老实人吓得魂不附体，目瞪口呆，脑袋昏沉，身上是血迹，打着哆嗦，自言自语，"最好的世界尚且如此，别的世界还了得？"③

卢梭希望与伏尔泰结交，伏尔泰并无此意，对之冷嘲热讽。伏尔泰年轻时同样寻求过保护人，包括旺多姆（L.-J. de Vendôme）公爵、军界要员拉法尔（P.-C. de La Fare）、宫廷顾问肖里（G. A. de Chaulieu），中年后想入选法兰西学院，为此致信时任院士、路易十五的老师阿拉里（P.-J. Alary），希望获得推荐。④ 功成名就，成为费尔奈的"大主教"后，伏尔泰也没忘记提携年轻人，为境遇艰难者提供帮助，但卢梭除外。两人交往多龃龉，是启蒙时代文人相争的典型。1762 年 10 月 5 日，《秘密

---

① A M. de Voltaire，18 août 1756，*Œuvres complètes de J. J. Rousseau*，Tome XX，Paris，1826，pp. 310，327.

② F.-M. A. de Voltaire à Rousseau，12 septbre 1756，*CCJJR*，Tome IV，p. 102.

③ 服尔德：《老实人》，傅雷译，1998 年，第 25 页。

④ A. S. Sanchez，"Le jeune Voltaire entre Houdar de la Motte et J.-B. Rousseau,"*Voltaire et ses combats*，p. 875；N. Clément，*L'Abbé Alary，un homme d'influence au XVIIIe siècle*，Paris：Honoré Champion，2002，p. 139.

回忆报》上有一幅漫画，伏尔泰与卢梭挥拳厮打：

> 诗人问哲人：你批驳我时为何那么不留情面？
> 哲人回答：无论反对还是赞赏，我都讲真话。①
> （译者注：诗人指卢梭，哲人指伏尔泰）

与伏尔泰的交往无果而终，但卢梭结识了狄德罗、格里姆、布弗莱夫人、埃皮奈夫人、雷伊（M.-M. Rey）等贵族、文人或出版商。在《忏悔录》第八章，卢梭忆及 1754 年结识出版商雷伊的经过，那时他正想出版第二篇论文，雷伊帮忙不少。他与百科全书派的交往对于他的思想进展及其在公共舆论中的影响力不可或缺。

卢梭努力读书思考，要写出为人瞩目的大文章。1730 年，他创作喜剧《纳尔西斯》（Narcisse ou l'Amant de lui-même），因看重"作家的荣誉"，1753 年才出版。对于 1738 年 9 月寄给《法国信使报》讨论地球形状的信，他希望在"读者来信"栏目发表，却无回音。与华伦夫人相处时，他读过莫里哀、培尔、圣·艾弗莱蒙（Saint-Evremond）、拉布吕耶尔、笛卡尔、蒙田、费纳隆、拉罗什福科尔（La Rochefoucauld）等不同风格的作品。与此同时，他的音乐技艺进展快，1742 年 8 月向法兰西学院提交数字记谱法，以 1、2、3、4、5、6、7 代替五线谱的音符（do, re, mi, fa, sol, la, si），8 月 22 日，三位科学院的评审委员荷罗（Hellot）、富什（Fouchy）和麦兰（Dortous de Mairan）判定该方法对歌唱者有益，对演奏乐器的人平添麻烦，所以没有授奖。② 1743 年，卢梭设法将之出版，题为《论现代音乐》，强调音乐与理性的关系："我不知道为什么理性不是音乐的朋友？"③

所有努力皆不如 1750 年《论科学与艺术》在第戎科学院获奖更有助于他实现理想。18 世纪初，风俗与道德的关系曾是法国古今之争的主题，古派达西埃（Dacier）夫人在《荷马史诗》法译本前言里赞赏荷马将良好的风俗融入人物性情，"在普遍堕落的时代创作高尚的作品，生来就是改善

---

① P.-P. Plan, *J.-J. Rousseau raconté par les gazettes de son temps*, p. 30.

② Extraits des Registres de l'Académie des Sciences, Tome 61, 1742, *CCJJR*, Tome I, pp. 317, 318.

③ Rousseau, *Dissertation sur la musique moderne*, Paris, 1743.

风俗的哲人"①。1740—1749 年，这个问题再次搅动了巴黎学术界，卢梭的获奖是法国的古派对今派的最后反击。《论科学与艺术》符合第戎科学院的古典道德理想，向往质朴风俗，批判现代科学艺术的害处，有别于巴黎文学共和国的主流精神。第戎是 18 世纪"外省的首都"，天主教力量强势，第戎科学院院士多有道德家的倾向，"赞赏西塞罗和塞涅卡的文风，警惕奢侈的蔓延，因其会像传染病一样侵害民族精神"②。所以，第戎科学院重视此次征文，1750 年 4 月 17 日至 6 月 19 日逐篇审阅十三篇候选文章，7 月 9—10 日全体院士商定获奖人选，7 月 17 日开会决定颁奖时间为 8 月 23 日。③ 科学院的负责人在《法国信使报》和《学者报》刊登节选段落，《论科学与艺术》广为人知。1751 年由巴黎皮索（Pissot）出版社刊行，接连发行三版（1756、1761、1762 年），《作品荟萃》(*Œuvres diverses*)收录三次。④ 同年 3 月，《公正书目》(*Bibliothèque impartiale*)说它比长篇作品更惹人注意，因为作者有写作的技艺，文辞雄辩。10 月，《瑞士报》(*Journal Helvétique*)刊文介绍卢梭的生平，"一个瑞士钟表匠的儿子"，诺尔姆（J. Neaulme）在《小水库》(*Petit Réservoir*)杂志全文转载。⑤ 卢梭的名字时常出现于各地的报纸，里昂、南锡等地的科学院组织关于科学艺术与风俗的辩论，1751 年，英国发行两个英译本，日内瓦出版法语第四版和第五版，1752 年、1754 年又有两版，1753 年在戈塔（Gotha）出版，1760 年有了意大利语译本，1768 年有了俄语译本，

---

① Madame Dacier，*L'Odyssée d'Homère*，traduite en françois，avec des remarques，Tome I，Paris，1716，pp. xvi，vi.

② M. Bouchard，*L'Académie de Dijon et le premier discours de Rousseau*，p. 43.

③ 与会者包括：Vitte，Darlay，Gerneau，Lantin，Derepas，Léauté，Liébault，Raudot，Fournier，Gelot，Fromageot，Guyot，Perret，Chaussier，Melot，Maret，Barberet，De Frazans. M. Bouchard，*L'Académie de Dijon et le premier discours de Rousseau*，pp. 55-57.

④ *Mercure de France*，novembre 1750，Paris，p. 82；? au *Journal de Paris*，2 novembre 1778，*CCJJR*，Tome XLII，p. 85；A. Schinz，"Histoire de l'Impression et de la Publication du Discours sur l'Inégalité，de J.-J. Rousseau，" p. 257.

⑤ A. Schinz，"Histoire de l'Impression et de la Publication du Discours sur l'Inégalité，de J.-J. Rousseau，" *PMLA*，Vol. 28，No. 2 (1913)，p. 257.

为此，狄德罗说它超凡脱俗，"之前没有如此成功的例子"①。

获奖后，卢梭致信第戎科学院评审委员会："你们授予我奖励，这是我渴望的，更是努力争取的。"②但声誉鹊起，他觉得突然："什么是名望？我以这篇不恰当的作品赢得属于我的名望，自此闻名于世。"③那是源于名誉的迷失，之前默默无闻，如今一夜成名，随之而来的是好奇的观赏与恶意的嫉妒，自己还未接纳新身份，外界也不知道他是谁。1762年致信巴黎大主教博蒙时，他又提到盛名之下的困惑："一个科学院提出的小问题激荡着我的精神，让我身不由己，把我抛进一个我不擅长的职业……成群的反对者不理解我就攻击我。"④

自1750年到法国革命，这篇论文在文学共和国引起不息的争论，反驳与辩解涉及科学艺术与风俗的关系。在评审时，第戎科学院已有过争执，一个拒绝投赞成票的院士、外科医生勒卡（Claude-Nicolas Lecat）批评他矫揉造作，"语言风格和雄辩确实吸引人，但更多的是技巧而非天然的东西，是诱人的说辞而非确定的叙述"，并尽力为新哲学辩护：

> 真正的哲学教会我们撕掉偏见与迷信的幕帐，难道只因少数作家滥用智慧，就禁止培育理性？难道权力、法律、宗教等一切有大用的事物不会有害处？卢梭用强有力的修辞引导人轻视科学、文学，以及哲学家。⑤

---

① R. Trousson, *J. -J. Rousseau jugé par ses contemporains*, pp. 12-14, 7.

② Rousseau aux membres de l'académie de Dijon, 20 juillet 1750, *CCJJR*, TomeXXX, p. 405.

③ "Forward, Discourse which won the prize of the Academy of Dijon," J. -J. Rousseau, *Discourse on the Sciences and Arts and Polemics*, edited by R. G. Masters, C. Kelly, p. 3.

④ *Jean Jacques Rousseau, citoyen de Genève, à Christophe de Beaumont, Archevêque de Paris, Duc de St. Cloud, Pair de France, Commandeur de l'Ordre du St. Esprit, Proviseur de Sorbonne*, Amsterdam, 1763, p. 2.

⑤ "Refutation of the Discocurse which won the Prize of the Academy of Dijon in the year 1750, by an Academician of Dijon who denied it his vote," J. -J. Rousseau, *Discourse on the Sciences and Arts and Polemics*, edited by R. G. Masters, C. Kelly, p. 82.

　　第戎科学院的秘书佩蒂(Petit)撰文反驳勒卡，评审时崇古派占了上风。① 但之后不久，以波兰国王斯塔尼拉斯(Stanislas)为首结成反对派，《法国信使报》是论战阵地。1751 年 7 月，该报发表今派拉莫特的《向伟人致敬，莫过于保护文艺》；9 月，斯塔尼拉斯匿名发表文章，支持科学的进展，"它有助于认识真实和善良，启发智慧，净化风俗"，并批评卢梭的投机心理，"写的是私人感受，却想取悦公众，难道不是自相矛盾？若要反驳，只需检验他的论证过程"；10 月，高迪埃(Gautier)撰文支持波兰国王，"如果像卢梭论述的那样，科学使风俗堕落，那么为繁荣科学设立机构的斯塔尼拉斯会受人责备"②。

　　卢梭没有退缩，1751 年 11 月完成《让-雅克·卢梭的观察》，补充第一篇论文。1753 年 7 月在《法国信使报》撰文反驳雷纳尔，以炼铜为例说明培育艺术的害处："法兰西学院的罗莱(Rouelle)、医学博士梯耶里(Thierri)，还有几乎所有的欧洲化学家都证实炼铜对人有害，引发很多疾病，但艺术行业仍在用铜制品。"之后，他又在该报发表《最后的回复》，希望结束争论。③ 但事与愿违，他已是公共舆论的主角，动静都是话题。

---

　　① "Désaveu de l'Académie de Dijon au sujet de la Réfutation attribuée faussement à l'un de ses Membres," *Mercure de France*, août 1752, p. 90.

　　② "Discours posthume de M. de la Motte, pour prouver que rien ne fait plus d'honneur aux Grands que de protéger les Belles-Lettres," *Mercure de France*, juillet 1751, p. 5; "Réponse au Discours qui a remporté le Prix de l'Académie de Dijon, sur cette question: Si le rétablissement des Sciences & des Arts a contribué à épurer les mœurs, par un citoyen de Genève," *Mercure de France*, septembre 1751, p. 66; "Réfutation d'un discours qui a remporté le Prix de l'Académie de Dijon en l'année 1750, sur cette question proposée par la même Académie: si le rétablissement des Sciences et des Arts a contribué à épurer les mœurs. Cette Réfutation a été lue dans une Séance de la Société Royal de Nancy, par M. Gautier, Professeur de Mathématique & d'Histoire," *Mercure de France*, octobre 1751, pp. 9-41.

　　③ "Observation de J.-J. Rousseau, de Genève, sur la réponse qui a été faite à son Discours, couronné à Dijon, sur cette question: si le rétablissement des Sciences & des Arts a contribué à épurer les mœurs. On trouve cette brochure chez Eissot, Quai de Conti," *Mercure de France*, novembre 1751, p. 112; "Lettre de J. J. Rousseau de Genève, à M. l'Abbé Raynal," *Mercure de France*, juillet 1753, pp. 5-7; J.-J. Rousseau, *Discourse on the Sciences and Arts and Polemics*, edited by R. G. Masters, C. Kelly, p. 110.

这场争论的影响不能说小。里昂科学院（Académie des Sciences & Belles-Lettres）有过持续争论，1751 年 6 月 22 日，博尔德（Charles Borde）院士在学院集会时宣读《论科学与艺术的优点》，论文太长，以至于要读几天，对卢梭的观点逐一批驳：

> 希腊人将他们的一切归于科学，其他地区又将一切归于希腊人……我羡慕那些生活在战乱或森林里的民族，却不想在他们中间寻找幸福？难道非得像狮子或熊，人类才配得上人的名声？我在《论科学与艺术》里只看到了动物的美德，与我们作为人的尊严丝毫不符。①

1768 年 2 月，雅克（Louis Jacquet）神父在里昂科学院院士就职演说里指责科学艺术的滥用使风俗堕落。② 1783 年，格拉特（Garat）忆及卢梭风俗论的意义，不免夸大，却说明它的持久影响力：

> 自从卢梭批判艺术与社会后，所有人不是艺术与社会的敌人，就是它们的保卫者，之外没有其他立场。人们到世界各地旅行，好像只有一个目的，检验卢梭描写的原始生活到底是好是坏。③

卢梭去世后，他的作品又为人关注。1783 年，博尔德在《再论科学与艺术的优点》中说他有"构思巧妙的矛盾"④。斯塔尔夫人觉得他想解释善恶为何并存，就将读者带入寓言里的黄金时代，"这是幻想，但炼金术士寻找'哲学石'时发现了秘密，卢梭在寻找完美状态的知识时发现了真理"⑤。1790 年，一篇献给卢梭的颂歌里重提《论科学与艺术》，"他希望

---

① M. Borde, *Discours sur les avantages des sciences et des arts, prononcé dans l'Assemblée publique de l'Academie des Sciences & Belles-Lettres de Lyon*, le 22 Juin 1751, pp. 4, 5, 25.

② R. Barny, *Prélude idéologique à la Révolution française, le rousseauisme avant 1789*, Paris, 1985, p. 56.

③ Garat interprète de l'Inégalité, juillet-septembre 1783, *CCJJR*, Tome XLV, p. 153.

④ "Second Discours sur les avantages des sciences et des arts," *Œuvres diverses de M. Borde*, Tome II, Partie II, Lyon, 1783, p. 361.

⑤ Staël, *Lettres sur les ouvrages et le caractère de J. J. Rousseau*, 1789, pp. 3-4.

带领人回归淳朴，向他们展示本初的善"①。在英国，民众乐于谈论"那个公民"，并开启了一场混乱的辩论。1799 年，沃克（G. Walker）在曼彻斯特文学哲学会朗读了两篇反驳的文章——《捍卫学问与艺术》和《论奢侈与堕落不是科学与艺术的结果》，他觉得科学艺术更能为人类的道德引路，"卢梭为名声而不惮于质疑常识，竟敢公开诋毁那些为人赞赏的事"②。

　　卢梭因反对科学而受批评，他的回应引起更多反击，是非难辨，却让他成为文学共和国的名人，他的交往得以展开，后来当选法兰西学院院士的马蒙泰尔就是在霍尔巴赫的沙龙里与刚获奖的卢梭相识。之后，他又两次参加征文比赛，一次是 1751 年科西嘉科学院（Académie de Corse）的问题："英雄最应具备哪种美德，若没有他是怎样的人?"③ 1753 年 11 月，第戎科学院在《法国信使报》刊登征文告示："人类不平等的根源在哪里，那是不是自然法所许可的?"获奖的是贝藏松科学院的院士塔贝尔神父（F.-X. Talbert，1725—1805），一个多题材作家、贝藏松教堂的议事司铎，曾负责《百科全书》的词条"骑士"。④ 他也想在文学共和国谋求名声，1769 年以《工业颂歌》（Ode sur l'industrie）获得帕奥科学院（Académie de Pau）的征文奖，1774 年以《蒙田颂歌》（Eloge de Michel Montagne）获得波尔多科学院的修辞奖。他一生努力，却不像卢梭那样声誉鹊起、毁誉参半。

---

　　① *Eloge de J. J. Rousseau*，mis au concours de 1790，L'Académie a renvoyé sa décision pour 1791，Paris，se trouve chez l'Auteur，rue Dauphine，hôtel d'Orleans，1790，p. 1；*Eloge de Jean Jacques Rousseau，qui a concouru pour le prix d'éloquence de l'Académie Française*，en l'année 1791，par M. Thiery，p. 7.

　　② R. Trousson，*J.-J. Rousseau jugé par ses contemporains*，p. 12；G. Walker，F. R. S.，"A defense of LEARNING and the ARTS against some charges of Rousseau，read Nov. 15，1799，" "That luxury and corrupt manners are not the progeny of science and the art，in answer to Rousseau," *Memoirs of the Literary and Philosophical Society of Manchester*，London，1785-1802，pp. 440，468.

　　③ "Quelle est la Vertu la plus nécessaire aux Héros & quels sont les Héros à qui cette Vertu a manqué ?" *Collection complète des œuvres de J. J. Rousseau*，Tome 7，p. 5.

　　④ "Quelle est la source de l'inégalité parmi les hommes，& si elle est autorisée par la loi naturelle," Séance publique de l'Académie de Dijon，*Mercure de France*，novembre 1753，p. 65；R. Trousson，*J.-J. Rousseau jugé par ses contemporains*，p. 86.

《论人类不平等的起源》未得奖，但在雷伊的帮助下于 1755 年出版。与第一篇论文一样，卢梭美化原始风俗的观点又引起争论。启蒙时代关于理想社会的表述有两类：一是遥远海岛上的原始部落，1725 年曾有冒险家从密西西比丛林带回四个野蛮人，送到枫丹白露，伏尔泰与之交谈过。① 二是不存在剥削与压迫的阿卡迪亚(Arcadia)，古希腊地名，位于伯罗奔尼撒半岛上的高地，曾出现于荷马史诗《伊利亚德》，古典田园诗以之为世外桃源，那里的居民过着田园牧歌的生活，在 18 世纪的语境里有理想国之意。卢梭参考巴黎圣日耳曼(Saint-Germain)森林的荒野生存见闻及当时的游记，追溯人类不平等的社会根源，将原始习俗引入政治哲学。他读过沙尔勒瓦的《新法兰西的概貌与历史》，其中有一个情节：一群善良的野蛮人救起一个被海浪吞没的法国人，为使他安心，他们呼喊着，语言不通，他更害怕，于是让他面向太阳坐在石头上，在附近燃起一堆火，脱光他的衣服，晾干后还给他，供他吃饭，他们觉得他急于见同伴，就将之引向海边，分别时相互拥抱。②

1783 年 7 月，《法国信使报》针对《论人类不平等的起源》发起论战，署名作者 M. P. D. L. C. 批评卢梭对原始人的美化，"他的推理不切实际"③。7 月 19 日，格拉特在该报撰文，认同 M. P. D. L. C. 的观点，"原始人没有美德，社会才是人的归宿"④。革命时代，尤其是 1789—1794 年，卢梭的原始意象仍有吸引力，质朴的美德与革命理想能一同破除使人堕落的文明恶习："那些游荡于森林的原始人，以果实和根茎为生，饮山泉，

---

① 伏尔泰：《哲学辞典》，王燕生译，北京：商务印书馆，1997 年，第 135 页。

② P. de Charlevoix, *Histoire et Description générale de la Nouvelle France*, Tome I，p. 6；Judith N. Shklar, "Rousseau's Two Models: Sparta and the Age of Gold," *Political Science Quarterly*, Vol. 81, No. 1 (Mar., 1966), p. 27.

③ *Mercure de France*, N° 29, 19 juillet, 1783；*Mercure de France*, N° 35, 30 août, 1783；*Mercure de France*, N° 37, 13 décembre, 1783. *CCJJR*, Tome XLII, Tome 45, pp. 153-158；*Lettres sur l'état primitif de l'homme jusqu'à la naissance de l'esclavage, sur le desir de l'immortalité et sur l'héroïsme militaire par M. P. D. L. C.*, Vve Ballardet fils, 1783.

④ "*Mercure de France*, N° 29 du 19 juillet 1783；*Mercure de France*, N° 37 du 13 septembre 1783," Garat interprète de l'Inégalité, juillet-septembre 1783, *CCJJR*, Tome XLV, pp. 153-155, 158.

与天真、美德最近，但黄金年代因文明而腐化。所以，无知、野蛮与自由相关，专制、奴役与文明相关。"①

零星的戏剧诗歌同样为卢梭赢得名声。1752 年 10 月 18 日，在枫丹白露宫剧场，《乡村卜师》因优雅的爱慕心理大获成功，1756—1763 年多次在凡尔赛宫上演，1765 年又在巴黎皇家音乐学院（Académie royale de musique）上演，而在伦敦，一名观众赞扬卢梭为"荷马之后唯一的诗人"②。18 世纪中期关于意大利与法国戏剧的争论中，《乡村卜师》一度是法国戏剧的代表作，无论韵律、美感，还是动人的故事。1755 年，卢梭的匿名诗歌《西尔维小路》(L'Allée de Silvie)，坚持一贯的情感风格，"在这个迷人的避难地，我感受到的是平静自由的心灵"；他随后完成戏剧《那尔西斯》，前言备受争议，但争议让人产生好奇，《那尔西斯》一个月里至少重印了三版。③

《新爱洛漪丝》是旧制度晚期的畅销书，1761—1788 年发行四十版，不包括盗版，到 1800 年前至少发行七十版。④《学者报》说它怪诞，却令人难忘，"文辞里是美德和雄辩，想象有力量"⑤。卢梭的敌人格里姆觉得里面的人物疯了，没有理智。⑥ 但这部作品广受欢迎，1761 年 4 月，一位读者给卢梭写信，"我的心要在快乐中死去，您唤醒它与生俱来的感性，让它有了生命"；布里什(La Briche)拿起书，吃饭时才放下，"我从未读过这样的书，其中的美德能穿透心灵"；丹特莱格(d'Antraigues)伯

---

① "The attempts of Dr. Robertson to reconcile the existence of several despotic government in America, with the doctrines of Rousseau's romantic theory of a state of nature," A. Macaulay, *Rudiments of political science*, London, 1796, pp. 28-29.

② Témoignage du fils de Madame d'Epinay, 20 mai 1811, *CCJJR*, Tome IV, p. 421; P.-P. Plan, *J.-J. Rousseau raconté par les gazettes de son temps*, pp. 32, 57; Lettre d'un admirateur, *SJC du 13 au 15 novembre 1766*, *CCJJR*, Tome XXXI, p. 349.

③ "L'Allée de Silvie, cette pièce est du fameux citoyen de Genève," *Choix littéraire*, Tome II, p. 212; Friedrich Melchior Grimm à Johann Christof Gottsched, 23 juin 1753, *CCJJR*, TomeII, p. 228.

④ *A history of reading in the west*, edited by G. Cavallo, R. Chartier, p. 296.

⑤ *Journal des savans et Nouvelle Heloïse*, juin 1761, *CCJJR*, Tome VIII, p. 350.

⑥ Grimm et *La Nouvelle Heloïse*, *CCJJR*, Tome VIII, pp. 345, 346, 347.

爵独自在家，反复读，读罢返回书店，要买下卢梭的其他作品。① 布尔迪克（Bourdic）男爵夫人见到一位优雅的外省女士含着泪阅读。②

如何解释近乎狂热的阅读兴致？卢梭的情感关怀冲破了作者与读者的距离，读者不再是沉默的石像，而是坦诚的倾听者，近在身边。作者不再是正襟危坐的先知，他的心灵触手可及，语言的起承转合里是喜怒哀乐，对话的愿望激起读者与作者的亲密感，或是假想的友谊。卢梭致力于发掘这种新关系，他的文字里有"杰出的天才、活跃的想象、质朴的道德与迷人的情感"③。卢梭作品的出版收益越来越高。1761 年 8 月，得知《爱弥儿》已完稿，巴黎出版商杜切尼（Duchesne）与之签订协议，以六千利弗尔购得版权：

> 我，让-雅克·卢梭，日内瓦公民，同意将《爱弥儿或论教育》手稿转交给巴黎书商杜切尼先生，作为他们的私人财产，供他及其法定继承人使用，我获得六千利弗尔，转交手稿时支付三千利弗尔现金，剩余的费用以支票偿付。④

1762 年《爱弥儿》出版后，几乎人尽皆知，读起来手不释卷，"语言与思想奇特优美，能唤起母亲的情感，使之认识到自己的职分和其中的幸福"⑤。

---

① Un lecteur de la *Nouvelle Heloïse* à Rousseau, 6 avril 1761, Tome VIII, p. 296; Journal de Mme de La Briche, *CCJJR*, Tome VIII, p. 353; R. Barny, *Le comte d'Antraigues: un disciple aristocrate de J.J. Rousseau*, The Voltaire Foundation, 1991, p. 9.

② Barruel-Beauvert, *Vie de J.-J. Rousseau*, p. 148; A. Schinz, "Histoire de l'Impression et de la Publication du Discours sur l'Inégalité, de J.-J. Rousseau," *PMLA*, Vol. 28, No. 2 (1913), p. 264.

③ Une lectrice de la *Nouvelle Heloïse* à Rousseau, *CCJJR*, Tome VIII, p. 261.

④ Projet de Traité pour l'Emile entre Rousseau et Duchesne, *CCJJR*, Tome IX, p. 107.

⑤ Helvitius, "De l'Homme, de ses facultés intellectuelles, & de son éducation," *Journal de l'Instruction publique*, rédigé par Thiebault & Borrelly, Tome I, N° I, p. 66; *Mémoires secrètes*, 30 juin 1762, P.-P. Plan, *J.-J. Rousseau raconté par les gazettes de son temps*, pp. 15, 21, 31; Barruel-Beauvert, *Vie de J.-J. Rousseau*, pp. 104-105.

里尔丹侯爵为之作了一首诗歌：

> 他唤醒了母亲对孩子的慈爱，
>
> 他激起了孩子对母亲的关怀，
>
> 自从来到世上，他就是人类的恩人，
>
> 为了让人类更美好，
>
> 他让他们更自由。①

　　《爱弥儿》的教育理念与众不同。1762 年 7 月 21 日，《秘密回忆报》刊登文章《反驳卢梭的新作》，批判《爱弥儿》的第三章，因其攻击圣经启示录；同年 8 月 12 日，多菲（Dauphin）在该报上指责它"扰乱秩序，让人不幸，《社会契约论》也很危险"②。在致 D 先生的公开信里，格里菲（Griffet）神父将《爱弥儿》与《论人类不平等的根源》相联系，"作者的疯狂幻想足以危及文明社会，危及君主制和基督教"③。但法国思想界关心教育改革，卢梭的理念时常被人提及，包括 1763 年巴比耶（Barbier）的《儿童教育原理》，1764 年格里维（Grivel）的《少年之友》，1765 年伽米埃（Garnier）的《市民教育》，1770 年科耶（Coyer）的《公共教育规划》等。卢梭对于儿童心理和体能的理解影响到了格里维的《少年之友》、拉图尔的《论幸福》和科耶的《公共教育规划》。④ 1787 年，塞拉那（Serane）在《共和

---

　　①　De la mère à l'Enfant il rendit les Tendresses，

De l'Enfant à la Mère il rendit les Caresses，

De l'homme à sa naissance il fut le bienfaiteur，

Et le rendit plus libre，

Afin qu'il fut meilleur.

René-Louis，marquis de Girardin à George Simon Harvourt，comte Harcourt，26th 7 bre 1781，*CCJJR*，Tome XLV，p. 40.

　　②　P.-P. Plan，*J.-J. Rousseau raconté par les gazettes de son temps*，p. 26.

　　③　H. Griffet，*Lettre à M. D. sur le livre intitulé Emile，ou de l'éducation*，Amsterdam，1762，p. 34；J. Bloch，*Rousseauism and education in eighteenth-century France*，p. 22.

　　④　G. Grivel，*L'ami des jeunes gens*，Lille，1764；A. de Serres de La Tour，*Du Bonheur*，Paris，1767；G. F. Coyer，*Plan d'éducation publique*，Paris，1770.

教育理论》中采纳卢梭的方法对付一个朝三暮四的小孩：允许他在空阔地上尽情玩，等累了，将之锁在屋里，不要理会他累不累，任凭他吵闹，让他体会在玩乐中要有温和的仪态。① 鉴于这部作品的影响力，奥格（Auger）神父将卢梭与柏拉图、普鲁塔克、蒙田、洛克、费纳隆和罗林（Rollin）等古今教育家并列。②

《社会契约论》与时代政治思想契合。17 世纪，神权世俗化，信仰不再纯正，信徒由对上帝的虔诚转化为对教权的服帖。君权在强化，但它不是现代权力，君权神授，只有国王的统治是正义的。所以，神权和君权是单向的说教，只要求服从。文学公民质疑这一类权力的依据，并从自然状态里推导理想的政治秩序，洛克的《政府论》、斯宾诺莎的《神学政治论》、霍布斯的《利维坦》表述有别，但目的相同，抛弃不合理的制度，在没有从属关系的状态中寻找现代权力的起源：

> 设想人与人彼此孤立，不存在正义与不正义的现象，那是纯粹自然与独立的状态。随着交往增多与个人财富的积累，会有相互的约定，以保障个体的安全和财产权。③

与自然状态相关的是契约理论。蛮荒时代的人赋予政府以权力，前提是它要保障民众生命、财产和自由，若有违反就会被推翻，这是现代政治意义的契约。1728 年 6 月，昂热（Angers）地区教务会议的主题是，"什么是社会契约（Contrat de société），它有多少种类，它的公正性与可行性的基础？"这次会议追溯了社会契约的词义、起源、形式和法律意义

---

① *Théorie d'une éducation républicaine suivant les principes de J. J. Rousseau présentée à la Convention*，par le citoyen Serane，instituteur national，Paris，quai de Chaillot，N° 46，1787，pp. 17-19.

② J. Bloch，*Rousseauism and education in eighteenth-century France*，p. 50；Monique Cottret，"Rousseauisme,"*Dictionnaire de l'Ancien Régime*，*Royaume de France*，*XVI-XVIII siècle*，p. 1105.

③ Quesnay，"Observations sur le Droit naturel des hommes réunis en société,"*Journal de l'Agriculture*，*du Commerce et des Finances*，septembre 1765，Tome I，Paris，pp. 23-28.

的终结，以及社会的起源、分类和构成。① 而卢梭的《社会契约论》涉及世俗政治理论，是理想化的表述，1762—1763 年发行 12 版，1772 年又发行了 1 版。② 但他未曾参与公共事务，写作时仅参考几本政论作品，马基雅维利的《佛罗伦萨史》《论李维》，西格努斯（Sigonius，1520—1584）的《论罗马法》，拉波哀西（Étienne de La Boétie，1530—1563）的《论自愿服从，或反独裁者》，这是为人诟病之处。③

　　"从没有一个哲学家像卢梭一样，身体上那么不幸，在文字世界里却那么荣耀。"④ 1751—1762 年，他的名字出现在科学院的报告、诗歌、匿名文章和警察档案里，是 18 世纪的欧洲名人，比肩普鲁士国王和伏尔泰。他的作品一再重版：1750—1763 年，《论科学与艺术》发行 18 版；1755—1782 年，《论人类不平等的起源》发行 8 版；1758—1769 年，《致达朗贝尔的信》发行 6 版；1761—1788 年，《新爱洛漪丝》发行 40 版；1758—1782 年，《论政治经济学》发行 8 版；1762—1788 年，《爱弥儿》发行 22 版。⑤ 1763—1776 年，《致巴黎大主教博蒙的信》发行 10 版，出版前就有人贩卖手抄本；1764—1767 年，《山中来信》发行 11 版。⑥ 卢梭的

---

　　① *Conférences ecclesiastiques du Diocèse d'Angers sur les contrats & les Restiturions*，tenues en l'année 1728，redigées par M. Babin, Doyen de la Faculté de théologie d'Angers, Tome second, Pierre-Louis Dubé, 1758, pp. 1, 15-16.

　　② P. -M. Hennin à C. -G. de Choiseul, duc de Praslin, 5 fev. , 1766, *CCJJR*, Tome XXVIII, p. 274；R. Barny, *Prélude idéologique à la Révolution française*，*le rousseauisme avant* 1789，Paris，1985，p. 9；P. -P. Plan, *J. -J. Rousseau raconté par les gazettes de son temps*，pp. 33.

　　③ J. -F. Nourrisson, *J. -J. Rousseau et le Rousseauisme*，Paris，1903，p. 302.

　　④ F. L. d'Escherny, comte du Saint Empire Romain, *La philosophie de la politique*，*ou principes généraux sur les institution civiles*，*politiques et religieuse*，Tome premier, Paris, 1796, p. 2.

　　⑤ L. -S. Mercier, *Tableau de Paris*，nouvelle édition, Tome III, Amsterdam, 1782-1783, p. 418；A. Schinz, "Histoire de l'Impression et de la Publication du Discours sur l'Inégalité, de J. -J. Rousseau," *PMLA*, Vol. 28, No. 2 (1913), p. 264；R. Trousson, *J. -J. Rousseau jugé par ses contemporains*，p. 8.

　　⑥ R. Barny, *Prélude idéologique à la Révolution française*，*le rousseauisme avant* 1789，Paris，1985，p. 9；P. -P. Plan, *J. -J. Rousseau raconté par les gazettes de son temps*，pp. 33.

稿费一路涨高：《论科学与艺术》是为参加征文比赛，有名无利；《乡村卜师》，赚取 500 利弗尔；《论人类不平等的起源》，600 利弗尔；《致达朗贝尔的信》，700 利弗尔；《新爱洛漪丝》，2160 利弗尔；《社会契约论》，1000 利弗尔；《爱弥儿》，6000 利弗尔；《山中来信》，1000 利弗尔；《致巴黎大主教博蒙的信》，500 利弗尔，或更多；《音乐辞典》，1200 利弗尔，或更多。①

　　声誉鹊起，在于卢梭生逢其时，那是法国启蒙的鼎盛时代，“一个思想开放的季节”②。1746 年狄德罗出版《哲学思想》，1748 年孟德斯鸠出版《论法的精神》，1749 年布封出版《自然史》，自 1751 年《百科全书》连续出版十五年。现代人格不再唯唯诺诺，敢于创造。戏剧争论扩及风俗道德，1750—1758 年，卢梭完成《论戏剧》前已有五十余篇论战文章，尼考莱（Nicole）、博叙埃、孔第亲王参与其中。在卢梭的童年岁月，立法原理和政治制度已是思想界的话题，格劳秀斯、普芬道夫、朱利（Jurieu）、布拉马基（Burlamaqui）留下了经典作品。关于教育，1750—1760 年，杜尔格、康坦尼（La Condamine）、杜克洛、博奈（Bonnet）、爱尔维修、博蒙（Beaumont）夫人批评教会教育的弊端，推行实用教育。③卢梭有对旅行的迷恋，少年时代，在日内瓦雕塑家杜坎姆（Ducommun）的作坊当学徒时，他向特里布（Tribu）借阅《鲁滨孙漂流记》（阿姆斯特丹法语版，1720 年），爱不释手，写《爱弥儿》时又读了一遍。④ 所以，卢梭论述的不是新问题，却开拓了理性与情感的内涵：

　　　　那位古怪却敏锐的观察家知道，要吸引公众，就得创造奇迹。异教神话的奇迹早已失效，继之而来的巨人、巫师、仙女和浪漫的英雄故事耗尽了属于它们时代的那份信心，对于现在的作家……只能在生活、风

　　①　1 路易＝24 利弗尔或法郎，1 埃居＝6 利弗尔或法郎，1 苏＝1/20 利弗尔或法郎。P. -P. Plan, *J. -J. Rousseau raconté par les gazettes de son temps*, p. 30.

　　②　H. Roddier, *J. -J. Rousseau en Anglettre au XVIIIe siècle*, Paris, 1950, p. 20.

　　③　D. Mornet, "L'Influence de J. J. Rousseau au XVIIIe siècle," *ASJJR*, Tome 8, Genève, 1912, pp. 34-35.

　　④　R. Trousson, F. Eigeldinger (eds.), *Dictionnaire de J. -J. Rousseau*, p. 823.

尚和特殊局势下创造出前所未见的、对政治和道德有冲击的奇迹。①

卢梭的雄辩与迷离使之与众不同，赴英避难时仍是那里的话题人物，普通人欢迎他，上流人物也是，里斯顿（Liston）说"他让人有更不可抑制的好奇心"②。即使在英国党派斗争激烈的时代，报刊仍时刻追踪他的言行。1765 年 12 月，他从斯特拉斯堡上路，途经巴黎，至加来海边，一路上不乏关注，抵英后，民众谈论他的外貌与性情，"穿着皮上衣，戴着皮帽子，有些傻"，了解他的清贫后，为助其改善生活，读者发起认捐活动。③

卢梭曾在作品里批评英国，但刚去不久，他乐意与那里的人相处，"我喜欢瑞士胜于英国，而我喜欢英国人胜于瑞士人"④。为尽快融入公共交往，他对照《爱弥儿》的英译本学习英语，三个月里进步很快，他还答应休谟在英国舞台出演《欺骗的把戏》（*Trick of Hocus Pocus*），他在威尼斯任使馆秘书的时候演过其中的角色。⑤ 18 世纪中期，英国现代自由制度初具眉目，文字事业受普遍尊重，他作为文学共和国的大人物，受到英国人的保护，即使生活清苦一些，也会住下去，若回法国，至少要避过旧制度的怒气，但不经意间，故事情节急转直下。

----

① 伯克：《法国革命论》，何兆武、许振洲、彭刚译，北京：商务印书馆，2003 年，第 222—223 页。

② R. Liston à H. Ramage, January 13, 1766, *CCJJR*, Tome XXVIII, p. 187.

③ D. Hume à C.-F. Du Mesnildot du Vierville, marquise de Barbentane, 16 Feb., 1766, *CCJJR*, Tome XXVIII, p. 309; J. von Bondeli au docteur Iimmermann, 2 décembre 1765, *CCJJR*, Tome XXVIII, p. 8; A. Koeing à P. Guy, 9 décembre 1765, *CCJJR*, Tome XXVIII, p. 30; J.-L. Dupan à A. Freudenreich, 15 Xbre 1765, *CCJJR*, Tome XXVIII, p. 45; J.-P. Crommelin à P. Lullin, 31 Xbre 1765, *CCJJR*, Tome XXVIII, p. 141; S. Bunbury, née Lennox à S. O'Brien, née Fox Strangeways, 5 février 1766, *CCJJR*, Tome XXVIII, p. 273; Rousseau à P.-A. du Peyrou, 24 Xbre 1765, *CCJJR*, Tome XXVIII, p. 89.

④ Rousseau à Comtesse de Boufflers-Rouverel, 18 janvier 1766, *CCJJR*, Tome XXVIII, p. 199.

⑤ D. Hume à Comtesse de Boufflers-Rouverel, 19 january 1766, *CCJJR*, Tome XXVIII, p. 203; D. Hume à H. Blair, 25 mars 1766, *CCJJR*, Tome XXIX, p. 60; D. Hume à Rousseau, 28 février?, 1766, *CCJJR*, Tome XXVIII, p. 341.

第五节　1766 年卢梭的转变
——从启蒙者到浪漫派

1765 年赴英途中，卢梭的心情不错，那是四面受困、突然看到希望时的快乐。1766 年 3—4 月，他的心理变化却让人困惑，时至今日依旧难以说明他的感知与行为的确切联系。牛津学者莱瑞（Leigh）编辑卢梭通信时有过疑问："我们不知道他独居时发生的事，也不知道带有现实色彩的噩梦是怎样形成的。总之，他成了个多疑敏感的人，用灵巧的思维将不相关的事联系在一起，觉得到处是坑害他的陷阱。"①那场争论对卢梭影响很大，之后，他对文学共和国的态度不同于以往，要与之划清界限：

> 十四年来，我不幸从事这一职业，却未染上它的陋习，嫉妒、算计、甜言蜜语，一刻不曾靠近我的心灵。我未因外界迫害和不幸的遭遇变刻薄，放弃这门职业时，我像开始那样心灵健全。②

1767 年 5 月，回法国后，他与乔叟（Edmund Jossop）仍说要远离文人界，这一行当违背他的性情，"我现在不再是文人，以前是，却给我带来不幸"③。而进入文学共和国前期，他刻意向人展示自己的喜好与音乐才能，在沙龙聚会时朗读诗歌，竭力维持公民的身份，而一路的遭遇让他体会到人心的晦暗。所谓的理想，不过是生存竞争的托词，所谓的荣誉，不过是投机者的猎物。

法国旧制度粗暴对待自由言论，所以触及敏感问题的作品多匿名出版，或用假名出版。1751 年，伏尔泰在柏林出版《路易十四时代》，署名为弗朗切维尔（M. de Francheville）；1775 年，霍尔巴赫在《自然的体系》里千方百计地隐藏自己，"手稿是在一位不具名的学者的藏书里发现的，根据马塔（Matha）先生的说法，写作者是已故的法兰西学院终身秘书米

---

①　*CCJJR*，Tome XXIX，p. XXV.

②　Rousseau à F. Coindet，29 mars 1766，*CCJJR*，Tome XXIX，p. 69.

③　Rousseau au docteur E. Jossop，13 mai 1767，*CCJJR*，Tome XXXIII，pp. 55，56.

拉博(Mirabaud)"①。两个名字都是霍尔巴赫虚构的,虽说出版地在伦敦,但更有可能是阿姆斯特丹。而卢梭在每部作品里都署真名,惹下了祸患。1762 年 6 月 22 日,法国御前会议企图缉捕他,他们很容易知道《爱弥儿》的作者是谁,他还写过哪些作品。② 卢梭素来以为勇敢者才会如此,"正直的人要对他的书负责,我在本书(《新爱洛漪丝》)卷首署名,并非掠为己有"③。考虑到青年卢梭对名誉的渴求,不排除他是想让公众知道那是谁写的,他需要确定的身份,这对于一个在巴黎漂泊闯荡、一无所有的日内瓦人尤其重要。然而,1766 年 5 月后,他致信培鲁时彻底变了:"给公众一些时间,让他们忘掉我。"不久,他又对忘年之交、日内瓦同乡伊维农重复这样的愿望:

> 我不再让公众记着我,在我的余生里,他们不会听到我的消息……我现在很安宁,也会一直如此。为了让人把我忘记,我尽可能少写信。④

只有觉得自己被人忘记时,他才心境安宁。1767 年,他甚至不再关心是否有人谈论他:

> 即使不把我忘记,无论对我是赞赏,还是诋毁,我都觉得无所谓,不闻不问,偶有所知,也不在意,简单纯朴的生活才好。⑤

卢梭在文学共和国里收入可观,困难中不乏友人相助,性情却无常,当时的人不理解,现代人也有些迷惑。巴黎高师学者李尔第(Lilti)同情他的境遇,远离沙龙,拒绝不平等的交往,是在否定虚假的礼仪,他这

---

① M. Mirabaud, *Système de la nature*, *ou Des loix du monde physique et du monde moral*, Londres, 1775, pp. 5, 6.

② Extrait des registres du Parlement, 9 juin 1762, Tome XI, p. 266.

③ 卢梭:《新爱洛漪丝》,伊信译,序言第 4 页。

④ Rousseau à P.-A. du Peyrou, 31 mai 1766, *CCJJR*, Tome XXIX, p. 237; Rousseau à F.-H. d'Ivernois, 31 mai 1766, *CCJJR*, Tome XXIX, p. 239.

⑤ Rousseau à V. Riquetti, 31 janvier 1767, *CCJJR*, Tome XXXII, p. 83; Rousseau à V.-L. Dutens, 5 février 1767, *CCJJR*, Tome XXXII, p. 100.

样做的根源是"作家主体意识或自治意识的觉醒"①。文学共和国是生存竞争的空间，确实有人退出，或是才华平淡，难以立足，包括那些只在报刊上出现一两次的作者，他们的行踪已难考证；或是经受不住牢狱之灾堕落为间谍，变身为旧制度的同谋也就意味着背叛了文学共和国；或是对公共舆论敬而远之，"公众的注视是让人难以克服的恐惧"②，卢梭休谟之争时，亚当·斯密力劝休谟不要进入公众视野，"那是在冒险，报纸上多是道听途说的小故事"③。旧制度之下，法国没有保护私人空间的法律，窥探隐私的愿望不可遏制，"安插间谍，收容奸细，偷拆漆印，截留书信……政治风俗就是这样"。1789 年国民公会获悉美国《马萨诸塞州宣言》后才想在法律上有所改观："共和国的成员在法律上有依靠，对于人身、财产与名誉的不公正行为，应无偿获得正义的保护。"④

所以，卢梭是第一个主动退出文学共和国的"公民"，之后他很少写信，也不再回信，尤其是对待不熟悉的人，他时常变更收信地址，回避不速之客。致信老朋友培鲁时，地址改为"Mrs Lucadou & Drake Union-Court, London"，要求转信人"不要传播他的新地址，不要让人看他的信"⑤。从伦敦回巴黎后，他依旧藏匿住址，1767 年 7 月，致信拉图尔夫人时告知的是孔代的地址"M. Coindet à l'Hôtel le Blanc, rue de Clery A Paris pour le citoyen"；致普尔兰(Portland)公爵夫人的信里不再写名字，也没有收信人的地址。⑥ 之后一年多，他不断变更名姓，用过雅克(Jacques)

---

① A. Lilti, "Sociabilité et mondanité: Les hommes de lettres dans les salons parisiens au XVIIIe siècle," *French Historical Studies*, Vol. 28, No. 3, Summer 2005, p. 438.

② "Lettre III, Le Comte D*** au Chevalier D***," *Critique du siècle, ou lettres sur divers sujets, par l'auteur des Lettres Juives*, Tome I, A la Haye, 1755, p. 29.

③ A. Smith à D. Hume, 16 juillet 1766, *CCJJR*, Tome XXX, pp. 16, 17.

④ Article XI de la Déclaration de Massachusette, *J.-J. Rousseau à l'Assemblée nationale*, p. 283.

⑤ Rousseau à P.-A. du Peyrou, 27 janvier 1766, *CCJJR*, Tome XXVIII, p. 231; Rousseau à P.-A. du Peyrou, *CCJJR*, Tome XXIX, p. 28.

⑥ Rousseau à J.-A.-M.B. de La Tour, 24 juillet 1767, *CCJJR*, Tome XXXIII, p. 235; Rousseau à M.-M. de Brémond d'Ars, 25 mai 1766, *CCJJR*, Tome XXIX, p. 223; Rousseau à M. C. H. Bentinck, duchesse de Portland, 10 juillet 1767, *CCJJR*, Tome XXXIII, p. 210.

先生和勒努(Renou)先生,"我宁愿在他人的记忆中死去,希望您尽量少谈论我,不要向我的朋友提起我"①。在出版时,他慎之又慎,"一本书,尤其是好书,往往是作者的灾难"②。他不再像之前那样处心积虑地挣名声,还写东西,但不为出版,无论什么内容,"不以我的名义,也不匿名出版,活着不出版,死后也不"③。但因迫于生计,1767 年他又出版了《音乐辞典》,只是对公众的关注忐忑不安,以为那是不幸的事。④ 后来,他不堪舆论的扭曲屡次下笔反击,但对于自己的"回忆录",他坚持去世后出版,他将草稿交由妻子保存时嘱托她 1801 年才可以打开。⑤

不再以写作为寄托,他热心于植物标本。在英国武通时,邻人罗宾逊(Owd James Robinson)、农夫伯顿(Burton)和苏尔特(Salt)小姐注意到他每天外出散步,回来时带一大把植物。⑥ 英国早期浪漫派布斯比是德比郡人,既是卢梭的朋友,也是其敬仰者,他同样观察到,卢梭每天穿着亚美尼亚族的长袍上山采标本。⑦ 回法国后,他在巴黎北郊的克里希(Clichy)隐居,只关心植物学,"没人问起他,没人拜访他,没人谈起

---

① Rousseau à L.-F. de Bourbon, prince de Conti, 22 mai 1767, *CCJJR*, Tome XXXIII, p. 78; Rousseau à V. Riquetti, marquis de Mirabeau, 2 juin 1767, *CCJJR*, Tome XXXIII, p. 116; Rousseau à J.-A.-M.B. de La Tour, 24 juillet 1767, *CCJJR*, Tome XXXIII, p. 235; P.-P. Plan, *J.-J. Rousseau raconté par les gazettes de son temps*, p. 93.

② "Conversation avec M. Rousseau," 28 mars 1772, F. Brayard, A. De Maurepas (eds.), *Les Français vus par eux-mêmes*, *Le XVIIIe siècle*, p. 481.

③ Rousseau au lieutenant-général H. S. Conway, 18 mai 1767, *CCJJR*, Tome XXXIII, p. 65.

④ Rousseau à P. Guy, 8 septembre 1766, *CCJJR*, Tome XXXIV, p. 80.

⑤ Rousseau à F.-H. d'Ivernois, 28 juin 1766, *CCJJR*, Tome XXIX, pp. 287, 288; Rousseau au lieutenant-général H. S. Conway, 18 mai 1767, *CCJJR*, Tome XXXIII, p. 63; Thérèse remet à la Convention un manuscript des *Confessions*, le 5 vendemiaire an III/26 septembre 1794, *CCJJR*, Tome 48, p. 33; René-Louis, marquis de Girardin à P.-A. Du Peyou, 4 8bre 1778, CCJJR, Tome XLII, p. 19.

⑥ Rousseau à Wootton, W. Howitt, visit to remarkable places, Londres, 1840, *CCJJR*, Tome XXXIII, p. 270.

⑦ Souvenirs de B. Boothby, *CCJJR*, Tome XXXIII, p. 277.

他，命运剧变，几乎比任何人的经历都突然"①。1767 年 10 月，沃波尔从法国返回英国后将这一情况转告休谟，以示安慰，沃波尔以之为"惨境"的却是卢梭刻意追求的。1768 年 6 月 27 日，《秘密回忆报》报道："他一天到晚采集标本，对外联系少，不说话，不写东西，特蕾兹对外人说她的丈夫烧了《忏悔录》的草稿。"不久，他又去多菲内（Dauphine）山脉和阿尔卑斯山脉采集，1770 年 7 月 22 日，在朋友帮助下进入凡尔赛宫的国王花园。②

卢梭生命后期的藏书单说明他在去世前未改变 1766 年的性情。1778年春，他到巴黎北郊的埃莫农维尔定居，随身带有《普鲁塔克文集》（十二卷）、塔索著作（一卷），其余为植物学作品，包括哈勒里（Albert Halleri）的《瑞士本土植物》、布封的《鸟类自然史》、奥布莱（Aublet）的《法属圭亚那的植物历史》、阿玛尼（Ammani）的《稀有植物》、图尔纳福尔（Tournefort)的《植物园结构》、亚当森（Adamson）的《植物族谱》、林奈（Linné)的《植物种类》《蔬菜种类》等。③ 卢梭对植物学的理解不同于当时的人，他们研究植物，是为发现自然的秘密，卢梭的"自然"不是理性意义的，是隐居时的情感归宿。与之相应，他的心境变了，像一个与世无争的老人，厌恶争斗与吵闹：

---

① 英斯纳、罗斯编：《亚当·斯密通信集》，林国夫、吴良健、王翼龙等译，第 192 页。

② J. von Bondeli au professeur Leonhard Usteri，6 8bre 1767，*CCJJR*，Tome XXXIV，p. 127；P. -P. Plan，*J. -J. Rousseau raconté par les gazettes de son temps*，pp. 93，86，89，94，101.

③ 卢梭随身带的书：*Le Plutarque d'Amyot*，12 volumes in 12；*Le Tasse en un seul volume in 16*；*La partition du Devin du Village*；*Dictionnaire de musique* in 4；*Livres de Botanique consistant dans l'état qui suit savoir* in flio；A. Halleri，*Enumeratio methodica stirpium helveticae indigenarum fol.* Gothing，1742；*Dominii Chabraei Omnium Stirpium susgraphica*，Genève，1678；J. Ammani，*Stirpium rariorum*，1739；Buffon，*Histoire naturelle des oiseaux*，un Tome in 4，Paris，1770；F. Aublet，*Histoire des plantes de la Guyane française*，4 vols，Paris，1775；J. Tournefort，*Institutiones rei herbaria*，3 vols，Parisiis e Typog，Regia，1700；B. Pinax，*Theatri Botanici Basilea*，1623；Adamson，*Famille des plantes*，2 vols，Paris，1763；Linné，*Genera plantarum*，1 vol.，1763；Linné，*Specie plantarum*，2 vols.，1762；Linné，*Systema vegetablilium*，Paris，1774；Scopoli，*Flora Carniolica*，Vienne，1760；Rauwolfil，*Flora orientalis*，Lugd，1755；*Herbier commence sur des feuilles* in 4. René-Louis，marquis de Girardin à P. -A. du Peyrou，4 8bre 1778，*CCJJR*，Tome XLII，pp. 10-11.

> 从前，我满怀热情地喜爱自由与平等，希望无拘无束地生活……拒绝朋友的礼物，为此经常引起矛盾；现在，我的喜好变了，相对于自由，我更爱平和……对于敌人也力求平和相处。①

1767 年 1 月，他致信里格提（Riquetti）时提及之前的是非，后悔没有妥协：

> 如果我从劫难之始不跟命运对着干，而是做如今的决定，那些骇人听闻的阴谋诡计在我身上就不会有任何效果。②

身体病痛使之处于尴尬的道德境地，无端的讽刺压迫着精神，他觉得现实让人失望，写作风格不同于以往，由对理想国家的想象转向现实批判，关于公共事务的写作语境消失了，取而代之的是描述内心深处的孤独。1789 年，艾斯切尼回忆与卢梭的交往，注意到卢梭的变化：

> 他出身贫寒，得不到求学机会，只能自学。孩童时代在出生的城市周围流浪……不断变更信仰、品味、习惯、职业、住所，性情害羞，不为人注意……成年后自谋生计，受人保护，也遭人误解。常犯错误，轻信多疑，是命运的玩偶；一生不安，担心有阴谋……试图断绝联系，以求平静。最后因精神失常不得不远离社会，愤怒悲伤，最后自我了结性命。③

卢梭退出文学共和国，不是因为文人的自治意识。生存境遇艰难，他无力维持费钱费时又费力的公共交往。1765 年 12 月，逃亡路上病情复发，他猜测心脏有问题，难以继续赶路。④ 时值冬天，天气寒凉，病

---

① Rousseau à B. Granville, 20 janvier 1767, *CCJJR*, Tome XXXII, p. 61.

② Rousseau à V. Riquetti, 31 janvier 1767, *CCJJR*, Tome XXXII, p. 82；卢梭：《漫步遐想录》，徐继曾译，第 9 页。

③ F. L. d'Escherny, comte du Saint Empire Romain, *La philosophie de la politique, ou principes généraux sur les institution civiles, politiques et religieuses*, Tome premier, p. i,

④ Rousseau à F.-H. d'Ivernois, 2 décembre 1765, *CCJJR*, Tome XXVIII, p. 4；Rousseau à J.-A.-M. B. de La Tour, 4 décembre 1765, *CCJJR*, Tome XXVIII, p. 16.

痛没有缓解的迹象，本想休息一个月，却被迫于 12 月 9 日赶赴巴黎，健康又恶化，"两三天出不了门"①。1766 年 1 月到达伦敦后身体依然病着，2—3 月，居无定所，与友人的通信里未提及健康，情况却不乐观；4 月 16 日，身体很差，无力回信；5 月 3 日，不能接待来访的客人。② 长久以来，入睡困难，"夜，对于我真是残酷，身体承受的要比心灵承受的多得多，整夜失眠，心情悲观"③。5 月底，他觉得死亡要来了，"可能来得急促"；6 月间病情断断续续，"近三天身体很不舒服，今天尤甚"；7 月 10 日，每写一行字都有可能死去。④ 整个 8 月，身体欠佳，情绪低迷，看不到希望，9 月的天气又损及他的健康，博斯韦尔于 10 月 15 日来拜访，以为离别后再不会相见。⑤ 1767 年年初，病痛依旧，他想给格拉夫通（Grafton）公爵写信，却无气力，卢梭不禁感叹艰难的境遇：

　　既无地位，又无财富，我老了，身体残疾，没人愿意理会我，受到迫害，为人憎恨，我总想做好事，往往事与愿违。⑥

————————

① Rousseau à J.-A.-M. B. de La Tour, 4 décembre 1765, *CCJJR*, Tome XXVIII, p. 15；Rousseau à P. Guy, 7 décembre 1765, *CCJJR*, Tome XXVIII, p. 21；Lenieps à Rousseau, 9 décembre 1765, *CCJJR*, Tome XXVIII, p. 27；Rousseau à P. Guy, 7 décembre 1765, *CCJJR*, Tome XXVIII, p. 21；Rousseau à M.-M. de Brémond d'Ars, 18 décembre 1765, *CCJJR*, Tome XXVIII, p. 63.

② Rousseau à D. Malthus, 20 janvier 1766, *CCJJR*, Tome XXVIII, p. 209；Rousseau à W. Rose, 16 avril 1766, *CCJJR*, Tome XXIX, p. 119；Rousseau à B. Granville, 3 mai 1766, *CCJJR*, Tome XXIX, p. 168.

③ Rousseau à Malsherbes, 10 may 1766, *CCJJR*, Tome XXIX, p. 193.

④ R. Davenport à D. Hume, 14 mai 1766, *CCJJR*, Tome XXIX, p. 212；Rousseau à R. Davenport, *CCJJR*, Tome XXIX, p. 226；Rousseau à B. Granville, juin 1766, *CCJJR*, Tome XXIX, p. 292；Rousseau à D. Hume, 10 juillet 1766, *CCJJR*, Tome XXX, p. 46.

⑤ R. Davenport à Hume, 27 juillet 1766, *CCJJR*, Tome XXX, p. 186；Rousseau à B. Granville, 5 août 1766, *CCJJR*, Tome XXX, p. 212；Rousseau à R. Davenport, 11 septembre 1766, *CCJJR*, Tome XXX, p. 358；James Boswell à A. Deleyre, 15 octobre 1766, *CCJJR*, Tome XXXI, p. 32.

⑥ Rousseau à R. Davenport, 5 février 1767, *CCJJR*, Tome XXXII, p. 102. Rousseau à P.-A. du Peyrou, 14 février 1767, *CCJJR*, Tome XXXII, p. 139；Rousseau à Riquetti, 31 janvier 1767, *CCJJR*, Tome XXXII, p. 83.

　　1766年年初，卢梭已有被害妄想的倾向，他以为只有伏尔泰在用尽心机陷害他。到英国后，因语言障碍、舆论压力，以及居无定所的奔波感，自6月开始，卢梭性情起伏，坐立不安，"几乎难以相信他那怪异的敏感，当他为错误自责时，神经比心灵更容易混乱"①。而外界的批评比以往任何时候都严厉，休谟后悔与之交往，休谟的朋友米拉尔（Millar）批评卢梭自我欣赏，以至于疯癫。② 伏尔泰说他疯癫十足，"是极卑鄙的疯子"，愚蠢、高傲、忘恩负义，"如果他不是疯癫无礼，哲学家本可以扮演恰当的角色"③。日内瓦的自然学家博奈说他是因不幸和傲慢的性情才失去判断力，特罗尚对家人自始至终说他是疯子，德方夫人和达朗贝尔觉得他无耻，勒贝尔（Lepell）说这一类的疯狂有危险，"为了他和别人的安全，应将之关起来"④。杜潘（Dupan）批评他不可理喻，"以为全欧洲只关注他，不关注他就是他的敌人"⑤。同侪间的刻薄话语压垮了卢梭，也损害了文学共和国的精神。

　　19世纪中叶，被害妄想症已具备临床治疗基础，爱斯基罗尔

---

　　① R. Davenport à D. Hume, 6 juillet 1766, *CCJJR*, Tome XXX, p. 277.

　　② A. Millar à D. Hume, 22 novembre 1766, CCJJR, Tome XXXI, p. 199; D. Hume à R. Davenport, 8 juillet 1766, *CCJJR*, Tome XXX, p. 25; D. Hume à R. Davenport, 16 of may 1767, CCJJR, Tome XXXIII, p. 62;

　　③ Voltaire à Marquise du Deffand, 21 novembre 1766, *CCJJR*, Tome XXXI, p. 194; Voltaire à E. -N. Damilaville, 29 décembre 1766, *CCJJR*, Tome XXXI, p. 319; Voltaire à James Marriott, 26 fevr. 1767, *CCJJR*, Tome XXXII, p. 181; Voltaire à E. -N. Damilaville, 15 octobre 1766, *CCJJR*, Tome XXXI, p. 30; Voltaire à C. A. Feriol, comte d'Argental et J. -G. B. Du Bouchet, comtesse d'Argental, 24 janvier 1766, *CCJJR*, Tome XXVIII, p. 224.

　　④ M. Lepell à D. Hume, 23 juillet 1766, *CCJJR*, Tome XXX, p. 145; M. de Vichy de Chamrond Marquise Du Deffand, à L. -H. G. du Chate, duchesse de Choiseul, 29 juillet 1766, *CCJJR*, Tome XXX, p. 187; J. le Rond d'Alembert à D. Hume, 4 août 1766, *CCJJR*, Tome XXX, p. 208; C. Bonnet à H. T. Néedham, 5 septembre 1766, *CCJJR*, Tome XXX, p. 321; Le docteur T. Tronchin à L. -F. Tronchin, 1766, *CCJJR*, Tome XXX, p. 221; Le docteur T. Tronchin à L. -F. Tronchin, 15 août 1766, *CCJJR*, Tome XXX, p. 245; Marquise du Deffand à D. Hume, 6 août 1766, *CCJJR*, Tome XXX, p. 217; D'Alem à Voltaire, 11 août 1766, *CCJJR*, Tome XXX, p. 231.

　　⑤ J. L. Dupan à A. Freudenreich, 25 décembre 1766, *CCJJR*, Tome XXXI, p. 68.

（Esquirol）、拉赛格（Lasegue）和索尔（Saulle）等出版一系列作品。① 但18 世纪，这类问题被笼统归入疯癫，虽然在达朗贝尔的《百科全书》里，人的心理活动已进入现代知识体系，但在日常生活里，精神异常仍受贬低，是对不符合社会规范的行为的谴责，而道德意义上的谴责能剥夺一个人的辩护权。这一类的剥夺，不是禁止他说话，而是没人相信他，无论他说什么总受到质疑，内容受质疑，动机也受质疑。卢梭知道自己被人称作疯子，却无力澄清，而来自朋友的批评，尤其是道德批评更让他难以承受，"在如此彻底、持久的凄凉与孤寂里，整整一代人对我有强烈的敌意，不停地侮辱我，打压我……让我满心悲哀"②。

文学公民不友好，为蝇头之利相互暗算，"有人将诈骗的计策引入文字世界，将好书说成坏书，坏书说成好书，他们像癞蛤蟆，从泥土吸取毒液，后将之传给与自己接触的人，有一个叫德尼斯的人，在伦敦操持这一职业已六十年"③。1758 年，《百科全书》第七卷出版后受到攻击，包括耶稣会的《特雷乌报》（Journal de Trévoux，Mémoires de Trévoux）、弗雷隆主编的《文学年鉴报》（Année Littéraire）、莫罗的《坏蛋》（Cacouacs，1757 年该词汇最先出现于《法国信使报》，之后代指百科全书派），以及帕里索的《论伟大哲学家的短笺》（Petites Lettres sur de grands philosophes）。④

1760 年帕里索的戏剧《哲学家》公开上演后，百科全书派开始反击。与马勒泽尔布一同观看该剧后，莫尔莱愤愤不平，当晚写成《〈哲学家〉序言》，讽刺帕里索，第二天拿给达朗贝尔和杜尔格看，他们觉得好，邮寄给里昂的出版商布鲁塞（J.-M. Bruyset），出版后传播极快，有人在大皇宫（Palais-Royal）和杜伊勒里宫里读，听众不时放声大笑。狄德罗得知自

---

① Esquirol, *Des maladies mentales considerées sous les rapports médical, hygienique et médio-légal*, Paris, 1838; Lasegue, "Du délire des persécution", *Archives générals de médecine*, février 1852, pp. 129-150; H. L. du Saulle, *Le Délire des persécutions, suivi de l'Etat mental des habitants de Paris pendant les événementss de 1870-1871*, Paris, 1871.

② 卢梭：《漫步遐想录》，徐继曾译，第 33 页。

③ 伏尔泰：《哲学辞典》，王燕生译，第 395—396 页。

④ F. Brayard, A. De Maurepas（eds.）, *Les Français vus par eux-mêmes, Le XVIIIe siècle*, p. 454.

己在《哲学家》里受到讥讽,就在《拉摩的侄儿》中指责帕里索的丑事,"为一己之消遣不惜背叛宗教,侵吞同伴财物,没有信义,不讲法律,千方百计追逐财富,这样的厚颜无耻我不信有先例,将来也不会有第二个"①。帕里索一方毫不示弱,洛贝克(Robecq)夫人素来痛恨哲学家群体,曾被狄德罗《私生子》的序言惹怒过,所以支持帕里索。她在《哲学家》上演前与警察局沟通,为之扫除障碍,观看首场演出,又在寓所会见作者。莫尔莱因为那篇讽刺短文被关进巴士底狱,两个月音讯全无,后在马勒泽尔布、诺阿里(Noailles)将军和卢森堡元帅夫人的帮助下重获自由,帕里索的支持者又向舒瓦瑟尔公爵建议将之逐出巴黎,最终在卢森堡元帅夫人的保护下,他免于流亡。②

霍尔巴赫主持的沙龙有时会排挤不同的观点,它一贯坚持进步观,批评野蛮人是毫无经验的孩子,文明人却能从自然中获取教益。③ 1750年,卢梭获得第戎科学院征文奖后参与其中,因其坚持风俗退化论,加之反复发作的病痛不得已退出,之后与沙龙常客结下仇怨。④伏尔泰厌恶这样的恶风俗,"狼群来吞噬家畜的时候,家畜却在互相撕咬",里尔丹侯爵同样气愤不过:

> 这个世纪有很多哲学家,却不懂哲学;推论很多,但缺乏理智;相互迫害,不惜诉诸阴谋与暴力,干不正义的事,整个欧洲都容不下卢梭。⑤

法国的启蒙时代有三代人,伏尔泰、孟德斯鸠等属于第一代,他们是

---

① 狄德罗:《拉摩的侄儿》,《狄德罗哲学选集》,江天骥、陈修斋、王太庆译,第 268 页。

② F. Brayard, A. De Maurepas (eds.), *Les Français vus par eux-mêmes*, *Le XVIIIe siècle*, pp. 848-850.

③ Misanthrophie, ou Jean Jacques Rousseau, janvier 1797, *CCJJR*, Tome XLIX, pp. 48-52.

④ G.-T. Raynal(ed.), *Correspondance littéraire*, *philosophique et critique*, par Grimm, Diderot, Raynal, Meister, etc., Tome 12, Paris, 1880, p. 194.

⑤ Voltaire à J. le Rond d'Alembert, 19 mars 1761, *CCJJR*, Tome VIII, p. 272; René-Louis, marquis de Girardin à A. Deleyre, 3 7bre 1778, *CCJJR*, Tome XLI, p. 254.

古典主义晚期风格的代表，经历过古今之争，有渴求新风格的愿望，又保守固执。卢梭、狄德罗、达朗贝尔、格里姆等属于第二代，他们成长于舆论活跃的报刊时代，借助才华进入文学共和国，对旧制度心存不满，却想获得它的恩惠，所以在妥协中批判。第三代是顶楼文人，18 世纪后期启蒙精神衰微，文学共和国的生存空间已趋饱和，出身低微的才学之士既受旧制度压迫，又受现代知识权力的排挤，生计艰难，在房租便宜的顶楼落脚，启蒙早期的理想主义不见了，内心的孤独感变为打碎一切的热情。此时的文学共和国像弱肉强食的丛林，争吵，嫉妒，明争暗斗，贫富分化，相互敌视。普世价值为团体道德所取代，而在团体之间的对抗中，对的不被认可，错的无须悔罪。霍尔巴赫男爵是德国贵族，在威斯特法利亚（Westphaile）有家族地产，年租金六万利弗尔，在巴黎的家里时常聚集着来自欧洲各国有权势的文人雅士。① 霍尔巴赫又是"九姐妹共济会"的常客，该沙龙由天文学家拉朗德（Jérôme de Lalande）创办。达朗贝尔境遇好的时候有五份年金，来自普鲁士国王、法国国王、英国科学院、法兰西学院及其家族，年收入多于六千利弗尔，"他将一半施予穷人，仍然生活得很好"②。苏亚尔也是成功的文人，能言善辩，出入多家沙龙，获得若弗兰（Geoffrin）夫人、霍尔巴赫男爵和内克家族的年金。③ 文学共和国是一个旧制度和新风俗交错的生存空间，从前它所追求的自由、独立与批判精神日渐受冷落，掌握出版事业的百科全书派遗传了旧制度的习气，任性傲慢、渴望独裁，当时的贤明之士斥之为"百科全书式的学术专制"④。

---

① 周日和周四的沙龙参与者包括：Diderot，Rousseau，Helvétius，Barthez，Venel，Rouelle，Roux，Darcet，Duclos，Saurin，Raynal，Suard，Boulanger，Marmontel，Saint-Lambert，La Condamine，Chastellux，Hume，Wilkes，Sterne，Galiani，Beccaria，Caraccioli，Shelburne，Creutz，Verri，Frisi，Garrick，Franklin，Priestley，Barré，Dalberg. F. Brayard，A. De Maurepas（eds.），*Les Français vus par eux-mêmes*，*Le XVIIIe siècle*，pp. 588-589.

② D. Hume à H. Walpole，20 Nov. 1766，*CCJJR*，Tome XXXI，p. 186.

③ A. Lilti，"Sociabilité et mondanité：Les hommes de lettres dans les salons parisiens au XVIIIe siècle，" pp. 421-422.

④ F. Brayard，A. De Maurepas（eds.），*Les Français vus par eux-mêmes*，*Le XVIIIe siècle*，p. 1007；René-Louis，marquis de Girardin à Nicolas-François Tricot de Lalande，24 aoust 1778. *CCJJR*，Tome XLI，p. 231.

外省青年布里索(Jacques-Pierre Brissot)得知百科全书派与旧制度的隐秘关系后，决心与之斗争，"尽力挖苦他们的利己徇私和傲慢无礼"①。

参与沙龙讨论的多是富足者，那些贫穷的文人被排斥在外，孤独地奋斗，时乖命蹇，不时遭遇暴力，"警察机构尤其注意他们，有人被打，甚至被打死"②。根据《法兰西文学》，1784 年法国有 2819 名文人，其中 1426 人没有职业，这意味着半数文人无固定收入，处于社会底层，靠撰写淫秽读物、抨击类文章谋生。书店老板和出版商有时让人厌恶，他们在旧制度的庇护下垄断市场，任意处置小人物的书稿。那些有理想的青年人在名利场上寸步难行，只能聚集在房租便宜的顶楼，"因受到的伤害感情冲动，言辞尖刻，批判旧制度下僵化的等级观念，有时盲目的狂热激发了他们的才华……要建立一个新世界"③。

经济上不独立，生活中不受尊敬，言论自由与人身安全没有保障，人格独立也就无从谈起，在宽容的辩论中寻求共识的可能性已趋于无。《文学年鉴报》和《文学观察家》(L'Observateur littéraire)的专栏作家们相互憎恶，18 世纪 30 年代，牛顿理论传入法国时，巴黎思想界躁动不安。1737 年 12 月，伏尔泰致信傅尔蒙(J.-B. N. Formont)，他以为内战来了，"冉森派反击耶稣会，卡西尼(J. D. Cassini，意大利天文学家)的信徒群起攻击莫博丢(Maupertuis)"，伏尔泰迫不得已去希莱城堡躲避风浪。④ 他是文学共和国的前辈，仍逃不了受攻击，1733 年他的《品位的圣殿》(Le temple du goût)引起激烈反对，1736 年与让-巴蒂斯特·卢梭论战，不久与克莱比昂论战，持续到 1762 年克莱比昂去世。伏尔泰的《论

---

① *Mémoires de Brissot*，par M. De Lescure，p. 69.

② Rapport de Lakanal sur J.-J. Rousseau，le 29 fructidor an II，15 septembre 1794，*CCJJR*，Tome 48，p. 14. Moniteur，N° 362，2e sansculottide de l'an II，18 septembre 1794，Réimpression xxi，pp. 769-773.

③ 安东尼·德·巴克、弗朗索瓦丝·梅洛尼奥：《法国文化史 Ⅲ 启蒙与自由：十八世纪和十九世纪》，朱静、许光华译，李棣华校，上海：华东师范大学出版社，2011 年，第 53、36、32、59 页。

④ F. de Gandt，"Qu'est-ce qu'être newtonien en 1740，" *Cirey dans la vie intellectuelle*，*La réception de Newton en France*，présenté par François de Gandt，Oxford，2001，p. 127.

高乃依》(*Commentaire sur Corneille*)引起帕里索的批评，1761—1778 年
关于莎士比亚的争论时断时续。① 一生聚讼纷纭，与伏尔泰的性情有关，
嬉笑怒骂，得理不饶人，这是文学共和国的风俗，它的公民如何有力量
去实践自由、平等、理性？在普遍意义上，一个人不会因为识文断字就
有更高的道德感和历史理性。

制度失序，风俗缭乱，人间友谊变幻不定，有信誓旦旦的相识，有
发愤诅咒的绝交，不时会享受到父子般的深情，但也得承受强盗式的背
叛。根据美国学者达恩顿的观察，公共交往里"很少有洛克一样遵守不成
文规则的绅士，更多的是霍布斯式的、谋求生存的野兽"②。梅西耶在
《巴黎图景》中有"半吊子作家""作家的悲惨生活""文学争论"等词条，描
述的正是这一类人的境遇，当自身利益受损时，他们不能从容处理，"以
不正义回击不正义，以更深的恶意报复恶意，那是比诽谤更坏的职
业"③。当时，挖苦人常用"伪善"，那是时髦的恶习，蒙蔽与欺骗的艺
术，哲学家之间、教士之间、君主和臣民之间，以及哲学家批判教会与
政府时常常用到。④

丛林个体主义滋育了险恶的风俗。一个人的心里有理想、勇敢、胆
怯、屈服与自私自利，他要时刻注意环境的变化，如果情况复杂，就得
选择两个或更多，"勇敢的自私""胆怯的理想""高傲的卑琐"。在矛盾的
风格中，文学共和国的精神日益沦没。人与人在生命意义上相互视为同
类，在社会意义上形同陌路，各阶层之间及其内部矛盾不断，貌似文雅、
实则轻浮易逝的言语维持的交往无从抚慰人心，人人有说不出的苦闷。

---

① R. Naves, *Le goût de Voltaire*, Genève: Slatkine Reprints, 1967, p. 186.

② R. Darnton, *The literary underground of the Old Regime*, Harvard
University Press, 1982, p. 23.

③ "Des demi-Auteurs, quarts-d'Auteurs; enfin, metis, quarterons, &c. ," L. -
S. Mercier, *Tableau de Paris*, Tome premier, p. 245; Tome troisième, p. 413; Tome
sixième, Amsterdam, 1783, p. 119.

④ "Et ta société, dont votre chef vous vante le bel ordre, ne sera qu'un ramas
d'hypocrites, qui foulent secrètement aux pièds les lois," Diderot, "Supplément du
voyage de Bougainville, ou dialogue entre A et B," J. Assezat(ed.), *Œuvres complètes
de Diderot*, Tome deuxième, p. 227.

1774 年，新任财政总监杜尔格上书路易十六：

> 陛下，您的国家的各个等级沟通不畅，成员间少有社会联系，人人关注自己的利益，不愿尽职尽责，不愿意了解与他人的关系，诉求与反诉求永久对立，理智与相互的理解对之没有约束力。①

法国革命时代，坏境况没有改观，横亘于人与制度、人与人之间的障碍反而更坚固，人的心里仍旧孤独，"完全不能融入周围的物象"②。

> 几个世纪，同胞们形同路人或仇敌，要使他们互相接近并教育他们共同进行他们的事务，可是非同小可的事，使之彼此分离比重归于好要容易得多……今天（1856 年），他们已不在世上，但嫉妒和仇恨还留在人间。③

这些不安宁的灵魂风化为旧制度风俗的标本，后果之一是民族内部认同感的分裂。1789 年出版的《论卢梭的作品与通信》为之鸣不平：他所以有愤世心理的一个原因是得不到朋友（百科全书派）的尊重，"这个学派党同伐异，他遂与之疏远"④。这本小册子意味着距离文学共和国最近的一代人开始怀疑它徒有其名，那绝不是理性与美德的王国。革命后期，对于启蒙时代的怀疑已是普遍现象，启蒙时代的风俗甚至被看作暴力革命的起源。

1765 年，莫里（Moiry）到访莫第埃，卢梭正准备逃往英国，莫里记录了他作为文学共和国公民的窘况："不久前，来自巴黎的逮捕令让他气愤，他想给《伯尔尼杂志》写信，要将巴黎比作不宽容的城市图卢兹，因担心会被法国大使逮捕，就没敢写。"日内瓦逮捕令最让他伤心，更糟的

---

① T. L. Hakins, *Science and the Enlightenment*, Cambridge University Press, 1985, p. 158.

② *Voyage à Ermenonville ou lettre sur la translation de J. J. Rousseau au Panthéon*, Paris, l'An troisième de la République française, p. 28.

③ 托克维尔：《旧制度与大革命》，冯棠译，桂裕芳、张芝联校，第 148 页。

④ *Lettres sur les ouvrages et le caractère du J. J. Rousseau, augmenté d'une lettre de madame la comtesse Alexandre de Vassy, et d'une réponse de Staël*, 1789, p. 112.

是，瑞士小城伯尔尼(Berne)的驱逐令又送到家门口，形势紧迫。莫里知道他已难以承受这样的谴责，就替他向伯尔尼政府求情，说他病了，不便旅行，希望宽限时日，伯尔尼很快寄来第二份驱逐令。无法通融，莫里只能通告实情，以巧妙的方式：

——你对这里的生活满意吗？

——是的，但来拜访的人太多了。

——我觉得你离开莫第埃会好一些。

——(卢梭紧盯着我)我明白你的意思，是的，明白你的意思。①

卢梭当天匆匆离开，开始了一生中最艰难的逃亡，心中哀默。分别时，莫里看到他的眼里有泪，卢梭说，"那是快乐的眼泪，因为与莫里相识"，1767 年 1 月，卢梭提及此次逃离的心情，"伯尔尼的先生们驱逐我，冬天已来临，我不再奢望找到安静的居所……身体虚弱，健康糟糕，寒冷季节不适合旅行"②。普鲁士国王尽力帮助他摆脱困境，派人保护他的人身安全。③ 但一个国王的力量有限，不足以对抗普遍的固执与狂热。

卢梭进入文学共和国，实质上是谋求现代人的身份；而退出文学共和国，否定的是现代话语空间，是对法国启蒙精神的批判。本来倡导宽容自由的文学共和国却弥漫着紧张与恐怖，一幅让人心灰意冷的图景，卢梭的转变与此有关。所以，他的隐退不是个体事件，而是时代精神的映像。此后在他的观念里，"公众"为"后代人"取代："后代人会为我评理，面对敌人的粗鲁，这足以安慰我。"④ 18 世纪，"后代人"已是世俗意义的心灵寄托，卢梭的不同在于他将"后代人"与"现代人"相对立，完全否定"现代人"的评判功能。他认识到现代历史观的价值，但现代时间序列在他身上是断裂的，他只在意现在的感受，而它们通向的是不确定的未来。

---

① Un témoignage sur J.-J. Rousseau, Entretiens de Gingins de Moiry avec Rouseau, rapportés par James Boswell, *CCJJR*, Tome XI, p. 306.

② Rousseau à Chauvet, 5 janvier 1767, *CCJJR*, Tome XXXII, p. 15.

③ J.-B.-L.-T. Tschudi à Rousseau, 25 décembre 1765, *CCJJR*, Tome XXVIII, p. 103.

④ Rousseau à P.-A. du Peyrou, 8 janvier 1767, *CCJJR*, Tome XXXII, p. 31.

第六节　文学共和国的解体
——革命暴力起源以及哈贝马斯的理论

启蒙精神以新观念变革旧风俗，而浪漫主义是变革理想受挫后的心理反应，退缩封闭。两种风格若出现在一个人身上，他的生命会有更多的历史意义。青年卢梭与晚年卢梭的不同风格是个人性情所致，也有风俗制度的影响，他在文学共和国的境遇里有革命暴力的起源：个体身份不确定、启蒙精神解体、国家治理失败。这些问题多少会动摇现代人关于启蒙历史的乐观想象。法国旧制度晚期的档案像一湾秋水，水面浮泛着暖的光，但越到深处越是暗，越是凉。

文学共和国是匿名的审判法庭，审判者无所不在，到处有他们的注视，却不见其踪影。行使审判功能的是一套现代理念：批判精神和追求真实意味着要揭露谎言，撕掉权力的幕布，实践社会正义；独立人格是要否定教权对心灵的控制，使之不敢随意说教；后代、荣誉取代了君王的封赏和上帝的蒙恩，救赎原罪不再是生命的终极意义。1750 年，第戎科学院为卢梭颁发道德奖时对于文学共和国的审判功能已有所认识："像王国的其他科学院一样，它清楚地知道自己的决定要接受公众法庭的裁判。"①旧制度下的开明人士也重视它的力量，1775 年，马勒泽尔布赋以其具体含义：

> 一个独立于所有权力，并为之敬重的法庭出现了，它珍惜一切才能，为正直的人判决。在这个开明的时代，在每个公民以出版物向整个民族发表观点的时代，谁有指导他人的才能，打动他人的天赋，也就是文人，就处于公共事务的中心，像古罗马、古希腊的演讲家在公共集会的角色一样。②

---

① J.-J. Rousseau, *Discourse on the Sciences and Arts and Polemics*, edited by R. G. Masters, C. Kelly, p. 180.

② "Discours prononcé dans l'Académie française, le jour de la réception de Monsieur Lamoignon de Malesherbes, le 16 fevrier 1775," *Œuvres inédites de Chrétien-Guillaume Lamoignon Malesherbes*, p. 151.

文学共和国的审判功能受司法体系的影响,"关乎公共利益或私人利益的事都要辩论,遵守公开的模式"①。巴黎律师界愈加自立,组建自治联合会,传播新式的政治理念,1750—1775 年在 64 篇有影响的辩论文章中,43 篇出自巴黎律师之手。② 他们是旧制度的批评者,但不像文人一样诉诸普世原理,而是法律程序,遵循法律本初的精神。律师界的语言风格影响到文学共和国,卢梭休谟之争时,法庭辩论式的措辞"被告""证据""程序"等改变了事件的私人性质,"舆论法庭的隐喻充分发挥了作用,所有的言行都是在证明或辩护"③。

类似的往事与哈贝马斯的公共领域转型论相符,他以追溯性的视野分析了现代公民社会的早期历史:宫廷与教会主导的代表型公共领域受到挑战,资产阶级公共领域作为替代物出现,并由文学性向政治性过渡,批判现实的愿望越来越强烈。④ 被排斥于旧制度之外的人更愿意成为国家公民,强调人的自由、平等与独立,以合情合理的批判发现世俗生活的常识,最终达成共识。旧制度的权力说教不像以前那样有效,教士、贵族、廷臣的阶层特征让位于才智、经济地位和现代职业分类,"大人物经过艺术殿堂时,会失去他的权力,在那里,或是凭借启蒙智慧而存在,

---

① D. A. Bell,"The 'Public Sphere', the State, and the World of Law in Eighteenth-Century France," *French Historical Studies*, Vol. 17, No. 4 (Autumn, 1992), p. 920.

② D. A. Bell,"The 'Public Sphere', the State, and the World of Law in Eighteenth-Century France," p. 924.

③ A. Lilti, *Le monde des salons*: *Sociabilité et mondanité à Paris au XVIIIe siècle*, p. 347.

④ 代表型公共领域是传统社会里身份地位的标志,它的出现与一整套关于"高贵"行为的繁文缛节有关,包括权力象征物(徽章、武器)、生活习性(衣着、发型)、行为举止(问候形式、手势),以及修辞方式(称呼形式、正规用语)等。这一类型的公共领域可分为教会、贵族和宫廷三种类型。资产阶级公共领域是继代表型公共领域之后出现的,与现代社会早期的商品交换、信息传递、书报出版、阅读方式、公共交往、市民社会的形成有关,强调社会成员之间亲密无间的关系。这一类型公共领域的前身是文学公共领域,并与以宫廷为中心的代表型公共领域保持着一定的关系,之后又向政治公共领域过渡。哈贝马斯:《公共领域的结构转型》,曹卫东、王晓珏、刘北城等译,第5—11,14—25页。

或是没有身份"①。资产阶级公共领域首先是独立的团体意识，不盲目信仰，不屈从于问题之外的权威，寻求确定性与合理性，并且关注公共福祉。② 其次，作者与读者是资产阶级公共领域的主体，他们之间息息相关，像隐秘的友谊，交往不再看重仪式。最后，现代自由理念，特别是对刺耳批评的宽容，是资产阶级公共领域的支撑，只有宽容，才能就事论事，杜绝政治道德的滥用。

法国文学共和国的风俗与哈贝马斯的理论有诸多契合处，但是否有相悖的地方？现代政治理念在法国革命前已萌芽，但旧官僚缺乏远见，不思妥协，代表型公共领域没有为资产阶级公共领域所取代。1775 年，马勒泽尔布向国王呈交《劝谏书》(*Rémontrances*)："在法国，建立公共秩序，就要将一切案例公开化，让公众旁听，将报告印发给公众，由其作证，扩大公众参与的范围。"③现实可不是这样，当时有三个震惊一时的案件——卡拉案、西尔凡案、达米安刺杀国王案，旧制度将行刑过程赋予了过多的表演性，极力维持代表型公共领域的炫耀式传统，向民众说明对抗权力体系要付出的代价，而后代人从中看到的是旧制度的固执、独断与粗暴。

图卢兹的新教徒让·卡拉(Jean Calas)一直以来经商持家，他的儿子马克(Marc-Antoine)也信奉新教。新教徒难以入读大学，马克不愿继承父亲的职业，无所事事，性情悲观，1761 年 10 月 13 日，马克在家中悬梁自尽。很快有传言说，他是被父母害死的，因其想改宗旧教。卡拉一家极力澄清，马克的家庭教师珍妮(Jeanne Vigneire)证明其是自杀，可是 10 月 14 日三名外科医生(J.-P. Latour, J. A. Peyronnel, J.-P. Lamarque)的解剖报告对于死因含糊其词，"有可能是自杀，有可能是他杀"④。次日，拉马克(Lamarque)又提交解剖报告：

---

① M. Ozouf, "L'opinion publique," *The French Revolution and the creation of modern political culture*, Volume I, edited by Keith Michael Baker, p. 422.

② G. Berger, G. Burdeau, *L'opinion publique*, Paris, 1957, pp. 14-17.

③ 安东尼·德·巴克、弗朗索瓦丝·梅洛尼奥：《法国文化史 Ⅲ 启蒙与自由：十八世纪和十九世纪》，朱静、许光华译，李棣华校，第 27 页。

④ "Rapports des médecins et chirurgiens, Relation de l'Etat du Sieur Marc-Antoine Calas, Fils Ainé, 14 octobre 1761," Athanase-Josué Coquerel, *Jean Calas et sa famille : étude historique d'après les documents originaux*, Paris, 1869, p. 342.

　　解剖前，我们全面检查遗体，未发现与昨天的报告不一致的地方。之后解剖头部，检查大脑，此处血管极粗，该类死亡通常如此。之后打开胸腔，没有特别之处，又检查了胃，其中有很少食物。因为要写详尽的报告，我们决定全部解剖，从胃贲门处向下切开三分之二，我的两个学生帮忙固定切开的两部分，我们观察到其中有大量淡灰色液体，有树脂状和家禽皮一样的东西，还有其他种类的肉，像牛肉，放之于清水，看起来很结实。根据我们的观察，此人死去前三到四小时吃过东西，食物已基本消化……我们又检查大肠，即食物进一步消化的地方，大肠静脉颜色很少异常，之后检查乳糜管，其中有很多乳糜（或淋巴，乳糜管是对脂肪吸收有助益的淋巴管，译者注）。①

　　这份报告不能说明卡拉有罪，但主审法官因宗教立场而轻信传言，卡拉被关押，自始至终没有辩护律师，也没有申辩的机会。1762 年 3 月 9 日，图卢兹议会以 8∶6 的票数判处卡拉极刑，次日执行。刑场上，刽子手撕拽他的手臂和大腿，直到脱臼，又灌了三十品脱的水，绑在广场十字架上，用铁棒打断他的臂骨、腿骨和肋骨，又捆在车轮上，卡拉受尽痛苦后死去。② 那是对人格尊严的侮辱，刑场上有终结生命的器具和刽子手，还有旁观者的眼光，好奇、非议、幸灾乐祸，即使有一些由衷的怜悯，却转瞬即逝。

　　与卡拉案几乎同时发生的是西尔凡（Pierre-Paul Sirven）案。1762 年 1 月 14 日，朗格多克省马扎麦地区的圣阿尔比村（Saint-Alby，Mazamet），有人在附近的井里发现了本村人伊丽莎白（Elizabeth）的尸体，她是西尔凡的女儿。解剖发现，死者头部没有受击打的迹象，颈部左侧和左肩部上方有挫伤，并有一处直径 3～4 厘米的青紫色圆圈，圆圈内的一点皮肤受损。西尔凡一家是新教徒，伊丽莎白有改宗天主教的想法。在宗教迫害盛行的年代，这一背景影响了判决，法官根据解剖报告

---

　　① "Procès-Verbal d'Autopsie, Relation faitte par le Sieur Lamarque, Chirurgien, 15 octobre, 1761," *ibid*., pp. 342-343.

　　② "Procès-Verbal d'exécution de Jean Calas père," *ibid*., pp. 83, 190-192.

认定伊丽莎白为其父亲所害。1764 年 2 月初，检察官特里克(Trinque)提交判决建议："西尔凡在断头台上处死，尸体烧成灰烬，然后撒落风中。母亲受绞刑，行刑架立在断头台旁边。两个女儿要在现场目睹父母受刑，之后永久驱逐出马扎麦。"这个建议被否决了，但最终的判决依然严酷："父亲和母亲受绞刑，两个女儿到场观看。"关押期间，一家人趁机逃脱，到了瑞士避难，难以将他们抓捕归案，旧教势力遂用木头偶像代替真人，当众实施刑罚，以儆效尤。①

教会以严酷的惩罚向民众说明它的威严不容侵犯，但不公正的作为在历史中会受审判。卡拉案发生不久，伏尔泰极力为之平反，写下《论宽容》，流传甚广，抨击宗教的不宽容。革命时代，这一事件是戏剧题材，塑造的是美德受欺凌的主题。1791 年，共和剧院上演五幕剧《让·卡拉》，1793 年上演《法律之友》，讲述一个美德之家在暴政下毁灭的故事。② 公共舆论对卡拉案的严厉批判使宗教制度更为人痛恨，1789 年出版的《国民公会里的卢梭》对比了美国和法国宗教的异同："美国的宗教启发人，受人敬重，以明智与自由引领美国；在法国，宗教意味着迷信与不宽容，为人轻视。"③革命时代，教会机构难免受冲击，"不可遏抑的反宗教热情是首先燃起的，又最后熄灭"；那时不排除有对抗专制、保卫政治自由的教士，平生致力于维护天主教传统，却丝毫不能减弱否定宗教的狂热，"即使人们被迫忍受奴役以换取安宁，对自由的热情烟消云散时，仍在反抗宗教权威……将不虔诚看作百无聊赖生活的消遣"④。

天主教会以暴力维护尊严，世俗制度同样野蛮地向民众说明政治道德的界限。1757 年 1 月 5 日，路易十五上马车时，退伍军人达米安(Robert François Damiens)趁机用刀将其刺伤。达米安当场被捕，遭严

---

① A. Michel，*L'intellectuel Fourvoyé*，*Voltaire et l'affaire Sirven*，1762-1778，2004，pp. 15，99，100.

② *Jean Calas*，*tragédie en cinq actes*，par M.-J. Chenier，Député à la Convention Nationale，Paris，1793；*L'Ami des lois*，*Comédie en cinq actes*，*en vers*，représenté par les Comédiens de la Nation，le 2 janvier 1793，Paris，1793.

③ *J. J. Rousseau à l'Assemblée nationale*，Paris，1789，p. 42.

④ 托克维尔：《旧制度与大革命》，冯棠译，桂裕芳、张芝联校，第 46、153、195 页。

刑逼供，问他是否有同谋，审讯无果，巴黎高等法院以弑君罪判处达米安极刑。3月28日，巴黎格莱维广场（Place de Grève），达米安被执行死刑，刽子手先用烧红的铁钳撕掉皮肉，后将融化的蜡和铅浇在伤口上，又用四匹马将他肢解，最后将尸体烧成灰烬，过程惨烈。[①] 行刑过程是旧制度晚期的公共景观，好奇者要花大价钱才能获得视野好的观看位置，法国青年卡桑诺瓦（Casonava）购得一个地方，在刑场对面两层楼间的落地窗前，行刑时惨不忍睹，他转过头，掩住耳朵，旁边的一位夫人目不转睛地看着，他不明白为什么参与者的心那么硬。

　　达米安的死不是结束。1757年3月26日，凡尔赛宫下达针对达米安家人的法令：“两星期内，达米安的妻子伊丽莎白（Elisabeth Molerienne）、女儿玛丽（Marie-Elisabeth）、父亲皮埃尔（Pierre-Joseph）离开法国，永远不能回来，否则判处绞刑。达米安的哥哥路易及其妻子伊丽莎白（Elisabeth Schoirtz），达米安的姐姐卡特琳娜（Catherine）和另一个哥哥安东奈（Antoine-Joseph），还有该家族中以‘达米安’为姓氏的大人、孩子都要更改姓氏。”[②]达米安的受刑场景是法国现代政治史的一道伤痕，1873年，蒙瑟莱（Charles Monselet）想象了达米安临刑前眼中的世界，以虚构的风格反思法国的看客风俗。一群被生活压迫，无力翻身，就在旧制度权力体系的诱惑下趁机取乐的小角色，他们学会了欣赏悲剧式的生活，在惨淡的境遇中同声同息，他们是观众，也是演员，他们对受难者的欢呼是凉气透骨的哀号，导演这场政治暴力剧的旧制度权力体系希望看到他们的惊恐与好奇。有一天，他们成了这类剧情的主角时，对于命运的残酷毫不生分，一群没有现代身份的小人物的生活就是这样，他们渴望美好生活，善良又无知，懦弱又好奇：

　　　　他看到的是人群，总是人群，在莫特利埃（Mortellerie）大街，
　　在瓦纳里（Vannerie）大街，在塔纳里（Tannerie）大街，在埃皮奈

---

　　① 福柯：《规训与惩罚》，刘北成、杨远婴译，第3—5页。
　　② "Sentence prononcée contre la famille de Robert-François Damiens le 29 mars 1757," *Damiens attaque Louis XV*, *Documents complémentaires*, Coutumes-et-traditions. fr, p. 5.

（Épine）大街与穆东（Mouton）大街交汇处，人群占据了所有观看位
置。广场上下层人居多，（远处楼房的）窗户后面聚集了优雅时髦的
人，是绅士贵族和上层社会的夫人，摇着扇子，随身带着小瓶子（装
着喝的东西），以防止眩晕。①

这一案件影响了意大利学者贝卡里亚（Cesare Beccaria）1764 年完成
的《论犯罪与惩罚》，他的人道主义观念又影响到欧洲现代司法制度：

> 刑罚的目的不是摧残一个有感知的人，不是要消除业已犯下的
> 罪行，一个不会为所欲为的政治实体平稳地控制人的欲望，难道它
> 能容忍无益的酷政为野蛮和狂热，为虚弱的暴君充当工具？难道一
> 个不幸者的惨叫能从不可逆转的时间中赎回已发生的行为？刑罚的
> 目的仅仅在于：阻止罪犯再次侵犯公民，规诫其他人不要重蹈覆
> 辙……纵观历史，目睹那些自命不凡、冷酷无情的聪明人所设计和
> 实施的野蛮无益的酷刑，谁能不触目惊心？②

旧制度以人的身体为道具，构造震慑人心的景观，不人道之处在于
过分信任暴力的规训力，轻易否定父母与子女之间天然的情感。在旧制
度的意识中，父母杀死亲生的孩子不存在伦理与情感障碍。达米安对国
王的冒犯理应受惩罚，但过分构建的暴力场景虽能说明君权不容侵犯，
却不符合健全社会尊重人身权利的要求。冷酷的治理逻辑有违人性或人
道主义，不能维护自身的权威，反而引起普遍不满，对君权和教权的信
仰与归属感日渐淡漠，取而代之的是怀疑、不屑，甚至敌意，1575 年定
型的《王国基本法》（*Lois fondamentales du royaume*）的权力秩序不再有
绝对的规束力。更糟的是，以国家名义塑造的暴力场景在民众心里培育
了以暴力对抗暴力的意识，革命时代的无端杀戮里有旧制度的禀性，只
不过是以自由与民主的名义。

---

① O. Flake, *Le Marque de Sade*, Traduit de l'allemand par Pierre Klossowski,
Paris: Editions Bernard Grasset, 1933, pp. 11-19.

② 贝卡里亚：《论犯罪与刑罚》，黄风译，北京：中国大百科全书出版社，
1993 年，第 42 页；A. J. Draper, "Cesare Beccaria's influence on English discussions
of punishment, 1764-1789," *History of European Ideas*, 26 (2000), pp. 177-199.

旧制度的权力体系为此受批判，但那些守候在死亡面前的眼睛呢？1757 年 3 月 28 日注视着通往刑场的达米安的眼睛，1793 年 1 月 21 日注视着路易十六的眼睛，10 月 16 日注视着安东奈特皇后的眼睛，10 月 31 日在《马赛曲》的节奏里注视着吉伦特派的眼睛，还有 1794 年 7 月 28 日注视着罗伯斯庇尔的眼睛，它们守候在断头台旁边，从生命结束的那一刻里寻找独特的感受。它们永远是好奇的，永远是麻木的，却有神秘的力量。旧制度的庄严仪式是为它们准备的，当它们贪婪地观看时，旧制度会有安全感；革命也难以动摇它们，要取悦它们，在它们的注视下，革命才不觉得孤独。这样的目光是什么？一种看的权力，让它们观看后，正义才是正义的，不正义才是不正义的，不正义会以庄严的仪式迷惑它们，它们就觉得那也是正义的。所以，这些目光是没有审判力的审判者，它们将情感推向了极端，但它们依然冷漠，让理智昏聩，自己却一如既往的沉静。

18 世纪的法国，旧秩序逐渐消亡，新秩序却未出现。哲学家在无休止的争论中陷入空谈，又因观察社会的视野不同欠缺融通的机缘。多数官僚为眼前利益忘记政治职责，像麦苗上贪婪啃噬的蚜虫，待植株枯萎，同归于僵朽。他们汲汲以求的并不紧要，紧要的是培育现代政治意识，人人不假思索就对发生的事有明智的判断。还有那些借祖上的荣光挤入旧制度的人，他们在身份上属于旧制度，却背叛了它，他们的体面生活是一种绵延的恶。旧制度并非否定一切正义，无限绵延的恶却让人以为它已弃绝正义。一方激昂义愤、不切实际，一方冷漠无知、固守己见，混沌中有类似现代自由的精神，却很微弱。书报审查制度是旧权力与新思想拉锯的战场，哲学家自视为公共自由的捍卫者，正是由于他们的存在，巴黎的气氛与凡尔赛宫廷的沉闷和造作明显不同，而在官僚阶级眼里，他们是"王国的骚乱者"①。限制其力量的恰当措施是文字监管，这一方法最早可追溯至查理九世（1560—1574 年在位）对付异己的禁书令："禁止印刷一切没有国王印章的书籍。"②路易十五时代，书刊报纸发行量

---

① L.-S. Mercier，*Tableau de Paris*，Tome premier，p. 239；Tome troisième，p. 410.

② E. Hatin，*Histoire politique et littéraire de la presse en France*，Tome I，p. 91.

增多，检查制度随之复杂，1758 年，出版总监马勒泽尔布想办法应对：

> 禁止任何身份、任何条件的人私自、私密印刷。
>
> 要求王国内所有印刷商遵守法令、告示和禁令条款，若无许可不能印刷。
>
> 只有书店、印刷商和其他受认可的人有经营书的权利。
>
> 禁止以上获得经营权的人出售未被许可的书，要求宫廷和法官严格执行以上规则。①

　　一部作品的问世有两条途径。关于合法出版，作者完成草稿后，经司法部下辖的图书审查处和书商联合会审查，合格后排版印刷，扉页上一般标有"国王授权"（AVEC PRIVILEGE DU ROI）或"获得许可"（AVEC PERMISSION），并由指定书店经营。进入公共空间后有问题仍旧会被收缴，若问题严重，作者和出版商要承担责任。② 1725 年 4 月，巴黎的雅克·埃田出版社（Jacques Estienne）上交手稿《论一位年轻贵族的教育》（*De l'Education d'un jeune Seigneur*），主事官员科纳尔（Coignard）审核后签署"国王特许令"（Privilège du Roi），1728 年付印，埃田出版社要保证手稿与成书的内容一致，出售前上交两本，以备审查。③ 关于非法出版，作品写作时就不为人所知，成稿后不经审查秘密印刷，或在国外印刷后走私到法国，匿名出版，私下买卖，民众阅读时倍加小心。1686 年，勒克莱主编的杂志《万有图书馆》（*Bibliothèque universelle et historique*，1686—1693）自第二期在法国禁售，但法国人仍看得到，从阿姆斯特丹源源不断地流入袖珍本，容易隐藏，担任过法国多地大主教和宫廷教师的博叙埃（J.-B. Bossuet）的私人藏书中有这本杂志。④ 18 世纪法国 500 家图书馆中 101 家藏有该杂志，101 家藏有培尔

---

① "Projet de Déclaration sur la Librairie, fait et concerté en 1758," Malesherbes, *Mémoires sur la librairie et sur la liberté da la presse*, Paris, 1809, pp. 120-123.

② D. Roche, *Les républicains des lettres*, *Gens de culture et Lumières au XVIIIe siècle*, Fayard, 1988, p. 37.

③ "PRIVILEGE DU ROI," *De l'Education d'un jeune Seigneur*, Paris, 1728.

④ A. Barnes, *Jean Le Clerc et la République des lettres*, pp. 118, 119.

的《文学共和国新闻报》，89 家藏有皇家科学院的官方报纸《学者报》。①

　　公共空间随时受监管，天主教会和高等法院有判决权，断定内容是否合法，书商协会有监督权，警察机关负责搜集不合法书籍的证据，伺机逮捕作者和书商。但民众对旧制度情感淡漠，书报检查法令有时不能严格执行，实际效用有限，或是法令本身的问题，或机构分工不明确，更有可能是权力体系的自我意识模糊。它既然不能给民众以确定的身份，它自己也就没有身份，不以现代权力契约为基础，建立在浮动的人心之上，主体性丧失，面对外来的批评，它意识不到，或觉得无所谓。1772年 11 月 13 日下午，巴黎海关检查佩罗（Perrot）从加来到巴黎的行李时查获了一包书，其中有《莫普与索尔乌的秘密通信》（*Correspondance secrète entre M. de Maupeou et M. de Sorhouet*）和《Dom B 的故事》（*Histoire de Dom B … portier des Chartreux*），主事官员将之送到图书审查处，由于书报检查制度备受批评，他们希望无声无息地处理掉，减少事端。②

　　法令严格，但执行不力，日常生活里就有很多讽刺场景，其中之一是热销的禁书。越受限制或禁止出版的书越能揭露旧制度弊端，越能承载普通人的批判意志，越能激发好奇心，也就容易销售。违禁书籍利润高，出版商在国外印刷，尤其是荷兰和瑞士等出版自由的地方，然后通过匿名撰稿人、地下出版商、印刷商、书商、运输商和受到贿赂的书报检查官组成的走私系统运抵法国。有的审查官接受贿赂，协助违禁书籍的流通，警察、间谍在好处费的诱惑下愿意冒险担当批判精神的同谋，有人甚至是此类作品的热心读者。所以，限制得越严格，挑战旧制度合法性的作品反而越多，当众焚烧违禁书报的场景时有发生。迫于无奈，马勒泽尔布又提出新措施：

　　　　作者要对他的作品负责。
　　　　书报检查官要对他监督的书报负责。

---

　　① R. Barny，*Prélude idéologique à la Révolution française*，*le Rousseauisme avant* 1789，p. 11.

　　② F. Brayard，A. De Maurepas（eds.），*Les Français vus par eux-mêmes*，*Le XVIIIe siècle*，pp. 473-475.

> 明确禁书的目的，不授予影响恶劣的书版权。
>
> 以尽可能严厉的手段惩罚那些未获许可印书的人。
>
> 向检查官只传达确定的规则。①

另一个场景的主角是间谍和警察。当时法国的警察队伍里有两类职业，一类是间谍、密探，另一类是仆从或非正式人员；他们承担的任务随意，四处行动，充当宫廷间谍、城市间谍、床边间谍、道路间谍，尽力捕捉那些能为之带来收入的违法言论。② 警察内部纷争不断，间谍手下有小间谍，职位高的间谍监视下级随从，看其是否尽职尽责，大小间谍不时因卑微的收入相互为敌，在正规的警察机构中，这些事也很常见。古皮（P.-A.-A. Goupil）是巴黎警察局下级警察，负责图书审查，妄图以阴谋诡计获得晋升，结果冒犯了上司勒努尔（J.-C.-P. Lenoir）——警察局的副官，而被关入巴士底狱，之后转移到文森监狱，"在押期间，突然死亡"③。这群让人畏惧的败类维持着公共秩序，那些冒犯权威的人、禁书出版商、经营走私生意的零售商提心吊胆，"在巴黎，民众活在枪口下，面对警察官员时涕泪交零"④。

路易十五时代的巴黎有数量空前的间谍，两人低声说话时，会有佯装闲逛的人窃听。⑤ 旧制度为公共聚会提供合法话题，因不时有乔装打扮的密探，民众难以把握合法界限，只能谈论无关痛痒的琐碎事。"若想隐瞒一个人的去世，要在耳边低语，他死了；然后补充道，在新制度下才能谈论这件事。"⑥ 18 世纪后期，巴黎普洛科普（Procope）咖啡馆里的人性情各异，戏剧家布瓦丹（Nicolas Boindin）独自高谈阔论，不与人打交道；语言学家弗莱勒（Nicolas Fréret）惯于推理，时常诉诸引文与权威，不是使自己显得博学，而是完善他的哲学原理；特拉松神父在希腊语、拉丁语和几门现代语言上学问广博，还是几何学家、物理学家，天生有

---

① Malesherbes, *Mémoires sur la librairie et sur la liberté da la presse*, pp. 51，52.

② L.-S. Mercier, *Tableau de Paris*, nouvelle édition, Tome I, pp. 116，117.

③ *Mémoires de Brissot*, par M. De Lescure, p. 86.

④ L.-S. Mercier, *Tableau de Paris*, nouvelle édition, Tome I, pp. 116，46.

⑤ *Tableau de Paris*, nouvelle édition, Tome I, pp. 117，118，109，110.

⑥ *Ibid.*, p. 111.

哲学精神。① 梅西耶记录了一个场景:"闲言碎语最惹人烦,一刻不停地聚集在报刊杂志上,巴黎式的轻信没有限度……有一个人上午十点到咖啡馆,晚上十一点离去,只在那里喝加了牛奶的咖啡,吃蛋黄牛奶汤。"②关于咖啡馆的现代想象遮盖了 18 世纪的沉闷,以理性、公益为主题的辩论确实会发生于咖啡馆,那里也是流言的发酵地,充斥着高傲、无聊与冷漠。

旧制度鼓励那些冲击哲学团体的报纸,坚持现代观念的人时刻有危险。大小文人一不小心就进入警察局档案,成为密探监视的对象,包括格萨斯(Gorsas)、奥多恩(Audouin)、杜波尔(Duport du Tertre)、德拉克洛(Delacroix)、梅西耶、马拉、谢尼埃(Chenier)、弗雷隆(根据布洛诺的研究,弗雷隆是间谍③)、巴尼斯(Panis)等。马拉在档案里被描述为江湖骗子,"很多病人死在他手里,他却有医学博士学位,只是买来的,于是被逐出巴黎"④。卢梭因第戎科学院征文比赛出名,1753 年,巴黎警察局有了他的档案:

> 卢梭,日内瓦人,作家,四十一岁。思维敏捷,写了几部文学作品,引起激烈的批评,完成几部戏剧,演出非常成功,他还负责《百科全书》中的音乐部分。⑤

17 世纪末,巴士底狱里羁押的多是新教徒和异见者。1691 年,有 24 人;1692 年,26 人;1693 年,20 人;1694 年,26 人;1695 年,9 人;1696 年,9 人;1697 年,7 人;1698 年,7 人;1699 年,28 人;1700 年,28 人。对新教徒的迫害接连不断,耶稣会打压冉森派,对不当言论的追究变本加厉,有人被囚禁一生,最后死在那里,有人经受不住牢狱之苦而疯了。1725 年,特鲁瓦(Troyes)教区的冉森派教士维兰

---

① *Œuvres complètes de Duclos*, Tome premier, pp. cij-ciij.

② L.-S. Mercier, *Tableau de Paris*, nouvelle édition, Tome I, p. 150.

③ M. R. Bruno, "Fréron, police spy," *Studies on Voltaire and the Eighteenth century*, edited by T. Besterman, Volume CXLVIII, Oxford, 1976, pp. 177-184

④ R. Darnton, *The literary underground of the Old Regime*, Harvard University Press, 1982, pp. 26-27.

⑤ Une fiche de police sur Rousseau, *CCJJR*, Tome III, p. 321.

(Pierre Vaillant)因宗教问题被关入巴士底狱，不久神志不清，起初说以色列先知以利复活了，最后又说自己就是先知以利，三年后被释放，前提是离开法国，流亡国外。①

路易十五时代，巴士底狱有了新功能，"不只为专权与傲慢服务，更要千方百计地维护政权的存在，至少在国王去世前不能崩塌"②。士兵皮埃尔(Pierre)画了几幅讽刺 C 先生的画，被羁押于此。③ 伏尔泰、特拉松神父、狄德罗、马蒙泰尔、弗雷隆、拉博梅尔（La Baeumelle）、弗莱农（Lengtet du Fresnoy）、莫尔莱神父、西格妮（Sigorgne）、邓桑夫人、米拉波伯爵等文人都蹲过监狱，可能是在没有窗户的狭小房间，在昏暗与恐惧中反思罪过。④ 1713 年，伏尔泰十九岁时，因一首讽刺诗《我看见》（J'ai vu）被关入巴士底狱十三个月，他的过错在于诗歌的最末一句："我看见那么多问题，我还不到二十岁。"⑤ 1726 年，他因与罗安（Rohan）骑士的纷争又被关在那里，弗莱勒（Fréret）可能在巴士底狱碰见过伏尔泰，他因在法兰西学院的演讲而被人嫉恨，尽管是新晋院士，仍逃脱不了厄运。1715 年 2 月 26 日，凡尔赛宫国务秘书瓦赞（Voysin）致信巴黎警察局长达尔让松侯爵："国王知道弗莱勒先生，他支持冉森派，他的老师罗林（Rollin）也支持该派，他的母亲是克劳德（Le Noir de St. Claude）的姐姐，克劳德以前在波尔-罗亚尔修道院（冉森派基地，该派与耶稣会矛盾重重，为此受打压），根据国王命令已将其送进巴士底狱，有人怀疑弗莱勒写了几本反对现存制度的下流作品，还可能未经许可出版了反对

---

① A. Arnould, A. de Pujol, A. Maquet, *Histoire de la Bastille*, *depuis sa foundation 1374 jusqu'à sa destruction* 1789, Tome V, Paris, 1844, pp. 260-261.

② A. Arnould, A. de Pujol, A. Maquet, *Histoire de la Bastille*, Tome V, pp. 253-254.

③ Fernand Bournon, *La Bastille*, *histoire et description des batiments*, *administration*, *reégime de la prison*, *événements historiques*, Paris, 1893, p. 265.

④ J. Delort, *Histoire de la détention des philosophes et des gens de lettres à la Bastille et à Vincennes*, *précédée de celle de Foucquet*, *de Pellisson et de Lauzun*, *avec tous les documents authentiques et inédits*, Volume 2, Paris, 1829.

⑤ T. Tastet, *Histoire des quarante fauteuils de l'Académie française depuis la fondation jusqu'à nos jours*, 1635-1855, Paris, 1855, pp. 294, 296.

丹尼尔神父的书。"达尔让松当即行动,派巴赞(Bazin)和尚特皮(Chantepie)缉拿弗莱勒,那时他正在研究地图,警察在其书房中发现许多作品稿件,一一清查,当天将他送入巴士底狱。据现代学者图纳米(Tournemine)的研究,弗莱勒那时专注于西班牙史和法国君主制的起源问题,"他所遭遇的不幸起因于误会或流言"。①

巴士底狱和文森监狱是文人难言的痛,"押在囚车里的人,路过监狱堡垒入口时就抛弃了希望和自由"②。办报人兰格(S.-N.-H. Linguet)因与政府和百科全书派的矛盾被关进巴士底狱,出狱后对专制暴行气愤不已,心里又有抹不去的恐惧,害怕再次被反复无常的权力羁押,于是流亡国外,去过瑞士、荷兰,最后定居伦敦。塞尔凡(Servan)曾被关在那里,出狱后健康变坏,胃部出了问题,久治不愈,一想起那段经历,他就有难以言表的恐惧,像是痉挛。③ 1777 年 3 月,萨德因僭越伦理被岳母送进文森监狱,羁押于十一号牢房,一个宽阔的单人间,七天后,他恳求妻子救他出去:

> 我从未遭遇今天这样的事······我希望你要求他们允许我在饭后有活动的时间。过去七个夜晚,我只能睡一小会儿,白天吃的全吐了。让我出去吧,我的好朋友,让我出去,我求你了,每一天我都觉得离死亡更近了。④

1749 年在文森监狱时,狄德罗致信法国掌玺大臣达格索(Daguesseau)和警察局长拜耶(Berryer):"我在巴士底狱已二十天,无

---

① R. Simon, *Nicolas Fréret*, *académicien*, Studies on Voltaire and the Eighteenth Century, Volume XVII, Genève, 1961, p. 20.

② 博马舍:《博马舍戏剧二种》,吴达元译,北京:人民文学出版社,1962 年,第 216 页。

③ *Mémoires de Brissot*, par M. De Lescure, pp. 79, 303, 233.

④ To Madame de Sade, march 6 1777, Marquis de Sade, *Letter from prison*, translated from the French and with an introduction by Richard Seaver, The Harvill Press, 1965, p. 52; Sade, "Journal de Charenton," Annie Le Brun et Jean-Jacques Pauvert (eds.), *Œuvres complètes du Marquis de Sade*, Tome 11, Fayard, 1991, p. 115.

法照顾妻子和摇篮中的孩子，身心痛苦，快要死了。"①他的罪行比预想的严重，因为警察局将不是他的作品归咎于他：《盲人书简》、《不得体的首饰》、《哲学思想》（*Pensées philosophiques*）、《思想之路》（*Allées des Idées*）、《白鸟》（*Oiseau blanc*），于是他接连给警察局长写信，极力澄清，诚心诚意地认错。1752 年 2 月 21 日，负责出版审查的马勒泽尔布持秘密逮捕令去印刷商勒布莱顿（Le Breton）家里搜查《百科全书》的手稿和印模，狄德罗闻讯后悉数上交，25 日，他得知受缉捕后即刻逃往柏林。②狄德罗晚年回忆文字生涯的艰难：

> 我为《百科全书》奋斗了三十年，所有想象得到的迫害我哪一样没受过……今天我不谈形形色色的恶意诽谤、肆意攻击，我曾处在丧失尊严、财产和自由的境地，手稿东挪西藏，他们不止一次企图抄走，我好几夜待在窗前，等着人家执行粗暴的命令。③

在孤独、无助与惊惶中，现代思想的尊严荡然无存。伏尔泰流亡英国时观察到两国的差异："在英国，哲学家为人尊敬，担任公职，去世后与国王墓地相邻；在法国，逮捕令是针对哲学家的，神职人员攻击他们，有讽刺，有诽谤。"④卢梭对于囚禁有所畏惧，1762 年，巴黎天主教会要将其关入高等法院收押监狱，他不得已四处流亡，而身边的朋友一不小心就被羁押，不知道是为什么，心情更加不安，害怕那只看不见的手遣来一群言语礼貌、行为粗鲁的警察：

> 我们可怜的朋友居伊（Guy）在巴士底狱已有一段时间，我收到巴黎朋友的来信，说他因为翻译沙罗代《回忆录》的一部分。我也收

---

① Au C. Daguesseau，10 août 1749；A M. Berryer，lieutenant-général de Police，10 août 1749，D. Diderot，*Correspondance*，Tome I，1713-1757，G. Roth (ed.)，pp. 82，84.

② Extraits du journal de Barbier，*ibid.*，p. 139.

③ 安东尼·德·巴克、弗朗索瓦丝·梅洛尼奥：《法国文化史 III 启蒙与自由：十八世纪和十九世纪》，朱静、许光华译，李棣华校，第 46 页。

④ R. Loyalty，*Diderot as a disciple of English thought*，New York，1913，p. 30.

到居伊写给我的信，他说一点不合时宜就把自己送入大牢。①

严酷的舆论环境对卢梭有两方面影响：一是天主教会对其写作风格的干扰，谴责《爱弥儿》的自然宗教观，他不觉得自己有错，心中的沉郁却无从消解；二是"间谍""跟踪""监视"等用语进入他的语境，刺激了他的精神，与被害妄想症的发作有关，与他退出文学共和国也有关。1770 年，卢梭致信圣·日耳曼时提及敌人对他的迫害，将他关入监狱是阴谋之一。

控制个体思想的意图是旧制度的污点，让人一时沉默，但言辞上的屈服与内心的不满往往相伴而生。1755 年，《文学选编》(*Choix littéraire*)呼吁保障思想自由："若将世俗权力或是权力的影子塞进文学共和国，想借此引导或推进才智的进展……这是荒谬的、危险的，权力会让文人沉默或撒谎。"②良言流于空，巴士底狱被一步步塑造为统治强力的象征，或恐吓手段，惯于使用的人不觉得有弊端，更无意革除。1785 年，一名年轻人向书报审查委员会递交为卢梭辩护的信，得到的答复是："烧掉它们，不然一定把你关入巴士底狱。"③ 1789 年，有过牢狱之灾的兰格、塞尔凡、弗雷隆、布里索和米拉波侯爵都参加了革命。1790 年，攻克巴士底狱一周年之际，有人在诗歌里将此举视为"法国人对暴君、阴谋和专制制度的胜利"④。梅西耶在《巴黎图景》中记录了不满宣泄之后的感受："我亲眼见到那场革命，令人讨厌的古老制度再不会出现了。"⑤

文人因生活窘迫或警察的计谋充当间谍，他们熟悉文学共和国的机制，容易捕捉到反教会、反政府的言论，但后果严重。一个人有双重身份，忠诚与背叛、善良与邪恶的界限变得模糊，健全的交往难以维持。

---

①　V. -L. Dutens à Rousseau, 5 mars 1767, *CCJJR*, Tome XXXII, p. 205.

②　"Lettre sur la multitude des livres," *Choix littéraire*, Tome I, p. 170.

③　*Prosopopée de J. J. Rousseau, ou Sentiments de reconnaissance des amis de l'instituteur d'*Emile *à l'Assemblée nationale de France, à l'occasion de son Décret du* 21 *décembre* 1790, *qui vote une statue à la mémoire de l'Auteur du* Contrat Social, *et décrète que la veuve de J. J. Rousseau sera nourrié aux dépens de l'Etat*, Paris, 1791, p. 5.

④　"L'Aurore de la Liberté, ou le despotism expirant," *Recueil de pièces intéressantes sur la Bastille*, 1790, p. 11.

⑤　Mercier au Pasteur J. Vernes, 12 janvier 1790, *CCJJR*, Tome XLVI, p. 167.

文学共和国本来就有许多社团、学会、科学院、阅读会，与之相应的是截然不同的趣味：崇古或厚今，勇敢或怯懦，有对理想社会的思考，也有为专制的辩护，各执一词，关于如何改善风俗、如何变革教育、如何培育美德、什么是合理的制度，相关的讨论总是四分五裂，加之严酷的舆论环境，达成共识的可能性更小。

这是让人沮丧的风俗，但败坏中尚有希望。在四处监视下，批判意识未消失，它有勇敢的仪态，尽管有那么多人为此入狱，但仍有人这样做。当牢狱之灾等在家门口时，他能逃跑，若跑不了就得受惩罚。在狱中，开明人士会尽力保护他，改善他的生活，三餐之外能喝上波尔多的葡萄酒；出狱后，即使一贫如洗却有荣耀感，获得同侪的敬意。这是旧制度时代法兰西民族的希望，相反，如果在困境中没人勇敢地思考民族命运，这个民族在现代历史上会受到严厉批判。

旧制度的风俗隐藏于一个人的命运。1754 年，布里索生于离巴黎不远的小城夏尔特（Chartres），家中十七个孩子，他排行十三，父亲经营一家餐馆，家境中等，兄弟姐妹多，若想活得体面，只能自己努力。他勤于思考，幼时读过普鲁塔克等人的古典作品，热爱旅行和自然界的物象，正直勇敢，有时鲁莽不现实，同伴称为"堂吉诃德"。在夏尔特中学的几年，因教育理念和方法普遍落后，他所获不多：

> 七年里唯一的目标是完善拉丁语和诗歌技艺，我真为没有碰到有学识的人而难过……所有精力用于记忆，写作无非是拼凑不同作者的文字，现在想起来觉得脸红。①

十五岁毕业，前途渺茫，不知道干什么。生活重担已在身上，他想过经商，在故乡不认识大人物，与之关系亲密的一个姐姐劝他以行商为业，辗转各地卖衣服，他觉得不好。他有机会进入当地的律师事务所当学徒，勤奋努力，对于公共权力和市民法学有独到的研究，自学英语、意大利语、西班牙语、葡萄牙语和地理学知识，跟随一位德国人学习德国哲学，读遍了当地人奥罗（Horeau）家的藏书。一晃三年，他厌倦了故

---

① 　达尼埃尔·莫尔内：《法国革命的思想起源（1715—1787）》，黄艳红译，第 168 页。

乡的生活，有一天在街上遇见一位巴黎来的女士，为她言谈中的修养所吸引，遂想去巴黎闯荡。在他心里，那个城市意味着知识与希望。刚到时，庄严的建筑、热闹的场面、优雅的言谈，一切近在身边，却与之无关，盘缠所剩无几，不得不为生计奔波。他希望成为全职作家，像卢梭、伏尔泰和狄德罗一样功成名就，刚发表两篇小文章《破锅》(*Pot pourri*)和《论律师的独立》就引起警察注意，准备将其缉捕监禁，他因感冒回故乡养病，躲过了牢狱之灾。回来后，他想在报刊业里找生路，与《科学与艺术通信》的主编联络，没有音讯。后与兰格相识，兰格创办了《政治文学报》(*Journal de politique et de littérature*)，对于贫富分化引起的社会危机有忧虑，但因其与百科全书派为敌，布里索由此被百科全书派视为对手。他听兰格说百科全书派、庞库克(C. J. Panckoucke)出版集团与法国教会和宫廷的隐秘关系，就决意与权贵集团对抗。[①]

　　自出版《百科全书》后，庞库克家族在官方出版界影响很大，庞库克担任皇家印刷局(Imprimerie royale)和皇家科学院的出版商，与宫廷、教会、科学院往来密切，控制众多主流刊物的发行。对于那些出身低微、难在巴黎立足的青年人，获得他们的赏识是梦寐以求的事。苏亚尔(J.-B.-A. Suard，1732—1817)经由这条路而功成名就，他来自贝藏松，二十岁进入若弗兰夫人的沙龙，结识狄德罗、孟德斯鸠，以及《法国信使报》的主编雷纳尔神父，陆续在该报发表小文章，1754 年 12 月号上有他的《论法国哲学的进展》(*Idée des progrès de la philosophie en France*)。1760—1762 年，苏亚尔与阿尔诺(F. Arnaud)、普雷乌斯特(Prévost)和吉尔比(Gerbier)合办《外国杂志》(*Journal étranger*)，之后担任《法国公报》主编，1764—1766 年与阿尔诺神父创办《欧洲文学杂志》。1766 年 1 月，他娶了庞库克的妹妹阿美里(Amélie)小姐，婚后感情很好，阿美里随夫姓，更名为阿美里·苏亚尔(Amélie Suard)，她对丈夫赞誉有加："身材中等偏上，很匀称，眼睛小，但有神，目光温和，言行得体，看起来受过最好的教育。"[②]1772 年，苏亚尔接替去世的杜克洛当选法兰西学院院士，他没有大文章，只因参与编写《百科全书》，并与达朗贝尔一道对抗

---

①　*Mémoires de Brissot*，par M. De Lescure，p. 69.

②　Mme Suard，*Essais de Mémoires sur M. Suard*，Paris，1820，pp. 33-34.

法兰西学院中的黎塞留派，该派受到路易十五的情人巴里(Barry)夫人的支持。1778 年，庞库克接管了《法国信使报》，苏亚尔出任主编，1785 年又担任《巴黎日报》的审查员，革命时代涉足《国内外政治新闻》(*Nouvelles politiques nationales et étrangères*)、《日常事务报》(*Quotidienne*)的编辑事务。①

布里索对百科全书派的批判有堂吉诃德的风格，顺从理想，怠慢旧制度下的大人物，自此断绝了进入上层社会的机会，只能选择一条独立自主、充满风险的路。1778—1779 年，他负责编辑《欧洲邮报》(*Courrier de l'Europe*)，出版了一系列作品：《对财产权利的思考》《刑罚理论》《论发现真理的方式》。他还参加夏隆科学院 (Académie de Châlons-sur-Marne) 的征文比赛，第一回的题目是："如果证明被告是无辜的，是否应对他赔偿？"第二回的题目是："在法国，哪类刑法不严厉，却最能抑制犯罪？"1780 年，他在夏隆科学院当众朗读论文《如何在不损害公共安全的条件下减轻刑法的严厉程度》，但寥有收获。② 父亲去世后，他继承四千或五千利弗尔的遗产。在巴黎难以实践理想，就去伦敦创建"学园"(Lycée，亚里士多德在雅典创办的学校的名字)，一个哲学家中心，希望为欧洲学者建立联系，创办附属刊物《伦敦学园报》(*Journal du Lycée de Londres*)，经营不善，负债累累。

1784 年，他回到法国后运气糟糕，"一次失利会导致再一次失利"③。同年 7 月，他被关入巴士底狱，罪名是在《王太子的诞生》里讽刺王后，几篇匿名文章归入他的名下，尽管他在狱中接受审问时才听到这些题目：《博朗旅店的晚餐》《关于巴士底狱的思考》《受到理性法庭审判的法国国

---

① E. Francalanza, *J. -B. -A. Suard, Journaliste des Lumières*, Paris：Honoré Champion, 2002, pp. 24-25.

② 这一章涉及布里索作品题目原文：*Recherches philosophiques sur le droit de propriété considéré dans la nature*，1780，*Théorie des lois criminelles*，1781，*De la Vérité ou Méditations sur les moyens de parvenir à la vérité dans toutes les connaissances humaines*，*Moyens d'adoucir la rigueur des lois pénales en France sans nuire à la sécurité publique*，*Naissance du Dauphin*，*Petits Soupers de l'Hôtel de Bouillon*，*Réflexion sur la Bastille*，*Rois de France jugés au tribunal de la Raison*，*Bibliothèque philosophique du legislateur*，*Testament politique de l'Angleterre*.

③ *Mémoires de Brissot*, Paris：Librairie de Firmin-Didot, 1877, p. 340.

王》。两个月后获释，出狱时的感受说明牢狱之灾对个体心理的影响：

> 我被关了两个月，在阴沉的黑暗中活着，再次看到光明是怎样
> 快乐！两个月的羁押长如两个世纪。向专制制度的淫威屈服，那是
> 多么残忍的时刻！①

心中有失败受挫的阴影，他仍想在文学共和国谋得一席之地，为此与纳沙泰尔出版公司（Société typographique de Neuchâtel）联系，自费出版《立法者的哲学图书馆》《刑法理论》《论发现真理的方式》《英国政治遗嘱》。18 世纪后期，文学职业越来越粗鲁，若要诚实就难发财，书籍出版量增加，阅读兴趣不像之前那样热切，巴黎到处是小册子，合法的、非法的，"多数出版当天就消失不见"②。布里索雄心勃勃，满以为他的作品会受人欢迎，没想到欠债 12301.9 利弗尔，迫于生计他成了巴黎警察局的密探。革命时代，他坚决予以否认，但巴黎警察局副官勒努尔的手稿证明他在说谎：

> 布里索从巴士底狱出来后一直为警察局服务，一年来与为我送情报的秘书联络，获得报酬，每月五十埃居（合三百利弗尔）。③

1793 年，他被罗伯斯庇尔关进监狱，等候审判时完成了《回忆录》："生活贫困，很难找到工作，能让我独立自由地思考，表面上自由，心中悲惨，有过危险的交往，也以不高尚的手段谋生。"④虽不能确定"不高尚的手段"是对间谍经历的暗示，至少说明为了活下去，他做过让良心不安的事。1780 年，他与警察的通信说明了何谓不光彩的作为："巴黎警察局的马丁先生告诉我，《卢梭作品集》有九个版本正在印刷，这会淹没法

---

①　*Mémoires de Brissot*，Paris：Librairie de Firmin-Didot，1877，p. 361.

②　"La Correspondance littéraire：sources manuscrites et éditions，" Emile Lizé，*Voltaire，Grimm et la Correspondance littéraire*，Oxford，1979，p. 18.

③　R. Darnton，*The literary underground of the Old Regime*，Harvard University Press，1982，pp. 42-44，58.

④　*Mémoires de Brissot*，par M. De Lescure，p. 111.

国。"①他曾到瑞士拜访过卢梭，喜欢《忏悔录》和《漫步遐想录》的风格，读完后学卢梭的样子在黄昏的树林中漫步，他读过《爱弥儿》、以阐述美德见长的《新爱洛漪丝》，及其三部自传。② 从事间谍工作时，他监视过卢梭的作品，而这是卢梭恨之入骨的行当。

　　间谍制度以独立自由的精神为专制权力献祭，破坏了社会成员之间的信任。政治批判本来就是动辄得咎的事，对关键问题避而不谈会被人指责，而一旦涉及又会触怒希望维持现状的实权派。加之旧制度的保守性，公共舆论因此有不健全的倾向，人们见面时尽量不谈论宗教、政治、道德，以及当权者、有声望的团体和略有地位的人。《秘密通信报》上多是奇闻逸事、滑稽剧和讨巧的故事，不严肃、不真实，"在这个违背常理的世纪，放荡与卑劣大行其道，法国人只关心细节、麻烦事、无聊的阴谋"③。而那些不满现实的人将批评讽刺融入色情故事，以放荡的表象掩盖严肃的真相。在 18 世纪的书商慕维兰（Mauvelain）与纳沙泰尔出版公司的交易书目里：186 部宗教书籍中的 126 部是讽刺作品；319 种政论作品中的 146 部是诽谤作品；206 部色情小说中的 49 部是反教会的；285 部一般性作品里有 178 部是流言蜚语，诸如《教会的不宽容》（L'Intolérance écclesiastique）、《教皇旅行故事》（Histoire des voyages des papes）、《巴士底狱回忆录》（Mémoires sur la Bastille）。④ 乌托邦文学更流行，那是虚构的批判语境，将理想制度安放在遥远的海岛上，民众阅读时会忘记现实，沉迷于未来如何美好的幻梦。乌托邦文学对抗的是天主教的赎罪理念：一个人在世俗生活中历经苦难，不合情理，却是注定要承受的，他只能在虔敬中等待最后的审判。乌托邦文学源自现实苦难，但它不想直面苦难，并拒绝苦难的意义，有时要逃离，所以难于实践。

---

　　① J.-P. Brissot de Warville à F.-S. Ostervald，23 avril 1780，*CCJJR*，Tome XLV，p. 21.

　　② R. Trousson，"Brissot de Warville, lecteur de Rousseau," *Etudes de J.-J. Rousseau*，Montmorency，1995，pp. 60-61.

　　③ *Anécdotes secrètes du dix-huitième siècle*，1774-1779，par p. J. B. N.，Tome premier，Paris，1808，Avertissement，pp. i, iv.

　　④ R. Darnton，*The literary underground of the Old Regime*，Harvard University Press，1982，pp. 138-140.

　　旧制度晚期的法国到处是秘密，从阴暗的巷子飘出来，从咖啡馆飘出来，钻进耳朵，扰乱理智与情感，然后控制人的嘴唇。报刊乐意用"秘密通信""秘密回忆录"之类的名称，批判政治和宗教弊端时将现实化为寓言，在虚构的语境里指桑骂槐。在封闭的社会，文字介入政治时会出现这样的情况。有人不辨是非，滥用它的名声，结果文字被视为扰乱人心的祸患。1768 年，卢梭休谟之争后不久，《卢梭休谟是非辨》追溯了公共性（Public）的源头，"它是古代的树，自世界诞生之日就已种下，无数次枯荣后生发茂密的枝条，与主干相连，它追求正直，为真理主持公道"①。但在旧制度下，健全的公共性有违权力说教就会被驱逐，鉴于此报刊采取了隐晦的说理方法，"为了作者的人身安全，编辑有必要隐藏真实"②。接触不到真实的人渴望了解真相，而匿名作品能满足好奇心，作者又可免受责罚，于是大行其道。《文学选编》和《秘密通信报》上就有很多此类的文章，《轶闻报》（Anecdotes）以更隐晦的方式为匿名作品辩护："我们为公众奉献的秘密信件是为了勾画各种讽刺场景，若没有它们的映衬，很多事实不会让人觉得有趣。"③这一类场景符合福柯的论断：所有文章，不论体裁、形式还是价值观，都是匿名的低语，文本里没有作者信息，读起来像在梦幻里。

　　在匿名的语境里，人性尽显无遗。没人对信息的真实性负责，舆论耽于论战，幻象横行，消解民族意识的现实感，法国革命前谣言四起和集体恐慌的心理与此有关。1789 年 7—8 月，攻占巴士底狱后，乡村舆论里有一个"贵族阴谋"，说他们正在调集兵力，准备镇压叛乱，谣言从多个中心向外传播，导致 8 月 4 日国民公会对封建制的废除。④ 开放的

---

　　①　*Plaidoyer pour et contre J. J. Rousseau et le docteur D. Hume*，*l'Historien anglais*，*avec des Anécdotes intéressantes relatives au sujet*，Londres，se trouve à Lyon，1768，pp. 6，8.

　　②　*The Mémoires secrètes and the culture of publicity in eighteenth-century France*，edited by Jeremy D. PoPkin，Bernadette Fort，Oxford，1998，p. 10.

　　③　*Anecdotes ou lettres secrètes sur divers sujets de littérature & de politique*，février 1734，avertissement.

　　④　关于法国革命谣言的发生学，参考高毅：《法兰西风格：大革命的政治文化（增补版）》，北京：北京师范大学出版社，2013 年，第 164—186 页；Georges Lefebvre，*La Grande Peur de 1789*，Paris，1932.

社会有驱逐谣言的力量，封闭的社会则不然，谣言与无处不在的秘密联袂而行，假的看似真的，真的说不清自己是真的还是假的，顽劣与虚假驱逐了真实与良善，由此改变了旧制度下情感和理智的内部结构。1775年，法国剧作家博马舍对此失望至极：

> 我见过多少正直人，几乎为谣言压得翻不了身。任何无稽之谈，只要炮制得法，无不能让大都市里游手好闲者信以为真……先是小小的谣言，好像暴风雨前飞燕掠过地面，以"最弱音"传出去，毒辣的言辞就随风飞扬，从一个人的嘴里，用"弱音"巧妙钻进另一个人的耳朵。至此，祸根就种下了，谣言蠕蠕而动，以"加强音"从一张嘴传到另一张嘴……呼啸、膨胀，转眼工夫庞大无比，向前挺进，振翅而飞，盘旋环绕，忽而像爆炸，忽而像雷鸣，终于成为憎恨和毁灭的大合唱。这样的谣言谁能抵抗得了。①

18世纪40年代，巴黎地区流传过一个让人寝食不安的谣言，说有人要抓男孩子，放他们的血，给一位公主洗澡，她的病只能这样被治愈。孩子们的家人纷纷去学校，其中有梅涅特(J.-L. Ménétra，未来的玻璃工艺家)的父亲，他带领七位肩扛棍棒的健壮造桶工，生怕自家的孩子被人掳走。谣言的冲击力已趋失控，混乱中，几个倒霉蛋被打身亡，一人的遗体在格莱维广场上被放火焚烧，为平稳人心，政府在格莱维广场当众处决了三个造谣者。② 这个童话般的谣言里有两个关键词，"巴黎"和"公主"，为什么君主制下的首善之区会有这样的事？为什么谣传的源头是公主，她的病如此奇怪，却有那么多人信以为真？

旧制度后期，文学共和国有解体的危险，仅凭一己之力，它无法维护本初的精神，只有革命能一夜间打碎禁锢它的枷锁。但法国革命的意义并非都是积极的，一个身处困境而无力自新的民族不一定有力量驾驭革命，一个眼看矛盾积累而无力化解的民族不免承受动荡的命运。1788年5月，布里索艰难异常，几近破产，于是去北美旅行，得知重开三级

---

① 博马舍：《塞维勒的理发师》，《博马舍戏剧二种》，吴达元译，第34页。

② F. Brayard, A. De Maurepas (eds.), *Les Français vus par eux-mêmes*, *Le XVIIIe siècle*, p. 206.

会议的消息后回国。此时的法国与他赴美前已大不相同，在急剧的变化
里有传统断裂的危机，他却视而不见：

> 之前法国人生活在奴役中，现在是自由的；之前有人指责他们
> 软弱无力，现在却有最具冲击的力量；之前他们被批评无知，现在
> 却展示了最深邃的政治知识；之前他们轻浮多变，现在的思虑深沉
> 坚定；之前有人说他们不可能达成一致，现在却在原则与行动之间
> 有良好的统一。①

在新生的希望中，布里索创办了共和报刊《法国爱国者》，1788 年 2
月与银行家克拉维耶（Etienne Clavière）一同筹建"黑人之友协会"（Société
des amis des Noirs），1790 年和 1791 年向国民公会提议取消奴隶贸易。②
革命时代，他入选巴黎市政府，后担任国民公会议员。1791 年 7 月，路
易十六在逃跑路上被捕后，他转变了保皇立场，主张国王退位，法国实
行共和制，同年 9 月入选立法议会，隶属吉伦特派，与罗伯斯庇尔和山
岳派对抗，抵制无政府主义。判决路易十六时，布里索赞成处死，但要
获得人民的认可，被斥责是"保皇主义者"，最终沦为雅各宾派狂放理想
的祭品——1793 年 10 月 31 日与其他吉伦特派一同上了断头台，时年三
十九岁。他是旧制度造就的革命家，本来要消灭旧制度，却被视为旧制
度的辩护士。法国历史有相似的悲剧性，启蒙是要改造旧制度，却被旧
制度改造，革命是要取缔旧制度，却在旧制度的恶风俗里挣扎。

纠缠于历史的复杂性，难有理论创造，若置之不理会有风险。哈贝
马斯的公共领域已是一种演绎史学的依据，认同者以之解释现代社会的
进程，而不去检验它的依据是否充分。夏第埃（Chartier）的《法国大革命
的文化起源》研究的是老问题，即启蒙与革命的关系，"革命前的公共舆
论在自由的氛围里日渐政治化"。这一点不错，但他将启蒙舆论理想化，
视之为独立的语言空间，思想交流平等，社会等级可以忽略不计："个体

---

①　*Mémoires de Brissot*，par M. De Lescure，p. 426.

②　*Adresse à l'Assemblée nationale pour l'abolition de la Traite des noirs*，par
la Société des amis des Noirs de Paris，Paris，1790；*Adresse de la Société des amis des
Noirs à l'Assemblée nationale*，Paris，1791.

对理性的公开使用没有限制，也无禁区，理性的批判功能不再因对宗教和政治权威的尊敬而受限制……舆论能合法地质疑。"①为此，李尔第从档案里发现沙龙的各个面向，补充哈贝马斯的理论，纠正理想化研究方式的不足：沙龙里的平等与优雅是旧有的附属关系，文人因对年金、荣誉和人身安全的渴求而无自主性。②

革命前的法国，代表型公共领域与资产阶级公共领域纠缠不清，其中有足以说明代表型公共领域强大力量的档案，也有佐证资产阶级公共领域的资料，若偏于一端，理论的解释力会有所缺。哈贝马斯过于强调历史的同质性因素，忽视与理论相悖的事实，英国历史可为之提供充分依据，却不符合法国历史，因其未能涵盖文人纷争、报刊舆论与不实传言的关系，以及旧制度对现代人格的压制。德国学者埃莱(G. Eley)批评他"夸大以阅读为中介、以交谈为核心的公共交往的合理层面"③。

法国旧制度风俗对哈贝马斯提出挑战的，首先是依附性人格与权力的矛盾关系。文人的现代身份意识是最早萌生的，很强烈，却不独立。在外部意义上，世俗法律不会保护它；在个体心理中，过分的自尊使他们自我孤立，"若与之相处，就要不停地赞美，或是听完他们的论断后给予褒奖，他们的自尊一受伤害就会愤怒，会复仇，与之交往费力又危险"④。阅读者人数多，并非以商人和工业家为主，而是金融家、贵族、律师，以及有定期收益的人。⑤ 他们倚重旧制度，对现代意义的自由平等观念缺少认同感。咖啡馆、邮局等公共场所聚集着对公共话题有兴趣的民众，他们获取的信息与发表的评论距离真实更远，道听途说，以讹

---

① R. Chartier, *The cultural origins of the French Revolution*, translated by L. G. Cochrane, Duke University Press, 1991, pp. 20, 21.

② A. Lilti, *Le monde des salons: Sociabilité et mondanité à Paris au XVIIIe siècle*, Fayard, 2005.

③ 哈贝马斯：《公共领域的结构转型》，曹卫东、王晓珏、刘北城等译，1990年版序言，第3、4页。

④ F. Brayard, A. De Maurepas (eds.), *Les Français vus par eux-mêmes, Le XVIIIe siècle*, p. 449.

⑤ D. A. Bell, "The 'Public Sphere,' the State, and the World of Law in Eighteenth-Century France," *French Historical Studies*, Vol. 17, No. 4 (Autumn, 1992), p. 916.

传讹。而革命前夕的沙龙仍是代表型风格，形式重于内容，说教偏离现实，而非文学共和国特有的交往空间。路易十六时代，凡尔赛宫每星期六天的聚会是私人社交，繁文缛节没有被市民阶级的亲密无间取代，梅尼公爵夫人的宴会里有宫廷生活解体的征兆，但终究是征兆。哈贝马斯将重农派沙龙当作资产阶级公共领域的存在依据，但它受宫廷的特许和保护，成员与上层社会关系密切，不是纯粹的资产阶级公共空间。这是重农派沙龙的特点，也是旧制度沙龙的普遍特点，参与者多是文学共和国的上层公民，对于政论性话题措辞谨慎，或是回避。"彬彬有礼的沙龙"是 19 世纪的创造，确切地说"是工业时代的怀古情结对抗乏味交往的方式"，巴尔扎克、司汤达、奥莱维利（Barbey d'Aurevilly）有这样的倾向，而这掩饰了沙龙里的物质利益交换和残酷的生存斗争。[①] 当时的文人有四类：

> 特权阶层，包括 25％的神职人员，10％的贵族，5％～6％的军官和政府人员。
>
> 贵族属下（秘书、图书管理员和家庭教师）。
>
> 三分之一的文人是开明的业余爱好者。
>
> 其余 15％是以笔杆子谋生的职业作家。[②]

主持沙龙的贵夫人与文人的平等是表面的，一种互相尊重的游戏，"彬彬有礼不能消除交往时的紧张、力量差别，以及财富多寡引起的不平等，身份等级显而易见"[③]。18 世纪中期，若弗兰夫人在巴黎的家中主持沙龙，周三晚上招待哲学家，周四晚上招待艺术家。1812 年，在她去世四十年后，勒莫尼（A. C. G. Lemonnier）在《若弗兰夫人家的一夜》（Une soirée chez Madame Geoffrin）的画中虚构了 1755 年的一次聚会，当晚

---

① A. Lilti, *Le monde des salons：Sociabilité et mondanité à Paris au XVIIIe siècle*, pp. 19-20.

② 安东尼·德·巴克、弗朗索瓦丝·梅洛尼奥：《法国文化史 Ⅲ 启蒙与自由：十八世纪和十九世纪》，朱静、许光华译，李棣华校，第 31 页。

③ A. Lilti, "Sociabilité et mondanité：Les hommes de lettres dans les salons parisiens au XVIIIe siècle," pp. 419-420.

讨论的是伏尔泰的悲剧《中国孤儿》(*L'Orphelin de la Chine*)，54 个人都是文学共和国里的活跃人物，有神父、政客、上层贵族、大家小姐、有权势的哲学家，有坐的，有站的，而坐或站暗示身份的高低(图 3-2①)。根据塞古(P. de Ségur)的考证，"他们从未同时到过若弗兰夫人家里，有人根本就没去过，1757 年丰特奈尔已去世，1755 年勒皮纳斯小姐刚满十三岁，1764 年才进入沙龙界"②。所以，历史学家不会对之满意，艺术的写实性与虚构性相互交错，会误导那些想了解旧制度沙龙内景的人。但这幅画广为流行，一方面在于其中复杂的政治意义，"19 世纪早期，一个质疑革命的观点是'伏尔泰和卢梭的错误是革命的原因'，拿破仑的妻子约瑟芬皇后需要一幅描述这两个异教徒及其追随者的画"，所以勒莫尼献给了她。③ 另一方面在于那时的人对于启蒙时代的怀念，但怀古之情虚构了一个文人和睦的场景，艺术以写实的名义违背了历史。

---

① 1821 年，德布库尔(P. L. Debucourt)确定了图中的人物：后排站立者，从左到右依次是格莱赛(Gresset)、马里沃(Marivaux)、马蒙泰尔(Marmontel)、维里(Vien)、托马斯(Thomas)、拉康达明(La Condamine)、雷纳尔神父(Raynal)、卢梭、拉莫(Rameau)、克莱朗小姐(Clairon)、艾诺尔(Hénault)、舒瓦瑟尔公爵、伏尔泰的塑像、达尔让塔(d'Argental)、圣朗贝尔(Saint-Lambert)、布夏东(Bouchardon)、苏弗洛(Soufflot)、邓维尔(Danville)、卡鲁伯爵(Caylus)、菲利斯(Bartolomeo de Felice)、魁奈、狄德罗、杜尔格、马勒泽尔布、黎塞留将军(Richelieu)；最右侧的四个人物分别是莫博丢(Maupertuis)、麦兰(Mairan)、达格索(d'Aguesseau)、法兰西学院院士克莱罗(Clairaut)；前排，从右到左，克莱罗之前是孟德斯鸠、乌德托伯爵夫人、维尔内(Vernet)、丰特奈尔、若弗兰夫人、孔第亲王、安维尔夫人(Anville)、尼维迈公爵(Nivernais)、波米(Bernis)、克莱比昂(Crébillon)、毕隆(Piron)、杜克洛、爱尔维修、瓦罗(Vanloo)、桌子后面的是达朗贝尔，读戏剧的人是勒坎(Lekain)；勒坎左边的是勒皮纳斯小姐(Lespinasse)、博卡日夫人(Bocage)、莱奥姆(Réaumur)、格拉菲尼夫人(Graffigny)、孔狄亚克；最左边是朱西(Jussieu)，在他前面的是多本顿(Daubenton)、布封。人物方位图例参考：http://maison-de-chateaubriand. hauts-de-seine. net/c/document _ library/get _ file? uuid = 68d78d1e-f3e5-4925-b622-f26d7f105943&groupId=10128

② John Lough，Michel Baridon，"A propos du tableau de Lemonnier ：*Une soirée chez Madame Geoffrin*，" *Recherches sur Diderot et sur l'Encyclopédie*，1992，Volume 12，Numéro 1，pp. 5-7.

③ *Ibid.*，p. 15.

图3-2 若弗兰夫人沙龙聚会,朗读伏尔泰的《中国孤儿》

18 世纪中期，在文学共和国里获取荣誉的方式有所转变，之前靠才华，之后靠交往技巧，一个人想要出名，又不乏手段，成功的可能性更大。法兰西学院院士、黎塞留公爵（Duc de Richelieu，1696—1788）对此不满："要进入沙龙，所有才能中首要的是善于交往。"①若研究那些在巴黎沙龙中走运的人，或是科学院的选举过程，就会发现沙龙是文学界和上层社会的中介。1775 年，哈珀（Harpe）想进入法兰西学院，凭一己之力异常困难，同年 3 月，他在内克夫人的沙龙里朗读悲剧《流亡者》（*Menzikoff，ou les exilés*），关于俄国王子蒙兹考夫的故事，听众里有外交官和贵族，包括英国驻法大使、卢森堡将军和德方夫人，获得好评。② 1776 年，该剧在枫丹白露宫上演，王后很喜欢，为哈珀清除入选法兰西学院的障碍。鉴于此，现代学者埃利亚斯（N. Elias）说启蒙思想不与旧制度为敌，而是旧制度的一部分。

哈贝马斯提到，当资产阶级成为新型公共领域的主体时，代表型公共领域的陈规陋习就土崩瓦解。③ 这与法国历史有出入，旧制度晚期，教权、君权和现代意识形态没有明确界限，革命前，宫廷、教会控制着主流出版物，包括《法国公报》《法国信使报》《学者报》。1666 年，在财政大臣柯尔贝（Colbert）的号召下，法国科学院（Académie des Sciences）成立，最初的 16 名院士领取宫廷年金和研究经费，有年轻人做助手，在佩洛尔（Claude Perrault）领导下编纂《学者报》，这是一群能接受新思想的学者，又不对抗宫廷。1668—1670 年，高罗（Jean Galloys）担任科学院秘书，与掌玺大臣伯什拉（Boucherat）、《学者报》主编库赞（Louis Cousin）等文学共和国的大人物熟识，借助于此，他创办了杂志《数学与物理学备忘录》（*Mémoires de mathématiques et de physique*），内容来自科学院的

---

① Tyrtée Tastet，*Histoire des quarante fauteuils de l'Académie française depuis la fondation jusqu'à nos jours*，pp. 220-226；Maréchal de Richelieu à Mme Favart，du 30 août 176 ＊，A. Lilti，"Sociabilité et mondanité：Les hommes de lettres dans les salons parisiens au XVIIIe siècle，" p. 420.

② A. Lilti，"Sociabilité et mondanité：Les hommes de lettres dans les salons parisiens au XVIIIe siècle，" pp. 426，423；J.-F. de La Harpe，*Menzikoff ou les exilés，Tragédie*，Paris，1781.

③ 哈贝马斯：《公共领域的结构转型》，曹卫东、王晓珏、刘北城等译，第 6 页。

会议纪要。后来，科学院主席比农任命他为书报审查官，负责教会史和科学类作品。①

　　文人在交往中难以避开贵族，因其掌握着各地科学院的事务，根据奥尔良地区特权阶层人头税的数据，多数院士由贵族担任。② 与伏尔泰和孟德斯鸠通信的多是巴黎人，教会人员和贵族居多，与狄德罗、卢梭通信的人多是下层教士。有才智的青年人想在文学共和国立足，要靠旧制度提携。心底里，他们不喜欢这样的生活，却迫不得已或不失时机地从中谋利。多数获益者没有得到正义的嘉许，他们轻视同侪，怀疑自我，文人的身份特征被名利消解。戏剧家博马舍借用西班牙马德里的场景批评相互鄙夷的后果：

> 　　他们疯狂的仇恨实在可笑，叫人厌恶。各种各样的昆虫、蚊子、评判家、嫉妒者、小报投稿人、书店老板、审查员，以及一切寄生在可怜文人身上的东西，把他们的精髓吸光吮尽。我已懒得写作，讨厌自己，也嫌恶别人，因此闹得债台高筑，囊空如洗，我相信剃刀所得的实惠比笔杆子挣来的虚名要强得多。③

　　路易十四时代，君主制有助于现代民族意识的形成，但君主长期凌驾于国家之上，弊端明显。波旁王朝的子孙认同一个理念："国王是半神，不同于臣民，可以自由地修订各类制度，指导臣民的事务。"④对外宣传时，只有国王是主角，胜利广场（Place des Victoires）和旺多姆广场（Place Vendôme）长期摆着他的画像与战利品。⑤ 借助于炫耀式的代表型公共领域影响着宫廷，宫廷影响着城市，城市又将之传播到乡村，主权

---

　　①　T. Volpe, *Science et théologie dans les débats savants de la seconde moitié du XVIIe siècle*, p. 184.

　　②　D. Roche, *Le siècle des lumières en province*, *Académies et académiciens provinciaux*, pp. 226, 297.

　　③　博马舍：《塞维勒的理发师》，《博马舍戏剧二种》，吴达元译，第11页。

　　④　D. A. Bell, "The 'Public Sphere', the State, and the World of Law in Eighteenth-Century France," *French Historical Studies*, Vol. 17, No. 4 (Autumn, 1992), pp. 917, 918.

　　⑤　L.-S. Mercier, *Tableau de Paris*, Nouvelle édition, Tome III, p. 367.

者的灵魂像铸造铁器的模子，为臣民的生活设定了规矩，"没有一个城市、乡镇、村庄、济贫院、工场、修道院、学校能在各自的事务中有独立意志，按自己的意愿处置财产"①。但君权的合法性并非一劳永逸，要不断强化权威的象征物，包括衣着、发型等生活象征，问候语、手势等言行象征，徽章、武器等权力象征，一言以蔽之，"那是一套传达高贵的繁文缛节"②。

代表型舆论喜欢依附性的修辞，科学领域的新发现要献给国王，以心照不宣、虚假的逢迎向他致敬。1749 年 8 月，一份法国地图的作者希望以此巩固国王和臣民事业的联合；1772 年，狄德罗在《环球游记》中声明这是献给国王的，尽管内容是批判风俗的堕落。③ 报刊中时常有赞扬国王的文章，言不由衷，1749 年 8 月，《法国信使报》刊登《路易十四与路易十五的比较》："在国王的心里，有多少对忠实的人民的爱啊！"④各地科学院处处有国王的影子，1747 年，昂热皇家科学院（Académie Royale d'Angers）发起征文比赛，主题是科学与艺术的进展得益于国王的保护。⑤ 独断的权威会限制自由思考，公开出版物缩头缩脑，绝无勇敢者的仪态，现代精神难以培育，这是集权社会的权力美学，它将艺术写作赋予政治含义，在日常生活里塑造上下统一、欣欣向荣的景象。

根据哈贝马斯所说，风格相对宽松的是沙龙，其中有现代交往规则，却不是现代话语空间。那时有一个潮流，科学院院士、检察官、资产阶

---

① 托克维尔：《旧制度与大革命》，冯棠译，桂裕芳、张芝联校，第 93 页。

② 哈贝马斯：《公共领域的结构转型》，曹卫东、王晓珏、刘北城等译，第 7 页。

③ "Réflexions sur la nouvelle carte que M. de Thuri vient de donner au Public," *Mercure de France*，août 1749，p. 79；Diderot，"Voyage autour du monde par la Fregate du roi La Boudeuse et La Flute l'Etoile en 1766，1767，1768，1769," *Œuvres complètes de Diderot*，Tome II，p. 199.

④ "Parallèle de Louis XV avec Louis XIV," *Mercure de France*，août 1749，Paris，p. 78.

⑤ "L'Académie Royale d'Angers avoit proposé l'an 1747 un prix，dont le sujet est le progrès des Sciences et des Beaux Arts sous le Règne de Louis XV," *Mercure de France*，août 1749，Paris，p. 164.

级、贵族、大小金融家的夫人都希望有自己的沙龙。① 这些沙龙塑造主流思想风格，对既有权力体系有所指责，又离不开它的保护。莫尔莱记录了沙龙聚会的情景：达朗贝尔、雷纳尔、爱尔维修等人到若弗兰夫人家用餐，之后到杜依勒宫找朋友，获取宫廷的消息，然后在一棵大树下高谈阔论，抨击政府，"无拘无束，像呼吸空气那样自由"②。这样的交谈流传于不受权力监视的私人话语世界，即使有尖锐的批判，受权力谴责时仍有通融的余地。

　　革命前的三十年，学者的思考变慢了，学术圈开始封闭。③ 法兰西学院为天主教高级教士和贵族阶层占据，也向普通人开放，18 世纪下半叶，它的保守性愈加明显，少有创新，"像个失去芳华的妇人，不再楚楚动人，只愿接纳某一类文人，或能保护她的人"④。关于科学艺术的文章不计其数，但很少能清楚地阐述一门学科的原理。⑤ 法国报刊没有独立意志，内容沉闷无聊，代表型公共领域胜过资产阶级公共领域。《法国信使报》有固定栏目，戏剧、诗歌、国外来信、宫廷近况、读者来信等。为吸引普通读者，该报力求确立读者与作者的平等关系，对依附于权力体系的伪真理有冲击，但在书报检查制度下，它惯于回避问题，多刊登温和平庸的文章，诸如《关于如何减少病人痛苦的问题》。⑥ 18 世纪中期，阿维农地区有一个文人交际网络，以加尔维（Calvet）为首，成员主要是当地人：画家柏茹（J.-B. Peru），古钱币学家、古物学家安塞姆（Anselme），印刷工人尼尔（J.-J. Neil），内科医生、植物学家、自然史学家维卡里（D. Vicary），外科医生帕玛尔（P.-F. B. Pamard），药剂师

---

① *Mémoires de Brissot*，par M. De Lescure，p. 107.

② 安东尼·德·巴克、弗朗索瓦·梅洛尼奥：《法国文化史 Ⅲ 启蒙与自由：十八世纪和十九世纪》，朱静、许光华译，李棣华校，第 43 页。

③ D. Roche, *Le siècle des lumières en province*，*Académies et académiciens provinciaux*，pp. 287，55.

④ *Anécdotes secrètes du dix-huitième siècle*，1774-1779，par P. J. B. N.，Paris，1808，Tome I，p. 113.

⑤ "Discours préliminaire par d'Alembert，" p. 171.

⑥ "Lettre aux auteurs de *Mercure* comme l'objet principale de vos travaux est l'utilité & l'instruction de Public，" *Mercure de France*，août 1749，Paris，p. 205.

和实验哲学家格兰(J.-A.-R. Guerin),还有几个有爵位的贵族及其亲属。① 他们的兴趣不同,有互相尊重的客套仪式,却无明确的批判意识,与自由平等的现代精神有区别。这样的空间没有独立的思考力,只是在不触犯王权和教权的限度内寻求知识,公共领域的革新无从谈起。

根据哈贝马斯的学说,旧制度向现代国家过渡时,君主与臣民、信仰与救赎的关系为代议制政府和公民社会的关系取代,逐渐形成国家与社会的共存模式。社会力量表现在资产阶级公共领域,包括行业协会、农业团体,追求真实,勇于批判,在争论中谋求共识。与此同时,专制权力向代议制过渡,对自由观念的压制和暴力执法消失了,政府作为国家力量的象征有了新职能,专注于公共事务管理。所以,现代国家存在的前提是权力来源的合法性,以及社会机制对权力的制约。18 世纪的法国,有人认识到国家与社会的平衡,对于现实的混乱却未有可行的见解。1787 年,塞拉那发现健全社会依赖于人与人的信任,以及人与社会的融通:

> 一个人生活在社会里,不只属于自身,而是社会的一部分,有一天他通过施展身体力量、精神美德和心中的智慧而成为社会的支柱、荣耀和欣慰。②

旧制度覆灭前像是毁灭一切的战场,廷臣、教士、军人、法官、哲学家相互轻视,各自聚集志同道合者,沆瀣一气。路易十五时代的巴黎到处是小团体,宫廷也如此,蓬巴杜夫人有自己的小团体,王后有,国王也有,包括拉瓦列(La Vallière)公爵、苏比斯(Soubise)王子、舒沃林(Chauvelin)侯爵、里维里(Livey)侯爵夫人、米莱波(Mirepoix)将军夫人等。③ 在公共交往中,人的自我意识处于荆棘丛里,不敢向前,不敢向后,也不敢向上生长。一个人到老是个局促的孩子,孤立地活着,相互

---

① L. W. B. Brockliss, *Calvet's Web: Enlightenment and the Republic of Letters in Eighteenth-Century France*, pp. 69, 70.

② *Théorie d'une éducation républicaine, suivant les principes de J. J. Rousseau, présentée à la convention*, par le citoyen Serane, p. 6.

③ F. Brayard, A. De Maurepas (eds.), *Les Français vus par eux-mêmes, Le XVIIIe siècle*, pp. 783-784.

间没有情感认同，也没有平等交往的可能。贵族仰赖王权，文人寻求贵族的荫护，普通百姓面对教会与世俗权力机构（宗教裁判所、警察、监狱）时心存恐惧，不仰庇于他人者极少，一幅小人物屈服于大人物的风俗画。那些有人道主义和民族责任感的人受到监视，美德与智慧在僵化的体制里被冷落，受侮辱或囚禁，对于明显的社会问题的批判被视为畏途。

此时的法国不存在现代意义的社会，也就不存在对抗强权的统一意志，而专制制度希望如此，它能为所欲为。以不受制约的权力为基础的国家是由不宽容的威严、别有用心的谄媚、被迫的屈服与沉默的抗议构成的政治怪物，它能培养奴隶，对于奴性精神的后果却无控制力。"宫廷"是邪恶的词，"它的奢侈愿望日增，乡绅贵族贫困潦倒；它阻止财政改革，徒增混乱；它败坏风俗，向青年人传授阴谋之道，使之唯利是图，厌弃劳作与美德"①。路易十四时代（1643—1715），太阳王的权力横行无忌，廷臣和民众只想着牟利，对王权的赞誉言不由衷，拉封丹已对此不满："各省省长，朝中佞臣，从事不同职业的人，过度热衷于财产、地位和名誉，什么都干得出来。我们经常见到大家共同抢劫突然到来的人，甚至还要断送他们的性命，美人和作家也有这样的习性，新作家是何等不幸。"②路易十五的时代（1715—1774）有过之而无不及，那时的君权不再像之前那样稳固，公共舆论混乱，财政支出无度，"国家"在民众和统治阶级的意识中不复存在，或是说法国至此不曾有现代国家理念。

表 3-1　1762—1776 年王室财政支出（1 利弗尔等于 20 苏，1 苏等于 12 德尼）③

支出项	利弗尔	苏	德尼	支出项	利弗尔	苏	德尼
国王与王子服饰	41039	1	8	女士库房更新	118039	15	4
圣餐仪式用布	29409	—	—	王后特殊支出	114510	17	7

---

①　F. Brayard，A. De Maurepas (eds.)，*Les Français vus par eux-mêmes*，*Le XVIIIe siècle*，p. 769.

②　拉封丹：《和德·拉罗什富科公爵大人的谈话》，《拉封丹寓言诗》，远方译，第 427 页。

③　"Relevé général des dépenses de l'argenterie, menus plaisirs et affaires de la Chambre du roi, etc. entre 1762 et 1776," F. Brayard，A. De Maurepas (eds.)，*Les Français vus par eux-mêmes*，*Le XVIIIe siècle*，p. 777.

续表

支出项	利弗尔	苏	德尼	支出项	利弗尔	苏	德尼
盛大节日等	169946	13	1	女士特殊支出	141916	10	8
官员薪俸、奖赏	1792812	16	8	王子支出	1300624	8	8
国王与王子葬礼	70910	—	—	高等法院会议等	33421	14	—
车马费	1342457	5	—	葬礼	1693672	16	7
日常供应	1052729	2	6	葬礼服装与装饰	200442	4	4
戏剧与音乐会演出	3130879	9	4	教堂装饰	221898	13	—
贡比涅（Compiègne）旅行	491491	11	1	戏剧学校支出	33000		
枫丹白露旅行	3188485	7	6	1763 年枫丹白露芭蕾舞演出	70994	2	4
临时支出	3107708	2	7	六场婚礼	6410275	5	7
仓库支出	3226615	7	5	国王加冕礼	825509	15	7
国王与王子服饰更新	128080	11	6	凡尔赛建筑工程	2163821	16	1
国王与王子华盖、衣柜更新	60603	5	—	大剧院修建	745282	18	9
税费	462795	2	1	总计	32269373	13	11

法国需要一个伟大立法者的时候，路易十六来了，一个天真的人，其父死后一度受廷臣冷遇，自学王国法律、地理与民情，翻译英国人沃波尔的《理查德三世》(*Richard III*)，继承王位后，除了手艺活，他还酷爱打猎，"每次出去放很多枪，归来时脸都是熏黑的"①。在动荡里，一个国王的天真是民族的灾难。从他即位，国运颓微，廷臣相争，相互欺瞒，上行下效，改革意图往往无果而终。路易十六并非一无所知，他是亲历者，对于时代风俗弊端的了解比历史学家透彻，作为最高权力的象征，他却无能为力。旧制度拒绝现代化，否定现代权力契约，却不知道愤怒的政治诉求与现代信息传播的结合所导致的现代革命能颠覆一切。

制度与风俗已然败落，但人的心里仍有善良，至少是同类的友爱与

---

① F. Brayard, A. De Maurepas (eds.), *Les Français vus par eux-mêmes*, *Le XVIIIe siècle*, pp. 901, 902-903.

温情，那不是坚定的品质，会滑向恶。恶虽飞扬跋扈，却有寄生性，寄生于善的功业，但在是非颠倒的时代，民众以为恶才是绝对主宰，良善与勇敢仅仅是脆弱的附庸。一个未经世事的青年因为生计接受了警察局的间谍任务，转眼成了崇高理想的敌人，而那些与之相识的人，尤其是受其监视的人，陡然得知他的角色后会是怎样的惊诧、惶恐与愤怒？理智因普遍不公而扭曲，情感因扭曲的理智而日益刻薄，以至于失去合情合理的同情心，各怀戒备，相遇的目光里是陌生与疑虑。一个人的眼神从赤子的纯净明亮到黯淡无光，要经历多少落魄与心寒？一个个理智扭曲、情感淡漠的人抵御着通向共识的可能，甚至连这样的诉求也没有。这是动物世界的场景，其中的贪婪、奴役与虚伪比动物生存法则更惨烈。

　　生存理性压倒了追求公平、正义、荣誉感的价值理性，甚至不及功利性的工具理性，因其缺乏同情心，没有审美力，只要快乐地活着。相比而言，利己主义也会制造个体利益与公共福祉的对立，但那是孤零零的恶，在内部，利己主义者相互损害，在外部又受到正义的驱逐。它知道自身的缺陷，遇到道德法庭会绕着走，若被提审，它会面红耳赤地狡辩。而生存理性源自原始社会的生存竞争，在旧制度下它已变成一种道德观，一套恶的法则，有力量对抗正义，在受指责时也敢于自我辩护。在生存理性主导的社会，二元辩证法是失效的，那里的人不再生活在是非、善恶、正义与非正义的这边或那边。他们有二元之外的价值观，在是非之间或在是非之外，无关乎是非，在善恶之间或在善恶之外，无关乎善恶，旧制度与现代制度的不同就在于此。认同生存理性的人不像利己主义者那样卑琐，以之为信仰的时代表面上平安无事，但这样的时代是危险的，秩序会突然崩溃，无人能拯救它，甚至没人意识到崩溃的前兆。

　　文学共和国虽是旧制度的对立面，生存理性在那里要少一些，哲学家多是理想主义者，但他们会屈服于生存理性，这一类的作为会威胁到文学共和国的精神。宽容、平等、自由虽是值得追求的梦想，但无可讳言，"那是将少数受过教育、拥有财产的男性的利益呈现为人类的共同利益"①。普通人或无动于衷，只关心尘世的幸福，或以之为浮泛的谈资、谋生的手段，想方设法混入旧制度。在生存理性泛滥的时代，代表型公共领域，作为生存理性的辩护士，拒绝为资产阶级公共领域让路。

哈贝马斯的理论不符合法国历史，但他的一个观察是准确的：1789年革命为怀有政治批判意识的公众提供了新机制，一夜之间创造了英国经过一个世纪的缓慢进程才取得的成就。② 这一论断意味着他认识到法国历史的独特性，政治剧变最大程度影响了现代思想的进程，在传统的断裂带上有民族前途的零星希望。民主暴力有别于教权与君权，却一样让人恐惧，"公共性"在法国革命后有了恐怖色彩，民众对之有疑惑：大众民主化趋势中会不会出现多数人的暴政？法国革命期间，德国流行着一首讽刺诗：

> 在这个都在传诵的口号面前，
> 甚至民众的老爷们都战战兢兢。
> 好意地拍拍他们的假发：
> 竖起你们的耳朵！
> 这个词就是"公共性"。③

暴力革命瞬间造就了一个公共领域，或是一套关于现代观念的政治话语体系，这是法国历史模式，不是自然的政治进程。革命公共领域是旧制度公共领域与现代公共领域之间的过渡阶段，它有可能败退，比代表型公共领域还要专制，也有可能向前，转变为资产阶级公共领域，但前一种的可能性更大。革命后的百余年，法国在君主制与共和制之间摇摆不定，宪法或具有宪法功能的法律先后有十六部（1791 年、1793 年、1795 年、1799 年、1802 年、1804 年、1814 年、1815 年、1830 年、1848 年、1852 年、1875 年、1940 年、1945 年、1946 年、1958 年）。1875 年宪法之前，法国国体屡变，公共信用难以建立，人心不稳，观念

---

① 芬利森：《哈贝马斯》，邵志军译，南京：译林出版社，2010 年，第 12 页。
② 哈贝马斯：《公共领域的结构转型》，曹卫东、王晓珏、刘北城等译，第 80 页。
③ 哈贝马斯：《公共领域的结构转型》，曹卫东、王晓珏、刘北城等译，第 81 页。

繁杂，拿破仑对此也无对策："新 8 月 18 日，你们撕破了宪法，新 4 月 22 日你们撕破了宪法，新 5 月 50 日你们又撕破了宪法，现在已没有人尊重宪法。"①

18 世纪的法国有三个舆论空间：君权和教权控制的代表型公共领域，作为新知识体系的文学共和国，以及为躲避书报审查、警察间谍与牢狱之灾而形成的隐晦批判，这是一个处于新旧交界地带的话语空间。文学共和国具备资产阶级公共领域的特点，但旧制度的控制力延续到革命爆发，它所维系的是代表型公共领域，以告示和警戒性语言塑造君主和教会的威严。在新旧边界上的是妥协的话语，为躲避牢狱监禁，它会屈从，但那是逃避伤害的策略，在屈从中它会轻视旧制度，这种轻视有时蜕变为人与人的敌意，最终颠覆旧制度，又使新制度的重建极为困难。哈贝马斯遵循现代启蒙解释学传统，在历史中寻找现代制度的起源，而偏重理念的方法会忽略那些具有挑战性的历史片段。法国模式不足以彻底否定哈贝马斯的理论，它仍然是分析传统社会向现代国家过渡、市民社会起源的依据。广而言之，从复杂多变中发现普遍规律是历史认识论或历史哲学的任务，是观念的冒险，有或多或少的不确定或偏颇，但偏颇与不确定不是拒绝历史哲学的理由，这是表象叙事所欠缺的视野。

第七节　萨德问题

哈贝马斯的公共领域转型论不能解释 1766 年卢梭退出文学共和国的原因，与"卢梭问题"一样对哈贝马斯提出质疑的还有"萨德问题"。青年卢梭追求的名利，萨德不以为意，晚年卢梭所厌恶的，却是萨德要打碎的。年轻时，他为非作歹，不顾及家族荣誉，冒险挑战传统伦理，是品性顽劣，天生没有责任感与荣誉心，或家庭秩序错乱，父权与母权对立，还是时代风俗积弊多，善恶的界限已模糊？时至中年，数次牢狱之灾后，他是共和派的革命家，勇敢雄辩，对于现代政治有深入思考，前后迥异的人生境遇是因为什么？是他天生喜好动荡，只有在动荡里，

---

① 1799 年 11 月 10 日，拿破仑：《拿破仑日记》，伍光建译，长春：时代文艺出版社，2013 年，第 72 页。

心中的恶才会平静，才能活得像自己？他的故事起初是家庭悲剧，最后是民族精神的悲剧，其中有一个风俗、制度与人心的不断堕落的因果循环。

对于现代人，萨德是遥远的传说、旧制度的异类，他出身于一个有六百年谱系的贵族家庭。12 世纪，他的远祖以商业起家。14 世纪，一位女性前辈劳拉（Laure de Sade）是意大利诗人彼特拉克心中的女神，也受过但丁的赞誉："理智与美德光彩照人。"15 世纪，这个家族培养了两个主教，17 世纪又有两个。1450—1716 年受封八位骑士（比男爵低一等的贵族），另有多名上尉、市政官、外交官、修道院院长、教皇内侍主管。他们的族徽上有一只鹰、一颗金星，是外省最古老、最有名望的家族。1740 年 6 月 2 日，萨德生于巴黎，他的母亲与波旁王室有血缘关系，父亲是军界和外交界的大人物，曾任布莱斯（Bresse）、布格（Bugey）、瓦罗梅（Valromey）、莱克斯（Gex）四省的总督，后任法国驻科隆公使、驻俄大使。萨德在一座古堡里长大，1663 年 12 月，昂基安公爵（Enghien）的婚礼在此举行，莫里哀到场祝贺，为国王和王后上演《〈太太学堂〉的批评》和《凡尔赛即兴剧》，据当时社交名流塞维尼（Sévigné，1626－1696）公爵夫人记载："那天的晚会极度奢华，花费两千路易。"[1] 1793 年，萨德忆及童年时光："我与孔代亲王（L. J. de Bourbon-Condé，波旁公爵独生子，法国军界要员，革命后流亡国外，组织军队反攻）年龄相仿，经常一起玩，我傲慢无礼，不顾身份差别，有次做游戏争执起来，我给了他一顿拳头。"[2]少年时代，萨德入读路易大帝中学，三年后毕业，成绩平平。路易十五执政期间（1715—1774 年），贵族青年轻浮懈怠，像流行病一样，有识之士深感担忧：

> 他们对过去没有留恋，对未来没有不安，在鲜花掩盖的悬崖边上快乐前行……所有时间用于社交与节日，享受快乐，担负宫廷和驻军的轻微职责，漫不经心地享受旧体制的便利，又感受到新风俗下的自

---

① 莫里斯·勒韦尔：《萨德大传》，郑达华、徐宁燕译，北京：中国社会科学出版社，2002 年，第 4、9～10 页。

② Sade，*Aline et Valcour，ou Le roman philosophique*，Vol. I，Paris，1795，p. 26.

由，两类道德准则恭维着我们的虚荣心，又放纵着寻求快乐的愿望。①

旧制度时代，贵族有向军队输送军官的传统，而父亲对于孩子是绝对的权威。1754 年萨德从父愿加入国王卫队，因其祖上有军功，路易十五令其持步枪，一年后破格晋升少尉。② 1756—1763 年，七年战争期间，他在路易十六哥哥的率领下参战，担任勃艮第驻军上尉，有人说他异常疯狂，有人说他特别勇敢。但无可讳言，那时军队荣誉感日益消解，一伙贵族子弟，纪律涣散、训练松弛，群居终日言不及义，经常出入私人聚会，剧院为他们保留位子，萨德也结识了不少轻浮之徒，"欺诈、告密、做伪证，从事间谍勾当"，在放荡与伪善被认为是理所当然的风俗里，他深陷其中：

> 我生于巴黎，在奢华与富贵中，自从我能思考，就觉得出身与命运能满足我的所有需求。有人说我愚蠢，我对此深信不疑，那些偏颇的讽刺让我变得自豪、愤怒又独断，一切得为我让路，整个世界要恭维我的任性。③

成年后，萨德有过二十九年的牢狱之灾，革命前多因放荡或对女性无礼。1763 年 10 月 29 日晚，萨德强迫珍妮·泰斯塔（Jeanne Testard）辱骂上帝、耶稣和圣玛丽，珍妮事后向巴黎警察局告发。马莱（Louis Marais）专职监视年轻贵族，逮捕了萨德，将他关入文森监狱，其父向国王求情，是年 11 月 13 日，他被释放，但要受警察监视。④ 1767 年 1 月 24 日父亲去世后，萨德的心理开始失控，最严重的是 1768 年 4 月 8 日的阿尔科伊（Arcueil）事件，他将一个三十二岁的女人哄骗到位于阿尔科伊的别墅，谎言、胁迫、暴力，无所不用其极。趁他外出，这个可怜的女人逃了出去，并向皇后镇（Bourg-La-Reine）元帅裁判团（负责军纪纠纷）

---

① F. Brayard, A. De Maurepas (eds.), *Les Français vus par eux-mêmes*, *Le XVIIIe siècle*, pp. 216-217, 381.

② A. M. Laborde, *Correspondances du Marquis de Sade et de ses proches enrichies de documents notes et commentaires*, Volume I, p. 17；莫里斯·勒韦尔：《萨德大传》，郑达华、徐宁燕译，第 95—96 页。

③ Sade, *Aline et Valcour, ou Le roman philosophique*, Vol. I, p. 5.

④ 莫里斯·勒韦尔：《萨德大传》，郑达华、徐宁燕译，第 159—161 页。

长官贝尔纳迪(Bernardiere)报案，萨德岳父蒙特勒伊(Montreuil)一家得知后设法化解麻烦，巴黎高等法院法官布耶(Boyer)企图驳回那个受害女人的控诉，赔偿两千四百利弗尔了事。但国王得知后，将萨德收押于恩西兹(Pierre En-Cise)监狱，"这是法国 18 世纪最卑劣的罪行，法律若不能主持正义，以儆效尤，会给后代留下徇私枉法的坏典范"①。萨德不以为那是谋杀，而是冒险，放纵者的冒险、不信教者的冒险，但在普通人的眼里，那是贵族制的堕落，萨德是"恶的象征"，为人憎恨。②

表 3-2　萨德受囚禁时间表③

囚禁时间	囚禁地点
1763 年 10—11 月	文森城堡(Vincennes)
1763 年 11 月—1764 年 9 月	艾夏弗城堡(Echaffour)
1768 年 4—? 月	恩西兹城堡
1772 年 12 月—1773 年 4 月	米奥兰城堡(Miolan)
1777 年 2 月—1778 年 7 月	文森城堡
1778 年 9 月—1784 年 3 月	文森城堡
1784 年 3 月—1789 年 7 月	巴士底狱
1789 年 7 月—1790 年 4 月	夏朗东收容所(Charenton)
1793 年 12 月—1794 年 1 月	马德隆奈特监狱(Madelonnettes)
1794 年 1—3 月	卡梅利特修道院(Carmélites)
1794 年 3 月	圣拉扎尔监狱(Saint Lazare)
1794 年 3—10 月	皮克普收容所(Picpus)
1801 年 4 月—1803 年? 月	圣派拉瑞监狱(Sainte Pélagie) 比塞特医院(Bicêtre)
1803 年? 月—1814 年 12 月	夏朗东收容所

---

① F. Brayard, A. De Maurepas (eds.), *Les Français vus par eux-mêmes*, *Le XVIIIe siècle*, pp. 250-252.

② Donatien à Renée, 20 février 1781, A. M. Laborde, *Correspondances du Marquis de Sade et de ses proches enrichies de documents notes et commentaires*, Volume XVI, pp. 47, 56；莫里斯·勒韦尔：《萨德大传》，郑达华、徐宁燕译，第229、234 页。

③ 萨德资料库：http://www.marquis-de-sade.com/la-biographie/

1778—1790 年是萨德遭受囚禁最长的一段，他的乱伦触怒了岳母蒙特勒伊夫人，相继被关押于文森城堡、巴士底狱和夏朗东收容所。蒙特勒伊夫人野心勃勃，本来不同意萨德与女儿勒奈（Renée de Montreuil）的婚事，所以对他的伦理越界极为愤怒。① 众叛亲离，无人搭救，他起初陷入绝望："何时以上帝的名义，我能从活埋我的墓地里出来？ 没什么比我的命运更凄惨的，也没有什么能描述我的焦虑，眼泪与哭喊支撑着我，所有人都熟视无睹。"②他开始勤奋读书，意大利诗人彼特拉克让他安静下来，"慢慢地读，生怕理解错误，劳拉（即萨德远祖）在我的脑袋里回旋，我像她的孩子"③。1779 年 2 月，他有过一场幻梦：

> 临近半夜，我要睡去，劳拉忽然出现，我确实看见她了，她问我："你为什么在尘世哀叹？"
>
> 我回答："我所在的地方有很多错误、悲伤、麻烦……我的母亲，我的抽噎要将我窒息。"
>
> 她握住我沾满泪水的手，她也在流泪："我住在一个你厌恶的世界，要向前看，我繁衍后代，直到你出世，不愿看到你不幸。"
>
> 因为我的落寞与对她的温情，我搂住她，希望留住她，跟随她，让她感受我的泪水。幻梦消散，给我留下的是悲伤。④

萨德的妻子勒奈禀性安静，时刻写信宽慰他，告诉他孩子的进步，说他出狱后会看到劳拉，感谢他在狱中翻译的诗歌，并不断地寄送书籍，帮他整理狱中手稿。托关系改善其生活条件——从"狗窝"转到大屋，为他寻医问药，又得忍受他的沉默、暴怒与埋怨："亲爱的朋友，告诉我你

---

① A. M. Laborde, *Correspondances du Marquis de Sade et de ses proches enrichies de documents notes et commentaires*, Volume I, pp. 17, 19.

② Marquis de Sade, "To Madame de Sade, March 6, 1777," *Letters from prison*, Richard Seaver(ed), New York: Arcade, 1999, p. 50.

③ Donatien à Renée, 17 février 1779, A. M. Laborde, *Correspondances du Marquis de Sade et de ses proches enrichies de documents notes et commentaires*, Volume XIV, p. 61.

④ *Ibid.*, pp. 61-62.

的健康状况……你要保重，我一直这样要求你，因为这一点比我的生命还珍贵，尽力消解你的悲伤情绪，我才能看到你健康地出来。"① 1779 年7 月 14 日来信："你的孩子很好，他们努力弥补失去的时间，要为你的幸福做有用的事。亲爱的朋友，我拥抱你，轻轻地，这一次我给你寄来六卷的《希腊罗马名人传》(Hommes illustres)，一根香肠，一块药膏，一瓶糖浸橘子，六块硬饼干，六块糖面饼干。"② 1781 年 12 月 31 日，萨德的小儿子路易(Louis-Marie de Sade)来信："亲爱的爸爸，新年在我的心里激起最温和、最崇敬的情感，希望您收下来自这个心灵的祝福，它不渴望别的，只求配得上父亲的温情，生为您的儿子我是幸福的。我何时能见到您，亲爱的爸爸？ 这一刻我等得不耐烦了！ 我何时能怀着崇敬之情拥抱您的双膝?"③ 1782 年 1 月，勒奈来信告知女儿近况："这是你女儿的画像……她还不会写字，所以我没有让她给你写信，她在学习，内心坚强，很快就记住一些词。"④(参考本节末文森城堡中萨德的藏书)

　　萨德在狱中时，家族领地管理松弛，勒奈与各级官员联络，寻求保护。1779 年 9 月 20 日，她致信一位大臣，诉说忍受的不公："先生，我一直为我丈夫缴纳监狱膳宿费，我觉得这是必要的，但有人执意毁灭这个不幸的人，他本该有不同的命运……您若同情我的不幸，就别再加重我的痛苦。蛮横对待我的是主事官员 S 先生，他杜撰不公和诋毁的言辞……萨德的权利已受侵害，领地树林被砍伐，有人掳走田地上的牲畜，领地狩猎权为人默许。"⑤ 可半月后，她致信萨德，希望他开心："亲爱的朋友，你让我准备一个书单，这是安布莱(Amblet，萨德的大儿子)写的，我让

　　① 　Renée à Donatien，Reçue le 1er mars 1779，A. M. Laborde，*Correspondances du Marquis de Sade et de ses proches enrichies de documents notes et commentaires*，Volume XIV，p. 70；Donatien à Renée，*ibid.*，p. 101；Donatien à Renée，*ibid.*，p. 107；Renée à Donatien，*ibid.*，p. 109；Donatien à Renée，*ibid.*，p. 211；Renée à Donatien，*ibid.*，p. 229.

　　② 　Renée à Donatien，14 juillet 1779，*ibid.*，Volume XIV，p. 229.

　　③ 　Louis-Marie de Sade au Marquis，31 décembre 1781，*ibid.*，Volume XVII，p. 25.

　　④ 　Renée à Donatien，12 janvier 1782，*ibid.*，Volume XVII，p. 33.

　　⑤ 　La Marquise de Sade à Monsieur B. Ministre du Roi，20 septembre 1779，*ibid.*，Volume XIV，p. 245.

他好好写，以便你能认清：《女教皇让娜》(La Papesse Jeanne)、《法国旅行家》(Voyager francais)、《卢梭手册》(La petite brochure de Rousseau)。我已致信梅斯尼(Mesny)医生，问他能否为你诊断。这一次给你寄十二块糖面饼干，三十块杏仁饼干。"①

这段时光是萨德转变的开始，他不再在现实中作恶，故意去伤害人，但要在思想世界里反叛。他以启蒙哲学、民族历史、戏剧作品自我教育，从中发现了生命的意义——写作色情小说。十二年里，他以之对抗死寂。若仅是个人癖好，在现代历史中，他的价值会归于无，听到他的粗鲁语言，想到他的劣迹，几乎没人愿意接近他，但荒诞与放荡的文字里有锐利的批判精神，批评旧制度，还有关于美好社会的想象。而这样的文字有对抗时间的力量，萨德由此能超越世俗意义的善恶观，作为尘世之恶的象征，让那些行走在善恶边缘的人反思：心底的恶何时会爆发？

出狱时韶华已逝，风湿、胃炎、偏头痛时常发作，眼睛问题困扰他很久，但为之奠定身份的作品也完成了：《变化无常的人》(Le Métamiste，ou l'Homme changeant，1780)、《轻信的丈夫》(Le Mari crédule，1781)、《让娜·莱奈》(Jeanne Lainé，1781)、《索多姆一百二十天》(Les 120 journées de Sodome，1785)、《阿丽娜与瓦尔库》(Aline et Valcour，1786)、《美德的不幸》(Les Infortunes de la vertu，1787)。入狱前惊慌失措，无所适从，此时他接受了现状，以之为难逃的命运，用放荡的文字颠覆虚伪的风俗。他的思想转变符合现代文艺评论家萨义德的晚期风格论："一个人因身心病痛或生活阅历，晚年的写作不同于青年时代。"如此解释仍是形式上的，未触及时代风俗流弊与人心之乱。新旧交替时，萨德的心里有贵族阶层的迷失，趾高气扬，不知道自己是谁；胆大妄为，在堕落中飞翔，也深知其中的弊端。他想成为哲学家，却不在意文学共和国的名誉，或不齿于此。《美德的不幸》是朱斯蒂娜和她的姐姐朱丽埃特的故事，一个是温和善良的姑娘，一个是蔑视道德的女人，但善良的品质没有被上帝奖赏，朱斯蒂娜举步维艰，因为在那个残酷的世界，"好人一生受难"，萨德在描述透心凉的绝望时尚存一点希望：

① Renée à Donatien，1er octobre 1779，*ibid.*，Volume XIV，p. 249.

我们的社会公约受充分尊重，我们与之没有理解障碍。尽管如此，我们遇到荆棘，坏人收获玫瑰。那些失去美德依靠的人无力克服不良迹象，他们会不会与之同流合污，不去反抗？他们不会说：美德是好东西，可它脆弱，不足以对抗邪恶，人们因美德陷于最坏的境地，在一个完全堕落的世纪，最稳妥的莫过于同流合污……坏人发达，善良者失败，置身于坏人中间更有利？（这部作品）是将美德遭遇不幸的事呈现给堕落的心灵，它若尚存良善，则能挽救之。①

批驳旧制度的同时能满足民众的好奇心，《美德的不幸》畅销一时，很多人在书摊前迫不及待地读起来。但在现代思想界，它标志着萨德神话的诞生，那是一套关于罪恶的话语体系，理性主义者以为是虚无的反抗，非理性主义者以为是反抗虚无。1834 年，博斯特（Boiste）主编《法语通用词典》（*Dictionnaire universel de la langue française*），收录了施虐（Sadisme）、虐待狂（sadique）、施虐受虐症（sadomasochisme）等词语，等同于放荡与残忍的快感，"违背自然，对抗社会"。他的后代承受指责，有人被迫更改姓氏，一个古老家族的名誉就此消亡。

1782 年动笔的书信体小说《阿丽娜与瓦尔库》是萨德的自传，出版商说它"风格纯净多彩，一切是原创的"，但也有人觉得"到处是下流与谋杀，让人反胃，作者疯了"②。文辞间引人注目的不是老生常谈的色情，而是改善风俗的意图："避免青年人腐化，减轻赋税，敬重农业，倡导诚实，减少奢华。因其让身处险境的人更危急，却不会减轻不幸者的重担。"③萨德了解时代批评的限度，于是虚构了一次远游，指桑骂槐：桑维尔（Sainville）和利奥诺（Léonore）在非洲野蛮王国布图安（Butua）旅行，那是人吃人的世界，一切都是恶的，光天化日之下有滔天罪行。从此逃离后，两人驾船去了塔莫（Tamoé），位于南太平洋的岛国。一个乌托邦，人人幸福，享受大地的赠予，女性受尊敬，刑法轻微，黄金没有价值。塔莫国首领札麦（Zamé）指责欧洲的弊端，"不平等，激情过度，迷信盛行"。

---

① *Justine，ou les malheurs de la vertu*，Tome I，Hollande，1801，pp. 11-13.

② Sade，*Aline et Valcour，ou Le roman philosophique*，Vol. I，p. x.

③ *Ibid.*，pp. 116-118.

1785 年 10—11 月，萨德在巴士底狱时每天晚上都在写一部色情史上难出其右的作品《索多姆一百二十天》，人物肮脏，情节血腥，主题不正经，有灵魂深处的愤怒，其中一段为罪行辩护的话让人觉得他是十足的堕落者：

　　一桩罪行若能制造快乐，就不会有悔恨，若对往事的记忆唤起的是快感，自然不会有折磨人的记忆。若罪行不能带来快乐，或因某种感受，快乐像激情或仇恨一样消失了，悔恨就会出现……要赋予罪行以所有力量，使之无可挽回，这是消除悔恨的方式。①

这是萨德式的场景："组合的复杂、同伙的扭曲、欢乐的代价和受虐者的忍耐力，一切超出人性的可能。"②在理性话语里，萨德是异类，而在非理性的话语里，那意味着他要恢复人的本性，拒绝以德报怨，拒绝礼仪与荣誉感，要彻底释放心中的愤怒。但萨德的恶有展示的愿望，有别于礼仪与荣誉感所掩饰的恶，它们从旧制度的根基下长出来，然后暗地里腐蚀旧制度。

恶的生存空间是黑暗、隐秘和窃窃私语，是行为与后果之间的漫长距离，总之要逃避因果关系的追踪。大恶是那些看似不具备因果关系的恶、无限绵延的恶、刻意隐藏的恶，它在旧制度有气力的时候极力奉承，趁机取利，在旧制度危急时极力保护它，但在旧制度坍塌时迅速变形，以维新者的面目在新时代里秘密地袒护旧风俗。在一群变形者的社会里，好制度枯朽风化，坏制度却因为善变而横行一时。良好的风俗本是民族精神的支撑，但在坏制度下异常混乱，那里的人有了变形的本领，他说话时满怀深情，却是在用呼吸与发声的技巧，他的声音圆润清亮，但听起来空洞，从容不迫里是冰凉。无限绵延的恶是旧制度的敌人、依附、投机、隐瞒使之成为封闭体系，保守固执被看作政治美德，它想维持旧制度，却必然会背叛它。

相对于真正的恶，也就是通向绝路的恶，迫不得已的恶是直白的、

---

　　①　Sade, *Les 120 journées de Sodome ou L'Ecole du Libertinage*，Paris，1904，p. 526.

　　②　罗兰·巴尔特：《萨德 傅立叶 罗犹拉》，李幼蒸译，北京：中国人民大学出版社，第 2011 年，第 117 页。

纯粹的，要了解它，不需要突破掩饰性的表象，而纯粹与直白使之有了审美意义。萨德早期对恶的迷恋表现为对无辜者的祸害，他服从恶的要求，将之隐藏起来，消除因果关系，为此口是心非、提心吊胆。后期，他打破恶的逻辑，将之放在明确的因果关系里，向人展示。他不再是恶的仆从，而是恶的陈述者、现代历史上恶的第一个主人，他要恶上台表演，恶就得上台表演，他要恶自我摧残，恶就得自我摧残。萨德的恶不是对旧制度的根本威胁，它处在风俗的最底层，在形式上有败坏性，但旧制度从对它的监禁中标明了自身的正义。

1687 年，法国作家拉布吕耶尔(Jean de La Bruyère)翻译古希腊人泰奥弗拉斯托斯(Théophraste)的《品格论》，借助古希腊的坏风俗批评路易十四时代的问题。这些问题有依附之恶、投机之恶，包括伪善矫饰者、阿谀奉承者、献殷勤者(因其寻求的不是正派诚实而是讨人喜欢)、最可耻的事都敢说敢做的无赖、夸夸其谈者、贪婪无耻者、言行粗暴者、愤世嫉俗者、认为受所有人欺骗的猜疑者、以微不足道的事炫耀的虚荣者。① 与泰奥弗拉斯托斯作品一同出版的还有拉布吕耶尔自己的《品格论》(Les Caractères ou les Mœurs de ce siècle)，拉布吕耶尔不再避讳法国风俗的弊端：

> 宫廷不能没有这一类仆从，他们溜须拍马，殷勤讨好，善于钻营，效忠女人，安排她们的娱乐，研究她们的弱点，凑着她们的耳朵说些粗俗话……这些人能屈能伸，不过无足轻重。
>
> 在宫廷里，在大人物和大臣身边的必须是一些骗子，居心叵测的骗子……荣誉、美德、良心、品质，从来令人可敬，往往没用。
>
> 宫廷从来不缺这样的人，他们用社交习俗、礼仪或财富取代智慧，弥补才德的不足。
>
> 奴隶只有一个主人，但对于野心家，凡是对升官发财有用的人都是他的主人。
>
> 看到人们冷酷无情、忘恩负义、不公、骄傲、珍爱自己、忘掉别人，你不要发怒，他们生来如此，本性使然，石头要落下，火要

---

① 拉布吕耶尔：《品格论》，梁守锵译，广州：花城出版社，2013 年，第 25、31、33、35、37、47、50、51、54 页。

烧起来，就随它吧。

一个健全的人从宫廷生活中获得是孤寂和退隐的乐趣。①

但在旧制度晚期，文字只能单向度地规劝现实，而现实在老路上前行，不理会文字怎么说，所以拉布吕耶尔的作品畅销一时，却无益于旧制度的改良。一个世纪后，当萨德以恶的表演者讥讽旧风俗的时候，法国人仍视之为败类，蔑视他，要远离他。19 世纪，因在教会伦理和世俗伦理中是恶的化身，他的作品不能出版，但越来越多的人想去理解他，有反抗精神的年轻人从中发现写作灵感，夏多布里昂、福楼拜、乔治·桑、缪塞、戈蒂耶（T. Gautier）、欧仁·苏（E. Sue）、龚古尔兄弟都读过，波德莱尔读后视之为"注释人性之恶的自然人"②。20 世纪，对萨德的理解有了新视野，世界大战后的人目睹生活的荒诞，在超现实主义的语境中，莫里斯·海涅（M. Heine）、吉尔伯特·莱利（G. Lely）和克洛索夫斯基（P. Klossowski）以之为影响深远的思想家，是尼采、马克斯·施蒂纳（M. Stirne），以及精神分析学家弗洛伊德和卡拉夫特-埃宾（Krafft-Ebing）的先驱。1938 年，曼·雷伊（M. Ray）为配合海涅出版萨德手稿，完成了一幅画像，石质的脸庞，面向燃烧的巴士底狱，雷伊觉得那是"最自由的人"③。

那是什么样的自由，值得一个人不顾一切？以极端的恶证明人性中的晦暗，以荒诞对抗荒诞？法国旧制度末，贵族的没落已不可挽回，在新的财富体系里，他们受第三等级冲击，地产收入贬值，破产或消亡的家族悲剧时有出现，风光不再。他们的高傲却未减少，蔑视行政体系，看不起新兴阶级，有些贵族逆反心理强，以违背常理的方式表明自身存在，寓批判于色情故事是发泄怨气的途径，隐晦地讽刺风俗的堕落。达尔让（J.-B. de Boyer, marquis d'Argens，1703—1771）侯爵是 18 世纪初的外省贵族，十五岁参军，三十岁退役，父亲一怒之下剥夺了他的长子继承权。1734 年，他离家赴荷兰，开始自由写作，1748 年出版《哲学家

---

① 拉布吕耶尔：《品格论》，梁守锵译，第 257、258、264、265、266、272、281、285、290、339 页。

② François Ost, *Sade et la loi*，Paris：Odile Jacob，2005, pp.74-75.

③ Dialogue entre P. Bourgeade et M. Ray：http：//www.lettresvolees.fr/eluard/sade _ man _ ray. html.

特蕾兹》(*Thérèse philosophe*)，以卡迪尔(M. -C. Cadière)和吉拉尔(J. -B. Girard)的荒唐事批判女性受压迫的现实，销量巨大。① 1750 年 10 月，德国北部小镇伊泽霍(Itzehoe)的施迈特瓦(Schmettow)伯爵致信法国友人拉博梅尔(L. de La Beaumelle，哥本哈根大学教授)，问他是否能为自己弄到这部作品。②

　　米拉波伯爵，一个没落的外省贵族，1774—1775 年、1777—1780 年两次被囚禁，第一次在伊夫(If)城堡，第二次在文森城堡，出狱后与家庭决裂，1784 年只身去伦敦，三级会议后当选埃克斯(Aix)地区的第三等级代表，后创办《三级会议报》(*Journal des états généraux*)。1783 年，他完成色情作品《我的皈依》(*Le libertin de qualité ou Ma conversion*)，不是皈依上帝，而是魔鬼撒旦："撒旦先生，童年时代，您指导我耍花招的本领，我采纳您的教诲，日夜如此，扩大您的帝国。"③ 1785 年，他又出版《升起的幕布》(*Le Rideau levé*)，其中的小女孩洛尔(Laure)十岁丧母，接受继父的不良教育，并学会了一套"关于快乐的知识"④。

　　相比而言，萨德的一生更像传奇，在现实中撒野，在文字里狂放，青年时代是顽劣之徒，在监狱里历练为有正义感的色情作家，革命时代，心中的善开放了。1790 年 4 月 2 日，秘密逮捕令(Lettres de cachet)废除后，萨德出狱，改名为路易·萨德(Louis Sade)，投身革命，不再是贵族，而是公民，公安委员会让他以爱国主义的文字动员公共精神。1791 年 6 月在致国王的公开信里，他提到"法兰西民族已陷入可怕的错误，民众对于权力的滥用愤怒至极"⑤。同年 10 月，巴黎的莫里哀剧院上演他

---

　　① *Thérèse philosophe*, ou *mémoires pour servir à l'histoire du Père Dirrag et de Mademoiselle Eradice*, Londres, 1782.

　　② Le Comte H. W. Schmettow à La Beaumelle, 26 d'octobre 1750, *Correspondance Générale de La Beaumelle*, editée par H. Bost, C. Lauriol et H. A. de la Beaumelle, Tome III, p. 220.

　　③ Comte de Mirabeau, *Le libertin de qualité ou Ma conversion*, Tome II, Paris, 1801, p. 1.

　　④ Mirabeau, *Le Rideau levé*, ou *l'Education de Laure*, Cythère, 1790.

　　⑤ Sade, "Adresse d'un citoyen de Paris au Roi des Français," Annie Le Brun et Jean-Jacques Pauvert (eds.), *Œuvres complètes du Marquis de Sade*, Tome 11, pp. 321, 322, 326.

的《放荡的不幸》(*Oxtiern, ou les malheurs du libertinage*)，该剧批判财富对共和制的腐蚀，致力于维护政治秩序。1793 年 1 月，他发表公开演讲，要以哲学摧毁欺骗和荒谬的宗教，为民众的神立祭坛；9 月他又在马拉纪念日上滔滔不绝，"共和主义者最珍视的义务是感激伟人，国家荣耀由此而来"。1795 年的《闺房哲学》讨论风俗与政治的关系，那是启蒙时代古典共和主义者热衷讨论过的问题，爱尔维修、马布里、孟德斯鸠、卢梭对之有所论。两年后，他又出版《新朱斯蒂娜》，揭露廷臣圣方德(Saint-Fond)的阴谋："一个国家的臣民若在放荡中衰败，就不会感到脚镣的重量，增加负担不为之察觉，所以真正的治国策是尽力使之腐化。"① 1793 年 7 月，他在致自由平等协会(Société de la liberté et de l'égalité)的文件里倡导以宪法保障人的自由：

> 我们又一次为自由加冕，独裁者再不能夺取……很快，一部普度众生的宪法会以幸福取代不安，在邪恶与奴役压迫下的法国人会萌生共和热情，足以让君主颤抖……各省代表拜倒在国家祭坛下，发誓要自由地生，自由地死。②

此时的萨德兼具史学家和革命家的才华，而且有历史正义感。关于启蒙哲学和革命暴力的作用，他因独特的境遇而有不同视野。断头台每天都有动作，但只能处死杀人犯，不能减少犯罪，为此他公开质询 1793 年 9 月 17 日《嫌疑犯法令》(*Loi des suspects*)的合法性，这是革命恐怖政策的依据。他呼吁废除死刑，降低法律的严酷性，尽可能的温和，所有人努力遵守，改良风俗，避免在教育里掺杂宗教寓言：

> 没有宗教，我们制定的法律有何用？我们需要宗教，但得是为共和人格准备的、有别于罗马的权力宗教。近一个世纪，我们确信

---

① Sade, *Œuvres complètes*, Tome III, Juliette ou les Prosperités du Vice, p. 529.

② Sade, *La Section des piques à ses frères et amis de la Société de la liberté et de l'égalité*, 19 juillet 1793, pp. 2, 3.

宗教要依托于道德，而非道德依托于宗教，宗教要与风俗相关。①

1803 年，他被因于夏朗东收容所时又有了一个写作计划：德维尔（Delville），一个道德败坏的男人，泰奥多丽（Théodorine），一个腐化堕落的女人，图谋陷害天真的少女克莱芒斯（Clémence），与《美德的不幸》相似，仍是善良人受伤害的主题。② 1815 年，萨德完成《政治对话》（*Dialogues politiques*），"自法国的麻烦事开端后，我尚有时间思考所见所闻，我想探寻眼前事的根源、政治体制的根源，这样的研究能说明我们不幸的首要原因，如何避免，如何将法国建立于牢固的基础上"③。其中有一个辩论场景，双方难分伯仲：保皇派要恢复波旁王朝的统治，因为那是美德政治、贤人政治；而雅各宾派选举波拿巴，尊重人民意愿，取缔王权遗存。对话中有革命之乱的道理，文人政治干扰了时代思想，人人希望变革社会，实践方式与革命目标却是混乱的：

> 哲学家的政治诡辩是我极力反对的，我的国家近二十六年所经历的不幸主要归咎于求新者的堕落，他们作为的一些恶果仍未显现……同胞对之信任，就去实践关于自然权利、人民主权和平等的抽象原理。④

萨德最后的思考保存在遗作《政治词汇》（*Lexicon politique*）里，他首先解释了政治科学的基本观念，包括政治、平等、贵族、无套裤汉、财产权、国王与主权者、民族与公众等。追求真实是史学家和政治作家的原则，无论是喜欢批评的人，还是歌功颂德的人，都要如此。以"政治"为例，那是"关于人心的知识，是引导人的意志的科学，助其实现预定目

---

① *La Philosophie dans le boudoir*, *ouvrage posthume de l'auteur de* Justine, Tome second, Londres, 1795, pp. 70-71.

② Annie Le Brun et Jean-Jacques Pauvert (eds.), *Œuvres complètes du Marquis de Sade*, Tome 11, p. 33.

③ *Dialogues politiques sur les principales opérations du gouvernement françois depuis la Restauration et sur leurs conséquences nécessaires*, par l'auteur de la *Tydologie*, Louis de Sade, Londres, 1815, p. iii.

④ *Ibid*., pp. v, vi.

的，或使之有美德，或更顺从于信仰"①。其次是对革命的复杂态度，他以为 1789 年后的动荡是打乱民族传统的不良后果，"让人恐惧，让人厌恶"；他又不否定革命的普世意义，"欧洲、美洲、亚洲和非洲民族，对之或赞誉，或苛责，革命的因果却几乎一样，若认真研究革命的性质、形式和力量，会更清楚地认识它，一部普遍意义的革命史适合所有国家"②。

　　萨德是旧制度根基下长出来的恶人，将贵族制的弊端发挥到极致，在动荡岁月有英雄的品质。他想掌握命运，却受制于起伏的时局，一生里有狂放、幻灭、重生与失落，从为非作歹的贵族青年变成以色情作品批判风俗的文人，之后是革命家和政治理论家。社会剧变让人心与时代境遇连连错位，像萨德一样无所皈依的贵族还有很多。丹特莱格伯爵，思想敏锐，懒散成性，在里昂上学时不喜欢耶稣会的沉闷教育（以古典语言和神学理论为主，辅以数学、法语课），后来参军，服役时发现自己的写作潜质，但家人迫使他屈尊发财，他对专制的母亲不满，对叔叔普雷斯（Priest）也不满，甚至是仇恨，因受其责备"专注于文学，不思军队的职责"③。出身贵族却憎恨贵族制，对于某个贵族是怀疑自我，而在普遍意义上那是贵族制的危机。1789 年他投身革命，主动放弃贵族特权，又鼓动其他人放弃，促成了《人权宣言》的颁布。黎塞留公爵同样有叛逆精神，幼时的教育由资深教师负责，但他未从中获益，"自然物象比艰苦学习更有益于知识积累"。年逾不惑，他不遵守贵族礼仪，轻浮、冒失与鲁莽惹怒了父亲，于是被关入巴士底狱，长达十四个月。出狱后，他加入军队，四处驻防参战，成长为合格的贵族，并跻身法兰西学院。④ 对于他的家族，这是好事，而在历史意义上，他最终为旧制度归化，从中受益，自然是它的保卫者。

---

①　Sade, *Lexicon politique, ou Définition des mots techniques de la science, de la politique*, Paris, 1837, pp. 9, 19-20.

②　*Ibid.*, pp. 14, 16-17, 27.

③　R. Barny, *Le comte d'Antraigues*, Oxford, 1991, pp. 9, 85, 173.

④　*Histoire des quarante fauteuils de l'Académie française depuis la fondation jusqu'à nos jours*, 1635-1855, p. 221.

　　萨德与众不同，他穿行于善恶间，更容易跨越善恶的界限，但他的心里有良善，到夜里会反思，欲望袭来却无法自持。年轻时，他在五年间持续救济三个几近破产的家庭，最终使他们脱离贫困，他帮助一个被部队丢弃、几乎在野外死去的逃兵，他还在伊夫里（Evry）救过一个孩子，眼看被疾驰的马车碾过，他用身体挡住了车轮。[①] 对于矛盾的生活，萨德多次忏悔，1763 年 11 月在文森城堡：

　　　　我不抱怨我的命运，上帝该来复仇，我愿意承受，我为错误哭泣，我厌恶我的迷失，上帝可以在我认识错误之前、在我未来得及感受到之前将我毁灭。他让我反观自己，这是多么大的恩惠。[②]

1783 年 9 月，萨德致信妻子时又有过反思：

　　　　我是最诚实、最坦率、最优雅的人，乐善好施，有同情心，是我们孩子的偶像，这是我的美德。我也有邪恶的性情，专横、易怒、暴躁，走极端，没有信仰，以至于狂热……或是杀死我，或是接受我，因为我不会改变。

　　　　……

　　　　或许您会说，若想获得自由（离开文森城堡），就要舍弃我的处事原则和我的趣味，那我们还是永别吧。如果我有千百条性命和自由，我宁可牺牲它们，也不愿牺牲我的原则和趣味。[③]

　　萨德是制度之恶的表演者，福柯是现代秘密的观察家，他们都是在实践中、而非在书房里寻找知识。在现代启蒙解释学里，萨德是道德怪物、恶的象征，而福柯拉开了幕布，发现了他的革命性，一个阐释恶的

---

　　① Donatien à Renée，20 février 1781，A. M. Laborde，*Correspondances du Marquis de Sade et de ses proches enrichies de documents notes et commentaires*，Volume XVI，p. 56.

　　② Lettre de Sade au lieutenant général de la Police Sartine du 2 novembre 1763，Jean-Baptiste Jeangène Vilmer，*Sade moraliste：Le dévoilement de la pensée sadienne à la lumière de la réforme pénale au XVIIIe siècle*，Genève：Droz，2005，p. 119.

　　③ Marquis de Sade，*Juliette ou Les prospérités du vice*，p. 14.（http://www.editions-humanis.com/illustrations/enfer/Juliette _ extrait. pdf）

历史人格，阐释旧制度知识和伦理体系破碎的人格。在福柯的作品里，他不是长篇大论的主角，而是一个在破碎感里跳动的精灵，时隐时现，每次出现都预示着时代精神的转折。在《古典时代疯狂史》里，他代表的是非理性，一个颠覆风俗的自然人；在《词与物》里，他是古典话语体系的终点。福柯承认放荡的思想意义，它能推翻表象世界，却将萨德塑造为并非绝对自由的人格，"放荡有放荡的秩序，萨德服从这些秩序，生活于秩序里"①。福柯在无所顾忌的反叛里发现了规则，这会削弱萨德的雄心。逃不掉的秩序感是自由的生命在现代制度下的心结，福柯有这样的体验，所以不排除他将之转移到萨德身上。对于一个已超越制度，又反身取笑制度，在狡猾的面容后散发着神秘感的人，秩序是乌有的辞令。

　　晚年的萨德似乎已安生，心灵也有了归宿，一种朴素的民族情感："法国是我的出生地、革命摇篮，是我最了解的国度，我越来越喜爱它，我一生与法国人相处，明白他们的语言，了解他们的风俗。"②但除旧布新的热情之外难掩孤寂与凄凉，"一介文人，今天为这一派摇旗，明天为那一派呐喊，观点时有变动，对我的思想不可能没有影响"③。1794 年 7 月，他被判处死刑，罪名是"与共和国敌人通信"，包括两条指控：1791 年与皇家卫队的负责人有联系；他在各方面是最不道德的人，不配生活在这个社会。临刑前验明正身时，五人被遗漏，其中就有萨德，他逃脱一死。那是法国历史上的谜，相关的猜测是革命时代"监狱太多"，或"档案管理混乱"④。罗伯斯庇尔倒台后，他离开了皮克普收容所，但拿破仑厌恶有伤风化的作品，他先后被关押在圣派拉瑞监狱、比塞特医院和夏朗东收容所，法国人视之为精神病人，或思想异端。1804 年 8 月 12 日，他致信约瑟夫·富歇（Joseph Fouché），时任警察部长，一个臭名昭著的

　　①　福柯：《词与物：人文科学考古学》，莫伟民译，上海：上海三联书店，2001 年，第 277、278、280 页。

　　②　Sade, *Lexicon politique, ou Définition des mots techniques de la science, de la politique*, p. 17.

　　③　*Ibid.*, p. 17.

　　④　莫里斯·勒韦尔：《萨德大传》，郑达华、徐宁燕译，第 614、626 页。

政治表演家：

> 四年来，我被非法剥脱了自由，靠一些哲学我坚持到今天，抵挡那些以可笑荒唐的借口强加于我的各种屈辱。在我身上，关于个体自由的法律规章从未如此为人践踏，他们把我关在这个城堡，既无审判，也无任何有根据的法案，据说是因为一部色情作品……先生，我求助于您的权威，特别是您的公正，让我获得自由，所有的法律和理智在我身上都被歪曲了。①

萨德未收到答复，1809 年 6 月 17 日，他又致信拿破仑：

> 萨德先生，一家之长，他的儿子在军队里表现出色，他在三个监狱生活了九年，是尘世最不幸的人，年逾古稀，几近失明，患有痛风和风湿病，痛苦难堪，夏朗东的医生证明他实话实说，认同他寻求自由的愿望，这是最后一次要求，他们发誓不会后悔支持他。②

拿破仑问及此事，同年 7 月 12 日他看到了调查报告："此人有强烈的淫欲，足以使之有疯狂的念头和可怕的举动，他以演讲和写作传播罪恶，是不平常的人，我们要尽力使之脱离社会。"③萨德失去获得自由的最后机会，他不知道儿子一星期前已死在战场上，他也要在五年后终老于夏朗东收容所，但他不是精神病人。他的墓志铭是一首诗：

> 过路者，
> 在最不幸的人旁边，
> 请你屈膝祈祷。
> 他生于上个世纪，

---

① J.-B. J. Vilmer，*Sade moraliste: Le dévoilement de la pensée sadienne à la lumière de la réforme pénale au XVIIIe siècle*，p. 170.

② N. Schaeffer，*The Marquis de Sade: A Life*，Harvard University Press，2000，pp. 499-500.

③ 莫里斯·勒韦尔：《萨德大传》，郑达华、徐宁燕译，第 735 页。

死于我们的时代。

面目狰狞的专制制度，

时时以之为敌，

这可憎的魔鬼化身为一个个国王，

掌控他的生命。

专制在恐怖时代现身，

置之于无尽深渊的边上，

专制又在执政府时代重生，

他依旧是受害者。①

　　生命在愤怒、惶恐与无助中结束，在风俗动乱、制度失序、人性扭曲的时代，不唯此人。萨德的恶有批判制度的意图，他若批判得有理，就是孤独的革命者，不为人理解，晚年萨德要成为现代意义的启蒙者，但又失败了。他的生命已超越世俗伦理的解释限度，更像是善的恶或恶的善，不正义的正义或正义的非正义。旧制度晚期，他的命运有普遍性，信仰衰落，高贵的精神消逝，善良人做邪恶的事，不法之徒成了立法者，善与恶的边界上有一切可能，人心无所依，失去现实感与历史感，而未来又飘忽不定，个体活在虚无里。启蒙精神致力于培育自由、平等、理性等现代观念，本质上是改良风俗，让动荡时代的人生活得从容，但启蒙精神日渐沦落为思想权力，不能担负现代理想。随之而来的革命希望

---

① Passant，Agenouille-toi pour prier
Près du plus malheureux des hommes.
Il naquit au siècle dernier
Et mourut au siècle où nous sommes.
Le despotisme au front hideux
En tous les temps lui fit la guerre
Sous les rois ce monstre odieux
S'empara de sa vie entière.
Sous la Terreur il reparaît
Et met Sade au bord de l'abîme.
Sous le Consulat il renaît.
Sade en est encore la victime.

在一瞬间净化风俗与人心，清除制度之弊，却让局势更混乱。萨德是善良世界中的怪物，邪恶国度里的精灵，他的故事是不是法兰西民族命运的隐喻？这个民族有堂皇的过去，喜欢炫耀，用庄严的仪式掩盖丑陋，在国运颓废之际，它顿悟了，要弃旧从新，但时局动荡，是非杂糅，要行善的做了坏事，要改变的被改变着，从混沌中归来已不知身在何处。

"萨德问题"的实质是制度、风俗与人心之辨：善与恶在逻辑上是对立的，为什么在现实中能随意转换？好人作恶，恶人向善，是人性无常还是制度弊端？一个人进入历史有很多途径，萨德选择了反面角色，但一个邪恶的人为什么关心国家福祉，不良风俗如何扭曲了人性？好制度、好风俗是"萨德问题"的可能性答案，但它们从哪里来？18世纪国运危急时，法国人打碎旧制度，重建风俗，19世纪的历史说明他们的方案不是最好的。制度之乱、风俗之乱与人心之乱有隐秘的相关性，又有模糊的相似性，如何避免陷入乱的循环，这个问题比"萨德问题"更棘手。

在思想意义上，"萨德问题"对于现代启蒙解释学也有挑战性。康德的启蒙论是光明的，其中有对现代理性的希望，而现代理性偏好严密的逻辑、情节的统一，康德的形而上学风格满足了这些要求，由此成就了经典的启蒙定义。萨德处在现代理性的暗处，他的叙事触犯了世俗伦理和宗教伦理，也不符合现代理性的要求，所以他在启蒙解释学里是异类。旧制度晚期，像他那样反抗的人不多，但像他那样忍受风俗堕落的不少，他们身处非理性的世界，原始规则大行其道，善与恶没有界线，原因与结果颠倒。无法应对这样的逻辑，理性话语也就不再意味着确定。

启蒙形而上学与启蒙政治之间是逻辑与现实的差别，偏于前者会过于乐观，偏于后者会过于悲观。启蒙时代有理性、美德以及对现代制度的希望，也有谣言、人身威胁、无礼的谩骂，社会阶层互不认同。旧秩序行将解体，现代荣誉感破而不立，公私界限不清，商业规则肆意侵犯个人自由。人人有理想，在不正义的现实中却会心理失衡。若权力带来一点安全感，人人追逐权力；若财富带来一点安全感，人人想发财。若现实让人恍惚，只有破碎才有确定的未来，对于破碎的美好想象就会控制人。所以，法国启蒙之光有时是明亮的，有时是黑暗的，为它照耀的地方冰凉。

"萨德问题"的思想意义在于将良善从伦理说教中解放，使之具备对抗恶的实践力。对于那些传播启蒙精神的人，与恶同行是好的履历，恶越是飞扬，就越让人明白尘世生活的坏状况，从中观察恶的必然性，感受必然中的悲剧性，以及悲剧中的诗意，这些诗意说明恶有从善的可能。敢于面对恶的文字有结实的力量，敢于规训恶的文字才是启蒙精神之友；而在浮夸的时代，文字沦为平庸者的消遣，它被人拆解，挂起来展示，从嘴里吐出来炫耀博学，却是没有实践力的精神体。生活在虚假的善里、迷醉在关于善的想象里的人或是天真，或是脆弱，见到恶就悲观，但悲观中的愤怒未必有用。所以，一个恶被暴露的时代比一个恶被掩饰的时代更真实，善与恶在公共空间里搏斗的时代是大时代。如果说法国启蒙有弱点，对制度之恶的天真愤怒是其中之一，徒有关于好制度的想象不足以感悟真实，也就不能去除制度之恶的根源。

1782 年，文森城堡中萨德的藏书(255 册，由勒奈寄送)：①

《莱顿杂志》，6 卷(*Gazette de Leyde* de 1776 à 1781，6 vol.)

《圣徒传》，1 卷(*Vie des Saints*，1 vol.)

《达朗贝尔文学作品集》，5 卷 (*Mélange de littérature de d'Alembert*，5 vol.)

《法国史》，12 卷(*Histoire de France* par Daniel，12 vol.)

《阿米纽斯，英雄诗》，1 卷(*Arminius ou la Germanie délivrée*，1 vol.)

《新世界》，1 卷(*Monde nouveau* de Pellegrin，1 vol.)

《道德政府》，1 卷(*Gouvernement fondé sur la morale*，1 vol.)

《法国三代宫廷图录》，1 卷(*Tableau des trois cours souveraines de France*，1 vol.)

《运动与平衡原理》，1 卷 (*Principe sur le movement et l'équilibre*，1 vol.)

---

① A. M. Laborde, *Correspondances du Marquis de Sade et de ses proches enrichies de documents notes et commentaires*，Volume XVII，pp. 186-188.

《斯卡隆作品集》，6 卷（Scarron，6 vol.）

《印度史》，3 卷（*Histoire des Indes*，3 vol.）

《关于康巴省的信》，1 卷（*Lettre sur le Combat Venaissin*，1 vol.）

《肖像画》，1 卷（*Gallerie de portraits*，1 vol.）

《世界史》，10 卷（*Histoire Universelle* de de Thon，10 vol.）

《难辨字词备忘录》，2 卷（*Mémoires de illisible*，2 vol.）

《英国史：1748—1763》，5 卷（*Histoire d'Angleterre depuis* 1748 *jusqu'en* 1763，5 vol.）

《法国王权史》，4 卷（*Histoire de l'établissement de la monarchie française*，4 vol.）

《宫廷人物志》，8 卷（*La Science des personnes de cours*，8 vol.）

《罗伯特·拉得旅行记》，2 卷（*Voyage* de Robert Lade，2 vol.）

《维吉尔作品集》，4 卷（*Virgile* de Desfontaine，4 vol.）

《高乃依作品集》，2 卷（*Chef d'œuvre de Corneille*，2 vol.）

《高乃依诗歌集》，5 卷（*Poèmes* de Thomas Corneille，5 vol.）

《拉辛作品集》，3 卷（*Racine*，3 vol.）

《莫里哀作品集》，1 卷（*Molière*，1 vol.）

《克莱比昂作品集》，1 卷（*Crébillon*，1 vol.）

《农民哲学家》，2 卷（*Le paysan philosophe*，2 vol.）

《贺拉斯作品集》，8 卷（*Horace* par Sanadon，8 vol.）

《忒勒马科斯历险记》，2 卷（*Télémaque* de Fénelon，2 vol.）

《认识自我的艺术》，1 卷（*L'art de seconnaitre* par Abadie，1 vol.）

《蒙古帝国》，2 卷（*L'Empire du Mogol* par le pere Cartron，2 vol.）

《论史诗》，1 卷（*Traité de poème épique*，1 vol.）

《法国新论》，2 卷（*Nouvelle recherche sur la France*，2 vol.）

《伏尔泰世界史》，2 卷（*Histoire unverselle* de Voltaire，2 vol.）

《欧洲邮报》，2 卷（Annales de Linguet，*Le courier de l'Europe* depuis 1776，2 vol.）

《苏利回忆录》，8 卷（*Mémoires* de Sully，8 vol.）

《世界史》，2 卷（*Histoire universelle* de Bossuet，2 vol.）

《自然精华》，1 卷（*Les Merveilles de la nature*，1 vol.）

《现象观测》，1 卷（*L'observateur des spectacles* par Chevrier，1 vol.）

《拉瓦利埃公爵夫人的苦修生活》，1 卷（*Vie penitente de la duchesse de La Vallière*，1 vol.）

《论宗教有用的方法》，1 卷（*Moyen de rendre les religieuses utiles*，1 vol.）

《阿里斯特与欧仁对话录》，1 卷（*Entretien d'Ariste et d'Eugene*，1 vol.）

《柏里斯勒将军政治遗嘱》，1 卷（*Testament politique du marechal de Belle-Isle*，1 vol.）

《? 的信》，1 卷（Lettre du，1 vol.）

《圣托马斯论刺杀暴君的原则》，1 卷（*Doctrine de saint Thomas sur le tyrannicide*，1 vol.）

《维勒第夫人作品集》，12 卷（*Œuvre de Madame de Villedieu*，12 vol.）

《特克里骑士回忆录》，1 卷（*Mémoires du chevalier de Tekeli*，1 vol.）

《法国王权世系》，3 卷（*Plan de la monarchie française*，3 vol.）

《论宗教》，拉辛诗歌，1 卷（*La Religion*，poème de Racine，1 vol.）

《西班牙史》，5 卷（*L'Histoire d'Espagne* par Durham，5 vol.）

《法国史纪事年表》，2 卷（Le président Henault，*Abrégé chronologique de l'histoire de France*，2 vol.）

《英国革命》，4 卷（*Révolution d'Angleterre* par Durham，4 vol.）

《高乃依戏剧集》，6 卷（Théâtre de Pierre Corneille，6 vol.）

《星体运动》，1 卷（*Le mouvement des corps terrestres*，1 vol.）

《教育的精神》，2 卷（*L'Esprit par l' éducation*，2 vol.）

《培尔词典选编》，2 卷（*Extrait du Dictionnaire* de Bayle，2 vol.）

《古今历史参考》，20 卷（*Histoire moderne pour servir de suite à l'histoire ancienne* de Velly，20 vol.）

《亚洲历史》，2 卷（*Histoire asiatique*，2 vol.）

《阿里昂》，3 卷（*L'Ariam* de Desmaret，3 vol.）

《吝啬的父亲》，3 卷（*Le père avare*，3 vol.）

《德维尼骑士的信》，2 卷（*Lettres du chevalier Devigni*，2 vol.）

《小说丛书》，55 卷（*Bibliothèque universelle des romans*，55 vol.）

《哲学的历史》，10 卷（*Histoire philosophique de l' abbé Reynal*，10 vol.）

《冯艾顿作品集》，4 卷（*Œuvres diverses* de Van Etten，4 vol.）

《现代历史》，20 卷（*Histoire moderne*，20 vol.）

第四章　法国革命时代的卢梭形象

——政治意义的卢梭

现代意义的卢梭形象有三个："启蒙者卢梭"是思考现代问题的哲学家，但这一身份受到健康问题的干扰。1766年后，启蒙者的形象慢慢消解，取而代之的是"浪漫派卢梭"，他以身体话语开创了新风格，其中有现代性批判的源头，以及工业时代情感文学的风格。"革命者卢梭"是革命话语对于卢梭思想的单向度解释，解释的方向受之前两个形象的影响，又关乎旧制度晚期动荡的风俗与人心。在雅各宾主政的时代，三个形象走到了一起，现代意义的造神运动开始了，但法国不像纳粹德国那样有统一的政治偶像，这是法国革命意识形态的特点。拿破仑之后，卢梭进入了民主与暴力的辩证法，他被斥为民主暴力的始作俑者。这种解读有逻辑矛盾，从去世到革命结束，他的形象不统一，保皇或共和，革命或反革命，是圣贤也是恶人，革命家虽以之为精神导师，实践中却有背叛。卢梭的变形故事里有法国现代政治道路的混乱，关于教权、君权、代议制的分歧延缓了现代化进程，民族精神与个体心理都有破碎感。

卢梭历史形象多变的深层原因在于革命话语的缺点。这个话语体系包括道德结构和政治结构，一个人要进入其中，首先得符合道德结构的愿望，之后才能进入政治结构，最终成为革命意识形态的象征。卢梭的身体话语与苦行殉道的模糊关系、美德语境与多次受迫害的反差、以微薄之资寻求完美制度的不懈努力，这一切使之看起来符合革命道德的需要。然而革命道德话语有强大的想象力，以自己的愿望塑造它所需要的角色。1778—1789年，卢梭去世后虽然陷入舆论纷争，他的人格备受质疑，道德话语能洗掉对他的诋毁，但那不是历史理性，而是打碎现实的激烈情感，缺少制度变革所必需的谨慎与沉稳，所以这个偶像的道德基础不牢固，1789 年虽能进入政治结构，它的实践力却不能变革旧制度。一个为人敬仰的精神偶像无从破旧立新，党派之争反而愈演愈烈，它的道德基础受到批判。革命实践与历史批判的错位是 19 世纪法国学术界的难题，无从妥协，也没有答案。如何在一个人的历史形象与动乱的时代精神之间寻求联系，政治实践多大程度影响了卢梭的历史形象，保守派批判的"卢梭"是不是那个处境艰难的孤独者？

第一节　卢梭进入革命话语体系的前奏

一、祭奠墓地与现代感性风格

卢梭去世后，里尔丹侯爵在世袭领地埃莫农维尔为之修建墓地，"为后代保留这个不朽的人很快消失的一切"①。里尔丹家族素来开明，关心哲学事业，敬重文人，在领地上建哲学祠（Temple de la philosophie），一座拱顶圆形建筑，六根柱子上刻着六位哲学家的思想贡献："牛顿……光，笛卡尔……自然里无空白，伏尔泰……讽刺，威廉·培恩（William Penn）……人性，孟德斯鸠……正义，卢梭……自然"②。哲学祠至今在那里，历经风雨，残缺不全。

这片覆盖着森林的土地有自然的美，又因卢梭而闻名。1778 年秋墓地落成后，到此游览和瞻仰的人络绎不绝，是 18 世纪欧洲大旅行的一站。来者遍及各阶层，有法国王后、贵族、骑士，有青年人、老年人，有巴黎人、外省人，有瑞士人、英国人、德国人、意大利人。玛丽·安东奈特、拿破仑一世、约瑟夫二世（Joseph II，1741—1790，奥地利开明君主）、马勒泽尔布、富兰克林，革命家米拉波、罗伯斯庇尔，画家路易·大卫，农学家帕芒蒂耶（A. A. Parmentier），诗人舍尼埃（André Chénier），

---

① Girardin à Comtesse de la Marck, 23 août 1778, *CCJJR*, Tome XLI, p. 215.

② Newton: Lucem, La lumière; Descartes: Nil in rebus inane, Nul vide dans la Nature; Voltaire: Ridiculum, Le ridicule; W. Penn: Humanitatem, l'humanite; Montesquieu: Justitiam, La Justice; J. J. Rousseau: Naturam, La Nature. *Promenade ou Itinéraire des Jardins d'Ermenonville*, p. 39.

作家席勒、夏多布里昂、乔治·桑、雨果都来过。祭奠风潮，除为美景吸引，"是夫缅怀卢梭的杰出大才、崇高心灵和充满力量的修辞"①。根据 1780 年 6 月《秘密通信报》的报道，"几乎一半法国人到过那里，王后和王子上星期就去了，他们在白杨树荫里待了一个多小时"。尼维农公爵游览时写了一首诗歌："人们告诉我这个美胜之地，在此安息的人成了上帝。"②罗马的阿卡迪亚协会(Arcadian society)成员风尘仆仆、满怀喜悦地奔来，一个英国人获悉卢梭喜欢采集植物标本，为里尔丹的孩子讲解植物学的往事。③

　　一次有缅怀意义的乡村之行，对于那些厌倦人际纷争和城市风俗的人是解脱，他们在宁静里体验自由与独立，想象淳朴的生活。参拜者在树林里到处走，确切地说"是在充满敬意的沉默中漫步"，与卢梭的遗孀交谈，了解他的简单生活。④ 里尔丹侯爵是向导，以优雅的言辞介绍他的事迹，在漫步沉思中有一个淡化政治、崇尚个体感受的语言空间，与卢梭相关的物象有了生命。祭拜者多，持续的时间长。1778 年 9 月，布弗莱(Boufflers)骑士对人来人往的情境感叹不已：

　　　　如果这股潮流不是针对圣人的，至少是为了一个美好的精神。简直难以想象人们的热情，鲁什(Roucher)刚完成赞美诗歌，罗伯特(Robert)又绘制了墓地草图，乌东(Houdon)还忙着雕像，所有的艺

　　① *A tour to Ermenonville, containing, besides an account of the palace, gardens, and curiosities of Chantilly, and of the Marquis de Girardin's beautiful seat of Ermenonville, a particular description of the tomb of J.J. Rousseau*, London, printed for T. Becket in Pall-Mall，1785，p. 6.

　　② P.-P. Plan, *J.-J. Rousseau raconté par les gazettes de son temps*, pp. 227，229.

　　③ *A tour to Ermenonville*, pp. 44-45；Written at Ermenonville, ear Paris, where Jean Jacques Rousseau is buried, on going thither from the Prince De Conde's magnificent seat at Chantilly, *A poetical tour in the years* 1784，1785 and 1786，by a member of the Arcadian society at Rome，London，1787，p. 15.

　　④ François de Chambrier au colonel Jean-Pierre de Chambrier，26 aoust 1778，*CCJJR*，Tome XLI，p. 238；Visite de Metra à Ermenonville，18 août 1778，*CCJJR*，Tome XLI，p. 185.

术向卢梭致敬。①

1783 年 7 月 14—30 日，开明学者布里扎尔(Brizard)和普鲁士贵族克罗茨(Cloots)去祭奠时，当地农民悉心指路，为他们寻找卢梭住过的小房子、待过的山洞、歇息过的林荫道，还有构思《漫步遐想录》的幽静树林，两个青年人用铅笔画下游览途中看到的景物。② 雕塑家梅里格(Merigot)在河边找到了一块石头，卢梭散步时会在上面休息。1790 年 6 月，来自俄罗斯的诗人卡兰兹(Karamzine)获悉："卢梭在此地时不再动笔，但会施舍穷人，最大的乐趣是散步，与农夫亲切地交谈，与天真的儿童做游戏。"③有人晚上去林间漫步，银白的月光照亮墓地，静穆里有光的澄明。拉卡纳尔(Joseph Lakanal)曾任天主教修会的哲学老师，革命时代任国民公会的议员。1794 年，他在那里短住十余日，借宿于附近农民家里，体会卢梭质朴的心灵，赞美他"将母亲与孩子的关系带回本初状态的功绩"，但拉卡纳尔难以理解的是，"一个善良的人为友情抛弃，只能从靠近自然的人那里寻找真实"④。

祭拜者最关注的是湖心处的白杨岛，那里有一座白色的大理石棺椁。棺椁向南一侧有浮雕，一位象征丰收的妇女坐在棕榈树下，一手挽着孩子，一手拿《爱弥儿》，一群妇女尾随其后，将鲜花和水果摆在为"自然"设立的祭坛上。浮雕一角，一个小孩点火烧掉襁褓和缚人的绳子，另一个小孩戴着软帽，欢快地跳跃。浮雕两边各有一根柱子，上面刻着图像，一幅象征爱，一幅象征雄辩。浮雕上方的三角楣上有卢梭的格言，"为真理不惜生命"(Vitam Impendere Vero)。棺椁向北一侧刻有文字，"这里

---

① Le chevalier Stanislas-Jean de Boufflers à Françoise-Eleonore de Jean de Manville, comtesse de Sabran, 4 septembre 1778, *CCJJR*, Tome XLI, p. 257.

② G. Brizard et A. Cloots à Ermenonville, au Plessis-Belleville et à Montmorency, les 14-30 juillet 1783, *CCJJR*, Tome XLV, pp. 163-164.

③ *Promenade ou Itinéraire des Jardins d'Ermenonville, auquel on a joint vingt-cinq de leurs principes vues, déssinées & gravées par Merigot fils*, Paris, MDCCLXXXVIII, p. 21; N. M. Karamzine à ses amis, juin 1790, *CCJJR*, Tome XLVI, pp. 213-214.

④ Rapport de Lakanal sur J. J. Rousseau, le 29 fructidor an II, 15 septembre 1794, *CCJJR*, Tome XLVIII, p. 18.

栖息着自然与真理之子"（Ici Repose l'Homme de la Nature & de la Vérité）。（图 4-1）棺椁做工简洁，肃穆庄严，在穿过白杨林荫的风里飘散着意义：

> 葳蕤的树丛里有一尊洁白的墓，想起它的主人生前对美德与自由的热爱，还有无出其右的文采，不禁让人崇拜，很难不为这样善良、多情又敏感的人吸引。①

图 4-1　白杨岛上的卢梭墓，1778 年

祭奠者的日记或回忆录中出现最多的词是"泪水"，女人流泪，男人也会。斯塔尔夫人在墓前踱来踱去，流着泪沉思；《秘密文学通信》（*Correspondance littéraire secrète*）的主编麦特拉（Louis-François Metra）在游览时发现同行的人与他一样，"眼中噙着泪"。② 1778 年 8 月，《秘密通信报》上有一个人的朝圣经历："我踏上白杨岛后，心情是多么沉醉，

---

①　*Promenade ou Itinéraire des Jardins d'Ermenonville*，pp. 24，27，23.

②　Cloots à Ermenonville au Plessism，les 14-30 juillet 1783，*CCJJR*，Tome XLV，p. 187；Lettre sur le caractère de Rousseau，1789，Barruel-Beauvert，*Vie de J.-J. Rousseau*，p. 124；Visite de Metra à Ermenonville，18 août 1778，*CCJJR*，Tome XLI，p. 185.

既感动又仰慕，泪水在眼里打转，与我一道的人心情皆如此。"①革命时代，卢梭是美德、平等与自由的圣贤，祭奠者的心里因此会有面对宗教殉道者时的托付感与敬畏心：

> 我们迈着颤巍的脚步走到墓前，活跃的感受以多么大的力量控制着我们！那是怎样的感受，怎样的热情！靠着墓地旁的白杨树，我们向那块大理石，向那人中豪杰的棺椁，投去渴慕的眼神，懊悔、友爱、痛苦、仰慕……五味杂陈，还有眼泪。②

在瞻仰风潮中，缅怀诗歌一首接着一首，措辞随意，多是有感而发，不像中世纪的十四行诗那样讲究韵律和格式，但情感更真实。1783 年，克罗茨在那里半月有余，每天记录自己的行程和观感，还写了首赞美诗：

> 那位圣人在这里安息，
> 我们送上一朵玫瑰花，
> 为他的墓地。
> ……
> 在此地的静穆中，
> 他握着笔，
> 去完善人类心灵的科学。③

一位女士听说卢梭以"你"称呼其夫人，就要求她的丈夫如此称呼自

---

① P.-P. Plan，*J.-J. Rousseau raconté par les gazettes de son temps*，p. 146.

② *Voyage à Ermenonville ou lettre sur la translation de J. J. Rousseau au Panthéon*，pp. 12-13.

③ Ah! Parons au moins d'une Rose,

C'est ici que le sage repose tranquillement,

Son monuments,

C'est ici que dans le silence,

Sa plume en main,

Il agrandissait la Science du Cœur humain.

Cloots à Remenonville au Plessis，les 14-30 juillet 1783，*CCJJR*，Tome XLV，pp. 186-187.

己，丢弃旧礼仪中空泛的优雅，夫妻间平等相待。游览埃莫农维尔时，她在墓前唱了一首自己谱写的歌曲：

> "您"会吓跑爱情，
> "你"会让爱情重生。
> ……
> "您"会伤害心灵，
> "你"让心灵陶醉。①

卢梭因为坦诚而与读者有了亲近感，不像伏尔泰，他的作品里少有作者的影子，即使偶尔出现，也是训导者或理性人的形象，拒绝坦露情感；也不像百科全书派，他们塑造的是没有私人性的公共空间，其中活跃的角色是训练有素的工匠或措辞严谨的研究者。卢梭的文辞涉及公共问题(道德风俗、自然教育、政治立法)，也有一个让人好奇、仰慕的心灵。这是他生前为人喜爱、为人愤恨的道理，也是去世后让人惦念的缘由。克罗茨在森林中边走边读《新爱洛漪丝》第四卷中间的一部分，他不敢读得太快，怕很快读完，结果一封信读了二十遍。②

祭拜墓地时，自然风物进入现代思想。工业化初期，"自然"寄托着世俗生活的理想，有批判意义，祭拜者将卢梭的美德赋予自然界，又将自然的质朴与其心灵相联系，由此发现了古典意义的卢梭，他热爱自然、敬重美德、追求真理，"此地的景致与他的风格合而为一，卢梭与他的歌唱、自然及其魅力合而为一"③。在崇尚美德的语境里，瞻仰者觉得他是宽容的，一个人仿佛听见他在说话：

> 忘掉曾经迫害他的人，也原谅他们自己的敌人，以及那些宪法

---

① Les Tu et les Vous, cette chanson a été faite à Ermenonville, par une Dame, qui, ayant appris que J. J. Rousseau tutoyait sa femme, exigea que son mari en usant de même à son égard, *Chanson choisies*, *avec les airs notés*, Volume 3, Londres, 1783, pp. 42-43.

② Cloots à Ermenonville au Plessism, les 14-30 juillet 1783, *CCJJR*, Tome XLV, p. 165.

③ Ibid, p. 165.

的阻挠者，慷慨大度，他们的错误终归于无……舒瓦瑟尔、格里姆、狄德罗、达朗贝尔，都过来，让我们拥抱。①

1766 年后，卢梭想从公共视野里消失，一度隐姓埋名，却不经意间创造了现代人格，一个不是纯粹理性所能创造的人格。在厌恶教权和世俗权力、缺乏信仰的时代，祭拜者以之为新的寄托，从中寻找现代人的性情禀赋。1778 年，担任帕尔姆（Parme）公爵图书管理员的德莱尔（A. Deleyre，革命时代是吉伦特派议员）隐约论及祭拜者众多的原因："卢梭去世前，读者仰慕他的心灵，渴望见到他，获知他的消息；去世后，参拜者对他的人格有了兴趣，这是卢梭与参拜者之间的秘密，局外人难以理解。"②埃莫农维尔之行是对一个现代人的瞻仰，卢梭在动荡中感受到的喜怒哀乐，尽管是平常事，在他的笔下却有更多的思想意义。

除了埃莫农维尔，卢梭去过的其他地方也有人祭奠。1789 年 8 月末，地理学家罗伯特（Robert）去了瑞士莫第埃，他从房屋的摆设推断卢梭是有美德的人，念及他生前的境遇，罗伯特心中不平："一个 18 世纪的杰出天才，文辞雄辩热烈，对于人的心灵，像是太阳照耀万物，日内瓦却不惜迫害它的公民。"③1790 年 7 月，高迪耶（Gauthier）夫人先去莫第埃，她特别留意卢梭的书房、烹饪用的铁叉，及其为小女孩制作的发带。之后又去了圣皮埃尔岛，在那里遇到不少前来瞻仰的外国人，并记录了他们留下的一首诗歌：

> 他的天才、孤寂、高傲，
> 还有不幸与疯癫，

---

① *Prosopopée de J. J. Rousseau, ou sentiments de reconnaissance des Amis de l'Instituteur d'Emile à l'Assemblée Nationale de France, à l'occasion de son décret du 21 décembre* 1790, p. 12.

② A. Deleyre à René-Louis, marquis de Girardin, 5 aoust 1778, *CCJJR*, Tome XLI, p. 131.

③ F. Robert, *Réflexions* sur Rousseau, fin août 1789, *CCJJR*, Tome XLVI, pp. 50-51. *Voyage dans les XIII cantons suisses, Les Grisons, Le Valhis, et autre pays et états alliés, ou sujets des suisses*, par M. Robert, Géographe ordinaire du Roi, Paris, 1789.

以及受到的迫害。

在哲学的火光里，

我们缅怀伟大的人，

思考他对人的关怀。①

洛桑人卡兰兹遍访与《新爱洛漪丝》有关的场景，其中一地是克拉兰（Clarens）村。当地居民知道这部小说，他们"感谢卢梭以其声望让这个小村子扬名于世"，村中老人给卡兰兹指引茱丽与圣普栾初吻的小树林。② 之后，卡兰兹去了圣皮埃尔岛，在林中路上，在老迈的栗子树荫下，寻找卢梭的遗迹。沉于想象时，他看到湖中一条船，在明镜般的水面上滑行，坐一位老者，身着东方服饰，"正是他，正是他，被法国、日内瓦和纳沙泰尔驱逐"。卡兰兹学着卢梭的样子，踱步沉思，突然看到一个年轻人走过来，手里拿一本书，低垂的帽子遮住了脸，走近前说："您一定在思考他。"之后，这个难辨身份的人继续赶路，听口音像英国人。③ 卢梭的身体湮灭了，但与之有关的物象有了生命，那是足以让人沉醉、托付心灵的崇高精神。在他的墓前赋诗、落泪，在他生活过的地方感受他的孤独，从作品中寻求美德与质朴，发现他与自然、农夫的亲切关系：一幅浪漫主义的景象出现了。这不是某个瞻仰者孤零零的回忆，而是卢梭信徒的浪漫心境的集体展示，卢梭之前的时代没有过，所以这是现代情感史上的第一次。

二、健康问题与去世原因

在生命的最后十余年，卢梭的病痛已是公共话题：他为什么总与人争吵，是否有精神问题，他所抱怨的疾苦是否真实？类似的疑问可追溯

---

① Mme de Gauthier à Môtier，fin juillet 1790，*CCJJR*，Tome XLVI，p. 234；Mme de Gauthier à l'Ile de Saint-Pierre，fin juillet 1790，*CCJJR*，Tome XLVI，p. 236.

② N. M. Karamzine à ses amis，août-septembre 1789，*CCJJR*，Tome XLVI，pp. 60-62.

③ N. M. Karamzine à ses amis，fin janvier-début février，1790，*CCJJR*，Tome XLVI，pp. 186-187.

至 1766 年卢梭的遭遇，他的身心问题在时代伦理中有多重解释的可能。1768 年 8 月 5 日，《秘密回忆报》说："他不是坏人，不是存心挑事端，只是病了。"①待之去世，公众仍好奇不已，尤其想到他是《新爱洛漪丝》的作者，伏尔泰却说他患了性病，卢梭也说过自己的尿路先天畸形，奔波各地就医，"这些问题在当时不是秘密"②。在逸事汇编类的报刊里，卢梭是惹人兴致的话题：他死于自杀还是他杀，是开枪自杀还是服毒自杀？《18 世纪轶事》断定他死于中风，"从发病到死亡持续两个半小时"，《伯尔尼杂志》坚持"肾脏病变导致死亡"的说法，《欧洲邮报》《巴黎日报》《秘密回忆报》《秘密通信报》热衷于报道相关争论，说他死于尿毒症，或是脑出血引起的梗死。③ 医学所限，没有人清楚他的问题，而传言掩盖或扭曲了真相，更加令人困惑。

　　曾与之交往的人觉得有责任澄清事实，但情感化的解读不能让他远离纷争。去世当天上午 9—10 点，卢梭腹疼难忍，雕塑家勒米尔（Lemire）了解到他前一天吃了草莓和奶油，据此猜测"食物凉气引起了腹疼"④。《巴黎日报》主编克兰赛忆及卢梭去世前时常痉挛，面貌难辨认，表情让人害怕，眼睛注视一切，却什么也看不到，手臂下垂，会有突然的动作，像是钟摆，"他自出生就有这样的问题，周期性发作，到去世也未治愈，最后几个月气力微弱，劳作越来越少"⑤。法国拉罗谢尔（La

---

① P.-P. Plan, *J.-J. Rousseau raconté par les gazettes de son temps*, p. 95.

② La mort de JJ, vue par les journalistes et par quelques contemporains, 7 juillet 1778, *CCJJR*, Tome XLI, p. 8; "Lettre X, sur la mort de Rousseau, sur le château d'Ermenonville, sur les mémoires de la vie de ce philosophe, écrits par lui-même," *L'Espion anglois, ou correspondence secrète entre Milord All'eye et Milord All'ear*, Vol 2, Londres, 1785, p. 241.

③ *Anécdotes du dix huitième siècle*, second volume, Londres, 1783, p. 230; (*Courrier de l'Europe, Journal de Paris, Mémoires secrètes, Correspondance secrète, Nouveau Journal Helvétique*), P.-P. Plan, *J.-J. Rousseau raconté par les gazettes de son temps*, p. 138; *Gazette de Berne*, le 6 juillet 1778, *CCJJR*, Tome XLI, pp. 9-10.

④ N. Lemire au rédacteur du *Courier de l'Europe*, 4 juillet 1778, *CCJJR*, Tome XLI, p. 3.

⑤ O. de Corancez, *De J. J. Rousseau*, *Extrait du* Journal de Paris *des N° 251, 256, 258, 259, 260, 261, de l'an VI*, pp. 40-41, 44, 45, 51.

Rochelle)的商人兰桑(Jean Ranson)说只有情感丰富的人才这样离世，"深陷忧郁，心灵无时无刻不破碎"。1794 年，政治家西耶斯(Sieyes)认同兰桑的说法，描述卢梭的心情时，西耶斯用的是 Douleur，既指身体疼痛，也指内心深处的悲伤。①《忏悔录》出版后，读者希望从中发现疾病的线索，伯维尔注意到卢梭在尚贝里时健康已开始恶化，为确定病因，卢梭自己研究生理学和解剖学，断定心脏上长了肉瘤，并以此说服了萨洛蒙(Salomon)医生。而得知蒙彼利埃的菲兹(Fizes)曾治愈此病后，他涉远途求医，"所有努力成效微弱，他难从病痛里解脱"②。

　　好奇、猜疑的语境能容纳各种解释，但不能让人判断哪一种更真实，也就不能平息各类解释之间的矛盾。卢梭的去世场景是 18 世纪的谜，自去世第二天开始生长。格里姆的《文学哲学通信》猜测是服毒自杀，艾斯切尼说他因精神错乱、苦闷与愤怒而自杀。③ 1789 年有两本小册子，一本认同卢梭自杀，另一本反对。④ 至于自杀原因，有人说他受权贵迫害，要被人从埃莫农维尔赶走，年迈不堪其辱；又有传言说"回忆录"手稿被盗，他极度悲伤，消化不良，最终去世。⑤ 那些信以为真的人从他的书信里找证据，在《新爱洛漪丝》第二十一封信里，卢梭赞成自杀："趋福避祸，不损及他人，是自然赋予我们的权利。"1756 年 8 月 18 日，他致信伏

---

① 　J. Ranson à F.-S. Ostervald，1 août 1778，*CCJJR*，Tome XLI，p. 108；Sieyes et Rousseau，le 9 messidor an II，27 juin 1794，*CCJJR*，Tome XLVII，p. 277.

② 　Barruel-Beauvert，*Vie de J.-J. Rousseau*，pp. 320-321.

③ 　G.-T. Raynal(ed.)，*Correspondance littéraire，philosophique et critique*，par Grimm，Diderot，Raynal，Meister，etc.，Tome 12，p. 131；"Eloge de J.J. Rousseau，" F. L. d'Escherny，comte du Saint Empire Romain，*La philosophique de la politique ou principes généraux sur les institution civiles，politiques et religieuses*，Tome premier，p. i.

④ 　*Lettre sur les ouvrages et le caractère de J.J. Rousseau*，Par Mme la baronne de S＊＊＊，1789；*Réponse aux lettres sur le caractère et les ouvrages de J.J.Rousseau*，Genève，1789.

⑤ 　R. A. Leigh，"La mort de J.-J. Rousseau，image d'Epinal et roman policier，"*Revue d'Histoire littéraire de la France*，79e année，No. 2/3，Voltaire，Rousseau，1778-1978，pp. 188，194；J. Ranson à F.-S. Ostervald，1 août 1778，*CCJJR*，Tome XLI，p. 108.

尔泰:"生活即使不幸,也是财富,当命运传来天国的召唤时,有智慧的人自愿怀着希望出走。"1770 年 2 月又致信圣日耳曼:"我在研究植物,找一些毒药。"①但克兰赛说他用的是手枪,"头部有创口,但解剖报告对此有隐瞒",他在《巴黎日报》上撰文,影响力颇大,但如何处理开枪自杀与服毒自杀的矛盾,他推定先服毒,再开枪。②

无端的猜测一旦占领公共舆论,再以逸事奇闻的形式进入历史,待当事人离世就无澄清的可能。若主角是有争议的人,民众的好奇心就不受阻抑,不是因为事件的历史价值,而是它的娱乐性或隐秘利益。谈论它的人有扭曲的观感,或要刻意报复;于是,最初的猜测再次进入公共舆论,版本变幻,一切听起来像真的,却是假的。有人传言卢梭是被溺死的,或被人谋杀,他的妻子背叛了他,下毒谋害,为的是"有充分的自由与里尔丹侯爵的一个仆人鬼混"③。而之后的事有佐证的迹象:卢梭去世不久,特蕾兹用他的积蓄在巴黎北部的普莱西(Plessis-Belleville)租了或买了房子,与里尔丹侯爵的仆人同居。这对特蕾兹的名誉极为不利,所以她想方设法反驳,1778 年她向建筑师巴里斯(Paris)讲述了当时的情境,将卢梭的去世描述得像圣徒升天一样:"他的眼睛望着窗外,说天空纯净,上帝在等他,他希望我原谅他的不当言行,他说自己从未想伤害他人。"④ 1789 年 6 月 16 日,她要求巴黎北郊小城桑里斯(Senlis)教区主管高什(Pierre Gaucher)写公开信,证明她的清白:

---

① Rousseau à F. -M. A. de Voltaire, 18 août 1756, *CCJJR*, Tome IV, p. 41; Lettre de J. -J. Rousseau à M. de Saint-Germain, 26 février, 1770, J. Dusaulx, *De mes rapports avec J. J. Rousseau et de notre correspondance, suivie d'une notice très-importante*, p. 208.

② O. de Corancez, *De J. J. Rousseau, Extrait du* Journal de Paris *des* N° 251, 256, 258, 259, 260, 261, *de l'an VI*, pp. 59, 62; R. A. Leigh, "La mort de J. -J. Rousseau, image d'Epinal et roman policier," p. 192.

③ A. Deleyre à René-Louis, marquis de Girardin, 12 9bre 1778, *CCJJR*, Tome XLII, p. 108; R. A. Leigh, "La mort de J. -J. Rousseau, image d'Epinal et roman policier," p. 194.

④ J. S. Spink, "Un Document Inédit sur les Deniers Jours de J. -J. Rousseau," *ASJJR*, Tome 24, pp. 155, 156, 158.

应卢梭遗孀的请求，我在此附加说明：特蕾兹与卢梭相处融洽，在我的辖区，她的诚实是不容怀疑的，无论是卢梭生前还是去世后，她没有过多交往，从未与某个人有定期的联络。卢梭去世后，她在埃莫农维尔住了一年，之后迁往巴黎普莱西，没有再嫁。我敢担保，特蕾兹在我的辖区时，我从没听说有损于她的名声的事。①

1790 年 10 月，特蕾兹致信手稿收藏家杜布罗斯基（Pierre Dubrowski），说卢梭喜欢埃莫农维尔的生活，"与里尔丹一家关系融洽，临至生命之末，他从未沮丧低落，言谈中有教益，不时感慨自然之美"。1798 年，她致信克兰赛，重申一贯的立场。②

参与争论的人都说要寻求真相，也都说有确切证据，但为什么见识各异，一个真相伴随着千百种猜疑？革命前夕，法国的公共舆论缺乏让人信服的力量，上帝和国王不再是真理的代言人，人人都去评判是非，辩论无果就退回个体心理世界，只相信自己。而在客观意义上，卢梭的死因之所以有不同的推测，在于各种见识里的逻辑断裂，特蕾兹对克兰赛的陈述有曲解的可能：

> 上楼时，我听到我丈夫悲哀的声音，就快步上去。他躺在地板上，我要叫人帮忙，他拽着我说，既然我回来了，就别去找别人。他让我关上门，打开窗，之后我扶他起来……我以为他已休息好，谁知他径直倒下，脸结实地碰在地上，攥着我的手，不说一句话，他去世了。③

卢梭不像特蕾兹之前说的那样是平静地去世，她的描述不确切、不完整，卢梭为什么两次倒在地上？第二次跌倒前发生了什么？克兰赛发现自杀说与特蕾兹的描述不冲突，相反是对她的粗略描述的补充。之后，他从距离埃莫农维尔二十公里的卢维尔（Louvres）邮局的负责人那里听说卢梭自杀的

---

① Certificat du père Pierre Gaucher, curé d'Ermenonville, 16 juin 1789, *CCJJR*, Tome XLVI, p. 41.

② R. A. Leigh, "La mort de J.-J. Rousseau, image d'Epinal et roman policier," p. 195.

③ *Ibid*., p. 197.

事，对此更加深信不疑，由他负责的《巴黎日报》是自杀说的传播媒介。①

18世纪的法国，邮差四处奔走，接送信件，接触的人也多，是信息传输的中介，邮局是一个地区公共交往的场所，逸事奇闻在那里汇集发酵，不断变换着版本，以满足各类人的观感。卢维尔的邮差如何知晓传言，传言怎样传播，故事版本前后有怎样的演变？旁观者的好奇、批判者的报复与嫉妒心起了多大作用，这些说法对革命时代的卢梭形象有何影响？在观念相对静止的传统社会，流言生成与传播模式着实重要，那些口耳相传、却未成为历史文本的观念是现代学术的盲区，语境消失了，只留下记载部分原因或结果的文献。若以之为证据，因语境残缺会有误读的风险，若置之不理，其中的真实性会受到忽视，尤其是转瞬即逝的个体心理对于历史进程的影响。

在风俗动荡的年代，道德主义泛滥，这对卢梭身后的名声影响极坏，对其朋友也不利。18世纪，自杀仍旧受世俗法律和宗教法规谴责，"那是野蛮丑陋的行为"②。有传言说，卢梭在埃莫农维尔时，与里尔丹关系破裂，心情苦闷，所以自杀。作为遗体解剖的见证人，里尔丹很快完成《日内瓦卢梭去世场景》，澄清事实："医生确认他的器官健康，除脑部有带血的积液，未发现明确死因，医生勉强归之于急性中风发作。"③这本小册子在随后几年多次印刷，《文学年鉴报》对之认同。④ 高什也是解剖见证者，他写了一份声明："卢梭在他夫人怀里去世，死于中风，第二天

---

① R. A. Leigh, "La mort de J.-J. Rousseau, image d'Epinal et roman policier," p. 191.

② A.-J. Coquerel, *Jean Calas et sa famille*: *étude historique d'après les documents originaux*, p. 79.

③ René-Louis, marquis de Girardin à M.-M. Rey, 8 aoust 1778, *CCJJR*, Tome XLI, p. 145. 1797年的一本书，与里尔丹侯爵的观点一致: *The gentleman's miscellany consisting of essays*, *characters*, *natives*, *anecdotes and poems*, *moral and entertaining*, George Wright, Exeter, 1797, pp. 97-100.

④ *L'année littéraire*, *CCJJR*, Tome XLI, p. 11; La mort de JJ, vue par les journalistes et par quelques contemporains, 7 juillet 1778, *CCJJR*, Tome XLI, p. 8; François de Chambrier à Louise-Jeanne-Marguerite de Bedaulx, née de Chambrier, 10 juillet 1778, *CCJJR*, Tome XLI, p. 19. 另有作品: *Lettre de Stanisas Girardin sur la mort de J.-J. Rousseau*, *suivie de la Réponse de M. Musset-Pathay*, Paris, 1825.

由三位外科医生解剖，另有两名医生和其他人作证。"①里尔丹又授意一封公开信的写作，题为《卢梭的朋友致〈巴黎日报〉的信》，反驳自杀论，但克兰赛拒绝在该报发表，这封信只能单独出版。不久，梅斯特（Meister）将之编入《文学通信》（Correspondance littéraire），力求扩大影响。②

参与遗体解剖的普莱斯勒是介于文人社会、宫廷政治与教会权势之间的人物，有医学博士学位，担任过宫廷医生和书报审查官。他去埃莫农维尔拜访过卢梭，了解去世前的状况，"他对新主人（里尔丹）及其提供的住所越来越满意，与之散步，一同进餐，为他的孩子讲授植物学，有时候见不到孩子就会悲伤"，"他渐渐老去，手指无力，动作不灵活，不能抄写乐谱"，"去世当天，外出散步时，他说身体不适，浑身无力，脊柱冰冷，像浸入冷水，胸部疼痛，特别是去世前一小时，头疼得厉害，他双手捂头，说头骨被人打碎了"③。普莱斯勒坚持卢梭之死是自然而然的，并非因过度不安、《忏悔录》的私下出版，或外界迫害而自我了结，此外，他公布了解剖报告：

> 前半生，卢梭在不同时候所忍受的肾脏疼痛和排尿困难的症状，或起因于膀胱颈邻近组织的痉挛，或膀胱颈痉挛，或前列腺肿胀。身体衰弱时疼痛感扩散，年老时更严重。卢梭五十岁之后承受的腹疼，持续时间不会太长，也不剧烈，问题在于腹股沟部位两个特别小的突起。头颅内有大量积液，多于八盎司，浸泡着由黏膜包裹的脑组织，能否将去世原因归于积液对脑组织的压力，积液侵入神经系统？至少确定的是，各项解剖检验并不能确定死因。④

---

① Certificat du père Pierre Gaucher, curé d'Ermenonville, 16 juin 1789, *CCJJR*, Tome, p. 41.

② R. A. Leigh, "La mort de J.-J. Rousseau, image d'Epinal et roman policier," pp. 194-195; *Récit de la mort de M. J. J. Rousseau de Genève*, Extrait d'une lettre écrite de Paris, le 14 juillet 1778; *Lettre sur la mort de J. J. Rousseau*, écrité par un de ses amis aux auteurs du *Journal de Paris*, 12 juillet 1778.

③ *Relation ou notice des derniers jours de Mons. Jean Jacques Rousseau, circonstances de sa mort et quells sont les ouvrages posthumes, qu'on peut attendre de lui*, par Le Bègue de Presle, pp. 10-17.

④ *Ibid.*, pp. 18-19.

　　与普莱斯勒一同拜访卢梭的是葡萄牙籍物理学家马格兰（J. H. de Magellan，1722—1790），他回忆了卢梭的性情，"谈话安静惬意，表述时有迷人的天真"。马格兰与之谈及 1755 年亲身经历的里斯本地震，井然有序的城市转眼成了废墟，民众陷于悲哀，大火袭来，马格兰的朋友被埋在废墟下，他除了哭喊别无办法，"卢梭认真地听，像被雷电击中一样"。①

　　在莫衷一是的语境里，澄清的作用微乎其微。斯塔尔夫人（Staël-Holstein）认同自杀说，"卢梭长期为失望与不幸所困，死亡才是慰藉"。另一位女士根据她的父亲和普莱斯勒的见闻，以及医学报告予以反驳："卢梭没有自杀，他去世的场景感人又崇高，是一个忍受痛苦的伟人留下的完美一课。"②里尔丹侯爵的夫人同样想纠正斯塔尔夫人的看法："有人告诉您他死于自杀，那是误导误传，您轻信传言，对他身后的名声有极不好的后果，澄清谣言是我的神圣责任。"③穆尔图给斯塔尔夫人写信，以亲身见闻反驳："他去世前的几星期，我看到他被久治不愈的病折磨得厉害，持续头晕说明他患了中风，我的父亲有所察觉，想为之找医生，他说看到乡村景色是唯一的治疗方法。"④

　　引起同样多争论的是精神问题。1766 年卢梭与人争论后，关于他疯了的传言未曾间断，待其去世，尤其是 1782 年《忏悔录》前六卷和《卢梭评判让-雅克》出版后，这一问题又被人提起。关于病因，除受迫害之外，还有几种推测，或与病痛有关，或与品性有关。在批判者看来，他的疯癫是因为性格缺陷（悲观、高傲、孤僻），所以应受谴责。1780 年，卢梭生前的友人格里姆视之为另类，"他的才华中有最不合时宜的讽刺和最值

---

　　①　"Addition à la relation ci-dessus par J. H. de Magellan," *Relation ou notice des derniers jours de Mons. Jean Jacques Rousseau, circonstances de sa mort et quells sont les ouvrages posthumes, qu'on peut attendre de lui*, par Le Bègue de Presle, pp. 32-35.

　　②　Staël, *Lettres sur les ouvrages et le caractère de J. J. Rousseau*, pp. 134, 142-143.

　　③　S. V.-A. de Girardin, comtesse de Vassy, à A.-L.-G. Necker, barone de Staël-Holstein, février-mars 1789, *CCJJR*, Tome XLVI, p. 16.

　　④　P.-C. Moultou à Anne-Louise-Germaine Necker, barone de Staël-Holstein, fin mars-début avril 1789, *CCJJR*, Tome XLVI, p. 27.

得怜悯的疯癫"①。而支持者多从身体病痛上为之开脱，努力维护一个
思想家的尊严，"以冷漠嘲讽对待不幸的人，实为不妥，卢梭患有精神
疾病，言行不当之处应获得原谅"②。他与百科全书派交往时受排挤，
"自尊心受损害，无可奈何的失望扰乱了精神，伤及情感"③。里尔丹了
解卢梭最后的生活，那时，"剧烈的腹疼和头疼时常出现，他素来关心困苦
的人，心理压力无从舒缓"；马勒泽尔布知道他为病所困，"努力探求真理，
有过错误，却不违背一贯的原则"④。布里索曾是卢梭的信徒，得知一个温
和的人被视为骗子、伪君子时，心中不平，"更加敬重这个疯子"。革命时
代，罗伯斯庇尔创造了理解卢梭的新方式，他将之塑造为革命美德的楷模，
个体疯癫有了政治意义："你谴责人类的不正义，这给您带来深深的忧愁，
我由此明白，一个追求真理的高贵生命要承受几多痛苦，但我不畏惧。"⑤

　　关于疯癫原因的其他猜测是性情与处境的关系。有人觉察到卢梭的问
题，对于病因却无共识，或是归咎于旧制度下的心理压抑与交往困难，拜访
过他的马格兰觉得，"在所有时代，文学天才为忧郁、悲伤所折磨，因其超越
了同代人，这些人只会嫉妒"⑥。或是归咎于卢梭独特的性情，克兰赛依据
洛克的心理学予以解释，"在某方面有良好认知的人，在其他方面可能是

---

　　①　*Correspondance littéraire*，*philosophique et critique de Grimm et de Diderot*，
depuis 1753 *jusqu'en* 1790，Tome 12，juillet 1780，p. 409.

　　②　Lettre au citoyen ＊＊＊，sur l'ouvrage intitulé *De mes rapports avec Jean
Jacques Rousseau* par le citoyen Dussaulx，16 juin 1798，*CCJJR*，Tome XLIX，p. 161；
Marguerite-Madeleine Gautier，née Delessert，à Guillaume O. de Corancez，20 juin
1798，*CCJJR*，Tome XLIX，p. 163.

　　③　Misanthrophie，ou Jean Jacques Rousseau，janvier 1797，*CCJJR*，Tome
XLIX，pp. 48，51.

　　④　René-Louis，marquis de Girardin à l'abbé François Rozier，28 juillet 1778，
CCJJR，Tome XLI，p. 78；C.-G. de Lamoignon de Malesherbes à P.-C. Moultou，26
juillet 1780，*CCJJR*，Tome XLIV，p. 302.

　　⑤　R. Trousson，"Brissot de Warville，lecteur de Rousseau，" p. 49；Dédicace de
Maximilien Robespierre aux Mânes de Jean Jacques Rousseau，fin septembre 1791，
CCJJR，Tome XLVI，p. 408.

　　⑥　"Addition à la relation ci-dessus，par J. H. de Magellan，" *Relation ou notice
des derniers jours de Mons. Jean Jacques Rousseau*，p. 25.

疯狂的"①。由于童年的孤独经历，卢梭始终有小孩的性情，单纯无助、心地善良，却不被人理解，作品出版后受到曲解与指责，以及严厉的攻击。因行善而受累，类似的遭遇会压垮敏感的人，心中的沉闷挥之不去，他变得愤世嫉俗，加之病痛，精神更易出问题。1791年，梅西耶的判断更合乎实情：

> 因年龄老迈，以及遭受的苦难与不幸，卢梭的心境忧郁阴沉，这是晚年作品的主调，用尖刻的言辞争论可有可无的事……他是病人，不是雄辩深邃的哲学家，写《爱弥儿》时已不能控制自己。②

三、重提卢梭休谟之争

卢梭与休谟的旧事被人淡忘，为避免新麻烦，1776年，休谟在《自传》中有意忽略他们的交往。1778年去世后，卢梭的私人生活有十足的吸引力，那场争论由文学共和国的公共事件转变为观察个体心理的途径，但褒贬无度。《忏悔录》出版后，友人和论敌想从中发现秘密，对于其中提及的文人阴谋，受指责的人觉得不合情理，但又找不到有说服力的证据，只好变本加厉地反驳。狄德罗重复一贯的看法，"卢梭忘恩负义，是极坏的人"；格里姆借用18世纪几乎所有骂人的词语贬低他的老相识，"疯子、自恋者、诡辩家、愤世者、江湖骗子、忘恩负义、爱诽谤、耽于情欲"③。

旁观者根据传言随意推测。1783年，塞尔凡同情休谟，批评卢梭处事不力，在教会和政府的缉捕下，英国之行本是恰当的选择，可他在那里过得很糟，"对待休谟，尽是狂怒与鲁莽的指责，他一生遭粗暴对待，但不及对休谟的无礼"④。马蒙泰尔说卢梭的猜疑心有碍交往，"对待身

---

① Jean-Baptiste Say à Guillaume O. de Corancez，12 juillet 1798，*CCJJR*，Tome XLIX，p. 187.

② Mercier，*De J.-J. Rousseau*，*considéré comme l'un des premiers auteurs de la révolution*，Tome I，Paris，1791，p. 248.

③ E. Duffy，*Rousseau in England*，p. 44.

④ M. Servan，*Réflexions sur les Confessions de J. J. Rousseau*，*sur le caractère & le génie de cet écrivain*，*sur les causes & l'étendue de son influence sur l'opinion publique*，*enfin sur quelques principes de ses ouvrages*，*insérées dans le* Journal encyclopédique *de l'année* 1783，p. 72.

边朋友，就像他们将来会变成敌人一样"①。特蕾兹也被人指责，卢梭独
自一人时在英国生活得不错，她来后情况就不同了。布里索记录了不利
于特蕾兹的传言，该传言来自英国化学家基尔文（Kirwan），他与舒伯里
（Shrewsbury）牧师熟识，舒伯里住在武通不远处，观察到"那个日内瓦人
在武通独居时是快乐的，他的夫人难以忍受四下的荒凉，试图离间他与
休谟的关系"②。但布里索对此不认同，将争吵的原因归于卢梭夸张的想
象，1786 年，一部贬低《忏悔录》的小册子也这样认为：

> 他敏感又慷慨，乐于减轻别人的不幸，却很少向人表达谢意，
> 也容易忘记承受的恩惠……他经常将朋友看作恶魔，一会儿珍视人，
> 一会儿厌恶人，总在矛盾中。③

支持者无法解释卢梭自传里那些逻辑清晰、却与事实不符的论述，
只能从道德意义上为之辩解。1788 年的《卢梭赞歌》描述他的生平，力求
辨明他不是坏人。④ 斯塔尔夫人认可对卢梭不利的自杀说，但在心底里，
她是卢梭的信徒，获悉外界肆意的评论，诸如伪善、疯癫、忘恩负义、标
新立异等，她会反驳："有人责备他不念恩情，但我不觉得他远离馈赠是这
些缺点明确的证据。"⑤她将忧郁视为特殊的才华，一个人因此与众不同：

> 一朵花在自身负重和雷雨的击打下会倾斜，卢梭的头就经常低
> 着，有深沉的失望与心灰意冷，想象力混乱。他没有疯，那是精神
> 特质，一种官能，他对抽象事物有强大的推理能力，超出常人的理
> 解，近乎疯癫。⑥

---

① "Vivre avec ses amis comme s'ils devaient être un jour ses ennemis",
Mémoires d'un père pour servir à l'instruction de ses enfants, *Œuvres complètes de
Marmontel*, p. 230.

② *Mémoires de Brissot*, par M. De Lescure, p. 272.

③ *Mémoires de Madame de Warens*, *suivis de ceux de Claude Anet*, publiés par
un C. D. M. D., pour servir d'Apologie aux *Confessions* de J. J. *Rousseau*, Chambéry
et Paris: Leroy, 1786, pp. 124-125.

④ *Éloge de J. J. Rousseau*, Genève et se trouve à Paris, 1788, p. 5.

⑤ Staël, *Lettres sur les ouvrages et le caractère de J. J. Rousseau*, pp. 124-126.

⑥ *Ibid.*, pp. 105, 109-110, 135.

身体病痛是解释卢梭休谟之争的基础。源于病痛的身体话语隐于私人通信，与之熟识的人虽能获知一二，但他在公共舆论里表现出的多疑与猜忌更能左右外界的印象。病人心理与公共交往的联系是现代心理学的范畴，在革命前的动乱里，以此理解卢梭的愿望是受冷落的，而横行的道德评价歪曲私人叙事，丑化了他的公共形象。卢梭的自传作品出版后，这一问题才有所改观，梅西耶医生从中发现，他与休谟争吵时心智正当错乱时，"历史学家不应忽视他的残疾，而只关注发烧时的幻想，正是致命的精神倾向促使他去写《卢梭评判让-雅克》"①。

革命时代，卢梭的支持者指责英国人对法兰西民族的恶意，尤其是英国保守派质疑革命时，有法国人相信他控诉的阴谋是真的。1789年，伯维尔确信休谟组织了阴谋，1790年的《卢梭颂歌》又列举了参与阴谋的人："有名的达朗贝尔、伟大的狄德罗，他们攻击我（卢梭），我敢于在他们活着时据理力争，待其死后仍会评论他们，还有孔多塞先生、博苏（Bossu）神父、拉兰德（Lalande）先生、勒罗（Leroi）先生、让拉（Jeaurat）先生、柏林科学院的福尔曼（Formain）和麦利纳（Merianne）。"② 1791年，有人声称找到了上百个证据，要公之于世，"阴谋的目的是抵消卢梭传世作品的影响"③。更让人吃惊的是自1764年开始就生活在英国的葡萄牙裔物理学家马格兰的观点，1778年，他说曾在伦敦看见卢梭敌人的阴谋，"表面上他们救助他，实际是要刺激他敏锐的感受，然后斥之为疯子、愤世嫉俗、忘恩负义，这是最不公正、最让人难以忍受的行径，足以败坏诚实的心灵"④。所以，那场争论扭曲了卢梭的历史形象，"若是

---

① Mercier, *De J.-J. Rousseau, considéré comme l'un des premiers auteurs de la révolution*, Tome 2, p. 139.

② Barruel-Beauvert, *Vie de J.-J. Rousseau*, p. 398; *Éloge de J.J. Rousseau, mis au concours de* 1790, p. 4.

③ *Prosopopée de J.J. Rousseau, ou sentiments de reconnaissance des Amis de l'Instituteur d'Emile à l'Assemblée Nationale de France, à l'occasion de son décret du 21 décembre* 1790, Paris, 1791, p. 5.

④ "Addition à la relation ci-dessus, par J. H. de Magellan," *Relation ou notice des derniers jours de Mons. Jean Jacques Rousseau*, p. 26.

同情，他是让人可怜的疯子，若要贬低，他是该当诅咒的恶棍"①。

1778—1789 年，有人屡屡为其辩护，只是没有确切的证据。在之后激进民主的疯狂中，英法思想传统与民族情感对立，卢梭休谟之争被赋予了复杂的政治内涵，对他的质疑从法国革命的语境里消失了，取而代之的是"高尚的卢梭""公正的卢梭""法兰西的立法者"。卢梭的批判者敛声屏气，听凭革命派的美化，暗地里将怒气沉于心底，默默等待报复的时机。

四、作品整理与出版

1778 年 10 月，里尔丹、穆尔图、培鲁与纳沙泰尔出版公司商定《卢梭作品集》（六卷本）的目录，稿费为两万四千利弗尔，"这笔钱的利息用于改善特蕾兹的生活，每半年结清"②。其中，第六卷收集部分书信和回

---

① E. Duffy, *Rousseau in England*, p. 22.

② Convention entre les amis de Rousseau, 21 septembre 1779, *CCJJR*, Tome XLIV, p. 28; P.-A. du Peyrou à la société typographique de Neuchâtel, *CCJJR*, Tome XLII, pp. 45-46.

1778 年《卢梭作品集》目录：

第一卷：*Discours sur l'Inégalité*, *Discours sur l'Economie politique*, *Du Contrat social*, *Extrait de la Paix perpétuelle*, *Extrait de la Polysinodie*, *Jugement sur la Paix perpétuelle*, *Jugement sur la Polysinodie*, *Traduction du premier livre de l'Histoire de Tacite*.

第二卷：*La Nouvelle Heloïse*.

第三卷：*Emile, juaqu'à la fin de la Profession de foi*.

第四卷：*La suite d'Emile*, *Lettre à Mr. l'Archeveque de Paris*, *Lettres écrites de la Montagne*.

第五卷：*Lettre à Mr. d'Alembert*, *De l'imitation Théâtrale*, *Discours sur la première vertu du Heros*, *Discours qui a remporté le prix à Dijon*, *Réponse à un écrit anoyme dans le* Mercure de France, *Lettre sur une réponse de Mr. Gautier*, *Réplique au Roy de Pologne*, *Dernière réponse de J. J. Rousseau*, *Préface de Narcisse*, *Narcisse Comédie*, *l'engagement téméraire*, *Les Muses galantes*, *Le Devin du Village*, *Pygmalion*, *Emile et Sophie ou les Solitaire*, *Le Lévite d'Ephraim*, *Lettres à Sara*, *La Reine fantasque*, *Traduction de l'Apocolokintosis de Sénèque*.

第六卷：*Sur la Musique (Article du Dictionnaire)*, *Sur l'Opéra (Article du Dictionnaire)*, *Mémoire lu à l'Académie des Sciences*, *Lettre sur la Musique française*, *Réponse à Mr. Rameau*, *Essai sur l'Origine des Langues*, *Lettres et Mémoires sur divers Sujets*.

忆录，好奇于卢梭生活的读者对此兴奋不已。1779 年 1 月，培鲁说服特蕾兹，由他负责出版事宜，同年 12 月，他与穆尔图、里尔丹合作成立"卢梭作品收集出版协会"（Société pour l'impression du recueil des écrits de J.-J. Rousseau，简称卢梭协会），1784 年 9 月解散，同样是为整理卢梭的手稿和作品，并与日内瓦印刷公司和纳沙泰尔出版公司协商刊行事宜。①

卢梭去世后，外界对他的"回忆录"有很多疑问：究竟有没有手稿，在谁手里，何时出版，哪家出版社负责，敌人是不是做了篡改？空泛的好奇心孕育了无尽的传言，1778 年 6 月，有人说《忏悔录》很快在荷兰印刷，有人已提前读过。② 鉴于此，1779 年，卢梭协会与日内瓦印刷公司达成前六章的出版协议，尽管这有违卢梭"晚些时候出版"的遗愿：

> 日内瓦印刷公司接到手稿后三年内出版，若中途不顺利，也不能耽误支付稿费。在《忏悔录》和《漫步遐想录》的收益里，日内瓦印刷公司获得三分之一，卢梭协会获得三分之二。③

此时的阅读愿望热切，却不像革命时代那样偏执，读者希望了解生命意义的卢梭，他的生活起居、交往矛盾等，政治意义的形象尚未出现。因需求量大，六卷本的《卢梭作品集》于 1787 年再版，法国王后和阿尔托（Artois）伯爵夫人都收藏了这套书。④

----

① Procuration donnée par Thérèse Levasseur à P.-A. du Peyrou, 20 février 1779，*CCJJR*，Tome XLIII, p. 154；Traité entre la Société typographique de Genève et la Société Rousseau, le 1er novembre 1779，*CCJJR*，Tome XLIV, p. 63.

② P.-A. du Peyrou à René-Louis, marquis de Girardin, 20 8 bre 1778，*CCJJR*，Tome XLII, p. 43；*Correspondance littéraire, philosophique et critique de Grimm et de Diderot, depuis* 1753 *jusqu'en* 1790, juin 1778, Tome 12, p. 118.

③ Traité entre les Amis de Rousseau et la Société typographique de Genève, 18 septembre 1779，*CCJJR*，Tome XLIV, p. 24；Accord entre la Société Rousseau et la Société typographique de Genève pour l'impression des Confessions, le 1er août 1781，*CCJJR*，Tome XLV, p. 35.

④ P. M. de Montcizet à Michel de Cubieres, le 12 mars 1787，*CCJJR*，Tome XLV, p. 371；P.-D. Bertholet, dit Campan, à P.-A. Benoit, 11 avril 1781，*CCJJR*，Tome XLV, p. 18.

　　收益高，盗版在所难免。1779年，巴黎一家出版社发行了《卢梭作品增补集》，包括年轻时的通信和几首诗歌，"但不是他写的"①。无独有偶，有人在纳沙泰尔出版公司发行卢梭的诗歌和信件，一看就是伪作，内容配不上作者的名声，"以这样的方式出版真是疯狂，作者已去世，与之有关的一切理应寿终正寝，但事实并非如此，出版商只想着赚钱"②。1780年，《卢梭作品集》有九个版本同时印刷，盗版横行，特蕾兹利益受损，就在《莱顿杂志》(Gazette de Leyde)和《欧洲邮报》发表声明："只有日内瓦印刷公司的卢梭作品是正版。"③18世纪没有约束出版业的法律，那时的畅销书多遭过盗版，伏尔泰既与正版书商联络出版事宜，也与盗版书商私下交易，赚双份钱。

　　革命时代，公共教育委员会负责收集卢梭手稿。1794年，该委员会获悉业已故去的艾罗尔(Herault)藏有《爱弥儿》和《新爱洛漪丝》的手稿，就代为保管。④8月，朱西(Jussieu)将自家收藏的一个包裹送交该委员会，里面有《卢梭评判让-雅克》的手稿，包裹上写着："让-雅克·卢梭因友谊寄存于此，1800年才能打开。"据考证，卢梭将包裹转交给法兰西学院院士孔迪亚克，孔迪亚克去世前转交他的侄女马布里，马布里托付给公证人布让西(Beaugenci)保管，布让西又托付给另一公证人，最后传到朱西手里。同年，勒热讷(Lejeune)以公民基洛(Girod)的名义上交《新爱洛漪丝》的手稿。⑤

　　1794年9月，特蕾兹向国民公会递交《忏悔录》手稿，上面有封印，嘱咐1801年打开。为此，国民公会有过辩论：究竟是尊重他的意愿，还

　　①　P.-P. Plan, J.-J. Rousseau raconté par les gazettes de son temps, p. 173.

　　②　J. F. de la Harpe aux Schouvalov ou au grand-duc Paul-Petrovitch de Ruisie, 15 décembre 1778, CCJJR, Tome XLII, p. 233.

　　③　M.-T. Levasseur à la Gazette de Leyde, 11 mai, au Courrier de l'Europe, 11 mai 1779, CCJJR, Tome XLIII, pp. 268-270.

　　④　Les manuscrits de Rousseau trouvés chez Herault de Sechelles, avril 1794, CCJJR, Tome XLVII, p. 230.

　　⑤　F.-M. de Jussieu au comité d'Instruction publique, le 6 fructidor an II, 23 Août 1794, CCJJR, Tome XLVIII, p. 5; S. Lasseux à J.-P. Maret, 31 décembre 1800, CCJJR, Tome XLIX, p. 245; Les manuscrits de Rousseau: débat à la Convention, le 15 fructidor an II, 1er septembre 1794, CCJJR, Tome XLVIII, p. 9.

是马上打开。巴莱尔(Barrère)以为卢梭想推迟二十年公布，是在等待一个智慧进步、足能理解其中所含真理的时代，"但革命已大大推进了智慧，我们仿佛生活在 1900 年"；而孔迪亚克反对违背逝者遗愿，坚持到世纪末打开。① 国民公会最终没有尊重卢梭的要求，里面装的是《忏悔录》手稿，即现藏于法国国民议会图书馆的"巴黎手稿"。

民间努力对于卢梭手稿的传世功不可没。1779 年，尼斯姆(Allioz de Nismes)出版由他保存的卢梭通信；1794 年，卢梭与马勒泽尔布、克兰赛、布塔傅柯(Matteo Buttafoco，科西嘉贵族、政治家)、布弗莱夫人等人的信件面世。② 卢梭去世前，道听途说是读者判断其性情的根据，去世后，公之于众的书信和"回忆录"是辨别是非的基础。然而，最终决定卢梭历史形象的不是他的作品，而是时代局势，确切地说是社会动荡之际混乱的人心。

第二节 1778—1782 年：模糊的理解

从去世到《忏悔录》前六章出版的几年间(1778—1782 年)，卢梭的私生活为人注意，但一件事从不同角度理解，意义会不同。与之熟识的人、喜欢他的读者喜欢追忆日常之事，1778 年 8 月，里尔丹写了一封长信，描述卢梭在埃莫农维尔的生活："他享受久已向往的自由，早上太阳升起时起床(五点左右)，在外采集标本，陶醉于自然景色，之后回来与夫人吃早饭，饭后去散步，家里养了几只鸟，他称之为'音乐家'。"③普莱斯勒和马格兰回忆拜访见闻：他与里尔丹一家相处融洽，跟人交谈时流露着童真。

亲身见闻之外还有传言。米拉波听说卢梭在埃莫农维尔时，用抄乐谱赚的钱帮助有困难的人，接济过附近村子一位贫困的老妇人，卢梭去

---

① Thérèse remet à la Convention un manuscript des *Confessions*, le 5 vendemiaire an III, 26 septembre 1794, *CCJJR*, Tome XLVIII, p. 33.

② P. Prévost à René-Louis, marquis de Girardin, 27 février 1779, *CCJJR*, Tome XLIII, p. 161；Manuscrits de Rousseau déposés au Comité d'Instruction publique, 28 juillet 1794, *CCJJR*, Tome XLVIII, p. 1.

③ René-Louis, marquis de Girardin à Marie-Françoise-Augustine-Ursule Le Danois de Cernay, comtesse de La Marck, 23 août 1778, *CCJJR*, Tome XLI, p. 206.

世后，她在墓前哭泣："他不是天主教徒，却帮助我，这个质朴的心灵知道什么是真正的宗教。"①此事难辨真伪，但米拉波获悉后更加敬重他。卢梭将孩子送到孤儿院的事又引起关注，1781 年，米里埃（Millière）四处探寻孩子的踪迹，无果。② 普通人对逸事传闻兴趣浓厚，即使不认识他，未曾见过他，也乐意打听，"就像不了解他去世的场景就谈论一样"③。报纸尽力满足阅读需求，与之有关的事，无论大小真假都予以报道。

　　同情者的赞美，批判者并不认同，两派争论不休。前者奚落后者只会嫉妒，卢梭是因为博爱才为人憎恨，而后者指责前者不了解卢梭，他的缺点让人厌恶。1778 年，《百科全书报》指责他"不独立思考，而是模仿古今作家"④。关于抄袭，1764 年就有此类指责，那时巴黎流传过匿名小册子《日内瓦卢梭的抄袭》。⑤ 此时旧事重提，作为反驳同情者的依据。

　　卢梭曾说法国音乐无法超越意大利音乐，法国的文化保守派和古典主义者以之为无法容忍的偏见，"意大利音乐确实动听，为人喜爱，难道法国人不能有自己的音乐？"⑥ 1755 年，《论人类不平等的起源》出版时嘲讽四起，卢梭去世后同样如此。1778 年 10 月 5 日，哈珀在《法国信使报》发表长文《论让-雅克·卢梭》："那部作品里尽是矛盾，注重情感，忽视理性，他的原理是错误的，写作动机也不纯粹，在交往中屡受冲击，一

　　① H.-G. Riquetti, comte de Mirabeau, à M.-T.-S. R. de Ruffey, marquise de Monnier, le 27 mars 1780, *CCJJR*, Tome XLIV, p. 188.

　　② A.-L. C. de la Millière à René-Louis, marquis de Girardin, 28 avril 1781, *CCJJR*, Tome XLV, p. 23.

　　③ Récit de la mort de Rousseau, daté du 13 juillet 1778 et envoyé à Girardin le 18, *CCJJR*, Tome XLI, p. 38; René-Louis, marquis de Girardin à P.-A. du Peyrou, 10 janvier 1779, *CCJJR*, Tome XLIII, p. 15.

　　④ A. Deleyre à René-Louis, marquis de Girardin, 12 9bre 1778, *CCJJR*, Tome XLII, p. 110; P.-A. du Peyrou à P.-C. Moultou, 13 février 1779, *CCJJR*, Tome XLIII, p. 135.

　　⑤ D. J. C. B., *Les Plagiats de M. J. J. R. de Genève sur l'éducation*, A la Haye: Durand, 1766.

　　⑥ D. Diderot, *Correspondance*, Tome I, 1713—1757, G. Roth(ed.), p. 163.

个生活的失败者觉得独处才幸福。"①借助于《法国信使报》的影响力,这篇文章传播广泛。② 类似的争论时常出现,主题随意,隐含不同的诉求,争论的气氛严厉,但很快会消散,新的争论又取而代之。

1766 年卢梭休谟之争时,英法报纸相互指责,而此时,法国的报纸对立加剧。《巴黎日报》主编克兰赛指责过卢梭,但面对百科全书派的攻击时转而维护他的声誉,1778 年 10 月 29 日《巴黎日报》发表致哈珀的公开信:"卢梭不是强调科学艺术对风俗的害处,而是强调对那些不培育科学却享用的人有害。"克兰赛论及他与卢梭二十年的交往,期间未曾听到他对文人有不敬之词,"哈珀偏信奇闻轶事,不公正,也不全面"。1778 年 11 月,有人在《巴黎日报》上匿名撰文,批评哈珀"对伏尔泰盲目敬重,对卢梭蔑视愤恨",德莱尔随后在该报刊登为卢梭辩护的信。③ 里尔丹自始至终不认同哈珀,"卢梭没说文学必然败坏风俗,他提及捆绑和束缚会限制孩子发育,而体育锻炼、自由理性有益于成长,这样表述没有矛盾"④。最终,关于《论让-雅克·卢梭》的争论扩大为《法国信使报》与《巴黎日报》的对立,两家报纸受众广泛,对卢梭的历史形象有难以忽略的影响。

与此同时,文人忙于书信论战。兰格比较卢梭与伏尔泰的异同,"一个情感暴躁,一个尖刻诙谐,都不乏狂热的支持者,他们对艺术,乃至人类精神进展有贡献,理应博得大名,却滥用了才智,所以有危险"⑤。卢梭的支持者很快回应,杜潘(Du Pan)斥责他没读完卢梭的作品就随意

---

① Jugement de J.-F. de La Harpe sur J.-J. Rousseau, 5 octobre 1778, *CCJJR*, Tome XLII, pp. 27, 28.

② M.-A. de Franqueville à L.-M.-S. Fréron, 4 novembre 1778, *CCJJR*, Tome XLII, p. 90.

③ G. O. de Corancez à J.-F. de La Harpe, 29 octobre 1778, *CCJJR*, Tome XLII, pp. 76-78; Un anonyme au *Journal de Paris*, 15 novembre 1778, *CCJJR*, Tome XLII, p. 131; A. Deleyre au *Journal de Paris*, 23 novembre 1778, *CCJJR*, Tome XLII, p. 154.

④ René-Louis, marquis de Girardin au *Journal de Paris*, 19 novembre 1778, *CCJJR*, Tome XLII, pp. 144, 146.

⑤ Jugement de Linguet sur Voltaire et Rousseau, fin novembre 1778, *CCJJR*, Tome XLII, p. 173.

评论，"若要欣赏他的原则，就得恭敬地了解，内心澄明才能走向神殿"①。公允的判断不多，党派之见横行，"对卢梭批判最严厉的往往是支持伏尔泰的人"②。这样的对比自卢梭去世就开始了。1778 年，《秘密通信报》提及两人的风格："伏尔泰有才智，但好嫉妒，报复心强，心灵不美；卢梭雄辩，备受谩骂，他的正直却不容置疑。"巴黎音乐家科勒（Collé）不以为然："伏尔泰的名声会传到遥远的后代，卢梭是诡辩家，尘世名声不会超过三十年。"③ 1781 年，《文学通信》意识到他们对时代风俗影响大，而科学院只是步其后尘。④

　　思想批评尚能为人接受，但矛头转向了人身侮辱，"泛滥的恶意里有一股怒火，像阿基米德用杠杆抬起地球，迫使人改变看法"；论敌不停地散布传言，斥其狡猾、卑鄙、傲慢、不诚实，自诩是日内瓦公民，对法国不忠诚，"类似的辱骂有千百种"⑤。日内瓦的书商高斯（Jean Gosse）说像他这样的作家有大害，"用看似高尚的文字抹黑社会"⑥。1778 年 8 月，梅斯特（Meister）牧师写了一首讽刺诗，卢梭被描述为难以捉摸的怪人：

　　　　我是奇怪的人，

　　　　粗鲁诡异、难以捉摸，

　　　　世上从没我这样的。

　　　　我知道我的缺点，

---

　　① Visite de Metra à Ermenonville, 18 août 1778, *CCJJR*, Tome XLI, p. 186；René-Louis, marquis de Girardin au *Journal de Paris*, 19 novembre 1778, *CCJJR*, Tome XLII, p. 131；J. M. Du Pan au Pasteur J. Vernes, 3 Xbre 1778, *CCJJR*, Tome XLII, p. 189.

　　② *Mémoires de Brissot*, par M. De Lescure, p. 232.

　　③ P.-P. Plan, *J.-J. Rousseau raconté par les gazettes de son temps*, pp. 139-140；Charles Collé à M. de V＊＊＊, 12 août 1778, *CCJJR*, Tome XLI, p. 165.

　　④ *Correspondance littéraire*, *philosophique et critique de Grimm et de Diderot*, *depuis* 1753 *jusqu'en* 1790, Juilllet 1781, p. 541.

　　⑤ L.-H.-F. Lefébure au *Journal de Paris*, vers le 3 décembre 1780, *CCJJR*, Tome XLIV, p. 357；P.-P. Plan, *J.-J. Rousseau raconté par les gazettes de son temps*, p. 245.

　　⑥ J. Gosse à H.-A. Gosse, 17 janvier 1780, *CCJJR*, Tome XLIV, p. 131.

　　也为此抱怨，

　　我真是奇怪的人。①

　　百科全书派对卢梭的批评最系统。18 世纪中期，他们控制着法国部分官方出版业（《百科全书报》《文学通信》《法国信使报》），为达目的，不惜党同伐异。卢梭与该学派的交往可追溯到 18 世纪 40 年代，卢梭负责《百科全书》的音乐类词条，也写过《论政治经济学》，因性情、风格和病痛而被人误解。达朗贝尔在《百科全书》的"日内瓦"词条里建议日内瓦开剧院，卢梭指责他要败坏日内瓦共和国的风俗，自此公开与百科全书派为敌。1766 年赴英避难时，他觉得陷入了他们的阴谋，余生未从受害幻想里解脱。百科全书派了解卢梭的雄辩力，又害怕在《忏悔录》中受污蔑，就极力纠正。1779 年，达朗贝尔发表《米罗尔·马雷夏尔颂歌》（*Eloge de Milord Maréchal*）："卢梭曾对基斯伯爵说，自己死后特蕾兹会很困难，基斯接济了三十金路易，卢梭没有致谢，反而用侮辱的言语回报恩人。"②针对达朗贝尔的指控，支持者找到了卢梭与基斯的通信，所谓的"三十金路易"与事实有出入。1765 年，基斯知道卢梭要离开圣皮埃尔岛，资助了二十六路易的路费，他们相处融洽，卢梭向来尊敬基斯。③

　　在百科全书派里，狄德罗的攻击最严厉，因其担心被卢梭抹黑。1782 年，赶在《忏悔录》出版前，他重版《论塞涅卡》，题目改为《论克罗德与尼禄的统治》（*Essai sur les régnes de Claude et de Néron*），新添两

---

　　①　Le Pasteur J. H. Meister au professeur J. J. Bodmer，14 août 1778，*CCJJR*，Tome XLI，p. 168.

　　②　J. le Rond d'Alembert au *Mercure* 18 septembre 1779，*CCJJR*，Tome XLIV，p. 19.

　　③　卢梭与基斯的通信：Extrait d'une lettre de Lord Maréchal d'Ecosse à M. J. J. Rousseau，6 mars 1764；Réponse de J. J. Rousseau du 31 mars 1764；Lord Maréchal en réponse à la lettre de M. Rousseau du 31 mars，6 juin 1764；Extrait de lettres de Lord Maréchal à M. J. J. Rousseau，8 février 1765；Potsdam le 22 mai 1765；Extrait de lettres adresées à M. Du Peyrou par Lord Maréchal fin de juillet 1766. *J. J. Rousseau vengé par son ami ou morale pratico-philosophico-encyclopédique des coryphées de la secte*，Au Temple de la Vérité，1779，pp. 24-30；G. Keith à Rousseau，2 décembre 1765，*CCJJR*，Tome XXVIII，p. 12.

个注释，指责卢梭污蔑朋友："如此的卑劣与鲁莽，难道不是在团结的哲学家庭里挑起纷争，不是在友人间种下长久的仇恨？这是个邪恶的人。"①他又指责卢梭抄袭："哲学思想、道德原理和政治理念来自塞涅克、普鲁塔克、蒙田、洛克和西德尼（Philip Sidney，16 世纪英国诗人），诡辩与矛盾的风格归于塞涅克，他在基督徒面前自称是天主教徒，在天主教徒面前说是基督徒，而在两派面前又承认是自然神论者，或索齐尼教信徒。"狄德罗还说，一星期内，卢梭给日内瓦的朋友写了两封信，第一封信劝其心境平和，第二封信却鼓动他们敢于复仇；他写文章反对戏剧，不久就创作戏剧，他反对文学，可一生沉浸其中。矛盾的风格源自阴暗的想象：

> 在他眼里，一切是坏的，他对达朗贝尔、伏尔泰、基斯、休谟、杜索尔，还有其他人的恶意是明证，他的思想与其说是哲学的，不如说是宗教的，是理解错误并走向极端的宗教观念，会激发不宽容的精神。②

这足以颠覆读者的印象，卢梭的批评者哈珀也觉得狄德罗过分了，"道德意义上批评得有理，但在文学方面欠公正"③。支持者难于一一应付，针对《论克罗德与尼禄的统治》的无礼，穆尔图简要回复："狄德罗，你说得真对，你描述的那个魔鬼，只在你的脑袋里。"1779 年，在一篇《卢梭颂歌》里，穆尔图又回应其他人的攻击。④ 关于思想的矛盾，自从卢梭进入文学共和国，争论就未间断。18 世纪末，勒格罗（Legros）神父坚持卢梭思想的统一，杜尔格（Turgot）却不认同；20 世纪初，卢梭研究家朗松为卢梭辩护，而勒梅特尔（J. Lemaître）说他的思想里有难以解释

---

① "Essai sur les régnes de Claude et de Néron," *Œuvres complètes de Diderot*, Tome III, p. 196.

② *Ibid.*，pp. 196-198.

③ J.-F. de La Harpe à Andrei Petrovitch Schouvalov, le 1er avril 1782, *CCJJR*, Tome XLV, p. 74.

④ P.-C. Moultou à Jacob-Henri Meister, 9 février 1779, *CCJJR*, Tome XLIII, p. 102；P. Moultou à René-Louis, marquis de Girardin, 26 août 1778, *CCJJR*, Tome XLI, p. 235.

的矛盾。而卢梭的风格为人提供了口实，1738 年 9 月，他致信《法国信使报》，谈论地球形状，以及亚里士多德、托勒密、牛顿与卡桑（Cassin）的相关理论。① 18 世纪 40 年代，他参加霍尔巴赫沙龙时支持科学艺术，但在 1750 年第戎科学院的征文里改变了立场，他正是借助这篇论调突兀的文章在文学共和国获得了身份。《论人类不平等的起源》同样前后不一，哈珀说它继承了《论科学与艺术》的矛盾，有意挑起自然与社会的对立："那是奇怪的诡辩，人完善自己的才能，竟违背自然，人生活在社会里，却不自然了？"②文字上有矛盾，他的日常言行也如此。1766 年年初，休谟为卢梭申请国王年金，他起初拒绝，但很快又反悔，乔治三世最终同意授予，却不理解他的意图，英国人对之更轻视。③

去世后，卢梭的影响越来越大，首先在于他的善恶观获得了后人的同感。教权和君权制度缺乏人道主义关怀，忽视个体情感，民众有些麻木，但对于美好的生活依旧有想象力，而卢梭的作品使之有实践的愿望。德莱尔说自己从未见过如此有美德的人，并在卢梭受《巴黎日报》攻击时极力为其辩护。④ 菲利庞（Phlipon）夫人说他以智慧启发同代人，"他的正直和美德永远有力量"。1779 年，一个小人物兰格维尔（Longueville）写了篇《卢梭颂歌》，因无钱出版就低价卖给一家图书馆；邓坦（Dentand）向卢梭墓地献花时，想到他的美德追求感动不已。⑤

感性主义是对个体心理的关怀，一种人道主义，不同于君主对臣民

---

① Rousseau au rédacteur du *Mercure de France*，20 septembre 1738，*CCJJR*，Tome I，pp. 73-80.

② Jugement de J.-F. de La Harpe sur J. J. Rousseau，5 octobre 1778，*CCJJR*，Tome XLII，p. 26.

③ D. Hume au professeur H. Blair，24 février 1767，*CCJJR*，Tome XXXII，p. 173.

④ René-Louis, marquis de Girardin à G. Keith 3 juillet 1778，*CCJJR*，Tome XLI，p. 2；A. Deleyre au *Journal de Paris*，23 novembre 1778，*CCJJR*，Tome XLII，p. 154.

⑤ M.-J. Phlipon à M.-S.-C. Cannet，10 janvier 1779，*CCJJR*，Tome XLIII，p. 24；L. F. de Longueville au *Journal de Paris*，2 février 1779，*CCJJR*，Tome XLIII，p. 78；P.-G. Dentand à J.-P. Berenger，1 août 1778，*CCJJR*，Tome XLI，p. 110.

的爱护，有别于上帝对信徒的救赎，而是人与人基于平等关系的仁爱与尊重。卢梭不为取悦君权与教权，他在向人诉说，是以良善与友谊为目的的诉说。德莱尔觉得字里行间是这样的语境——"对读者有真诚的善意"①。感性主义改变了旧制度的话语风格，并培育了新的处世道德，里尔丹善待卢梭的行为同样符合人道主义，为人赞许，"他与卢梭交往时体会到命运的悲苦，却从中获得安慰"②。这是具有鼓励性的安慰，苦难不会阻碍一个人去追求美德和真理。鉴于此，法兰西学院的杜西(Ducis)为里尔丹写了一首诗歌：

> 在安静的白杨树丛间安息着让-雅克·卢梭。
> 您(里尔丹)接近一个正直敏感的心灵，
> 您(里尔丹)的朋友在他(卢梭)的墓地里死去。③

18世纪，质朴、纯净是造作、伪善的对立品质，卢梭对自然的热爱暗示他向往朴素的生活，故被誉为"自然之子"(Enfant de la Nature)。④卢梭去世后，里尔丹对祭拜墓地的人讲述时有意强化他与自然的关系，"从早到晚，他沉浸在和缓的快乐里，采花、幻想、水边漫步，在安静的森林里听风吹鸟鸣，享受自然的乐趣"⑤。一位母亲给他的灵魂写信，因其唤醒个人对自然的情感，"从今之后，所有毁坏自然的东西，以及让怜悯与温和的情感窒息的物象，会为人遗弃"⑥。

根据卢梭的遗愿，培鲁和穆尔图重新编排《乡村卜师》，七幕剧情，

---

① A. Deleyre à René-Louis, marquis de Girardin, 5 aoust 1778, *CCJJR*, Tome XLI, p.131.

② *Ibid.*, p.132.

③ René-Louis, marquis de Girardin à G. S. Harcourt, comte Harvourt, 26th 7bre 1781, *CCJJR*, Tome XLV, p.40.

④ *Correspondance littéraire*, *philosophique et critique de Grimm et de Diderot*, *depuis* 1753 *jusqu'en* 1790, décembre 1778, Tome 12, p.185.

⑤ René-Louis, marquis de Girardin à Comtesse de la Marck, 23 août 1778, *CCJJR*, Tome XLI, p.212.

⑥ Sentimens de reconnaissance d'une mère, adressés à l'ombre de Rousseau de Genève, *Journal de Paris*, 16 octobre 1778, *CCJJR*, Tome XLII, p.42.

配乐优雅。① 1779 年 4 月 20 日，《乡村卜师》上演，"芭蕾舞剧有气势，
像当年在凡尔赛宫演出时那样"。《秘密通信报》说它美妙，《巴黎日报》描
绘了演出场景："空中弥漫着音乐，有一种古典的美。"②日内瓦牧师罗什
（Roches）和邓坦赞许该剧以理性、自由和勇敢让法语有了力量，"经过他
的笔，法语像诗人塔索的意大利语一样美妙"③。普通人对这部戏剧期待
已久，上演后反响热烈，他们能从中领略一位伟人的艺术观。与之相应，
民间流传着剧情版画，广受欢迎。④ 对于演员是否能表达卢梭的本意，
观众有过争论，但未减弱普遍的热情。⑤ 新版《乡村卜师》在国外的反响
也不错，英国很快有了英译本，荷兰刊印了剧本台词。1781 年 7 月 2 日，
意大利剧院上演情节剧《被抛弃的阿丽亚娜》，以卢梭的《皮格马利翁》为
模本。⑥ 至此，虽不能说法国与意大利的戏剧之争有了胜负之分，即法
国戏剧赢了，卢梭的戏剧获得认可却是真实的。

　　1778—1782 年，卢梭的形象一天比一天生辉，"生前，曲折的命运

---

① J.-F. de La Harpe aux Schouvalov ou au grand-duc Paul Petrovitch de Russie, vers le 25 avril 1779, *CCJJR*, Tome XLIII, p. 23；P.-A. du Peyrou à P.-C. Moultou, 12 9bre 1778, *CCJJR*, Tome XLII, p. 114；P.-A. du Peyrou à René-Louis, Marquis de Girardin, 12 9bre 1778, *CCJJR*, Tome XLII, p. 112.

② P.-P. Plan, *J.-J. Rousseau raconté par les gazettes de son temps*, pp. 192, 196, 197.

③ P.-G. Dentand à J.-P. Berenger, 1 août 1778, *CCJJR*, Tome XLI, p. 111；Stances sur J.J. Rousseau, R. de Roches, Ministre à Genève, *CCJJR*, Tome XLIII, p. 142；Observations de Corancez sur *Le Devin* refait par Rousseau, 20 avril 1779, *CCJJR*, Tome XLIII, pp. 222-223；René-Louis, marquis de Girardin au *Journal de Paris*, 21 avril 1779, *CCJJR*, Tome XLIII, p. 225；*CCJJR*, Tome XLII, pp. 156-157.

④ Le docteur A.-G. Le Bègue de Presle à René-Louis, marquis de Girardin, 13 novembre 1778, *CCJJR*, Tome XLII, p. 124；René-Louis, marquis de Girardin à Pierre-Antoine Benoit, 9 9bre 1778, *CCJJR*, Tome XLII, p. 106.

⑤ A.-P.-J. de Vismes de Valgay au *Journal de Paris*, 23 avril 1779, *CCJJR*, Tome XLIII, p. 233.

⑥ *A collection of the most esteemed and entertainments*, *performed on the British stage*, Edinburgh, Volume 2, 1792, pp. 196-207；René-Louis, marquis de Girardin à P.-A. Benoit, 21 9bre 1778, *CCJJR*, Tome XLII, p. 152；*Correspondance littéraire, philosophique et critique de Grimm et de Diderot, depuis 1753 jusqu'en 1790*, Tome 12, p. 534.

让他蒙羞，而去世后一切颠倒了"①。他不再是疯癫无常的下层文人，或来自日内瓦的流浪汉，而是关怀社会福祉的思想家，敢于丢弃陈词滥调，以感性主义培育人的心灵。报刊的持续关注让他始终是公共舆论的主角，有无限美化的可能，当突如其来的革命需要一个领路人的时候，他是最好的选择。

第三节　1782—1789 年：阅读潮流与道德争论

卢梭去世后的十余年有一股理解他的热情，但 1782 年前后不同。之前，谈论的根据是逸事琐闻；1782 年 5 月，《忏悔录》与《漫步遐想录》出版后，对卢梭的理解有了直接证据，批判的声音还在，但已弱化许多。在革命前的动荡里，民众有理解一个故去人物的默契，却偏离生命意义，卢梭愈加抽象为道德符号，开始向英雄、传奇或圣人的方向变化。

1767 年卢梭赴英避难归来后，《忏悔录》已是热门话题，众人推测他会怎样写，如何评判论敌。1778 年，这部作品不需要报道已广为人知。1783 年，萨德被关押于文森监狱，他致信妻子，要求寄来一部，因其对卢梭的道德观有兴趣。② 1789 年，伯维尔去凡尔赛宫，路过牛眼厅（Oeil-de-Bœurf）时看到两人热烈地谈论卢梭。③ 卢梭希望后代人理解他的苦衷，所以不惮于坦白私生活，不说教，少有理性论证，更多的是活跃的想象。这是让人感同身受的话语，"有火的力量，法语中冷漠的优雅不见

---

① P.-P. Plan, *J.-J. Rousseau raconté par les gazettes de son temps*, p. 172; Jugement de J.-F. de La Harpe sur J. J. Rousseau, 5 octobre 1778, *CCJJR*, Tome XLII, p. 23.

② *Correspondance littéraire, philosophique et critique de Grimm et de Diderot, depuis 1753 jusqu'en 1790*, Tome 11, juillet 1782, p. 170; M. Servan, *Réflexions sur les Confessions de J. J. Rousseau, sur le caractère & le génie de cet écrivain, sur les causes & l'étendue de son influence sur l'opinion publique, enfin sur quelques principes de ses ouvrages, insérées dans le* Journal encyclopédique *de l'année 1783*, p. 3; Donatien à Renée, juin 1783, A. M. Laborde, *Correspondances du Marquis de Sade et de ses proches enrichies de documents notes et commentaires*, Volume XVIII, p. 92.

③ Barruel-Beauvert, *Vie de J.-J. Rousseau*, p. 27.

了，法国人第一次接触这样的风格"①。《秘密通信报》以贪婪、感动、爱不释手等词语描述阅读感受。② 读者从中发现他的禀性："宁愿靠作品和双手应付生活，也不愿变成大人物的附庸。他不喜欢巴黎，是因为更喜欢安静。"③阅读热潮对青年人的影响最直接，他们人多，对卢梭的仰慕真切，是革命时代的中坚力量。

《忏悔录》与《漫步遐想录》的合集批发价每套 5.5 利弗尔(纳沙泰尔印刷公司收到书商订单 100 套，支付 550 利弗尔④)，各地订单不断。1782年，巴黎书商齐罗尔(Chirol)通过内部关系获得订货，兴奋不已，"我今天收到 300 套《忏悔录》，多亏编者们照顾我，未给里昂和外省订户邮寄就先给我了"⑤。《忏悔录》的热销带动了《卢梭全集》的生意。1783 年，书商巴索皮尔(Bassompierre)订购 750 套 12 开本全集，依照定例，"先缴纳一半现金，到货后结清另一半"，各方获利不菲。1788 年 7 月，庞索(Poincot)出版社加印《卢梭作品全集》，有 8 开本和 4 开本两种。⑥1788—1793 年，布里扎尔与梅西耶、劳纳尔(F. H. S. de l'Aulnaye)、普里姆(Pierre Prime)、图尔内(Félicien le Tourneur)合作出版《卢梭全集》(37 卷)。⑦

----

① Suzanne-Necker à P. -C. Moultou, le 28 aoust 1782, *CCJJR*, Tome XLV, p. 118; J. Gillies à A. Strahan, 18 mai 1782, *CCJJR*, Tome XLV, p. 90; Barruel-Beauvert, *Vie de J. -J. Rousseau*, p. 143.

② P. -P. Plan, *J. -J. Rousseau raconté par les gazettes de son temps*, p. 255.

③ Lettre X, sur la mort de Rousseau, sur le château d'Ermenonville, sur les mémoires de la vie de ce philosophe, écrits par lui-même, *L'Espion anglois, ou corrrespondance secrète entre Milord Alleye et Milord All'ear*, Londres, 1785, pp. 226, 230.

④ B. Chirol à la Société typographique de Neuchâtel, le 10e avril 1782, *CCJJR*, Tome XLV, p. 78.

⑤ *Ibid.*, le 6e avril 1782, *CCJJR*, Tome XLV, p. 74.

⑥ J. -F. Bassompierre à la Société typographique de Neuchâtel, 8 mai 1783, *CCJJR*, Tome XLV, p. 148; P. -P. Plan, *J. -J. Rousseau raconté par les gazettes de son temps*, p. 296.

⑦ *Œuvres complètes de J. -J. Rousseau*, J. Jacinto de Magalhães, L. -S. Mercier, G. Brizard, M. de L'Aulnaye (François Henri Stanislas), J. M. Moreau, C. P. Marillier(eds.) 37 volumes, Paris: Poinçot, 1788-1793.

　　这一时期,《社会契约论》的阅读情况如何? 杜弗尔(T. Dufour)和普兰(P.-P. Plan)调查版本时发现:1762—1789 年,《社会契约论》有两版,《新爱洛漪丝》和《爱弥儿》却有很多。[1] 但他们的调查不全,未包括 1789 年贝迪耶(Berthier)的《对卢梭〈社会契约论〉的考察》。[2] 德拉特(Derathe)统计 18 世纪的书目时只发现四本反驳性的作品,革命前只有两本:布克莱(Beauclair)的《反对社会契约》和卢扎克(Luzac)的《匿名者来信》。[3] 德拉特的统计也不准确,以"社会契约论"为题的不多,正文提及《社会契约论》的却不少,梅西耶的《论卢梭》第一卷第二部分介绍《社会契约论》,第三部分讲述公共美德与政治制度,第二卷论证《社会契约论》的立法理论、主权者与公意。[4] 为补充缺漏,出版史学家莫尔内(Mornet)调查了 1750—1780 年法国五百家私人图书馆的藏书:[5]

表 4-1　莫尔内调查的 1750—1780 年法国五百家私人图书馆藏书情况

作品	作者	馆藏统计
《自然史》	布封	220 家
《伏尔泰作品集》	伏尔泰	173 家
《人类理智论》	洛克	156 家
《路易十四时代》	伏尔泰	147 家
《人类之友》	米拉波	129 家
《百科全书》	达朗贝尔	73 家

---

[1]　C. Hesse, "Revolutionary Rousseau: The Story of his Editions after 1789," M.-C. Skuncke (ed.), *Media and Political Culture in the Eighteenth Century*, Stockholm, 2005, p. 107.

[2]　P. G. F. Berthier, *Observations sur le Contrat social de J. J. Rousseau*, Paris, 1789, p. 1.

[3]　Beauclair, *Anti-Contrat social*, 1764; Elie de Luzac, *Lettre d'un anoyme*, 1766. R. Barny, *Prélude idéologique à la Révolution française, le Rousseauisme avant* 1789, p. 22.

[4]　Mercier, *De J.-J. Rousseau, considéré comme l'un des premiers auteurs de la révolution*, Paris, 1791.

[5]　R. Barny, *Prélude idéologique à la Révolution française, le Rousseauisme avant* 1789, p. 11.

续表

作品	作者	馆藏统计
《新爱洛漪丝》	卢梭	73 家
《论人类不平等的起源》	卢梭	67 家
《致达朗贝尔论戏剧的信》	卢梭	37 家
《论科学与艺术》	卢梭	14 家
《论政治经济学》	卢梭	5 家
《社会契约论》	卢梭	0 家

莫尔内的研究是实证的，但私人藏书有别于阅读情况。18 世纪，有私人图书馆的或是贵族，或是有钱人，在卢梭的批判者中，这一类人居多，支持卢梭的多是普通民众、没落贵族，而他们往往借书读。《新爱洛漪丝》热销之际，每一卷被拆分为数十册，在街头、咖啡馆里传阅，这些为人广泛阅读的书或损坏，或丢失，不会进入私人图书馆。莫尔内未考虑书籍收藏与阅读之间可能存在的错位，结论就未必严谨。鉴于此，多纳尔(J. M. Donald)转向 1766—1789 年的私人档案，力求回答两个问题：它是不是一本启发革命的书，有多少人读过？格里高尔(Gregoire)神父和巴莱尔(Barrère)的《回忆录》里没有阅读的痕迹；布里索喜欢卢梭，但只读过《新爱洛漪丝》《爱弥儿》和《忏悔录》，没有证据说明他年轻时读过《社会契约论》；罗兰夫人读了不止一遍，"但自始至终读得不明白"；勒格罗 (Legros) 的《卢梭作品研究》(*Examen des ouvrages de Rousseau*)是多纳尔发现的思考过卢梭政治原理的作品。① 法国革命前，《忏悔录》《爱弥儿》和《新爱洛漪丝》最为人喜爱，读《社会契约论》的不多，这个结论基本成立。

卢梭的教育理念是 18 世纪同类作品的典范，《爱弥儿》引起广泛讨论，"绝妙的开篇之后是伟大的思想，表述清晰准确"②。塞拉那发现了其中的两个原则："己所不欲，勿施于人；己所欲之，慎施于人。"而卢梭倡导美德教育，是因为一个人终将是社会的支柱，"为使他有美德与智

---

① R. Barny, *Prélude idéologique à la Révolution française*, *le Rousseauisme avant* 1789, pp. 28, 31, 22, 23.

② Barruel-Beauvert, *Vie de J. -J. Rousseau*, p. 102.

慧，不应依据通常的教育方法，只提供冷冰冰的课程和枯燥的原理，要激发自然所赋予人的力量"①。1788 年，斯塔尔夫人的《论卢梭的作品与性格》受欢迎，1789 年重版三次，"他综合了自然教育和学校教育，锻炼学生的心智和体能，所以是对人的教育"②。布里索将卢梭看作思想的导师和美德的教员，《爱弥儿》最适合那些寻求真理的人。③ 里昂科学院举办征文比赛：旅行是否是完善教育的方式？征文灵感源于《爱弥儿》，"卢梭允许爱弥儿旅行，在旅途中找到合适的居所，他想以此区别于普通教育，还是转向社会契约的讨论？"④

　　普通人对卢梭的怀念更深切，去瞻仰墓地时与过路的农夫交谈，捕捉他的往事，想象他的言行。⑤ 他的奇闻逸事流传甚广，画家、雕塑家据此描述他，加缪（Camus）医生希望为卢梭和爱弥儿雕像。新语境触及日常生活，卢梭说人要保持自然所赋予的面貌，鉴于此，"有人主张士兵要留小胡子，给人勇猛的印象"⑥。1784 年，巴黎设立修辞奖，颁发给那些与卢梭风格相似的作品。他成了圣人、邪恶之敌，"不理会迷信鬼魅与虚假的异象，将真实看作美，追求人之独立，不忘社会福祉，此外别无他求"⑦。随之而来的是夸张的赞誉——有美德的让-雅克、人类权利的

---

　　① "Ne faites pas à autrui ce que vous ne voudriez pas qu'on vous fit. Faites pour vos semblables ce que vous voudriez qu'ils fissent pour vous," *Théorie d'une éducation républicaine suivant les principes de J. J. Rousseau*, présentée à la Convention, pp. 30-31，5-6，17-19.

　　② Staël, *Lettres sur les ouvrages et le caractère de J. J. Rousseau*, pp. 54-55.

　　③ R. Trousson, "Brissot de Warville, lecteur de Rousseau," p. 48.

　　④ Extrait des discours qui ont concouru pour le prix que l'Académie des sciences, belles-lettres & arts de la ville de Lyon a adjugé à M. Turlin, avocat au parlement de Paris, sur cette question: Les voyages peuvent-ils être considérés comme un moyen de perfectionner l'éducation? J. Bloch, *Rousseauism and education in eighteenth-century France*, p. 69.

　　⑤ Cloots à Ermenonville au Plessis, les 14-30 juillet, 1783, *CCJJR*, Tome XLV，p. 172.

　　⑥ Le docteur G.-E. le Camus à H.-A. Gosse, 15 juin 1786, *CCJJR*, Tome XLV，p. 321；*Correspondance littéraire, philosophique et critique de Grimm et de Diderot, depuis 1753 jusqu'en 1790*, juin 1786, p. 134.

　　⑦ *Éloge de J. J. Rousseau*, Genève et se trouve à Paris, 1788, p. 28.

捍卫者、真理的使徒、自然的诠释者、人类之友，"去世后，他为一个由年轻公正的君主所统治、开明又感恩图报的民族所惦念"①。此类描述进一步触发了阅读潮流，伯维尔受此影响开始读卢梭，"感受乡间快乐，避开轻浮世界的旋涡，远离青春年代的暗礁，向善的心更坚定"，而那是伯维尔的第二次教育，一种自我教育。② 布里扎尔与埃莫农维尔的农夫交谈后，决心以他为榜样，不是因为他的天赋与才华，这些都已入土，而是因为他的简朴与美德。

卢梭的形象被置于苦难的背景里，"以自然为师，禀性良善，生活里尽是贫穷、流浪、逃亡，屡受驱逐"③。他与休谟的争执有了不同的意义，即善良人受到了损害。为此，有人将他比作苏格拉底，苏格拉底饮毒芹汁而死，是人类精神史上的悲剧，迷信与哲学交战时犯下的最初罪行，"卢梭喝下的是更有害的东西，在不幸与苦难中度日，却平静地死

---

① Ode à Jean Jacques Rousseau

Redoutable ennemi de l'erreur & du vice,

Qui marchas triumphant dans une vaste lice,

Et du Cœur des humains sondas les profondeurs,

Imprimer, à jamais, en te couvrant de gloire；

La honte sur le front de tes vils détracteurs.

Barruel-Beauvert, *Vie de J.-J. Rousseau*, pp. 66, 67, 162；*Éloge de J. J. Rousseau*, p. 168.

② Barruel-Beauvert, *Vie de J. -J. Rousseau*, pp. 157, 158.

③ Vers sur J. J. Rousseau, ci-devant citoyen de Genève

Rousseau toujours la nature pour maître,

Fut de l'humanité l'apôtre & le martyr；

Les mortels qu'ils voulait forcer à se connaître,

S'étaient trop avilis pour ne pas l'en punir.

Pauvre, érrant, fugitive & proscrit sur la terre,

Sa vie à ses écrits servit de commentaire.

La fière vérité dans ses hardis tableaux

Sçut en dépit des grands montrer ce que nous sommes.

Il devait de nos jours trouver des échafauds；

Il aura des autels quand il naîtra des hommes！

Anécdotes du dixhuitième siècle, Premier volume, Londres, 1783, pp. 21-22.

去，两位贤者知道国家不幸之所在，却只能哀叹"①。在革命前的动荡风俗里，旧宗教不再有规束力，民众要寻求新宗教，卢梭不再是出身低微的作家，而是使徒"圣让-雅克"，一个真理与美德的殉道者，有人要依据他的原理去布道。② 苦难与美德结合是信仰的本初语境，此时的卢梭形象正是这样。

对卢梭的赞扬已居上风，批判的声音依旧存在。1786 年 7 月 24 日，《秘密回忆报》发文：卢梭独处时有伟大的才能，也有对同代人的轻视，他将亲生的孩子送入孤儿院，在最后时日精神错乱。③ 1782 年，有人写了一首诗歌《三个卢梭》：

> 三个卢梭，
> 从巴黎到罗马皆闻其名，
> 三人各不相同。
> 巴黎的卢梭是大人物，
> 日内瓦的卢梭是疯子，
> 图卢兹的卢梭是小人物。④

"日内瓦的卢梭"指让-雅克·卢梭，他惯以出生地表明身份，同代人也这样认为。"巴黎的卢梭"是让-巴蒂斯特·卢梭（Jean-Baptiste Rousseau，1670—1741），"与达·芬奇相似，多才多艺，参与当时的文学辩论"，年轻时因籍籍无名而懊恼，努力为贵族写赞歌，之后进入沙龙社交，得到财政大臣古德雷（Coudray）的保护，1701 年入选铭文-文艺科

---

① Barruel-Beauvert, *Vie de J. -J. Rousseau*, pp. 418-419.

② *Mémoires secrètes pour servir à l'histoire de la République des lettres en France*, Volume I, Londres, 1783-1788, p. 319; *CCJJR*, Tome XLV, p. xxii.

③ M. Servan, *Réflexions sur les Confessions de J. J. Rousseau, sur le caractère & le génie de cet écrivain, sur les causes & l'étendue de son influence sur l'opinion publique, enfin sur quelques principes de ses ouvrages, insérées dans le* Journal encyclopédique *de l'année* 1783, p. 67; P. -P. Plan, *J. -J. Rousseau raconté par les gazettes de son temps*, p. 279.

④ *Œuvres choisies d'Alexis Piron*, Tome II, Londres, 1782, p. 134.

学院,《文学通信》(*Correspondace littéraire*)时常报道他的事迹。① "图卢兹的卢梭"是皮埃尔·卢梭(Pierre Rousseau,1716—1785),图卢兹医生之子,年轻时代创作戏剧《理想年》(*Année merveilleuse*),1749 年的《无用的诡计》(*Ruse inutile*)为他赢得了赞誉,之后进入上层文艺界,在枫丹白露宫为路易十五上演《布西法拉斯之死》(*Mort de Bucéphale*)。1756 年在列日大主教巴维尔(J.-T. Bavièlre)支持下创办《百科全书报》,以通俗易懂的方式传播科学理念,是坚定的百科全书派,但因其为《百科全书》辩护而流亡国外。1784 年 2 月 5 日,《秘密回忆报》又提及他的事迹。②

此时对卢梭批评最严厉的,是 1786 年 7 月杜培(F.-A. Doppet)医生和阿奈(Anet)的哥哥合作写成的《华伦夫人与阿奈回忆录》。在《忏悔录》中,卢梭说阿奈与华伦夫人关系不正常,卢梭到来后,阿奈愤怒于华伦夫人对自己的疏远,吃鸦片自杀。但这部《回忆录》予以否认:阿奈是朴实的青年,没有自杀,他去外地旅行,在玛格利亚(Margeria)生活了十八个月,之后回到华伦夫人身边。他们是普通的主仆关系,阿奈擅长植物学,华伦夫人让他管理培育稀有植物和药用植物的花圃。华伦夫人是有美德的女性,后半生遭遇不幸,时常责备卢梭的冷漠。③《回忆录》对卢梭批评严厉,"花着华伦夫人的钱,却忘恩负义,品性之劣,无人能

---

① *L'Esprit de l'abbé Des Fontaines ou réflexions sur différens genres de sciences et de littérature*,Volume II,Londres,1757,p. 108;*Correspondace littéraire, philosophique et critique*,par Grimme,Diderot,Raynal,Meister,etc.,Tome dieuxième,Paris 1877,p. 3.

② Lefebvre Georges,"Sur *L'Encyclopédie*,"*Annales. Économies, Sociétés, Civilisations*,1954,Volume 9,Numéro 1,pp. 115-116;*Mémoires secrètes pour servir à l'histoire de la République des lettres en France*,Volume I,1784,Londres,p. 38.

③ *Correspondance littéraire, philosophique et critique de Grimm et de Diderot, depuis* 1753 *jusqu'en* 1790,Juillet 1786,Tome 13,pp. 157-158;*Mémoires de madame de Warens, suivis de ceux de Claude Anet*,publiés par C. D. M. P.,*pour servir d'apologie aux Confessions de J. J. Rousseau*,Chambéry et Paris:Leroy,1786,pp. 216,103,220,231.

及，表面朴实，没人比他伪装得更好，更能迷惑人"①。根据卢梭与华伦夫人的通信，该《回忆录》有不实指责。1753 年 2 月，虽离开华伦夫人十多年，卢梭为她寄去二百四十利弗尔，那是抄乐谱所得："抄写东西谋生是光荣的，我因此独立，感到幸福。"②扭曲的批判会招来反驳，《秘密回忆报》说这部《回忆录》是虚构的，没多少事实；1786 年 9 月 27 日，《关于卢梭与华伦夫人的公正的哲学思考》又针锋相对地反驳。③

关于《论克罗德与尼禄的统治》的争论虽未平息，但卢梭的支持者不再被动，转而批评狄德罗言辞激烈，"嫉妒卢梭获得的荣誉，就指责他没有理智，是江湖骗子、暴乱者、卑鄙的人"，普鲁士人克罗茨斥责狄德罗是"自然之子与真理之子的顽劣对手"④。污蔑性的指责难以抵挡道德美化，有的批判者收敛了怒气，言辞上力求公允，只将批评寓于其中。

卢梭生前委托后人评判是非的愿望变为现实，"两千四百万法国人向他致谢"⑤。帕里索(Palissot)的境遇说明了批判者与支持者的力量对比，1760 年 5 月 2 日，他的讽刺剧《哲学家》在巴黎歌剧院上演，尖刻地讽刺卢梭关于原始社会的假设，该剧审美价值不高，却因讽刺哲学精神而获得掌声。⑥ 1760 年前，文人界对卢梭的批评限于科学、艺术的风俗，自

---

①　*Mémoires de madame de Warens，suivis de ceux de Claude Anet*，pp. vii，xiv，xix.

②　Rousseau à Françoise-Louise-Elonore de La Tour，13 février 153，*CCJJR*，Tome II，p. 212.

③　P. -P. Plan，*J. -J. Rousseau raconté par les gazettes de son temps*，p. 277；"Réflexions philosophiques et impartiales sur J. J. Rousseau et Madame de Warens，" *ibid.*，p. 279.

④　*Correspondance littéraire，philosophique et critique de Grimm et de Diderot，depuis* 1753 *jusqu' en* 1790，Tome 11，1782-1783，Paris，1830，p. 77；Barruel-Beauvert，*Vie de J. -J. Rousseau*，p. 264；Cloots à Erme au plessis，les 14-30 juillet，1783，*CCJJR*，Tome XLV，p. 178.

⑤　M. F. L. Comte d'Escherny，"Eloge de J. -J. Rousseau，ou examen critique de sa philosophie，de ses opinions，de ses ouvrages，" *Confessions de J. -J. Rousseau，citoyen de Genève*，Paris，1819，pp. 6-7，72.

⑥　Charles Palissot de Montenay au *Journal de Paris*，N° 173 du 22 juin 1782，*CCJJR*，Tome XLV，p. 107.

《哲学家》公演后批评得更直接、更苛刻。这种倾向为政府所许可,文人相争是旧制度的官僚乐于看到的,百科全书派的莫尔莱因回击帕里索而在巴士底狱关押了两个月。① 卢梭去世后,公众的态度变了,1782 年 6 月 20 日,《哲学家》又在巴黎歌剧院上演,情节进展到讽刺卢梭的一幕时,"剧场喧闹不止,后排的观众群情激愤,打断了演出,要求剧作者删掉这一幕",随后几天,观众来信要求更改剧情,不要嘲讽卢梭。帕里索害怕当众受侮辱,不打算上演,"观众不允许我对卢梭有丝毫不敬,我也赞美过他,他们却不在意"②。

第四节　1789—1794 年:夸张的神化与愤怒的沉默

1789 年 8 月 26 日,制宪议会通过《人权与公民权宣言》后,君权和教权受限制,自由、平等和财产权等现代观念普及,民众对革命的前途是乐观的。1790 年 1 月,梅西耶致信维尔内(Jacob Vernes)神父,"我亲眼看到那场革命,令人讨厌的古老制度不会有了,现在的法国比瑞士更自由",鉴于此,他希望在欧洲推行法式革命。③ 在乐观的想象中,卢梭被进一步美化,之前为人诟病的事不再有人提,现在他是法兰西伟人,与圣女贞德、伏尔泰、杜尔格并列。④ 巴莱尔在国民公会演讲时提议由国家财政供养特蕾兹,为卢梭立塑像,并刻上"自由的法兰西向卢梭致意,为追求真理不惜生命";米拉波觉得他的遗孀有权利得到自由之友的感

---

① F. Brayard, A. De Maurepas (eds.), *Les Français vus par eux-mêmes*, *Le XVIIIe siècle*, p. 848.

② Charles Palissot de Montenay au *Journal de Paris*, vers le 26 juin 1782, *CCJJR*, Tome XLV, pp. 107, 108, 111-112.

③ Mercier au Pasteur J. Vernes, 12 janvier 1790, *CCJJR*, Tome XLVI, p. 167; Mercier, *De J. -J. Rousseau, considéré comme l'un des premiers auteurs de la révolution*, Tome 2, pp. 122-123.

④ 这一名单中的伟人有:Suger, Bertrand du Guesclin, Lahire, Dunois, Jeanne d'Arc, l'Hopital, Fénelon, Catinat, Vauban, Voltaire, Dargenson, Mably, Dumuy, Turgot, Chamousset, Dupaty, J. J. Rousseau. *J. J. Rousseau à l'Assemblée nationale*, p. 2.

谢，"人民代表要以合适的方式对待她"①。1790 年 12 月，特蕾兹每年获得一千二百利弗尔年金，雕像事宜着手进行，公开竞标，国民公会为此通过两道法令。② 法兰西学院指定多位评审委员，监督竞标和雕塑进程，博东（Augustin Baudon）赢得雕像权，曾为卢梭制作石膏遗容的乌东为之提建议，1791 年 8 月雕像完成。③

此事大费周章，是因为雕像的政治意义。革命时代有一个共识，相比于绘画，雕像生动简洁、内涵丰富，能更好地宣传革命原则。在卢梭的问题上，梅西耶说："雕像是献给对人类和国家有贡献的人，他生来为改善社会，让人摆脱专制法律。"④ 1792 年 4 月 5 日，里昂的雅各宾俱乐部为他的雕像举行落成仪式，大厅的讲坛上立一长矛，矛头系着红白蓝三色旗，在男女公民的欢呼声里，雕像落于基座，之后音乐响起，圣火点燃，一队人吹响了古式号角，培鲁、米南（Mignin）、让泰尔（Jentel）、吉贝尔（J.-E. Gilbert）、阿拉尔（Allard）先后以公民的身份上台演讲。期间，音乐不停，《或许更好》(Ou peut-on être mieux) 和《就这么办》(ça ira) 循环往复：⑤

---

① P.-P. Plan, *J.-J. Rousseau raconté par les gazettes de son temps*, p. 308；Honoré-Gabriel Riquetti, comte de Mirabeau, à M.-T. Levasseur, 13 mai 1790, *CCJJR*, Tome XLVI, pp. 198-199.

② *Prosopopée de J. J. Rousseau, ou sentiments de reconnaissance des Amis de l'Instituteur d'Emile à l'Assemblée Nationale de France, à l'occasion de son décret du 21 décembre* 1790, p. 7；Armand-Gaston Camus à Joseph-Marie Vien, 7 avril 1791, *CCJJR*, Tome XLVI, p. 300.

③ 雕像委员会成员包括：J.-L.-F. de Lagrenée, A. Pajou, J.-J. Bachelier, P.-F. Berruer, J.-B. Suvée, F. le Comte, A. Roslin, G. Voitiot, J.-B. Stouf, O.-S. Perrin, J.-M. Vien, Cochin. J.-M. Vien à C.-C. Flahaut, comte de la Billarderie, d'Angiviller, 18 avril 1791, *CCJJR*, Tome XLVI, p. 308；A. B. à V.-C. de Broglie, 27 août 1791, *CCJJR*, Tome XLVI, p. 350；J.-A. Houdon au président du comité de Constitution, 22 juin 1791, *CCJJR*, Tome XLVI, p. 329.

④ Mercier, *De J.-J. Rousseau, considéré comme l'un des premiers auteurs de la révolution*, Tome 2, pp. 306, 308；莫娜·奥祖夫：《革命节日》，刘北成译，北京：商务印书馆，2012 年，第 293—294 页。

⑤ *Hommage des Jacobins Lyonnais à Mirabeau et à Rousseau*, 10 avril 1792, *CCJJR*, Tome XLVII, pp. 31-32.

啊，就这么办，就这么办！

今天的人民不停重复着：

啊，就这么办，就这么办！

还有反叛者，但一切会成功。

敌人惶恐，不知所措，

我们歌唱"哈里路亚！"（赞美你，主）

……

贵族抗议，

善良的公民嗤之以鼻，

内心不被扰乱，

反而更坚强。

大小公民内心深处是战士，

战斗中无人背叛。

……

不惧火与焰，

法国人战无不胜！

1791 年 9 月 25 日，为准备卢梭胸像的揭幕，蒙莫朗西地方政府组织乡间节日，参加演出的姑娘身着白衣，配三色腰带。受邀前来的有巴黎的自然主义者巴斯克（Bosc）和莱杜特（Redoute），文人代表圣皮埃尔、孔多塞、甘格内（P. L. Ginguené）、布里扎尔，艺术家代表乌东，国民公会代表艾马尔（Eymar）、巴莱尔、博西（Boissy）、安格利（R. de Saint-Jean-d'Angely）、埃第安（R. de Saint-Etienne），邻近地区（Grosley，Deuil，Montmagny，Saint-Brice，Biscop，Andilly，Aubonne）的行政官员到场祝贺，日内瓦派来公民代表，据说是卢梭的外甥，人物名姓今不可考。①帕洛（P.-F. Palloy，1755—1835，巴黎建筑师，攻克巴士底狱后的第二天组织八百工人将巴士底狱予以拆毁，未经任何授权）从巴士底狱的废墟中选了一块石头，刻上字：

----

① Inauguration du buste de J. J. Rousseau dans la vallée de Montmorency, le dimanche 25 septembre 1791, *CCJJR*, Tome XLVI, p. 399.

> 一个温和谦逊的哲学家，
>
> 他懂得人的权利。
>
> 曾在这个山谷思考上帝的事业，
>
> 写就《社会契约论》，
>
> 那是我们宪法的基础。①

书记员全程记录庆典仪式，之后由当地的宪法之友协会（Société des Amis de la Constitution）出版，即《蒙莫朗西纪念卢梭的乡间节日》，其中有不少颂歌，也着力于描述他的生活：巴兹勒（Bazile）老人常与之聊天，注意到他与园丁古斯坦（Gustin）相处得很好。② 民间的作品也不少，达尔德（R. G. Dardel）完成了三个塑像，罗塞（C. A. Rosset）、巴卡里（L. A. Bacarit）、里库尔（C. Ricourt）、勒布朗（J. Lebrun）、德姆尔（Desmurs）也都有作品问世，在公共场所展览。③ 雕像之外，国家书法学会向立法议会提议印行卢梭的画像，"传达的精神与宪法一致，让人感受自身的尊严"，画家贝尔纳（Bernard）承担了这一任务。④

1789—1794 年，阅读卢梭的潮流依旧。《社会契约论》发行了 28 版，《新爱洛漪丝》26 版，《卢梭作品选集》25 版，《爱弥儿》21 版，《卢梭全集》18 版，《忏悔录》18 版，《戏剧集》8 版，《植物学》2 版，其他作品有 3

---

① Philosophe doux & modesties,

Il a connu les droits de l'humanité,

C'est dans cette vallée, ou contemplant l'ouvrage de la Divinité.

Il a fait son Contrat social,

La base de notre constitution.

Les habitants de la ville & du canton de Montmorency, en mémoire du séjour que J.-J. Rousseau fit au milieu d'eux（septembre l'an 3e de la liberté），*CCJJR*，Tome XLVI，p. 404.

② *Fête Champêtre，célébrée à Montmorency，en l'honneur de J. J. Rousseau*，La fête Rousseau à Montmorency，25 septembre 1791，*CCJJR*，Tome XLVI，pp. 395-396.

③ Rousseau au Salon de 1793，10 août 1793，*CCJJR*，Tome XLVII，pp. 158-159.

④ La Société académique d'Ecriture offre à l'Assémbée nationale un portrait de Rousseau，*CCJJR*，Tome XLVII，p. 5.

版，共计 149 版。① 革命时代的人觉得他致力于批判迷信与不合理的权威，更与之息息相通。1789 年，有人在国民公会演讲，说他痛恨专制，对人道主义有热情。② 不久，国民公会通过法令废除了贵族制，而他的哲学是这部法令的基础，"他证明没有比几个家族垄断荣誉更不公正，不道德，更有悖于健全的政治"③。

伯维尔曾向法兰西学院建议举办有奖征文，1790 年法兰西学院付诸实施，《让-雅克·卢梭的颂歌》获奖，马蒙泰尔院士要求对作者加倍奖励，奖金由原定的三百利弗尔增加到六百利弗尔。④ 1794 年 5 月，卢维尔(J. J. Rouvière)创作《卢梭颂歌》，蒙彼利埃(Montpellier)市政府主持了发行仪式，他在理性祠当众朗读，蒙彼利埃人民协会（Société populaire）又为之颁奖。同年，古约姆(J. M. Guillaume)创作了《卢梭颂歌》，根据《忏悔录》复原卢梭的生活，并推测他的敌人改动了手稿。⑤

卢梭是这一时期革命戏剧的主角。1792 年，《圣皮埃尔岛上的卢梭》(J. J. Rousseau dans l'Isle de Saint-Pierre)在巴黎上演，戏剧开场时，男主角圣普栾(Saint-Preux，《新爱洛漪丝》里的人物)朗诵反对决斗的文字，之后是卢梭与科西嘉首领保利关于政府形式的对话。该剧语言冰冷，不简洁，不自然，"但台词均来自卢梭的作品"⑥。1793 年 1 月 2 日，巴黎歌剧院上演《法律之友》(L'Ami des Loix)，暗示 1793 年宪法的第六条款受《社会契约论》的影响。1794 年 1 月，巴黎共和剧院上演《厄庇墨尼

① C. Hesse, "Revolutionary Rousseau：The Story of his Editions after 1789," M.-C. Skuncke (ed.), *Media and Political Culture in the Eighteenth Century*, Stockholm, 2005, p. 110.

② Aux Mânes de Rousseau, *J. J. Rousseau à l'Assemblée nationale*, p. 305.

③ Mercier, *De J.-J. Rousseau, considéré comme l'un des premiers auteurs de la révolution*, Tome I, pp. 6, 37-38, 41.

④ Barruel-Beauvert à P.-A. du Peyrou, le 25 janvier 1789, *CCJJR*, Tome XLVI, p. 4；J.-F. Marmontel au comte F.-L. d'Escherny, 15 août 1790, *CCJJR*, Tome XLVI, p. 238；J.-F. Marmontel au comte F.-L. d'Escherny, 16 août 1790, *CCJJR*, Tome XLVI, p. 240.

⑤ Rousseau fêté à Montpellier, 9 mai 1794, *CCJJR*, Tome XLVII, pp. 239-240.

⑥ Rousseau au Théâtre：J. J. Rousseau dans l'Isle de Saint-Pierre, 6 janvier 1792, (*Mercure français* du samedi 7 janvier 1792), *CCJJR*, Tome XLVII, pp. 1-2.

德的复活》，卢梭被视为有政治智慧的贤人。2 月 25 日，汪德维尔（Vandeville）剧院上演《平等节日》(La Fête de l'Egalité)，有一句台词寄托着剧作家拉代（Radet）和德方塔尼（Desfontaines）的诉求："我们活着，永远平等地活着。"①在道德剧《卢梭的童年》中，小卢梭说他在梦里与罗马人交谈，劝他们反对独裁，父亲和姑姑听后比之为"罗马共和的捍卫者布鲁图斯"②。

　　一个革命理念主导的话语空间形成了，卢梭的私生活不再为人诟病，他是只受敬仰、不容污蔑的圣贤。革命家在道德意义上推崇卢梭，是要压倒保守主义者、百科全书派，以及所有怀疑革命、反对革命的人。所以，这是单向度的解释语境，法国史学家奥祖夫（M. Ozouf）从中发现了强迫性，类似独裁的意志，要支配人的灵魂，所以革命节日本质上是一种"统治主义"。③

　　革命意识形态有两部分，道德结构和政治结构，卢梭首先进入的是道德结构。他的心灵哲学让人珍惜良好的风俗，文辞坦诚，不炫耀，恢复孩子和父母的天然情感，尊重老年人和女性，"维护女性的腼腆，就是保护自然的风俗"④。他生前的苦难也有了象征意义，源于疾病之苦被解读为殉道之苦，尽管受苦受难受迫害，"他始终向往质朴的生活，以美德与公益为目标"⑤。

---

　　①　Rousseau au Théâtre: l'Ami des Loix, CCJJR, Tome XLVII, p. 94；Le Nouveau Réveil d'Epiménide, janvier 1794, CCJJR, Tome XLVII, p. 204；Rousseau au Théâtre: La Fête de l'Egalité, 25 février 1794, CCJJR, Tome XLVII, pp. 211, 212.

　　②　L'enfance de Jean Jacques Rousseau, Comédie en un acte. Les paroles sont d'Andrieux, la musique est d'Alayrac, Paris, Seconde année de la République, p. 4.

　　③　莫娜·奥祖夫：《革命节日》，刘北成译，第 178—179 页。

　　④　Madame de Gauthier à Meillerie et à Clarens, fin juillet 1790, CCJJR, Tome XLVI, p. 233；Eloge de Jean Jacques Rousseau, qui a concouru pour le prix d'éloquence de l'Academée française, en l'année 1791, par M. Thiery, p. 30, 33；Mercier, De J.-J. Rousseau, considéré comme l'un des premiers auteurs de la révolution, Tome I, pp. 34, 35, 44.

　　⑤　C. Poinçot à J.-F. Delacriox, 10 octobre 1792, CCJJR, Tome XLVII, p. 78；Mercier, De J.-J. Rousseau, considéré comme l'un des premiers auteurs de la révolution, Tome I, pp. 19-20；Report of the Committee of Public Instruction delivered on 15 septembre 1794, preparatory to the installation of Rousseau's ashes in the Panthéon, printed in Honneurs publics rendus à la mémoire de J. J. Rousseau, Genève, 1878, p. 61.

崇高理想与艰难遭遇的反差在普通人的心里有了共鸣：为什么位高者没有公正心，善良人在受苦？共鸣中有怜悯，有愤怒，是对卢梭因追求真理而受磨难的愤怒，也是对旧制度的普遍愤怒。与愤怒相应的首先是打碎一切权势的愿望，消灭那些盘踞在民众头顶上的鬼怪，其次是决心实践新生活与新社会的理想，建立平等、自由与博爱的制度。这是革命派敬仰他的情感起源，旧制度下受压迫的人往往对那些为追求美德而远离繁华、在乡间孤独生活的贤者有同情之心：

> 卢梭是非凡的人，他的性情像他的文学风格一样热烈，他的错误有说服力，他的弱点也那样有魄力。时至晚年仍像孩子，一个充满爱的愤世者，因性格遭遇不幸。在自然的怀抱里，他的温柔的心灵、对上帝的眷顾和向善的诉求，这些都让人羡慕：卢梭是幸福的。①

革命派在道德和情感上认同卢梭，他就此进入革命意识形态的政治结构。他是现代政治的奠基人、法兰西的立法者、守护神，"在他之前，统治艺术是奴役与欺骗，法律知识乃应景之作，随意无常，而他将一门愚昧的科学变得像数学一样精确"②。他的立法与契约论一度是革命话语的关键词。西耶斯与布里索在制宪议会议员权力的问题上不一致，对《社会契约论》的理解上却无分歧，以"人民"取代"臣民"，用法律保护人的自然权利。③1790 年，一位革命者赞扬《社会契约论》有普世真理："如果这场革命是伟大的善举，那是卢梭的功绩，我们的民族应向他致敬。"④1792 年，梅林（Merlin）在巴黎男女爱国者协会（Société fraternelle des patriots des deux sexes）演讲时首次提出"《社会契约论》确定了《人权宣

---

① N. M. Karamzine à ses amis, juin 1790, *CCJJR*, Tome XLVI, pp. 213-214.

② *Voyage à Ermenonville ou lettre sur la translation de J. J. Rousseau au Panthéon*, pp. 17-18, 27, 45, 47.

③ *Ibid.*, p. 19.

④ Un anonyme réclame la réhabilitation de Rousseau, 1790, *CCJJR*, Tome XLVI, p. 210.

言》的基本原则"①。那时流传着一幅画《法国革命的寓言》，除了生命树上所标识的强力、真理、正义、团结之外，三色旗的上方有卢梭的头像和一只眼睛(图 4-2)。这只眼睛在宗教改革后多次出现在世俗作品里，它是最高力量的注视。旧世界已破碎、新社会尚未建立的混沌时刻，一个年高德劭的圣贤的注视有宗教信仰的内涵。

图 4-2　法国革命的寓言，J. de Bertry & N. Henri 画，1794 年

---

① Discours du Président，Merlin，Société fraternelle des patriots des deux sexes，Séance en la Bibliothèque des Jacobin-Saint-Honoré，à Paris，*Extrait du Procès-Verbal*，12 février 1792 p. 12；*Voyage à Ermenonville ou lettre sur la translation de J. J. Rousseau au Panthéon*，p. 44.

　　法国人对美国革命的推崇进一步强化了卢梭与革命的关系。法国人觉得美国革命是成功的，联邦体制是政治实践中最好的可能，旧制度垮台后，美国经验被引入法国的立法实践。《宾夕法尼亚州居民权利宣言》是国民公会辩论的主题，这部宣言强调人有不可让渡的权利；《宾夕法尼亚州立宪法》也得以引介，其中第 36 条强调个人独立与财产、职业的关系。① 如何协调权力机构的关系也是法国的政治议题，《马萨诸塞宣言》第 30 条涉及如何在共和制度下限制立法权、司法权和行政权，使之互不干扰，组建一个从属于法律而非受制于人的政府。② 而卢梭主张联邦制是治理大国的最好形式，舒迪尔（P. -R. Choudieu）在雅各宾俱乐部演讲道："我与卢梭想的一样，政府为个体保留最多的自由，它的制度就要尽可能完美，只有联邦制适合法国。"③富兰克林和华盛顿的雕像立在国民议会的大厅，作为美洲自由的保卫者，而卢梭和米拉波的雕像立在对面，作为宪法的缔造者、共和精神奠基人，《社会契约论》就摆在卢梭雕像的旁边。④在 1791 年的版画《米拉波来到美丽田园》(*Mirabeau arrive aux Champs Elysées*)里，米拉波向卢梭走去，递上自己的作品，上方是挥旗的天使，旗上写着"自由的法兰西"，富兰克林为米拉波戴上橡树枝花冠（图 4-3）。索姆（Somme）地区的人民共和协会（Société populaire & républicaine）为富兰克林、伏尔泰、布封、马拉和卢梭立像，一首歌曲颂扬卢梭的功业：

　　　　他让人发现他们未曾注意的本领，他们在主人枷锁的压迫下活着。让-雅克来了，以其才华让人顿悟，然后从长久的昏睡中醒来……他说人民是唯一的主权者……他让女性热爱她们的义务……他热爱平静安宁的生活。在埃莫农维尔，他会得到我们孩

---

① *J. J. Rousseau à l'Assemblée nationale*，p. 42，282，284.

② Rousseau et le fédéralisme，10 septembre 1792，*CCJJR*，Tome XLVII，p. 70.

③ *Ibid.*，p. 69.

④ *J. J. Rousseau*，*aristocrate*，Paris，1790，p. 4；Antoine-Claude Chariot à Bertrand Barere de Vieuzac，21 juin 1790，registre du PC de 1790，Tome ii，pp. 114-115，*CCJJR*，Tome XLVI，p. 222.

子的敬意。①

图 4-3　米拉波来到美丽田园，L. Joseph 画，1791 年

变成革命精神之父后，卢梭生前控诉的阴谋不再是瞎话，而是让人愤怒的事实："缺少宽容精神的王公舒瓦瑟尔迫害他，喜欢挑拨是非的哲学家、卑劣的朝臣和仆从也迫害他，这些人远不及他有才华，只因他撕开面纱，激怒了不宽容的政治势力，所以到处被追捕。"②而在共和制度下，民众对公共事务有裁判权，所以要为他平反，"他是和善的朋友，感受丰富，内心无私，是 18 世纪最勇敢的人、现代的苏格拉底、名副其实的美德殉道者，那些迫害苏格拉底的人会湮没无闻，为自己下流作品腐

----

① D. Démophile, *Couplets civiques pour l'inauguration des Bustes de Francklin, Voltaire, Buffon, J.-J. Rousseau, Marat et Le Pelletier dans la salle de la Société populaire & Républicaine d'Avre-Libre, Département de la Somme*, Paris：Moutard，1794，pp. 8-10.

② *Prosopopée de J. J. Rousseau, ou sentiments de reconnaissance des Amis de l'Instituteur d'Emile à l'Assemblée Nationale de France, à l'occasion de son décret du 21 décembre* 1790，pp. 3-4；Rousseau au club des égaux de Genève，7 juillet 1793，*CCJJR*，Tome XLVII，p. 151.

烂后的灰尘所掩埋"①。

这是革命干预现代思想进程的早期史。1793 年 9 月 12 日，巴黎市议会传唤讽刺过卢梭的帕里索，问他是否有爱国证书，这一举动有明确的政治内涵，是对被召唤者的质疑，或是判决的前奏。1782 年剧场暴动事件后，帕里索不敢上演戏剧。1793 年 9 月 15 日，公民舒迈特（Chaumette）却指责他将笔插在墨水瓶里，不为自由写作，"革命前他就是反革命的，亵渎圣贤，他竟敢将卢梭比作四脚着地、吃莴苣的怪物，爱国者要为'人类之友'复仇，哲学家要惩罚哲学的敌人"。帕里索是个聪明的报刊作家，有良好的政治嗅觉，但面对陡变的形势进退失据，只好公开承认错误。②

卢梭已经是革命精神之父，但他的形象有不确定性。1791 年 10 月，立法议会取代制宪议会，国家治理难题应接不暇，"财政管理、纸币发行、外省反革命运动、殖民地有色人种的权利与义务、对外关系、军事力量征集、两附属国（Avignon，Combat Venaissin）与国王的关系、民事婚姻规则、封建制度与宗教秩序的废止"③。对于哲学原理的兴致不像制宪议会时那样浓，文学艺术的年代过去了，现在是务实的年代，"写作纵使不灵巧，只求有助于公共秩序"④。启蒙时代的乌托邦、形而上学或纯粹批判越来越不合时宜，虽没有人公开否定卢梭的意义，但在日常事务里他开始受冷落。

新生的共和国不稳固，革命每向前一步都有难以预测的变化，而教育被视为稳固新制度的好方法。1789 年，维里尔（Villier）在《公共教育的新规划》（Nouveau plan d'éducation et d'instruction publique）中提及改革背景的变化：

> 革命前的问题是，倡导公共精神的新式教育在缺乏公共精神的环境中如何维持？革命开始后，问题转变为：如果教育不革新，新

---

① *Voyage à Ermenonville ou lettre sur la translation de J. J. Rousseau au Panthéon*, p. 2；*Prosopopée de J. J. Rousseau*, p. 4.

② Palissot et Rousseau, septembre-octobre 1793, *CCJJR*, Tome XLVII, p. 172.

③ *CCJJR*, Tome XLVII, p. xxiii.

④ Mercier, *De J.-J. Rousseau*, Tome 2, p. 151.

制度如何长久存在？①

　　革命家对教育变革最多，但改革方向是实用教育、公民教育，而非乌托邦教育，他们参考的是蒙田和洛克的理念，培养实用人才，诸如木工、海员、兽医、铸造工等。班卡尔（Henri Bancal）觉得教育是共和制的根基，决定国民是受奴役的还是自由的，是迷信的还是理智的，是幸福的还是悲惨的。为此，他规划了国立教育体系，设立初级学校，讲授公民权利与义务、科学与艺术的基础知识，主要城市设中心学校，课程有自然史、物理、数学、农业、化学、外科医学，以及附属机构（图书馆、植物园、印刷室）。② 而卢梭注重自然权利，是为理想国培育完美孤独的人，革命时的教育辩论很少诉求于他。1790 年，特里尔（Dupain-Triel）的《略论为青少年提供科学、艺术和职业知识的城市中学的设立》没有他的影子。同年，巴黎大学学生德拉塞（Desramser）演讲时引用卢梭写于1770 年的短诗（我们都是可怜的瞎子，上帝，让伪君子们原形毕露吧，好叫世人看到他们粗野的内心），德拉塞继承了他的怒气，但未提及他的教育观。弗雷维尔（Fréville）的《爱弥儿中学》通篇没有他的观点。③ 1792年，杜培（Dhupay）在《民族教育章程的作用》中质疑《爱弥儿》不切实际，"长久的乡间散步让人烦，要从事农业劳作，接受地理和数学教育"④。

---

　　① 　J. Bloch，*Rousseauism and education in eighteenth-century France*，p. 81.

　　② 　*Discours et projets de décret sur l'éducationi nationale，prononcés à la convention nationale*，le 24 décembre 1794，l'an premier de la République par Henri Bancal，Député du Departement de Pay-de-Dome，imprimés par ordre de la convention nationale，& envoyés aux 84 Departements，pp. 4-5.

　　③ 　Dupain-Triel，*Coup d'oeil sur l'établissement de colleges municipaux，pour les sciences，arts et métiers，en faveur de la jeunesse*，Paris，1790；Desramser，*L'université à l'agonie ou Projet de réformer incessamment l'éducation，de ne plus la confier aux ecclésiastiques et d'abolir les punitions corporelles*，D'un jeune Etudiant de l'Université de Paris à ses Confrères，1790；M. Fréville，*Lycée des Emiles，ou Plan d'éducation nationale propre à former les jeunes gens au talent de la parole，à l'étude de l'histoire，au goût des langues étrangères，sur-tout à la pratique des mœurs*，Paris，1790.

　　④ 　"Il faut parler par les actions & ne dire que ce qu'on ne saurait faire."Dhupay，*Effet du réglement d'éducation nationale，mis à la portée des Mères*，Generalif，1792，pp. 4，14.

卢梭教育学的两个拥护者，米拉波和圣皮埃尔，革命前后对于自然教育和实用教育有不同的态度。1777—1780 年，米拉波被羁押于文森监狱，在《致苏菲的信》(Lettres à Sophie)里要求家人给刚满几个月的女儿苏菲洗冷水澡，"开始不适应，但她很快会喜欢"，出狱后，他引导苏菲阅读《爱弥儿》，"其中有新颖的真理"①。革命之始，他在《公立学校的法令规划》(Projet de Décret sur l'organisation des Ecoles publiques)里转向实用："教育要依据现实，委托给由人民选举、定期更换的行政官执行。设立学术院，包括哲学部、文学部和科学部，取代之前的科学院。"②圣皮埃尔曾是卢梭的信徒，以自然教育塑造人格，革命时代却提倡民族教育和爱国教育，"让年轻一代成长为优秀的公民"③。

卢梭形象的另一个不确定因素是赞美中的专制意图。《忏悔录》出版后，罗伯斯庇尔说卢梭心灵纯洁，是艺术表率、美德的奇迹，勇敢的思想会传到后代，"让我认识自己，珍惜人的尊严，思考社会秩序的宏大原理"；1793 年 7 月，恐怖时代开始，罗伯斯庇尔多次提及卢梭，说自己在他生命的最后时日见过他，"这个记忆是我自豪与快乐的泉源"④。在断头台的起落声里，他依旧赞美他，说他反对专制，"怀着热情谈论至高的神意，用充满力量的雄辩描绘美德"⑤。1794 年 5 月 26 日，他在《关于宗教、道德观念与共和原则关系》的演讲中"要把百科全书派钉在耻辱柱上，为卢梭复仇"⑥。罗伯斯庇尔的逻辑走向了极端，但这不是个别现象。1793 年 7 月 13 日，马拉被吉伦特派的支持者夏洛蒂·科黛(Charlotte Corday)刺杀后，民众在悼念他的活动中视卢梭为四位自由殉道者之一(Brutus，Le Pelletier，Chalier，Rousseau)。10 月 27 日，有人

① R. Barny, *Prélude idéologique à la Révolution française*, *le Rousseauisme avant* 1789, pp. 19-20.
② *Discours de Monsieur Mirabeau l'l'aîné sur l'éducation nationale*, Paris, 1791, pp. 47-52.
③ J. Bloch, *Rousseauism and education in eighteenth-century France*, pp. 75-76.
④ Dédicace de Maximilien Robespierre aux Mânes de J. J. Rousseau, fin septembre 1791?, *CCJJR*, Tome XLVI, pp. 407, 408.
⑤ Robespierre fait l'éloge de Rousseau, 7 mai 1794, *CCJJR*, Tome XLVII, p. 238.
⑥ 莫娜·奥祖夫：《革命节日》，刘北成译，第 156 页。

在巴黎歌剧院前朗诵诗歌:"马拉是卢梭出色的学生。"①单向解释让卢梭的形象陡增变数,他与民主暴力有隐约的联系,在热月政变后的政治界和 20 世纪极权时代后的思想界,卢梭研究遵循的是有罪推定的逻辑,虽不能将他的思想等同于恐怖政治或极权主义,至少要澄清两者的关系,并提防以自由平等为借口的独裁专制。

革命之初,尚有人表达否定意见。卢梭在《忏悔录》里指责维尔内是诽谤短文《公民感受》的作者,维尔内气愤之余忍不住反击,克拉帕莱德(Claparede)是维尔内的朋友,同样斥责卢梭行文不得体,诽谤朋友。②这一类的批评局限于私人世界,未进入公共空间,所以没惹麻烦,但类似的言论在这一时期已很少见。"自由""平等"是威慑性的话语,革命家根据"自由平等"与"反对自由平等"等修辞区分人的政治身份,反对卢梭就意味着与革命为敌。在偏执的政治道德的监视下,只有赞美才合乎时宜,而批评卢梭,不论意图如何,都是在对抗自由平等。他的批判者不得不沉默,心中有愤怒也不敢公开。

主导恐怖政治的不都是成熟的革命家,也不一定有独立的品格,他们要依靠死去的卢梭,不考虑他的生存处境就对之虔诚地服从。旧制度的暴力基因在法国革命家的身上涌动,他们需要敌人,一旦敌人被塑造出来,破坏的愿望就不可阻挡。他们对敌人才这样,对待普通民众却是友善的,因为民众的目光里有神秘的力量,所以他们要投其所好,然后从欢呼声里获得合情合理的存在感。法国资产者(律师、商人、工场主、印刷商)本在旧制度权力体系之外,突然间有了最高权力,这是他们所梦想的,一时间却不知所措,担心不为人承认,又害怕被敌对者篡夺,就急切无度地行使权力。在至美、至善的上帝眼里,他们是一群打闹的孩子,上帝要他们松开拳头、心平气和地解决问题,他们会那样做,法国

---

① Rousseau, Marat et les Martyrs de la liberté, fin octobre 1793 - 9 mai 1794, *CCJJR*, Tome XLVII, pp. 182-183.

② Le pasteur J. Vernes à P.-A. du Peyrou, 16 décembre 1789, *CCJJR*, Tome XLVI, p. 137; Le pasteur J. Vernes à P.-A. du Peyrou, 20 janvier 1790, *CCJJR*, Tome XLVI, p. 171; Le Pasteur David Claparede au Pasteur J. Vernes, 24 novembre 1789, *CCJJR*, Tome XLVI, p. 91.

的政治意识也不会失控，但那时候上帝不见了，他们都相信自己是对的。

第五节　1794—1799年：反击与妥协

1791年10月，制宪议会解散，新成立的立法议会忙于现实问题，革命话语虽未改变敬仰卢梭的基本方向，随后主政的雅各宾派也仍以之为精神向导，但共和二年（1794年7月）热月政变后局势就不同了，一切已颠倒，快得像幻觉。各地雅各宾俱乐部关闭，雅各宾派成了"恐怖分子"，有的被流放，有的进牢房，有的上断头台，他们的敌人从监狱里光明正大地出来，不久前东躲西藏的嫌疑犯也自由了，而那些以暴力捍卫革命的人日夜提心吊胆，他们曾因对旧制度的愤恨破坏它的地基，此时风向变了，他们不知如何才能避免无妄之灾。

此时的法国要面对两个困难：在民族精神上，它像个历经磨难的疯子，"几番放血、淋浴和挨饿，病是治好了，但身体虚弱"[1]；在私人生活里，劫后余生，人的心里只有百无聊赖的希望，亢奋却无力，高贵的政治理想不再为人惦记，巴黎到处是舞厅，"上断头台的人的儿子与杀他父亲的人的女儿跳起了舞"，那些财富新贵"乐到发狂，乐到浑身打战，像在坟堆上跳舞"[2]。在反对恐怖、要求惩罚恐怖分子的诉求中，死去的马拉受到粗暴对待，卡鲁塞尔（Carrousel）广场的马拉纪念碑被拆除，保守派的民众将之踩在脚下，辱骂他，"为告别恐怖政治而高兴，又为在恐怖时代所受的惊吓而懊恼，总之心情复杂"[3]。在巴黎的剧院里，罗伯斯庇尔的角色一上台，观众立刻辱骂他。卢梭的历史命运逆转，之前他是革命精神之父，而民众在激进时代忍受的是邪恶、腐化与不道德，就指责他的坏影响，"正义的复仇推倒了在盲目感谢中为他竖立的纪念碑"[4]。

---

[1]　路易·马德林：《法国大革命史》，伍光建译，长春：时代文艺出版社，2014年，第398页。

[2]　路易·马德林：《法国大革命史》，伍光建译，第484、485、401页。

[3]　Marat détrôné et remplacé par Jean Jacques, 10 janvier 1795, *CCJJR*, Tome XLVIII, p. 167.

[4]　Rapport de Lakanal sur J. J. Rousseau, 15 septembre 1794, *CCJJR*, Tome XLVIII, p. 13.

卢梭偶像化的进程瞬间终止，对他的理解回归革命前的状态，根据他的作品和性情重新认识他。这不意味着法国人会有共识，恐怖时代后扰乱的因素更多。关于革命是否终结，民众多分歧，有人说革命已结束，有人说革命还未到来。以为革命未到来的是希望根除旧制度，以为革命结束的或是厌倦于暴力，要恢复旧秩序。

思想混乱不利于社会稳定，为减少政见分歧，执政的热月党想要和解，相关措施是将卢梭位于埃莫农维尔的棺椁移入先贤祠。早在 1794 年 4 月 14 日，法兰西亚德共和协会（Société républicaine de Franciade，《法兰西亚德》是 1572 年法国七星诗社的领导者 P. de Ronsard 为改革法语而作，革命时代"Franciade"进入共和历法）已就迁墓问题向议会请愿，立法议会通过了正式的法令，指定公共教育委员会委员甘格内与埃莫农维尔地方政府交涉。① 1794 年 10 月 20 日，迁墓仪式盛大，革命报刊密集报道。根据《乡村报》（La Feuille villageoise）报道：当天上午九点，议会主席宣读法令，之后队伍出发，有威严的宪兵队、演奏《乡村卜师》的乐队、植物学家代表、艺术家代表、巴黎人代表、母子代表，一路上三色旗飘扬，欢呼声响亮。② 1794 年 11 月，有人提议将《爱弥儿》和《社会契约论》的写作地蒙莫朗西更名为"爱弥儿"，同样为缓解对立。③

马拉手握《社会契约论》鼓动群众的情境还在民众的记忆里，现在他

---

① La fête Rousseau: Souvenir d'A.-V. Arnault, 11 octobre 1794, *CCJJR*, Tome XLVIII, p. 88; Le transfert des cendres: pétition de la Société républicaine de Franciade à la Convention nationale, *CCJJR*, Tome XLVII, p. 222; Certificat de la Commune d'Ermenonville, le 17 vendemiaire an III, *CCJJR*, Tome XLVIII, p. 52.

② Translation des restes de Rousseau au Panthéon, octobre 1794, Monique et Bernard Cottret, *J.-J. Rousseau en son temps*, Perrin, 2005, pp. 633-637. 参与报道的报刊有：*Journal de Perlet*, N° 748 du 21 vendemiaire an III; *Le Sans-Culotte*, N° 604 du 22 vendemiaire an III; *Nouvelles politiques nationales et étrangeres*, N° 21 du 21 vendemiaire an III; *Abréviateur universel ou Journal sommaire des opinions, productions & nouvelles publiques*, N° 23 du 23 vendemiaire an III; *Journal des hommes libres de tous les pays, ou le répulicain*, N° 23 du 23 vendemiaire an III; *La Feuille villageoise*, N° 5 du 25 vendemiaire an III. *CCJJR*, Tome XLVIII, pp. 91-104.

③ Rousseau au Théâtre: La Fête de J.-J. Rousseau, 10 octobre 1794, *CCJJR*, Tome XLVIII, p. 58.

的纪念碑塌了，而卢梭的雕像取而代之。当时流行着一首诗歌："在马拉的功劳簿上，每一页都记录一桩令人瞠目的罪行，敏感善良的卢梭所受的荣耀是法国和全人类赋予的。"①激进派的事业受到质疑，但卢梭作为受苦难的前辈仍受尊敬，支持激进派的公民获得了安慰。所以，卢梭的棺椁移入先贤祠不完全是对贤哲的敬意，也是热月党的策略，仪式里有激进派与保守派的妥协。

革命戏剧同样能消解对立，但此时不再上演卢梭的作品，他被塑造为戏剧中的角色，或明指，或暗喻，传播博爱的理念。1794 年 10 月 10 日，巴黎鲁瓦街（Louvois）的国家之友剧院上演《让-雅克·卢梭的节日》（*La Fête de J.-J. Rousseau*），10 月 25 日又上演独幕剧《让-雅克·卢梭的婚姻》，宣扬他的道德原则，"独身不是好公民"。1795 年 3 月 7 日，瓦里特（Variétés）剧院上演独幕剧《雕像》（*Les Bustes, ou Arléquinsculpteur*），赞扬他勤劳不辍，致力于改良风俗与法律。同年，有人改编《新爱洛漪丝》的情节，沃尔玛（Wolmar）最后成人之美，放弃追求茱丽，茱丽的父亲将女儿和圣普栾的手握在一起，一个大团圆结局。② 这些戏剧在巴黎演出，也择机去外省，有的乡村会创作有地方特色的戏剧。早在 1793 年 9 月 10 日，帕拉克莱（Paraclet）村曾上演《让-雅克·卢梭在帕拉克莱》（*J.-J. Rousseau au Paraclet*）。③ 该村位于巴黎以东百余公里的费罗昆西（Ferreux-Quincey）地区，革命期间实行激进政策，没收教会财产，驱逐教士。1798 年 6 月 11 日，巴黎北郊的蒙莫朗西政府筹备《蒙莫朗西山谷》（*La Vallée de Montmorency*），一个以宗教冲突为背景的爱情故事：旧教姑娘爱慕卢梭的园丁维尔尼（Vernier），一个新教徒；姑娘的母亲因

① Marat détrôné et remplacé par Jean Jacques, 10 janvier 1795, *CCJJR*, Tome XLVIII, p. 167.

② Rousseau au Théâtre: La Fête de J.-J. Rousseau, 10 octobre 1794, *CCJJR*, Tome XLVIII, p. 58; *Le Journal des Théâtres*, du 5 brumaire an III, pp. 557-558, *CCJJR*, Tome XLVIII, p. 133; Rousseau au Théâtre: Les Bustes, ou Arlequin sculpteur, 7 mars 1795, *CCJJR*, Tome XLVIII, p. 204; Rousseau au Théâtre: La Nouvelle Heloïse, septembre 1795, *CCJJR*, Tome XLVIII, p. 257.

③ Rousseau au Théâtre: J.-J. Rousseau au Paraclet, *CCJJR*, Tome XLVII, p. 167.

信仰不同反对结好，矛盾紧张时，卢梭缓步出场，他不赞成因宗教信仰而憎恨别人，母亲改变初衷，剧情在和悦与宽容中落幕。①

　　卢梭思想的解释学不再迷狂，对他的苛责却有增无减。不久前，民众不敢发表对他不利的观点，现在不一样了，他被指责是扰乱法国的罪恶之源、保皇派、保守主义者、反革命的思想家。为躲避灾难、去德国海德堡流亡的贵族博纳尔（Bonald）每念及革命就指责《社会契约论》的罪过，"它为个人之利而牺牲社会公益，为思想的一致性而扭曲历史，为日内瓦不惜伤害法国"②。1796 年，艾斯切尼出版《论平等》，批评《社会契约论》里只有自然原理，"不以传统习惯为社会秩序的基础，强调社会与自然的对立，弊端明显"③。自由派律师慕尼埃（J.-J. Mounier）指责卢梭的傲慢，及其模仿者的错误，为此，他虚构了阿道尔夫（Adolphe）和尤里什（Ulrich）的对话，一番辩论后有颠覆性的结论："人民主权和政治平等让法国迷失方向，应复辟君主制，别无他途，因为社会秩序的根基只能建立在不平等之上。"④反对的声音一致，反对的根据却千差万别，在对抗的情绪里，人心不免从一个极端偏向另一个极端，公共舆论更混乱。

　　卢梭想象中的原始风貌不再有说服力。沃尔内（Volney）说他未曾参与公共事务，自己的事都料理不好，却根据蒙莫朗西森林的生活经验勾画原始图景，沃尔内对此不解："原始人就有美德，就不存在邪恶？"⑤关于异域风俗中的美德问题在革命之前有过争论，1779 年，沃克（Walker）发现了否定性的证据，"在阿拉伯人、鞑靼人、北美土著人和中国人的历

---

　　①　La Vallée de Montmorency, *CCJJR*, Tome XLIX, p. 144.

　　②　J. Roussel, *J.-J. Rousseau en France après la Révolution*, 1795-1830, pp. 121, 126; *Théorie du pouvoir politique et religieux, dans la société civile, demontrée par le raisonnément & par l'histoire*, Bonald et Rousseau, printemps 1796, *CCJJR*, Tome XLIX, p. 22.

　　③　(*De l'égalité, ou principes généraux sur les institutions civiles, politiques et religieuses, précédé de l'éloge de J.J. Rousseau en forme d'instruction*, Paris, 1796), F.-L. d'Escherny et Rousseau, 1796, *CCJJR*, Tome XLIX, p. 6.

　　④　F.-L. d'Escherny et Rousseau, 1796, *CCJJR*, Tome XLIX, p. 7; (*Adolphe, ou principes élémentaires de politique et résultants de la plus cruelle des expériences*, Londres, 1795), *CCJJR*, Tome XLVIII, p. 241.

　　⑤　Volney, Rousseau et la civilisation, juin 1798, *CCJJR*, Tome XLIX, pp. 181-182.

史中，更多的是谎言与欺骗，而非真实与忠诚"①。此时它又被人提及，既为否定卢梭的文明观，又质疑革命的理论前提，虚泛的想象与鲁莽的暴力能破坏旧制度，但不能造就新社会。

法国人历经理想的幻灭，见惯了世事无常，冷漠的平静中有消解一切的怀疑。他们对启蒙时代的态度变了，不再相信那些哲学家，斥责他们没有为法国指明道路，孟德斯鸠遭诟病，伏尔泰的文章有矛盾。② 对卢梭的评价同样受新舆论影响，克赛纳（Quesne）说他写《忏悔录》"是因为夸耀的性格激励着自尊"，杜索尔斥责他粗鲁，"对人有不由自主的轻视"③。卢梭的理论体系被颠覆，"《论人类不平等的起源》将社会与自然对立，《爱弥儿》又攻击社会，他写过《社会契约论》，却对自由一无所知，文辞里更多的是雄辩而非逻辑，是热情而非智慧"④。鉴于此，自称是卢梭学生的努格莱（Nougaret）为他辩护：

> （有人说）那位日内瓦哲学家在《社会契约论》里深化了一个危险观点，即自由不是气候的产物，所有民族都享受自由。他还说在构造社会时，个体让渡人身权和财产权，这是错误的。⑤

1789—1794 年，卢梭与革命的关系曾是民族福音，1794 年后，恐怖政治在人心里留下了阴影，激进派混淆自然原理与社会原理，混淆简单的部落法规与复杂的世俗社会法规，妄图以美德、自由、平等的名义革

---

① G. Walker, F. R. S. , "A defense of Leaning and the Arts, against some charges of Rousseau, Nov. 15, 1799," *Memoirs of the Literary and Philosophical Society of Manchester*, London, 1785-1802, p. 452.

② L.-F. Cherhal-Montreal contre Rousseau, août 1796, *CCJJR*, Tome XLIX, p. 39; L'abbé Barruel et Rousseau, juin-juillet 1797, *CCJJR*, Tome XLIX, p. 86.

③ J.-S. Quesne et les *Confessions*, mars 1800, *CCJJR*, Tome XLIX, p. 222; J. Dusaulx, *De mes rapports avec J. J. Rousseau et de notre correspondence, suivie d'une notice très-importante*, p. 192.

④ "Rousseau critiqué et satirisé par Saint-Lambert," *Œuvres philosophiques de Saint-Lambert*, Paris, An IX, *CCJJR*, Tome XLIX, p. 115.

⑤ *Contrat social des républiques et Essai sur les Abus religieux, politiques, civiles, & c, parmi toutes les Nations et principalement en France*, *CCJJR*, Tome XLIX, p. 221.

命，有人由此认为革命无益。① 卢梭与革命的关系转向负面，他虚构的自然原理是"残酷革命的理论依据"②。约瑟夫·波拿巴（拿破仑一世的哥哥）去过埃莫农维尔，看到白杨岛上的卢梭墓后说："他为革命准备，却破坏了法国的安宁。"1794 年 9 月，拉卡纳尔建议政府收回曾经授予他的荣誉："不以某个人的名义，而是以正义的名义。"③

　　卢梭摆脱了意识形态化的进程，又回归历史领域。相比于激进时代的道德语境，历史领域更求真实，从生命意义上看待故往人物的是非。卢梭不再是殉道者和革命之父，他理想崇高，也会犯错。为之举办的节日变得简单，场面不再壮观，颂歌中不再有鼓动的言辞。支持者越发被动，就此放弃说教，转而从人的不完美性上为卢梭辩护，在他早期的流浪生活和后期的艰难处境里发现真实的形象。塞什莱（Sechelles）公布了一份手稿："卢梭的谈话与写作风格迥异，像拉封丹和高乃依一样，很少表现自己，但深邃的眼神说明他不是普通人。狄德罗不如卢梭高雅，只顾日常琐屑，音调和缓清晰。"④克兰赛证实塞什莱手稿的真实性，他同样如实叙述见闻，不做道德判断："我认识卢梭时，他在抄乐谱，与同行相比，他抄得认真，报酬多，能应付日常开支。"⑤朱尔丹（Jourdan）重提卢梭的美德，但它不再是革命规范，而是人的修养，据此反驳杜索尔："二十年来，欧洲尊重卢梭的作品和人格，为他的不幸感慨，有人竟说他卑劣、虚伪、高傲、惹人痛恨，实为不妥。"⑥ 1795 年，在巴黎师范学校的会议上，与会者从《忏悔录》中寻找为其开脱的证据，有人指责他"以日内瓦为祖国，做有损法国的事"，胡斯（Hus）对此不以为然，他觉得卢梭

---

①　F.-L. d'Escherny et Rousseau, 1796, *CCJJR*, Tome XLIX, p. 8.

②　L.-F. Cherhal-Montreal contre Rousseau, août 1796, *CCJJR*, Tome XLIX, p. 39.

③　Rousseau et Napoléon-récit de Stanislas Girardin, 28 août 1800, *CCJJR*, Tome XLIX, p. 231; Rapport de Lakanal sur J. J. Rousseau, septembre 1794, *CCJJR*, Tome XLVIII, p. 13.

④　Herault de Sechelles, Rousseau et Diderot, avril 1795, *CCJJR*, Tome XLVIII, p. 228.

⑤　O. de Corancez, *De J. J. Rousseau*, *Extrait du* Journal de Paris *des N°* 251, 256, 258, 259, 260, 261, *de l'an VI*, pp. 6, 7, 27, 30, 44.

⑥　A. Jourdan contre Dusaulx sur l'ouvrage intitulé: *De mes rapports avec J. J. Rousseau*, *CCJJR*, Tome XLIX, pp. 173-175.

对法国人同样热爱。①

为之辩护的语气日益缓和，支持者强调他的理念的普世意义。艾斯切尼不再重复《社会契约论》影响革命的陈词滥调，他将问题大而化之，赞扬这部作品"以明晰的脉络启发人的智慧"②。卢梭生前指导的孔第(Bourbon-Conti)委婉地辩护：

> 他关心学生的道德与智力，培养他们的精神和心灵。他对我的童年尤为关注，希望我性格坚强，体魄健壮，无论天气多糟，身体多累、多渴、多饿，去承受一切，睡硬板床，不挑食。③

还有人到埃莫农维尔瞻仰卢梭，但不再写昂扬的颂歌，而是专注于自然景致，推测他的晚年生活。1794 年 10 月，米肖（Michaud）去了那里，他回避卢梭与革命的关系，转而批评专制制度对才学之士的伤害："墓地在白杨树丛间，以天空为穹顶，大理石上的字清晰可见，'为真理不惜牺牲生命'，让人肃然起敬……如果专制能损害一个人身后的名声，也不能让人忘记他的美德。"④言外之意，卢梭也是革命专制的受害者，那些指责他的人不应怀疑他希望建立新制度的诉求，死去的人不容易，活着的人也不容易，各位不要相互为难了。

卢梭的支持者尽力还原不受政治理念左右的形象，一个热爱自然、向往美德的思想家，但革命暴力的负面影响大，卢梭的形象仍旧分裂。否定者有否定的口实，认同者有认同的道理，有人觉得以暴力打碎旧制度是卢梭的荣耀，有人以为那是他的耻辱，有人说他的文字里藏着暴力

---

① Séances des Ecoles Normales, recueillies par des stenographes et revues par les professeurs, 19 février 1795, *CCJJR*, Tome XLVIII, p. 188；Auguste Hus à M.-T. Levasseur, vers le 20 juin 1798, *CCJJR*, Tome XLIX, p. 165.

② F. L. d'Escherny, *La philosophie de la politique, ou principes généraux sur les institution civiles, politiques et réligieuses*, Tome premier, p. 2.

③ *Mémoires historiques de Stephanie-Louise de Bourbon-Conti*, écrits par elle-même, Paris, floréal an VI. S.-L. de Bourbon-Conti et Rousseau, vers le 18 mai 1798, *CCJJR*, Tome XLIX, p. 132.

④ Le tombeau de Rousseau: hommage de J. Michaud, le 11 octobre 1794, *CCJJR*, Tome XLVIII, p. 72.

与专制，有人看到的是美德与自由。与政治革命同时爆发的还有人的想象力，卢梭的形象与革命实践有关，也与想象力有关，人的想象力有多少可能，卢梭的形象就有多少可能，但想象力的来源千差万别，有的是深切的正义感，有的是无聊时闪过的灵性，有的全是因为想打碎沉闷的生活，迷恋动乱与无常。

1799年拿破仑主政法国后，卢梭在主流政治话语中几近消失。十六岁之前，拿破仑常为卢梭抱不平，攻击一切维护伏尔泰的人，成年后他开始厌恶空谈家，"他们比野蛮的革命家祸国更甚"。革命时代，党派争论不休，却不知道怎么规定行政、立法和司法权，也不清楚如何区分人民主权、宪法权，"即使我们自骄自傲，散播了数千份小册子，发表了无穷尽的演说，我们对于政治和社会缺乏知识……立法机关把我们吓坏了，用一条无理的法律取消另一条无理的法律，1797年法国已有三百页法律条文，却是无法律的国家"①。鉴于此，拿破仑诉诸符合国情的实践，筹备立法、行政、司法、财税和军事体系，确立切实可行的规章，包括1804年的《民法典》。在混乱中，赋之以合法性的是力量，持续的军事胜利使之不需要意识形态的装饰。拿破仑的勇毅在于此，弱点也在于此，一旦战事不利，他的权势就不稳固，"我是个军人，来自民间，白手起家，怎么能和路易十六相比"，"我的权力从名誉而来，我的名誉从屡战屡胜中来，假使我不再用荣耀和胜仗维持权力，它就要倒地，胜利与征服使我居今日之位，也唯有胜利与征服能予以保全"②。所以，拿破仑只能在一段时期里影响政局，在他之后，卢梭问题在政治话语里又泛滥了。

一个有多重解读可能的人，生逢动荡年代，理想与混乱的反差造就了变幻的卢梭形象。这是卢梭的历史命运，他是法国革命所创造的神，之前的英国革命和美国革命没有这样的人格，所以是现代历史的第一次。这次造神运动起源于1778年祭拜墓地的潮流，卢梭私人生活与公共形象的界限模糊，民众的卢梭观与对美好社会的想象合二为一，他不再是凡夫俗子，而是解救众生的天国使者。但激进的民主实践中有现代式暴力

---

① 拿破仑：《拿破仑日记》，伍光建译，第109、92、45、46页。
② 拿破仑：《拿破仑日记》，伍光建译，第79、42、91、107页。

与君权独裁的影子，这个世俗之神的光芒瞬间熄灭。拿破仑时代，由理论引导的革命结束，那是实践政治学的时代，卢梭离开了革命意识形态，但之后又进入无休止的思想争论。法国学术界的两难问题随之而来：面对革命弊端，保守派批判的是卢梭，但错位的批判不能解决革命遗留问题，反而有碍于现代政治共识。

第六节　卢梭与日内瓦：身后的荣耀

法国革命前后，卢梭在日内瓦的形象不确定，政府和教会的态度变化最多。1712 年 6 月 28 日，他生于日内瓦，幼年时游荡在瑞士西南地区，安纳西(Annecy)和尚贝里(Chambéry)附近，之后在法国文学共和国获得普世名声，因《爱弥儿》的自然宗教与加尔文教相悖，他为瑞士教会势力驱逐，普通教徒在路上碰见他会对之讥讽、侮辱，向他扔石头，甚至用火枪威胁。1764 年，应日内瓦公民阶层的请求，他完成《山中来信》，反驳特罗尚的《乡间来信》，批评小议会专制，维护公民在议会的提议权，得罪了日内瓦贵族阶层，由此失去公民权。在巴黎文人界，他始终被视为"日内瓦哲学家"①。论敌强调国籍，暗示他是在背叛法国，搅乱法国人的思想。

1789 年后，卢梭被塑造为革命导师和道德楷模，激进派政府采取一系列措施，为他恢复名誉，之前的谩骂与诋毁消失了。受法国舆论影响，日内瓦人对同胞身后的命运愈加关心，再次想起三十年前他代表民众反击贵族独裁的功绩，"《山中来信》是文字世界里的善事，正是为此，他受到贵族与教会迫害，作品遭禁，人身权利受威胁，现在一切都变了，专制制度已垮台，人民醒悟了"②。1792 年 6 月 28 日，日内瓦庆祝卢梭诞辰

---

① Éloge de Milord Maréchal, par M. D∗∗∗, Berlin, 1779, p. 49.

② Jugement de J.-F. de La Harpe sur J. J. Rousseau, 5 octobre 1778, *CCJJR*, Tome XLII, p. 32；Genève célèbre la naissance de Rousseau, 28 juin 1793, Relation de la Fête célèbré à Genève le 28 juin 1793, jour anniversaire de la naissance de J.-J. Rousseau, *CCJJR*, Tome XLVII, p. 121；Manifestation de Genevois à la Convention en faveur de Jean-Jacques, 23 floréal an II, 12 mai 1794, *CCJJR*, Tome XLVII, p. 241.

八十周年，有人说他诞生的一天是"神灵保佑的日子，日内瓦作为他的摇篮富有正义"；同年，婴儿俱乐部(Club du Berceau)举办诗歌会，赞扬他是平等的先知，"犹如饮下毒芹汁的苏格拉底"①。那时的一首赞歌里尽是缅怀之情：

> 人们一代代传扬，
>
> 我们幸运的城市诞生了一位伟人，
>
> 一位圣贤，
>
> 为自由鞠躬尽瘁。②

卢梭在日内瓦舆论中的处境逐渐改观。1792 年 12 月 12 日，日内瓦议会以 777 票赞成、179 票反对通过决议："针对卢梭及其作品的法令全部作废。"③这意味着他们不再追究卢梭反宗教和颠覆政府的罪责，恢复他的公民权。1793 年 12 月，日内瓦议会通过决议，为之立纪念碑，"他的作品里有关于美德和上帝的崇高思想，纠正青少年体育和德育的错误"④。对于卢梭生前的争议及其受到的不公正待遇，日内瓦贵族和平民实现和解，他们为有这样的同胞而高兴，心中有民族荣耀感。

1793 年 6 月 28 日，时逢卢梭诞辰日，日内瓦举行盛大庆祝会，民众在剧院会合，军队整齐着装，到达特莱尔(Treille)广场。⑤ 青年、老人、母亲和小孩子谈论着他的生日，感谢他的政治理论，"正是借助于此，人认识到自身的天赋权利，开始热爱自由平等，感受到国家对个体的意义"⑥。

---

①　La fête Rousseau à Genève, 28 juin 1792, *CCJJR*, Tome XLVII, p. 63；Rousseau fêté au Club du Berceau, Genève, 20 décembre 1792, *CCJJR*, Tome XLVII, p. 91.

②　Hymne national, La fête Rousseau à Genève, *CCJJR*, Tome XLVII, p. 139.

③　Rousseau et la politique genevoise, décembre 1792, *CCJJR*, Tome XLVII, p. 88.

④　Le monument Rousseau à Genève: projet de l'Assemblée nationale, *CCJJR*, Tome XLVII, p. 195.

⑤　Genève célèbre la naissance de Rousseau, 28 juin 1793, Relation de La fête célèbre à Genève le 28 juin 1793, jour anniversaire de la naissance de Jean Jacques Rousseau, *CCJJR*, Tome XLVII, p. 121.

⑥　Discours de la Citoyenne Bonijol, Discours des citoyennes du Grand Club Fraternel des Genevois à l'occasion de la fête pour l'anniversaire de la naissance de J. J. Rousseau, lu par le Président le 28 juin1793, l'an second de l'Egalité, *CCJJR*, Tome XLVII, pp. 145-146.

1794 年，法国议会要将他的棺椁移入先贤祠，百余名住在巴黎的日内瓦公民在议会前的广场上集会，感谢法国人对卢梭身后名誉的尊重。① 这一年，日内瓦举办的卢梭诞辰仪式格外隆重，整个 6 月，各类活动不断。6 月 7 日，民众游行，队伍庞大，走在前面的是十二位抱着孩子的母亲，孩子头上戴花环，或手捧鲜花。之后是十二位年轻姑娘，佩戴白色面纱，年龄最小的走在前面。紧随其后的是六位骑马的老人，其中一人挥着旗，上面写着"日内瓦宪法向老人致敬"。接下来是十二位农民代表，他们的旗上写着"农业是珍宝，在工艺中排第一"。队伍最后是钟表业代表和修士代表，各一人，修士举的旗上写着"卢梭生活贫困，他的雄辩文辞是为不幸的人辩护"。②

1794 年 6 月 24 日，在日内瓦城社会契约路（Allée du Contrat social）的尽头，卢梭纪念碑落成了，爱弥儿拿着锤子修理小板凳，卢梭面含微笑站在他身边。之所以立碑，是因为他的政治理念能纠正风俗之弊，"正当世界受制于偏见的枷锁，卢梭受自由之托来到这个世界，击垮了偏见"③。纪念碑北面是社会契约路，西面通向乡村卜师路（Allée du Devin du village），南面通向爱洛漪丝路（Allée d'Héloïse），东面通向爱弥儿路（Allée d'Emile）。爱弥儿路现已改名，其余的路仍旧在，分别为乡村卜师大街（Avenue du Devin-du-Village）、新爱洛漪丝街（Rue de la Nouvelle-Héloïse）、社会契约街（Rue du Contrat-Social）。

在日内瓦，卢梭生前与去世后的处境判若云泥。日内瓦人对他的解释有现代政治和世俗道德的关怀，也有宗教内涵，以之为传播真理与现代自由的先知。1794 年 6 月 28 日，公民德索纳（Jean Desonnaz）谱写颂歌："卢梭厌恶奴隶制，珍视自由，自记事起就呼吁自由。"④虽有美化之词，但不

---

① Manifestation de Genevois à la Convention en faveur de Jean-Jacques，23 floréal an II，12 mai 1794，*CCJJR*，Tome XLVII，p. 241；Etienne-Salomon Reybaz à un membre du comité diplomatique de Genève，*CCJJR*，Tome XLIX，p. 325.

② La fête Rousseau à Genève en 1794：l'inauguration du monument，samedi 7 juin 1794，Registre du conseil administratif，Tome II，1794，*CCJJR*，Tome XLVII，p. 256.

③ La fête Rousseau à Genève en 1794，*CCJJR*，Tome XLVII，pp. 263-264.

④ Chanson pour l'anniversaire de la naissance de Rousseau pour le 28 juin 1794，l'an 3e de l'Egalité，26 juin 1794，*CCJJR*，Tome XLVII，p. 274.

像法国人那样极端，卢梭的形象并未意识形态化。法国热月政变后的政治动向多少触及日内瓦人，纪念仪式简化，卢梭从革命道德的最高存在回归真实，由美德与真理的抽象化身转变为有功有过的历史人物。1795 年 6 月 28 日，日内瓦公民以符合共和精神的朴素纪念他的诞辰。① 理解方式的转变，除法国革命影响，还与当地日渐完善的政治经济制度有关，18 世纪末，以手工业者为主体的资产阶级有力量抗衡贵族，不再需要诉诸激进的言行。

　　19 世纪，法国的卢梭思想解释学有左右之分，双方争论激烈。此时，他已被日内瓦接纳，无论是贵族，还是普通民众，来自法国的影响形同于无，日内瓦人一度要纠正法国人不合情理的贬低。每年 6 月 28 日和 7 月 2 日，日内瓦会举行卢梭诞辰和去世的纪念活动，规模或大或小，1846—1878 年最隆重。② 1878 年，日内瓦人在卢梭塑像前纪念他逝世百年，有各行各业的人，"都怀着合情合理的民族自豪感"，卢梭逝世百年委员会组织一系列讨论会，涉及哲学、政治学、教育学，以及宗教思想。③ 而此时，卢梭在法国被右派学者斥责为"来自日内瓦的外国佬"，阴谋败坏法兰西的传统。④

　　1904 年，日内瓦成立卢梭研究会（Société Jean-Jacques Rousseau），创办附属刊物《卢梭研究会年鉴》，布维尔（B. Bouvier）任主席，弗朗索瓦（A. François）任秘书，搜集尚未发表的书信手稿。《年鉴》致力于真实地描述卢梭的生活、交往和思想，面对法国保守派的批判时为之辩护。第二次世界大战后，卢梭研究不再受政治因素干扰，学术规范日渐完善，

---

　　①　La fête Rousseau à Genève, 24 juin 1795, *CCJJR*, Tome XLVIII, p. 236.

　　②　A. Schinz, *Etat présent des travaux sur J.-J. Rousseau*, p. 43.

　　③　（*J.-J. Rousseau écrivain*, par John Braillard; *Caractéristique générale de J.-J. Rousseau*, par H. Fred. Amiel; *Les idées de J.-J. Rousseau sur l'éducation*, par André Oltramare; *Les idées politiques de J.-J. Rousseau*, par Joseph Hornung; *Les idées religieuse de J.-J. Rousseau*, par A. Bouvier; *J.-J. Rousseau et les étrangers*, par Marc-Monnier.）J. Barllard, H.-F. Amiel, A. Oltarmare, J. Hornung, A. Bouvier & Marc-Monnier, *J.-J. Rousseau jugé par les Genevois d'aujourd'hui*, Genève, 1879, p. v.

　　④　A. Schinz, *Etat présent des travaux sur J.-J. Rousseau*, p. 83.

1965—1989 年，卢梭研究会与牛津大学伏尔泰基金会合作出版《卢梭通信全集》(52 卷)，注疏细致，用心良苦。

　　2012 年 6 月 28 日，卢梭诞辰三百年，日内瓦举办纪念活动："2012，卢梭，为了所有人。"(2012 Rousseau pour tous) 主题包括哲学、文学、作品翻译、教育学和植物学。庆祝期间，社会各界筹资 5870065 瑞士法郎，举行音乐会，上演戏剧，还有卢梭的家产展览，但最吸引人的是六公里的乡村漫步，参与者穿着古装，兴高采烈。① (图 4-4) 日内瓦的卢梭青铜像旁边飘扬着白底红十字国旗。那是现代人对一个逝去思想家的缅怀，这种缅怀源自坦诚的历史观，或有同情意义的现实感，为普通市民，也为小孩子，让他们了解日内瓦历史上有这样的一个公民。他曾被人误解，但时代不同了，纷争消散，他的政治理想已实现，人人平等互爱，追求真实，权力契约流于无形，却卓有成效。国家与社会是完善的二元结构，国家专注于公共事务治理，社会组织补其不足，保卫批判精神，宗教

---

　　① 参与的机构及出资情况(CHF 瑞士法郎)：Société J.-J. Rousseau de Genève (85204 CHF)，GIPRI (Geneva International Peace Research Institute，53000 CHF)，Fondation pour l'Histoire des Suisses dans le Monde en collaboration avec la Société des Amis de Penthes (30150 CHF)，Association pour l'Autobiographie (42939 CHF)，Sakae Tade & Takuya Kobayashi (13000 CHF)，Association d'étude pour l'histoire régionale (51272 CHF)，Editions Markus Haller (20272 CHF)，Association genevoise pour la promotion et l'illustration de la bande dessinée (AGPI，48580 CHF)，Opéra-Studio de Genève (110373＋60838 CHF)，Municipalité d'Assens (155700 CHF)，Lux Borea prosjekt JJR (11884 CHF)，Orchestre de Chambre de Genève (OCG，118778 CHF)，Hors Portée (295619 CHF)，For，compagnie Hervé Loichemol (450208 CHF)，Société internationale des amis du musée J.-J. Rousseau (61000 CHF)，Association des fêtes costumées de Genève (41276 CHF)，Comité Européen J.-J. Rousseau (254400 CHF)，École internationale de Genève (45908 CHF)，Association "Le nez dans le ruisseau" (1884592 CHF)，Ciné Atelier (983500 CHF)，Commune de Confignon，Fondation de l'Espace Rousseau (72712 CHF)，Stéphane Eicher (200340 CHF)，Association L'Ilot Rousseau (284292 CHF)，Kitchen Project (494227 CHF)，Association pour la conservation，la préservation et la mise en valeur des patrimoines communaux (ASPACO)，Commune d'Assens，Musée J.-J. Rousseau de Montmorency，Association des fêtes costumées de Genève，Cantus firmus Vokalensemble，Fondation Martin Bodmer，Jardin des Rouvières.

图 4-4　日内瓦市民庆祝卢梭诞辰三百周年，2012 年

已放弃世俗权力，致力于宽慰现代化进程里个体心理的不安。在瑞士，卢梭进入无限绵延的"时间－思想谱系"，纪念活动手册中的话多少说明他的存在意义：

> 让-雅克·卢梭生于 1712 年 6 月 28 日，生命最初十六年在日内瓦度过。根据日内瓦市文化与体育部的建议，纪念活动的目的是庆祝一个作家、一个哲学家的三百年诞辰，在其作品和生活中发现日内瓦遗产的重要意义。
>
> ……
>
> 自由、民主精神以及语言的重要性是卢梭文字的遗产，这些问题已为今天的人更好地理解和实践，会帮助我们建设更好的世界。
>
> ……
>
> 今年是意义丰富的一年，我们要提醒那些不远将来的人准备纪念卢梭去世二百五十周年，那是在 2028 年，从现在开始筹划。①

----

① *Bilan complet de Tricentenaire J.-J. Rousseau* 2012，https：//www.ville-ge.ch/culture/rousseau.

结论　卢梭变形记

一

　　"一七六六年的卢梭"是法国旧制度晚期的风俗画，包含一个人在私人生活和公共空间里的多种境遇。1750年《论科学与艺术》获奖后，卢梭是有才华的论战者，又被人视作诡辩家；《新爱洛漪丝》和《爱弥儿》出版后，他是不朽的作家，也有人指责他是思想异端。1766年因与英国文人和法国百科全书派的矛盾，他的形象不再取决于写作风格，而是报刊舆论里的道德评判，以及空泛的好奇。他对纷乱的意见无能为力，就想退出文学共和国，但争议更多，他已是舆论的玩偶。1778年卢梭去世后，一个政治化和宗教化的人格出现了，与之相关的是一套解释性的话语体系，法国人称之为"卢梭主义"(Rousseauisme)。① 卢梭的形象生前失控，是因为他的病痛超出了时代医学的解释力。医学实验和理论基础有欠缺，庸医谋财害命，江湖郎中到处行骗，卢梭耗尽财力不能治愈，又不被人理解，他为此痛恨医生和医学。这是1750年后卢梭反科学立场的直接原因，而在科学理性已成为意识形态的年代，反科学的言论让他的形象更复杂。1766年，他的精神出了问题，道德评价的介入扭曲了他的身体话语，剥夺了他的辩解资格，在困境与恶意中，他觉得人心不古，世俗生活难以捉摸，对社会风俗的批判更严厉。论敌却说他露出了真面目，而普通人觉得他的写作风格变了，真实坦诚，比其他作家更易接近。

　　卢梭与其解释者无法融通，解释者之间也难有共识，一些人鄙夷的

---

　　① M. Cottret，"Rousseauisme，" *Dictionnaire de l'Ancien Régime*，*Royaume de France*，*XVI-XVIII siècle*，pp. 1104-1105.

却为另一些人赞赏，双方各执一端。在对立中，旧制度的弊端引起的心理失衡有了肆意表达的出口，在混乱的舆论中，他的形象一次次分裂，一切似乎与之有关，却与之无关。他看着自己的形象，一个捉摸不定的变体，他希望它赶快离开是非之地，倏忽间又来了一个新的。1766 年之前的卢梭是启蒙者，开放理智，注重体系精神，之后的卢梭是浪漫派，敏感沉静，又有人文关怀。法国革命前后又有两个卢梭，一个是生命意义的，一个是政治意义的。第一次转变源于残酷的生命体验，从启蒙者到浪漫派尽管是被动的，却是卢梭的选择；第二次转变已脱离他的意志，生前他是病人、启蒙者、戏剧家，去世后，尤其在革命时代，这些身份为人忽视，取而代之的是立法者、革命之父。在美德专制的年代，他的批判者沉默不敢言，热月政变后他们开始反击，卢梭旋即是革命暴力的蛊惑者。

　　法国革命最大程度上影响了卢梭的形象，它出现于国民公会辩论、报刊杂志、私人通信和街谈巷议里。1790 年 1 月，杜切尼（Bonneau-Duchesne）的描述有些夸大，但不是无中生有："所有人都在读卢梭，仰慕他。"①他的政治理念是 1793 年《人权宣言》的思想基础，他的美德观与平等观成了革命意识形态，并在政治恐怖时代甚嚣尘上，"人们不会忘记马拉动员群众时手拿《社会契约论》的样子"②。争论中，有人说他反对君主制，"《社会契约论》第三卷第十二章是明确的证据"，有人说他赞成君主制，"若身在革命时代，他会同意颁布法令，督促法国政府实行君主制"③。有人说他是保守的贵族，"卢梭从未发表类似革命标语的言论，他主张民主制度适合小国家，不适于法国，若亲历革命，他会在贵族一边"④。革命派以之为精神之父，他们之间却相互矛盾，"罗兰夫人的卢梭观是吉伦特派的，追求自由，罗伯斯庇尔的卢梭观是雅各宾式的，

---

　　① 　J.-G.-M. Bonneau-Duchesne et la Presle-Duplessis le jeune à L.-M. Prudhomme，20 janvier 1790，*CCJJR*，Tome XLVI，p. 172.

　　② 　M. Mercier，*De J. J. Rousseau*，Tome premier，pp. 2，99.

　　③ 　P. G. F. Berthier，*Observations sur le Contrat Social de J. J. Rousseau*，Paris，1789，p. v.

　　④ 　*J. J. Rousseau，aritocrate*，Paris，1790，pp. 5-6，7-9，23.

注重平等，巴贝夫的卢梭观是共产主义的，向往理想社会"①。此情景符合法国史学家奥祖夫的评论：任何简单纯粹的复制中可能有背叛。②

普通人对于卢梭的理解同样是变动的。1789 年攻克巴士底狱不久，民众在巴黎的圣苏尔皮斯（Saint-Sulpice）广场为战斗中死去的人祷告，主持仪式的牧师因故未到，一个律师上台即席发言，他将卢梭看作"为人仰慕的贤哲"③。1790 年，一个青年写了部《教理问答》，要去亚洲宣传卢梭的原则，卢梭是一个宗教化的人格：

> 谁握有真理？上帝。
>
> ……
>
> 谁是上帝真正的先知？卢梭。④

大人物有大人物的卢梭，小人物有小人物的卢梭，一个人青年时代的卢梭观与中年时代、老年时代的也会不同，所以法国政治话语里有保皇的卢梭、保守的卢梭、反革命的卢梭，有敌视专制的卢梭、倡导共和的卢梭、赞扬革命的卢梭。1794 年 9 月 15 日，拉卡纳尔在一篇报告中同情他的遭遇，"贫困、流浪，受日内瓦贵族迫害，仍关心人的自由"，但出人意料的是拉卡纳尔建议政府收回之前对他的赞誉，因为那有违正义。⑤ 丹特莱格伯爵年轻时不喜欢耶稣会的教育方式，毕业后像卢梭一样是自我教育者，十八岁时买到《新爱洛漪丝》，像那个时代的人一样，沉浸于它的魅力。他对同伴谎称自己病了，闭门不出，八天读了三遍，"只有这本书的人物能吸引我，我甚至忘了谁是作者，第三遍快读完时，我想知道是谁写的，'让-雅克·卢梭'，我返回书店，问卖书先生是否有卢梭的其他书，我都买"⑥。丹特莱格本来就对现实不满，尤其是放荡的

---

① R. Trousson, "Brissot de Warville, lecteur de Rousseau," p. 47.

② 莫娜·奥祖夫：《革命节日》，刘北成译，第 298 页。

③ *J. J. Rousseau, aristocrate*, p. 5.

④ N. M. Karamzine à ses amis, juin 1790, *CCJJR*, Tome XLVI, pp. 214-215.

⑤ Rapport de Lakanal sur J. J. Rousseau, septembre 1794, *CCJJR*, Tome XLVIII, pp. 13, 14.

⑥ R. Barny, *Le comte d'Antraigues, un disciple aristocrate de J.-J. Rousseau de la fascination au reniement* 1782-1797, Oxford: The Voltaire Fondation, 1991, p. 9.

宫廷，受卢梭的影响后更激进，一度有刺杀暴君的狂热；但革命暴力让他心生悲观，他不再批判君主专制，要回归旧制度，并以卢梭的思想阻止革命。之后他又批判《社会契约论》，"革命家不要从中找建设现代政治制度的良策"；1793 年逃离法国后，丹特莱格是王权代理人，保皇派的要员，直到 1812 年去世。①

夏多布里昂（1768—1848）又是一例。从 1797 年的《论法国革命》、1805 年的《勒内》到 1841 的《墓外回忆录》，他由对卢梭的赞扬演变为刻意去遗忘，或是憎恨。②《勒内》写一个青年人在美洲印第安人部落的见闻，其中有卢梭的风格："多么幸福的野蛮人！要是我也能享受你们的平静该多好！我走遍了这么多地方，收获甚微，而你们坐在橡树下，无忧虑地打发岁月。"③时至晚年，夏多布里昂否定了年轻时的理想："我怀着恐惧把一本本《论法国革命》扔进火里，好像那是犯罪工具，如果能毁掉这部著作，我会毁掉它。"④在《墓外回忆录》里，对于卢梭生活过的圣皮埃尔岛，夏多布里昂不再有去缅怀的愿望，而是回避它。

法国旧制度晚期的混乱中有一个历史问题：启蒙与革命在什么条件下有助于新制度的草创，或者说"启蒙—革命—现代国家"的逻辑如何才成立？18 世纪的法国历史未提供理想的答案，启蒙本质上是否定旧习俗的语言革命和思想革命，却受到旧风俗和旧话语的排挤。旧制度已失去自我改良的可能，只有革命能打碎百弊丛生的制度。1789 年的激进行动取代了言语论辩，启蒙思想有了实践的可能，但暴力革命里有诗意，有重生的愿望，有破坏一切的怒气，在汹涌的意见与粗鲁的举动里，个人命运无常，民族精神愈加混乱。里尔丹侯爵生活在乱的时代，并承受了乱的后果。他素来敬重卢梭，1778 年 5 月不顾教会和世俗权力阻挠，在领地上为之提供避难所；卢梭在埃莫农维尔时，里尔丹让自己

---

①　*Ibid.*，pp. 10，15，52，57，125，126，173，194.

②　J.-L. Lecercle，*J.-J. Rousseau, modernité d'un classique*，Librairie Larousse，1973，p. 237.

③　夏多布里昂：《勒内》，曹德明译，《夏多布里昂精选集》，许钧编选，济南：山东文艺出版社，2000 年，第 70 页。

④　夏多布里昂：《墓外回忆录》，王士元选译，《夏多布里昂精选集》，许钧编选，第 756 页。

的孩子跟随他学习植物学，时常邀请他来家中进餐。1778 年 7 月初卢梭去世后，他在领地的白杨岛上为之修建墓地，次年写了一首悼念诗：

> 在安静的树荫下，
> 有让-雅克·卢梭的遗体，
> 友谊立起了墓碑。
> 在所有敏感的心灵里，
> 已为这个能感知一切的圣人，
> 树立永恒的纪念碑。①

雅各宾派上台后，里尔丹瞬间沦为卢梭的背叛者。在迁墓问题上，他触逆了革命家马拉的固执想象。激进派以为那些去埃莫农维尔祭拜卢梭的贵族和有钱人玷污了革命理念，1791 年，陆续有人向国民公会请愿，将卢梭的墓移入先贤祠。里尔丹不同意，卢梭向他表达过两个遗愿：去世后由医生解剖遗体，确定病灶所在；远离腐朽之地，安葬于大自然，以天空为穹顶。迁墓一事，里尔丹认为违背逝者遗愿，也就是"违背自然法、公民法、宗教法和人的权利"②。而马拉坚持迁墓，卢梭葬在埃莫农维尔，国家叛徒、堕落者和丑陋的作家都能参观，有违卢梭的荣耀身

---

① René-Louis, marquis de Girardin à G. S. Harvourt, comte Harcourt, 15 janvier 1779, *CCJJR*, Tome XLIII, p. 37.

1778 年 8 月 18 日，《秘密回忆报》刊登了这首诗歌，与《卢梭通信全集》中的版本有所不同：

Ici, sous ces ombres paisibles,

Pour les restes mortels de Jean Jacques Rousseau,

L'amitié posa ce tombeau,

Mais c'est dans tous les cœurs sensible,

Que cet homme divin qui fut tout sentiment,

Doit trouver de son cœur l'éternel monument.

P. -P. Plan, *J. -J. Rousseau raconté par les gazettes de son temps*, p. 147. （最后一句，《卢梭通信全集》另有表述：De son âme a fondé l'éternel monument, *CCJJR*, Tome XLIII, p. 37. ）

② René-Louis, marquis de Girardin à Théodore Vernier, 29 août 1791, *CCJJR*, Tome XLVI, p. 374.

份——"真理与自由的先知""堕落风俗的复仇者""人道主义的捍卫者""民族神圣权力的复兴者"①。所以,卢梭的墓地不再是地理方位是否优越、或是否遵循逝者遗愿的问题,而是保卫革命与反对革命的问题。里尔丹未意识到政治风向的变化,一个贵族家庭的荣耀在动荡的时局里坠落。

革命政府决定迁墓前,特蕾兹曾对拜访埃莫农维尔的人说卢梭适得其所,但陡然间她改变了立场,否认卢梭希望安葬于此,转而指责里尔丹说谎:"我对里尔丹先生的不当之处和缺乏谦逊的态度很生气。"②特蕾兹的转变是否迫于政治压力不得而知,但里尔丹一家人的命运从此凄凉,甚至是悲惨。1793 年 8 月 13 日,埃莫农维尔市政官来到里尔丹家族的城堡,问他们是否坚持爱国立场,商谈不理想,市政官决定限制一家人的活动,在城堡大门贴了封条。里尔丹的两个女儿瓦希(Vassy)夫人和巴巴塔纳(Puget de Barbantane)夫人遭到羁押,关在巴黎北部小镇桑里斯(Senlis),8 月 15 日转移到尚第里(Chantilly),1794 年年初又转移到巴黎的监狱。期间,瓦希不能与十岁的孩子见面。里尔丹四个儿子的命运同样起伏不定,阿玛布尔(Amable)是雅各宾俱乐部的成员,被关在圣日耳曼(Saint-Germain-des-Près),1793 年离世,其他人也被收押。③ 现在虽未发现关于里尔丹心理变化的档案,后人多少想象得到他在世事无常中的恐慌与迷茫。

恐怖时代结束后,一家人境遇好转。热月 9 日(1794 年 7 月 27 日),三个儿子陆续出狱,分别在军队、市政和公共服务机构谋生计,同年 8 月 31 日,在素来敬仰卢梭、有共和热情的演员朱利(Marie Joly)的帮助下,瓦希夫人获释,针对里尔丹一家的法令于共和二年热月 22 日(1794 年 8 月 9 日)取消。④ 卢梭去世不久,里尔丹曾在属地上热情接待到访的

---

① J.-P. Marat à René-Louis, marquis de Girardin, 2 septembre 1791, *CCJJR*, Tome XLVI, p. 384.

② Levasseur à A.-C. Chariot, 21 septembre 1791, *CCJJR*, Tome XLVI, p. 390.

③ La famille Girardin pendant la Révolution: souvenirs de Mme de Bohm, née Girardin, août 1793-octobre 1794, *CCJJR*, Tome XLVII, pp. 162-163.

④ La famille Girardin pendant la Révolution: souvenirs de Mme de Bohm, née Girardin, août 1793-octobre 1794, *CCJJR*, Tome XLVII, p. 163.

客人，领他们参观卢梭活动的地方，介绍他的事迹，由此被誉为"美德保护人"，移墓事件后，他不再以此自居。家破人亡，领地被没收，庄园遭破坏，他时而在友人家避难，试着忘记革命初期心中的希望与热情。①在以公正的名义制造的混乱里，一个本会在现代历史里留下名分的家族就这样消亡了，里尔丹的消息在档案里也不见了，他可能躲在了癫狂的时代精神看不见他的地方。

里尔丹家族的遭遇是卢梭思想流行时代的事，同样《百科全书》的保护人、开明大臣马勒泽尔布的遭遇也说明这套话语有失人道。卢梭生前将马勒泽尔布视为理解自己的人，1762 年 1 月，接连给他写了四封信，马勒泽尔布欣然接受他的情感风格。在现代研究界，这四封信是卢梭三部自传的序曲，以及现代主体话语的起源。革命时代，因在国民公会为路易十六辩护，及其任书报总监时的审查措施，马勒泽尔布被判处死刑，时年七十三岁(1712 年 12 月—1794 年 4 月)。热月政变后，革命道德的疯狂潮流瞬间退却，1794 年年底，《好人杂志》(*Almanach des Gens de bien*)发表文章《让-雅克和马勒泽尔布的对话》，质疑对马勒泽尔布的死刑判决，指责卢梭的信徒对其精神导师的背叛：

> 卢梭：如果一个罪人以其鲜血为自己赎罪，这可以理解……一个正直有美德的人，年逾古稀，有普世关怀，却遭杀戮，当作何解？
>
> 马勒泽尔布：苏格拉底不是饮下了毒芹汁？西塞罗不是有我一样的命运？
>
> ……
>
> 卢梭：一个盲人掉进沟里，没什么让人吃惊的，但 18 世纪在人群中传播的智慧洪流，难道没有使他们变得善良、公正？
>
> 马勒泽尔布劝卢梭沉默，他没有理会，接着说：一切都已颠倒，难道不该纠正？走的路已偏离正道，难道不应为他们指明另一条？他们若相互残杀，就是向导的错？
>
> ……
>
> 卢梭：说实话，您认为那些罗伯斯庇尔们、圣鞠斯特们、艾尔莫

---

① *CCJJR*, Tome XLVIII, p. xxv.

（Hermert）们、卡里埃（Carrier）们，他们读过《社会契约论》吗？……我说过为了自由，非要遍地流血，从成堆的尸体上跨越？①

这篇对话是对革命时代有悖于人道主义暴行的批判，又是热月政变后对于卢梭思想的新解释：抵制政治暴力，反对激进民主。同样提出质疑的还有英国人伯克，针对 1789 年 10 月 6 日民众强迫王室从凡尔赛迁往巴黎时的暴力事件，以及教会和公共机构所遭受的破坏，伯克向一位法国国民公会议员抗议："如果卢梭还活着，在清醒时刻，他会不会为门徒的狂热而震惊？"② 1798 年，杜索尔提及两个问题，质疑同胞的鲁莽：

> 卢梭若能活到灾难的年代，法兰西之花（路易十六）被推上断头台，难道那些暴虐者不会发现卢梭作品里的人性比引导民众处死头号暴君的人性要好一百倍？谁又会怀疑卢梭不会拿着自己的作品，去激怒刽子手，并以此获得他期待已久的殉道者的名声？③

革命初期，自由之友协会（Société des amis de la Liberté）感谢让-雅克，因其发现了"不受时效约束的人民权利"④。卢梭、马拉和佩尔第（Le Pelletier）的胸像落成时，有人在赞歌里说："他的思想里有智慧之光，包含理性、真理、自由与平等。"⑤与此同时，以美德与平等为名义的杀戮也在进行着。1794 年 10 月，萨德致信国民公会（*Le Citoyen Sade aux Législateurs de la Convention*），提及皮克普（Picpus）庄园的事："那本是人间乐土，漂亮的房子、美丽的花园、可爱的女士，突然间成了刑场，断头台上死去之人的坟墓，三十五天埋葬一千八百人。"（事后统计，受害

---

① Dialogue entre Jean Jacques et Malesherbes，fin 1794，*CCJJR*，Tome XLVIII，pp. 162-164.

② 伯克：《法国革命论》，何兆武、许振洲、彭刚译，第 223 页。

③ J. Dusaulx, *De mes rapports avec J. J. Rousseau et de notre correspondence*, *suivie d'une notice très-importante*, p. 274.

④ C.-N. de Beauvais de Preau à V.-C. de Broglie, 5 août 1791, *CCJJR*, Tome XLVI, p. 345.

⑤ *Hymens et Couplets*, *chantés à l'inauguration des bustes de Rousseau*, *Marat et Le Pelletier*, *à la Section du* Contrat-social, le 25 frimaire, deuxième année de la République, pp. 2-3.

者共计 1306 人：其中男性 1109 人，包括 108 名教士，136 名修道士，108 名贵族，178 名军人，579 位普通人；女性 197 人，包括 51 名贵族，23 名修女，123 名普通人。年龄 29～78 岁不等）为此，萨德质疑恐怖法令的有效性，因其败坏了文艺、商业和农业，家庭分裂，人与人相互屠戮，孩子的教育无暇顾及。① 生命意义的卢梭与政治意义的卢梭谁也不认识谁，1766 年那个心无所属的孤独者与 1794 年从埃莫农维尔到巴黎先贤祠的路上热烈欢呼声里的政治偶像不是一个人。这个历史的错位涉及法国政治思想的基本问题：卢梭的形象为什么多变？卢梭与卢梭思想解释学有怎样的关系？如何解释革命时代的卢梭形象？

第一个问题，生前他是戏剧家、启蒙者，也是疯子、混蛋；去世后，他是革命之父、浪漫派、平等派，又是激进分子、极权主义思想家。在现代历史上，很少人像他一样，性情、病痛与写作的联系那么密切，私人生活与历史进程交错不清，后人的争论又如此复杂。一人有千面，面面各不同，无常的变化里有何道理？他的作品为上层社会，尤其是贵族女性所喜爱，也未失去普通人的关注。外省下层贵族受他影响最大，他们人数多，在新财富体系里，祖上的爵位不再有分量，家产贬值，生活贫困，他们就对第三等级和专制权力不满，痛恨财富新贵，而卢梭的平等观在他们看来能改变这一切。② 《爱弥儿》的教育理念为人接受，它让母子关系摆脱不良风俗的干扰，回归自然。《新爱洛漪丝》延续了中世纪的骑士传统，劝人保护女性的腼腆，那是淳朴美德和好风俗的基础，所以女性读者觉得他是谦谦君子，1778 年后许多女士去埃莫农维尔祭奠。对于下层社会，卢梭的语言能抚慰那些寥无寄托的精神流浪汉，弥补文学共和国的缺陷，即哲学家不关心普通人，哲学与低微的劳动者无关的倾向。"从没有哪个作家能同时触及差别如此大的方面，热情的风格，深邃的政治雄辩，《新爱洛漪丝》和《社会契约论》出自一人之手，这是写作

---

① Sade, *La Philosophie dans le boudoir*, pp. 187, 209.

② R. Barny, *Prélude idéologique à la Révolution française*, *le Rousseauisme avant* 1789, p. 50.

史上的奇迹。"①王公贵族、贩夫走卒阅读卢梭时各有所得，有正义感的人以之为心灵归属：

> 卢梭统治着他的时代，为思想开拓新的路……他的才华丰富了法语，民众不再羡慕希腊语与拉丁语……激起美德的力量，驱散偏见，让人想起自然的淳朴；使母亲尽其义务，让孩子走向自由幸福……击垮狂热，申斥暴君，推翻专制……他发现了社会契约的根基，是半世生灵的解放者，又在艺术、风俗、教育、政治领域变革，世间充满了他的荣耀。②

一个卑微的日内瓦人在法国获得了那么多荣誉，这让那些与卢梭观念相异的法国人，尤其是巴黎文人难以接受。卢梭因健康问题无法融入公共交往，境遇艰难，精神问题发作，论敌有了贬低的口实，而他为自己辩解的自传又触及了朋友的名声，去世后对他的不满更多。卢梭力图影响公共舆论的愿望有悲剧性的后果，这是他的历史形象失控的最初原因。法兰西歌剧院曾上演过古典主义戏剧《意外的困难》(*L'obstacle imprévu*)，其中有句台词：不在场的通常有错(Les absents ont toujours tort)。③ 卢梭生前身后都有这样的遭遇，在他缺席的场景里，他为人赞誉，也受到气急败坏的污蔑——疯癫、傲慢、哗众取宠、忘恩负义、言行乖张的外国佬，"总之，他不为人了解"④。

第二个问题，卢梭与卢梭思想解释学的关系。法国革命前，他的政论作品未引起太多兴致，读者更关心他的性情与交往逸事。自1789年，他的政治观念进入革命舆论，或被简单地概括，或被无止境地夸

---

① M. Thiery, *Eloge de J.-J. Rousseau*, *qui a concouru pour le prix d'éloquence de l'Académie Française*, *en l'année* 1791, Tome I, p. 4.

② *Voyage à Ermenonville ou lettre sur la translation de J. J. Rousseau au Panthéon*, p. 21; *Eloge de J. J. Rousseau*, 1789, p. iv.

③ *Œuvres dramatiques de N. Destouches*, Tome III, Paris: Haut-Coeur, 1821, p. 91; P. C. de Chamblain de Marivaux, *Le petit-maître corrigé*, Geneve: Librairie Droz, 1955, p. 130.

④ C. Bourrit-Berenger fait l'éloge de Rousseau, janvier 1798, *CCJJR*, Tome XLIX, p. 109.

大，人人觉得自己理解得最得体，各不相让，一旦权力介入，免不了争斗。雅各宾派自誉为卢梭的信徒，这不意味着他们是理解卢梭的。理解还是误解，对于他们不是关键问题，重要的是夺取权力，彻底变革旧风俗，建设新社会，但粗鲁的实践会消解目的的正义性。在理论上，卢梭与革命话语的关系有三种可能：一是像其他哲学家一样因偏离时代精神很快为人忘记；二是他作为思想的先知受到普遍认同，这种认同感在归化时代精神的同时，它的说教性弱化，法国人得以形成关于现代社会的共识；第三类情况是第二类情况的另一种可能，他未能归化时代精神，相反无休止的争论消解了民族认同感。法国人遇到的是最坏的情况，他们将一个故去的人赋予指导现实的力量，那未必不是建设现代国家的良好愿望，但最终失败了，卢梭的幻象一个个到来，挤在民族意识里。所以，在法国的语境里，卢梭思想解释学或卢梭主义的中心不是卢梭，而是主义，确切地说是革命话语对于卢梭思想的单向度解释。19 世纪的法国人未区分卢梭与卢梭思想解释学的差别，有时以为雅各宾派所推崇的卢梭就是那个处境艰难、理想高远的孤独者。

生命意义的卢梭与政治意义的卢梭不是一回事，却不能以此否认它们的联系，卢梭多变的风格是两类形象混淆的原因。关于如何变革旧制度，卢梭曾与资产阶级同列；而在资产阶级主导的工业时代，他又向往古典时代的静穆。面对荒诞的制度与奢华的欲求，他要回归质朴的生活，但在隐居的孤寂里仍念念不忘公共生活的乐趣。1767 年回到法国后，他不时光顾巴黎的咖啡馆，筹划重新编排《乡村卜师》，希望再次听到曾经在枫丹白露宫里为他响起的掌声。革命家的理念同样多变，革命时代的民族心理表面上坚强，实则脆弱，但它用坚强掩饰脆弱，于是求助于已经故去的卢梭，并将其塑造成圣贤，在他的指引下打碎旧制度。卢梭的形象有如马克斯·韦伯的克里斯玛（Charisma）人格，因其对群体心理的感染力而有神秘特质，能激发追随者的情感依赖，乃至献身精神。韦伯的概念与卢梭的境遇不完全一致，他的荣耀是在身后，革命家以之为超自然的人，是获取政治主导权的策略，而非完全的情感依赖。

一个人身后有了绝对的权威，在欧洲历史上并不少见，尤其是中世纪，个体依附于权力才有安全感，而权力的合法性又不是稳固的，它需要不断地制造让人崇拜的偶像，在这一过程中需要安全感的人与需要合法性的权力走到了一起。亚里士多德是经院哲学家的偶像，教皇本笃十四向法国驻罗马大使罗什库（Rochechouart）主教讲过一段往事：两位官员就塔索和亚里士多德谁更优秀争论不休，支持亚里士多德的人挨了对方一剑，教皇来探视，他对教皇说，"我从未读过亚里士多德，却为他死，若是读，也读不懂，我是个蠢人"①。1632年，伽利略曾隐晦地批评亚里士多德的追随者："一个雕刻家用大理石刻成赫拉克勒斯，技艺精湛，让人心怀恐惧，他自己也害怕，不敢斧正。那些思想浅薄的人，心甘情愿当亚里士多德的奴隶，把他的话奉为神谕，一点不能违反，而他们自己对亚里士多德究竟是应肯定还是否定甚至都怀疑，这岂不到了疯狂的地步？"②经院学者对亚里士多德的崇拜源于时代精神的僵化，他们无力突破古典风格，就以为旧规则能训导当下风俗。亚里士多德在追随者的心里复活了，"若为人诋毁，他的信徒会不高兴，若获得赞美，他们就洋洋自得，这是迷惘的热情燃起的幻象"③。启蒙时代早期，荷马在文艺界像亚里士多德在科学界一样，为人尊崇，他的风格与观念都能充当权威的判断。1726年，英国的保守派思想家斯威夫特虚构了亚里士多德、荷马与其信徒相见的情境，荷马说他们没有诗歌精神，亚里士多德说他们对于自己都不信的东西却用来招摇撞骗，众信徒都知道这些问题，就远远地躲起来。④ 斯宾诺莎对于现代观念有开拓性，然而鹦鹉学舌的情境又一次出现了，伏尔泰批评斯宾诺莎的一些信徒高呼"斯宾诺莎、斯宾诺莎"，却未曾读他的作品。牛顿的力学定律革新了时代精神，但一些

---

① H. Rigault, *Histoire de la querelle des anciens et des modernes*, Paris, Librairie de L. Hachette et Cie, 1856, p. I.

② 伽利略：《关于托勒密和哥白尼两大世界体系的对话》，周煦良等译，北京：北京大学出版社，2006年，第78、79页。

③ J.-F. de Pons, "Lettre a Monsieur ∗∗∗ sur l'*Iliade* de Monsieur de La Motte," *La Querelle des Anciens et des Modernes*, pp. 522, 524.

④ 斯威夫特：《格列佛游记》，张健译，北京：人民文学出版社，2003年，第353—354页。

人只知道牛顿的名字,"就将他的学说看作人类的财富,其实一点也不了解"①。笛卡尔的遭遇也很复杂,生前,他的理性知识体系受到法国主流思想的抵制,去世后为人认可,但有人一点也不懂就说自己是笛卡尔派,这是"没有笛卡尔的笛卡尔主义"(Cartésianisme sans Descartes)。②

卢梭思想的解释学同样如此,只因政治实践的介入而不再是纯粹的思想问题。旧风俗无所不在,革命能从形式上去除它的痕迹,它所固有的奴役与服从却不易消失,一些卢梭的信徒呼吁自由平等,不惮以不自由、不平等的手段实践这些理念。当罗伯斯庇尔戴着假发,披着立法官的衣服让人画像时,他觉得自己就是革命,冒犯他就是冒犯革命,但他是革命吗?画中的罗伯斯庇尔像古典主义作品里的路易十四一样,以新偶像取代旧偶像,但本质上都是专断的权力所制造的偶像,它们统领着一套话语体系,使之为虚假的荣誉卖力。这套话语体系若无专断权力的支撑就会坍塌,那些雄辩的唇舌也会因势而变,它们起初愿意为崇高的事业努力,但当专断权力将要垮台时会转身离开,弃暗投明。这是一群骑着制度的人。

革命时代的法国,人心、制度与风俗的关系看似两两破裂,实则根深蒂固,人心思变时,风俗凝固,制度已革新,人心仍散乱。一个人要脱离他的时代何其难,要开拓新的时代何其难。他想要不一样的生活,愿为此不惜一切,而风俗制度依旧,他为理想高呼,环顾萧萧然一人。他若沉默,固然是在旧风俗里逆来顺受,他若反抗,却冲不破网罗,在新与旧的边缘地带徘徊,陈规成见发疯地袭来。若不想回到老路,就要打散那些冰僵心力的言语和目光,为此他诉诸暴力,消灭异己,尽快塑造统一的话语空间,一个优雅的理想主义者就此变成严酷的现实主义者,

① Voltaire, *Elémens de la Philosophie de Neuton*, Londres, 1738, p. 11;"Réponse aux objections principales qu'on a faites en France contre la philosophie de Newton," *Œuvres complètes de M. de Voltaire*, Tome 42, Sanson et Compagine, 1792, p. 266; L. Stewart, "The Troubel with Newton in the Eighteenth Century," *Newton and Newtonianism: New Studies*, edited by J. E. Force, Klewer Academic Publishers, 2004, p. 221.

② 弗朗索瓦·阿祖维:《笛卡尔与法国:一种民族激情的历史》,苗柔柔、蔡若明译,北京:中国人民大学出版社,2008 年,第 85、123、290 页。

或是为民族福祉，或为一己之私。但失控的暴力，哪怕为捍卫理想而迫不得已的暴力仍是旧制度的帮凶，它所建立的新世界并不坚固，因为浮在人心与风俗之上的制度经不住冲击。在革命年代，这个求新者胜利了，他让人听话，但在现代精神里他失败了，风俗传统因他的作为而破碎。

第三个问题是卢梭与革命的复杂关系。法国革命起因于民众对权力滥用、国家治理失败、风俗腐化的愤怒，然而进程反复，是因为在革命的最终目标上党派间无共识。布里索和罗伯斯庇尔都是卢梭的信徒，痛恨专制，热爱自由，前者是吉伦特派，后者是雅各宾派，1793年布里索被雅各宾政府拘押，以"反自由"的罪名被送上断头台。① 还有曾在卢梭的安葬地流连忘返的克罗茨，一个普鲁士的贵族青年，祖籍荷兰，家境富裕。1766年十一岁到巴黎上学，后在普鲁士军事科学院任职，二十岁去欧洲旅行，梦想建立"世界共和国"（République universelle），1789年革命后返回巴黎，热爱自由，反对专制，自称是"人类的演说家"。1792年被立法议会授予公民身份，之后担任国民公会议员，出版《世界共和国》："我们是靠智慧之光，而非杀人的刀子去解放人类，我们想杀死独裁，镣铐消灭的是独裁者。"② 1793年末克罗茨担任雅各宾俱乐部主席，但罗伯斯庇尔不满于他的宗教理念，1794年3月24日将其处死，7月28日罗伯斯庇尔也难逃这样的命运，从奔放的理想到权力的孤独，最后舍身取义。不顾一己之私，未必有益于公共福祉，他们以暴力为理想铺路，却杀死了革命，复活了旧制度。历史在这样的时刻有魔幻的力量，对于那些败落的风俗，有人越想打碎它们，越受其控制。

旧制度晚期的法国像是个舞台。法国人素来喜欢看戏，乐于在剧场里指点。此时，有人隐约觉得这场戏不同寻常，在狂欢与愤怒里会有奇怪的事，木头刀剑发着寒光，幕布上有断头台的影子，它们动起来了，响起来了，叮叮当当、吱吱呀呀。惶恐在蔓延，观众拼命逃离，但没人逃得掉。当他们意识到戏剧的残酷性要离开的一刻，戏剧开始了，人人都是演员，他们在听、在看、在议论，惊惶失措、四处冲撞，无路可逃

---

① *Mémoires de Brissot*, par M. De Lescure, p. 3.

② A. Cloots, *La République universelle, ou adressé aux tyrannicides*, Paris, 1792, p. 5.

了就仰在地上哀号。一幕混乱后是又一幕混乱，法兰西民族的共同认知隐没了，到处是分裂的意见。"正是意见或公众的理性有无限的力量，它能成就事业，又会败坏之前的努力，社会长久不安宁，意见一旦活跃就难以平静，我们进进退退，或走过了头。"①置身于此的人不经意间会沦落为背叛者，成就新变化，直到消耗掉所有孕育动荡的力量，革命才会停止。在动荡中，是革命利用了人，而不是人控制着革命，流亡国外的迈斯特(Joseph de Maistre)伯爵见解独到：

> 越研究这场革命里看上去最活跃的人，越发现他们身上有某种被动的、机械性的东西。重复一遍这句话不为过：不是人推动革命，是革命利用了人。有人说得太妙了，革命完全是自己进行的。②

卢梭与法国革命有千丝万缕的联系，又那么不确定。与其说卢梭影响了革命，不如说革命塑造了卢梭，政治实践改变了民众的卢梭印象，一个疯癫、癫妄的文人化身为革命之父。在1794年出版的《无套裤汉识字本》里，一段对话对此做了注释：

> ——哪些人以作品为法国革命做了准备？
> ——爱尔维修、马布里、卢梭、伏尔泰和富兰克林。
> ——这些人该如何称呼？
> ——哲学家。
> ——"哲学家"是什么意思？
> ——就是圣人，人类的朋友。③

这与法国学者夏第埃的观点是一致的，即"革命塑造了启蒙，而非启

---

① *Voyage à Ermenonville，ou Lettre sur la Translation de Rousseau au Panthéon*，p. 20.

② 迈斯特：《论法国》，鲁仁译，上海：上海人民出版社，2005年，第28页。

③ *Alphabet des Sans-Culottes，ou premiers élémens de l'éducation républicaine，dédié aux jeunes Sans-Culottes*，Paris：C.-F. Galletti，L'an II de la République Francaise，p. 11.

蒙触发了革命"①。革命话语强调启蒙对革命的影响，将之拖入无休止的辩论，启蒙理念于是尽人皆知，一个为革命奠基的思想时代诞生了，启蒙理念因革命舆论而在现代历史中传播得更久远。1791年，第耶里赞扬启蒙对于革命的功绩：

> 哲学家让我们重视自己的责任，宣传家让我们认识到自身的力量和权利，感受敏锐的人劝我们与自然、欢乐为伴。人与人联系更密切，知道各自的需要，反对专制，驱散阻碍光的浓厚空气，治愈道德有缺陷的民众，他们以迷信为原则，将无知与错误当作给养。在他们面前拉开神圣的幕布，借助于理性将之引向美德。②

启蒙因对旧风俗的扬弃而成为法国现代历史的起点，但这不意味着旧风俗会烟消云散，它们悄悄跟在启蒙身后，在其得意或张狂时打劫它，在其清醒或安宁时迷惑它。而启蒙精神并非坚定如初，所以法国人会批评它的弊端："那是关于伟大社会的理性时代，却充斥着邪恶，滥用情感加速了它的灭亡。"③1797年9月19日，拿破仑对于混乱的秩序不满，就迁怒于启蒙哲学家："即使我们自骄自傲，散播了数千份小册子，发表了无穷无尽的演说，我们对于政治和社会仍旧缺乏知识，不知道如何界定行政权、立法权和司法权，孟德斯鸠的界定是错误的……对于什么是宪法，应该如何分权，我们也没有规定。"④1814年，萨德质疑文人空想的破坏力：

> 哲学家的政治诡辩是我极力反对的，我的国家近二十六年的不幸主要归因于这些求新者的堕落，有些思想的恶果尚未显现。革命家在伏尔泰和达朗贝尔的引导下，成了法兰西向导，同胞对之非常

① R. Chartier, *The cultural origins of the French Revolution*, translated by L. G. Cochrane, p. 5.

② M. Thiery, *Eloge de J.-J. Rousseau, qui a concouru pour le prix d'éloquence de l'Académie Française, en l'année* 1791, pp. 4, 6.

③ *Voyage à Ermenonville, ou Lettre sur la Translation de Rousseau au Panthéon*, pp. 1-2.

④ 拿破仑:《拿破仑日记》，伍光建译，第45—46页。

信任，就去实践抽象的原则，关于自然权利、人民主权和生活平等的原则。①

一个时代在结束不久就受到普遍怀疑，对于法国传统的连续性不是小问题。风俗与人心之乱扰乱了民族共识，法国历史有破裂的迹象，普通人以之为传统的只是传统的幻象，由此而生的情感是高傲的，却不真实。破裂的传统衍生的是虚浮的现实感，它会消解法兰西的民族意识。这是断代史的逻辑，推翻了旧的，新的不来，民众在破碎感中想象着完美，信仰虚无，向前追溯没有归宿，向后观望不知所终，于是归咎于前人对传统的破坏。随之而来的是批判意识的失控，它不再用克制的话语，更多的是对故往与现实的愤怒。这愤怒并非来自历史理性，而是变化的感受。一个人在某个时刻不满意，就以为历史中有四处捣乱的阴谋，他若受到官僚的粗暴待遇，就以为制度对他不公。再好的制度付诸实践时都有变坏的可能，但那不是制度的问题，而是人的问题。旧制度下尚存良法，但在个体的隐秘动机和群体阴谋论的蛊惑下，它是千夫所指的罪愆。本不该承受指责的制度承受了指责，作奸犯科者却逍遥自在，民族意识四分五裂。当这类境况无法克服时，法国革命的恐怖政治就有了心理基础：与其忍受不公，不如打碎一切，宁愿在破碎中寻找希望，也不要麻木地活着。

在破碎与断裂中重建传统是法国现代化的特色。路易十四时代，在罗马教权退出之际，法国开创了世俗治理体系，君权为主，教会和贵族制度为辅，并赋予民众以一定的自由。那时的公共空间里有强力，有批判精神，也有相互的隐忍，因其相对于其他国家的优越性而成为法国人一时的骄傲。但这套治理体系有缺陷，它是单向度的权力，表演性多于实用性，只有路易十四能维持，更适合于农本社会，一个靠小麦、黑麦、葡萄酒供养的国家，多数人农忙时务农，农闲时外出打工，到处是酿酒工、麻织工、棉织工、制绳工、梳毛工、挖煤工、制陶工、制斧工、皮

---

① *Dialogues politiques sur les principales opérations du gouvernement français depuis la restauration et sur leurs consequences nécessaires*，par l'auteur de la *Tydologie* (Louis de Sade)，Londres，1815，p. v.

革工, ① 群体观念相对静止，民众更关心眼下的生活，不在意国家的前途。而在工业化时代，人的精神因为职业的流动性而活跃，他们不再被动地接受信息，而是要创造新知识，批判地审视权力的说教。具有表演风格的旧制度无力化解人口流动所带来的风险，而表演风格在失去效力后会加倍损害旧制度的合理性。既然之前的路不对，那就换一条，1789年革命意味着他们要创造新的治理体系。

启蒙是因革命才成为历史路标，卢梭与革命的关系也有这样的道理。卢梭的理念在革命道德的保护下横冲直撞，而他的生活、性情与病痛等生命意义的存在却为人忽略。从病痛缠身的哲学家变成革命之父、现代制度的奠基者，这是曲解文本的结果，但在理想主义的狂热里，曲解一时有了合法性。1794年卢梭的形象回归历史领域，之前掩盖的问题都来了，与之相关的争论，与其说是针对卢梭，不如说是针对革命家对卢梭的单向度解释。这套解释学的起源有三方面：坦诚与感受性的写作风格，疾病、文人纷争与道德评价，革命时代的政治解读。旧制度晚期，教权、君权受质疑，民众没有了信仰，而卢梭的情感语境填补了个体心理的虚无。1793年11月30日，里尔城的圣莫里斯（Saint-Maurice）教堂更名为"理性祠"（Temple de la Raison），教堂里安放着他的墓，供人祭拜，给人安慰。② 然而，健康问题让他的形象增添变数，宗教和世俗道德对之持续贬低，革命话语却从他的身体话语里发现了殉道精神，并无限度地夸大，而一旦失去强有力的支撑，因其在法律与伦理中没有确定身份，他与自己的形象会分裂，他还是他，他的形象千变万化。

法国革命时代的版画和雕塑里有卢梭形象演变的线索，从生前备受争议的哲学家，到革命时代的立法者，热月政变后他又回归本初状态，一个文辞雄辩、热爱自然、性格有缺陷的人。在1753年拉图尔的肖像画和1763年高什（Gaucher）的浮雕中，他穿着上流社会的服饰，头戴假发，平和而优雅。启蒙哲学家希望由技法纯熟的人为自己塑造得体的形象，在沙龙里展览，以此在姓名与相貌间建立联系，那是文学共和国的风俗。

---

① Fernand Braudel, "L'économie française au XVIIe siècle," *Annales. Économies, Sociétés, Civilisations*, Année 1951, Volume 6, Numéro 1, p. 68.

② Rousseau, Marat et les Martyrs de la liberté, *CCJJR*, Tome XLVII, p. 184.

1778 年 7 月，有一张卢梭穿亚美尼亚衣服的画像，邋遢随意。对于卢
梭，那是困境里的权宜之计，而一些人看出了其中的思想意义，他要隐
居，远离腐化的文学共和国，远离文字与话语的追踪。去世后，敬仰卢
梭的人去他的墓地祭拜，那是现代情感史上的景观，以瞻仰为题材的绘
画流行一时。他日渐成为让人着迷的传说、美德之士、母亲和孩子的保
护神。1782 年，莫罗（J.-M. Moreau）构思了寓意画《卢梭在美丽田园》
（*Arrivée de J. J. Rousseau aux Champs-Elysées*），献给善良的母亲。在
古典风物里，卢梭与柏拉图、蒙田、普鲁塔克在美丽田园相遇，蒙田称
之为"亲爱的学生"，坐在地上的是古希腊的愤世者第欧根尼，他走出木
桶，点着火把寻找人，他发现了卢梭，一个来自日内瓦的"人类之友"。①
在古希腊神话里，"美丽田园"是地狱的角落，英雄和美德之士死后享受
宁静的地方。在 1788 年梅耶（Mayer）的画里，卢梭是自然与美德的中
介，他采集植物标本，向往人类的本初生活。革命之初，激进派控制着
卢梭思想的释读权，他化身为对抗旧制度的圣贤。古典共和理念对法国
革命影响大，布鲁图斯、塔西陀、西塞罗、李维等古罗马共和派常出现
于政治辩论中。法国艺术家有意模仿古典风格，在 1789—1791 年流传的
《危险的贵族》里，卢梭没有出现，但他的理念有抗衡特权的力量。在
1790 年的《上帝为有名的人报仇》里，"正义与人道女神"在国民公会广场
上为卢梭、伏尔泰、马布里和雷纳尔神父复仇，他们曾因作品受迫害，
此时那些伪善者的受难日来了。1789—1799 年，在民众消遣的扑克牌
上，他身着古典服饰，手持《社会契约论》，俨然是一个古典立法者。雅
克·路易（Jacques Louis）的雕塑强化了这层意义，卢梭有类似奥古斯都
或梭伦等古典立法者的神态。1793 年，培扎尔（O. S. P. Pezard）继承了
这一风格，在《理性与真理的胜利》中卢梭是有古典气质的革命导师，在
他的指引下，哲学发现了被错误与谎言遮掩的真理。热月政变后，卢梭
在画像中恢复为普通人。为缓和对抗性的舆论，热月党人以赞美卢梭的
方式来消解党派间的敌意。卢梭与伏尔泰本是冤家，他们的矛盾之前曾

① *J.-J. Rousseau et les arts visuels*，Textes réunis et édités par Frédéric S.
Eigeldinger，Droz，2003，p. 570；"Rousseau: notes en marge de Montaigne," *ASJJR*，
Tome XLI，Droz，1997，pp. 11-12.

延伸为贵族和民众的对立，而在《国家感谢伟大的人》里，两人并肩而行，以他们的天才引导文人走向光荣与不朽。此时，更多的作品描述生命意义的卢梭，包括穿亚美尼亚服装的形象、外出散步时歇息过的石房子、晚年隐居地的风景，以此淡化革命道德和政治观念的区别。

19 世纪是法国人的政治想象力失控的年代，或是沉醉于君主制的辉煌，或对共和充满希望，而卢梭始终没有离开主流话语："浪漫主义时代的道德问题，1848 革命前关于阶级平等的争论，第二帝国时代丹纳（H. Taine）和勒南（E. Renan）的知识理论，第三共和国以后的政治辩论……无论是宗教问题还是抽象的思辨，他都是最受关注的人。"①王权复辟后，卢梭以情感文学之父的形象再次出现，《社会契约论》受到冷落或批判，属于自由派的贡斯当（B. Constant）和孔德（A. Comte）斥之为"暴政指南"②。1850 年前后，法国第二次革命潮流中，左派右派难分高下，政治论辩式的解释学又来了。1843 年 2 月 22 日，米什莱（Michelet）在法兰西学院演讲时赞扬卢梭，五位教士抗议大学开设相关课程。同年 3 月 5 日，基内（Quinet）演讲时肯定法国革命的功绩，提及伏尔泰、卢梭、孟德斯鸠的思想贡献，听课的学生认同米什莱和基内，计划在巴黎先贤祠广场为卢梭立塑像，因反对派的阻挠，1867 年才付诸实施，1889 年，铜质雕像最终落成（第二次世界大战期间，铜像被德国军队抢走，战后立石像）。1849 年，保守派拉马丁在立法议会演讲，批评卢梭以不光彩的手段赢得了华伦夫人的情感，又不顾颜面，丢弃亲生的孩子，"在一个财产权犹如宗教信仰的国家反对财产权"。奥莱维利（B. d'Aurevilly）批评他的信徒思想混乱，包括乌托邦主义者圣西门、傅立叶、普鲁东、卡贝（E. Cabet）、勒鲁（P. Leroux），社会主义思想家西斯蒙蒂（Sismondi）、布朗什（L. Blanch）、政治学家马志尼（Mazzini）、洛兰（A. Ledru-Rollin）、情感作家乔治·桑（G. Sand）、哲学家勒南。③ 在无产阶级的政治观念里，

---

① "Les destinées du Rousseauisme," A. Schinz, *Etat présent des travaux sur J.-J. Rousseau*, p. 4.

② J.-L. Lecercle, *J.-J. Rousseau, modernité d'un classique*, Librairie Larousse, 1973, p. 238.

③ A. Schinz, *Etat présent des travaux sur J.-J. Rousseau*, pp. 12, 17-18, 22-23.

卢梭是人民权利的理论家，"他提出的现代规范有助于无产阶级对抗资产阶级"①。而保守主义者丹纳、布吕纳介（F. Brunetière）、法盖（E. Faguet）批评他挑起破坏社会结构的事端，普鲁东（Proudhon）说"他是资本家财产权的辩护士、普通劳动者的敌人，社会契约是关于仇恨与不信任的契约，是社会战争的宣言"②。1878 年，卢梭去世百年纪念会在混乱中收场，支持者要为之立像，未能如愿。

1892 年，法国共和百年之际，根据巴黎市议会的决议，法国为"爱国者卢梭"和"共和主义者卢梭"举办盛大的纪念仪式，沿用 1789 年的传统，鲜花、灯饰、雕像一应俱全。③ 1912 年，卢梭两百年诞辰时，法兰西学院院士巴莱斯（Barrès）向主席团发表演讲，称之为"夸张的音乐家，他的思想矛盾让社会脱离本初状态，以自然的名义让个人与社会对立"④。都代（L. Daudet）和莫拉斯（C. Maurras）在《法国行动报》（L'Action français）开辟专栏"法国之敌""疯子与猴子"，卢梭被斥为聪明的狗、社会渣滓、一群猴子捧红的疯子；6 月 30 日的纪念会为三十五名示威者多次打断，他们呼喊着"打倒外国佬"，一位女士打了一人耳光，获得了众人的掌声。⑤ 1910 年，法国贝藏松的共和派为卢梭立像，三年后，该市的保皇派合谋将之推倒，参与的有大人，有孩子，看着倒在地上的铜像，眼神复杂。他们推倒的是卢梭的雕像，实际上推倒的是他们所厌恶的政治理念。卢梭在德国思想界获得赞誉，法国新古典主义者拉塞尔和莫拉斯（Maurras）因此斥之为"日耳曼精神的代言人"⑥。在法德竞争、民族主义盛行的年代，对于卢梭的信徒来说这是尖刻的讽刺，他们的导

---

① H. Buffenoir, *Le 22 septembre*, *Centenaire de la République*, Paris, 1892, p. 18.

② J.-L. Lecercle, *J.-J. Rousseau, modernité d'un classique*, p. 238; *Rousseau's political writings*, edited by A. Ritter and J. C. Bondanella, translated by J. C. Bondanella, New York & London: W. W. Norton & Company, 1987, p. 217.

③ H. Buffenoir, *Le 22 septembre*, *Centenaire de la République*, p. 14.

④ M. Barrès, *Le Bi-Centenaire de J.-J. Rousseau*, Paris: Editions de "l'Indépendence", 1912, pp. 16, 23.

⑤ A. Schinz, *Etat présent des travaux sur J.-J. Rousseau*, pp. 76, 82-83.

⑥ J.-L. Lecercle, *J.-J. Rousseau, modernité d'un classique*, p. 239; I. Benrubi, "L'idéal moral chez Rousseau, Mme de Staël et Amiel," *ASJJR*, Tome vingt-huitième, 1938, p. 12.

师竟是敌对国家的精神领袖，为此，巴莱斯、莫拉斯及其支持者打算破坏卢梭两百年诞辰纪念活动。

二

　　若能预见革命后的多重问题，波旁王朝的君臣是否会有所忌惮？位高者将祖传的权力视为规训民众、从中获取威严、满足欲求的工具，而不理会权力的内涵与界限。路易十四以表演的风格维护君权的合法性，使之在危机下仍有辉煌的相貌，表演道具也从未蒙尘。这是脆弱的强大，因为表演仪式唤起的是民众对于虚无的想象，维持表象的是不具备实践力的语言、勉强的服从与腐败的荣誉感。难以理清的矛盾日积月累，包括人与宗教、人与国家、人与社会、国家与社会的关系，新经济制度与旧治理体系的脱轨催生的是高傲与愤怒、急迫与惶恐。在不妥协的对抗中，是非与善恶的边界模糊，那些看似真实的却是假的，看似恶的却是无罪的。

　　国运维艰时，诉诸故往圣贤的智慧，以统一的意志变革旧制度，这是现代政治诉求，对于法国却不容易。是实行君主制还是共和制，波旁王朝的君主就愿意妥协，他的廷臣又愿意放弃功名利禄，返归乡田？即使如此，受压迫者如何平息对制度之恶的愤怒，他们愿意宽容那些不宽容的人？教士阶层就会远离世俗权力，放弃充裕的经济收入，然后默默无闻地担任地狱与天堂的摆渡人？他们的殉教精神早已堕落，民众如何相信他们能为迷途者解惑？书报审查制度若取消，那些劣迹斑斑的人会不会提心吊胆？有人批评旧制度，是为实践普遍正义，有人批评旧制度，是想从中获利，他们是否有和解的可能？旧制度的习性已占领公共空间，其中的人多少为之浸染，法国人痛恨官僚气，但人人可能有官僚气，怎么解得开缠在一起的冷漠、高傲与理想？时至路易十六，旧制度变革的可能性已趋于无，革命之幕先是一次次轻微的抖动，然后突然升起，那些来不及化妆的人在舞台上因势起舞，一个个奇形怪状，都觉得自己的理想是最好的。

　　旧制度晚期的法国像秋雾下的车站广场，一切在寒凉中流变着，有魔幻神秘的气息。一个人在那里高呼理想是滑稽的，在那里劝人向善是滑稽的，以雄辩的修辞套取一时之利才是正途。人人来去匆匆，感受缥纱，要尽快离开过脚之地，奔向远方，但远方是哪里，没人知道。在生存理性主导的风俗下，这些没有身份的人是尘世的过客，而过客心里常是不安，或愤怒于当下，或沉醉于彼岸的幻境。一个人如此，是个体心理的失控，一群人没有身份，就是破坏性的力量，但他们向谁索取这样的身份，是教会或国家，还是风俗或制度？这些东西在情感意义、法律意义和道德意义上都没有确定的身份，却在相互消解着仅存的一点尊严。

因势起舞的政治策略与车站广场心理打散了人的个体身份和集体意识，他惯于在不同的场景里变形，有时高傲，有时卑琐，他是善良的，也干得了邪恶的事。人人如此，就是主体虚无的社会，不存在实践权力契约的可能。身份危机与法国革命暴力的失控有直接关系，源于观念的党派冲突与身份危机结合之后会有更大的冲击力。所以，身份虚无是革命失控的深层原因：

> 社会美德不为人知，对国家的爱像影子，群集的人只想从相互伤害中获益，一心争取主权者的好处，主权者为了利益，会伤害一国的民众。人心就是这样败坏的，遍及国内各处的邪恶与世代相传的堕落也起因于此。

> 宗教让国王腐化，国王又败坏法律，法律不再公正，所有机构都在堕落，教育只培育邪恶的人，他们因为偏见而盲目，醉心于空虚、奢华、行乐，自然隐没了，理性受歧视，美德是梦幻……习惯、榜样、爱好将人引向罪恶。[1]

旧制度的弊端在于此，法国革命的弊端在于未能消解旧制度的弊端，旧制度造就了那么多变形者，革命却不能让他们摘掉面具。一个人不因出身、信仰、经济收入和政治地位的不同而受别样待遇，仅作为一个人就有平等权利，从生命的起点到终点都是如此，他才有坚固的现代身份。这样的身份培育的是独立人格，他不因观念差异和世事多变而觉得受威胁，愿意接纳新变化，并从中寻求人与制度、个体与集体的平衡。在英国历史上，人的身份与制度的关系不是逻辑难题，也没有实践困难，一

---

① M. Mirabaud, *Système de la nature, ou Des loix du monde physique et du monde moral*, Seconde partie, pp. 268, 301.

切旧的在不知不觉中沉积为历史遗产，一切新的如愿登上现代舞台，由
此成就了英国传统的"伟大连续性"。在旧制度晚期的法国，普通人为了
确定的身份抗争不息，但徒劳无功。

　　对于法兰西民族的心理困境，敢于面对真实，并在争论中寻找新社
会的常识与共识是抵消动荡的好方法，但承载公共舆论功能的报刊不是
独立的。在传统权威弱化的时代，出版业虽触及旧制度的运行模式，资
产阶级公共领域初具眉目，普通人能以书报自我教育，培育独立的判断
力，但王权和教权不断削弱时代舆论的批判力，普遍的不满无处申诉，
申诉了也无解决的希望。"最小的自由结社，不论目标如何，均使政府不
快，只让那些由它一手组成、由它主持的社团存在。"①人是高贵的政治
动物，但在此时此地不得不屈从于生存本能，权力被扭曲的欲望所污损，
失却古典时代的荣耀感，降格为谋生的手段，它不能保卫崇高的理想，
反而是为人取笑的行当。

　　英国和法国处在历史辩证法的两端。英国人有确定的身份，不会在
神秘的荒凉中赤裸着身子狂奔，没有狂奔过，民族精神里就缺少一点野
蛮的诗意。而法国人在另一端，18世纪启蒙理性颠覆了经院传统，19世
纪浪漫主义又解放了作为理性对立面的情感，20世纪当浪漫主义滑向悲
观的存在主义时，结构主义作为传统哲学的对手出现，这是一次语言的
革命，词语打碎了风俗与制度赋予它的意义，它也不想寄生于物象与事
件，要独立地表达自我。只是一路狂奔，代价不菲，但法国人又能怎么
办？旧制度下的人性之恶会变形，无限繁衍，就像希腊神话中的九头蛇，
赫拉克勒斯打碎了一个头，一个新的又长出来，而中间那个怎么都砍不
掉。对于不断变形的恶，劝它向善是徒劳的，要彻底消灭它，斩断恶的
根，1789年革命担负了这样的使命。它让那些藏在阴暗洞穴里的孤独
者，那些因不见光亮而日益枯瘦的懦弱者，走出生存理性的洞穴。但有些
斩断恶之根的操刀手就脱胎于这样的恶，他们在欢呼的人群里四处观望、
内心冰冷，不时用脏衣袖抹几把鼻涕，然后用愚弄旧制度的手法对付新
制度。

---

　　①　托克维尔：《旧制度与大革命》，冯棠译，桂裕芳、张芝联校，第105页。

对于法国旧制度的风俗，当时的人难有改善的良策，而现代史学家，虽能自由地翻阅档案，思考暴力革命的起源，却未必有事后的智慧，清楚地知道法国人如何摆脱为公与徇私的困境。法国的旧制度确实出了问题，但比制度之祸更难以厘清的是人心之乱，制度源于人心，不公正的制度让人心更迷茫。普遍的不公里尚存良法，却是僵滞的，或是浮动多变的，因执行者冷漠的面容与刻薄的言辞失去感化人心的力量。若要彻底改观，首先是变革制度，还是改良人心？不变制度，如何改人心？不改人心，如何变制度？

这是个思辨的循环，制度、风俗与人心都可能是第一原因。法国人曾陷在这个循环里，总想打碎它，却多次陷入徒劳。启蒙思想要诉诸风俗与人心的变革，希望以全新的道德改良风俗，然而文字之力微弱，或沦落为名利场上的陈词滥调，或迷恋于清谈与幻梦，于事无补。1770—1774 年，掌玺大臣莫普（R. N. de Maupeou）力求改革司法体制，1776—1781 年，任财政大臣的瑞士人内克（Jacques Necker）施行全面变革，在各省设立议会，限制总督和高等法院的司法权，强化社会管理和财政体系的透明，缩减宫廷开支，规范年金授予制度。他由此被看作改变法国的希望，但相关措施仍遇到阻力，效果微弱。对于旧制度的进退之难，塞古（Octave de Ségur，1779—1818）伯爵有评论：

> 人人想修复这个古老的建筑，都伸出了手，却颠覆了它。那么多人贡献了智慧，引起的是暴乱，五十年来，人人焦虑不安的生活像一个梦，在君主制、共和制、争论好斗与哲学思想间变幻着。①

普遍的社会问题源于法国旧制度的缺陷，所以变革制度就是自然的逻辑，但那可能是迷惑人的逻辑，总以为变了制度就能化解问题，实则不然，旧制度的弊端为改革的呼声扫过，毫发无损。为此，那些身处困境的人会求助于上帝，他既然创造了世界，就一定有力量重新规划善恶的秩序。倘若教士的偏狭伤及它的权威，怎么办？倘若那个代表最高正义的力量蜕变为一套让人失望的修辞，不再有精神感召力，

---

① F. Brayard, A. De Maurepas (eds.), *Les Français vus par eux-mêmes*, *Le XVIIIe siècle*, p. 392.

怎么办？1770 年，霍尔巴赫在《自然的体系》里论及宗教信仰垮塌的状况：

> 专制、独裁、腐化、特权、民众的迷失，要归咎于神学理念和教士的卑鄙谄媚，以上帝的名义禁止爱自由，禁止为自己的福祉努力劳作，禁止反抗暴政，禁止行使自然权利……几千年里，在神学代表里难能找到一个公正、热情、有才华和美德的人。①

法国历史说明主动或被动的制度改革没能避免革命，也没留下改良风俗与人心的良策。进而言之，革命若仅是变革制度，不触及人心与风俗，纵然暴烈，未必彻底。火红的铁镐劈在坚冰上，四处飞溅、落在地上的还是冰屑。反之，风俗与人心的彻底改观，即使温和，却更有效，新制度若发端于人心，保护它的善，规训它的恶，使之合乎风俗，人人遵从，生存理性不再颠覆程序正义，政治有崇高的荣誉。这是人类社会破旧立新的艺术，一种政治实践美学。若无力选择艺术之路，不免退而求其次，但政治革命要讲求理性，那是历史理性，拒绝那些不确定的情感，尤其要拒绝法国人过于崇尚强力、为血腥欢呼的亢奋。即使难免暴乱，也要知道那是迫不得已。道理是这样的，法国革命一旦开始，局势失控，个人在洪流中，一切高昂的却是脆弱的，一切主动的可能是迫不得已，表面的秩序井然在历史意义上是混乱不堪。1797 年 9 月 19 日，拿破仑对此有所悟："不得不用刺刀救国，这难道不是三千万法国人的大不幸？"②

革命年代的法国人有说不出的孤独，那感受深刻，以至于有人察觉不到，却将民族精神的乱看作狂放的欢乐，满足于虚无地出生、虚无地活着、虚无地死去。生命像一团扑闪的火焰，不知何时飞升，何时熄灭。布里索在命运之河里逆流而上，要在文学共和国里出人头地，却最终死在他所向往的自由里；里尔丹侯爵坚守贵族精神，而雅各宾派当权后，高尚的荣誉感朝夕间灰飞烟灭，化为空寂；萨德顺流而下，在沉沦中发

---

① M. Mirabaud，*Système de la nature，ou Des loix du monde physique et du monde moral*，Seconde partie，pp. 262，264.

② 拿破仑：《拿破仑日记》，伍光建译，第 46 页。

现生命的意义，最终累及一个古老家族的名望。还有那个名声败裂的约瑟夫·富歇(Joseph Fouché)，吉伦特派当权时，他是资产阶级利益的捍卫者，雅各宾派得势前，他迅速转变身份，支持处死国王，在巴黎政局动荡时，他远离是非之地，去里昂镇压叛乱，带着大炮收缴有钱人的家产，之后却极力否认。1793年，他从雅各宾派的囚禁下逃脱，三年困苦之后成功混迹于督政府，担任警务部长，他为拿破仑效力时，始终与之貌合神离，拿破仑轻视他，却离不开他，因其掌握着大小人物的秘密。1815年波旁王朝复辟后，富歇出任路易十八的大臣，终因赞成处死路易十六遭贬谪，在苍凉中了却余生。①

　　法国现代早期史里到处是人性的狂欢，生活的无常已超越文字所能虚构的荒诞，混乱中，谁有推陈出新的力量？敢于直面问题的人无从把握社会的乱，而无见识的呼吁又徒增其乱。自1648—1653年反抗王权的投石党运动(La Fronde)后，凡尔赛宫开始监控报刊舆论，"Fronde"有了新词义：反抗、批评、指责，此后公共舆论与权力的对抗难以缓解。对抗的愿望让文字看起来是浪荡者，跟随它似乎无所不能，却无大用。它希望民众能了解真相，因为这样会离真理更近一些，但在封闭的社会，人知道的真相越多，心中的苍凉也越多。隐藏于文字里的正义精神像一个黯然的女神，尘世的灵魂不相信她，她飘在法国上空，屡屡下来施展力量，但一次次受冷遇，被驱赶。而那些在地上爬、在泥水里打滚的道理，龇牙咧嘴，毫不掩饰吞噬旧制度的野心，旧制度却喜欢它们，以之为狷介忠良。旧制度存立时，它们的丑陋隐藏于修辞里，一俟旧制度废弛，它们就原形毕露，在恶的国度里无所不能。文字害怕它们的蛮力，始终与之离得远远的。这听起来够糟了，但不是最糟的。文字与真实分裂后，在化作虚无前被生存理性俘获，生存理性剥除文字的思想性和艺术性，让它为庸俗的理想服务。被驯服的文字有两类面貌：一个是训导式的，威严高亢的音调遍布法国的城市乡村，在专制道德的授意下统治着公共空间和私人空间，为之设定无限多的规范；另一个是抒情式的，它将贪婪的愿望放在抒情诗里，征用甜美的声音，用高尚的言辞让人会

---

　　① 斯蒂芬·茨威格：《一个政治家的肖像：约瑟夫·富歇》，赵燮生译，合肥：安徽文艺出版社，2013年。

心地服从。生活在训导与煽情风俗里的人是长不大的孩子，老迈的眼神中有幼稚的坚持，却被一只看不见的手摆弄着身躯。这可能是法国人以暴力革命打碎旧制度的原因，恶已失去改正的机会，善已失去忍耐的品性。

文字与真实分裂的长远后果是知识体系的分层。旧制度知识体系的表层像水的泡沫，在浮泛中破灭复生，其中的形容词最多，关于未来的理想最驳杂，与真实的生活忽近忽远，这是虚泛的观念所造就的假象，启蒙时代关于美好生活的规划、法国革命时代的卢梭思想解释学、19世纪流动的宪法理念都在这一层。下面的一层知识是扭曲的心理感受，它承载着追求真实的批判精神，却不敢直白地表达，于是妄自菲薄，隐藏在下流的表象后，革命前四处流行的色情文学就在这一层，咖啡馆里的窃窃私语也在这一层。最下面的一层知识很隐秘，在人的心底里一代代传播，始终藏在黑暗与神秘之中，拒绝在公共空间里出现。那是无处不在的生存常识，是极富个性的博学，不识字的人也能成为学问家，而那些为悲惨生活压弯了腰的善良人更是大学问家，他们知道如何在混乱中活下去：言语过激的哲学家离开咖啡馆时为避免陌生眼光的追踪，要在巷子里转几个弯，是否得穿过嘈杂的集市；聚伙读禁书的人走出房间后，如何装得若无其事；巴黎出版商怎样诱惑书报审查官，惯常手段失效后如何补救；路易十四将有权势的贵族收揽于凡尔赛宫导致上层礼仪败落后，一个正直的贵族如何在衰败的传统与强势君权之间平衡；一位母亲如何敦促她的孩子混入旧制度，又让他与之保持距离，作为时代精神的背叛者坦然快乐地生活。

那些隐秘的行为规范是法国旧制度最深层的知识结构，它清楚地知道第一层知识是虚幻的，第二层知识的背后是残酷的生活，而它自己呢，尽管是真实的，却是通向地狱的旋涡。这个旋涡有六个轮，第一轮是懦弱的良知，第二轮是冷漠的情感，第三轮是阿谀奉承，第四轮是唯利是图，第五轮是颠倒是非，第六轮是作奸犯科，旋涡中心是神秘的黑暗，生存理性所建造的地狱。深层知识结构拒绝文字的跟踪，它在生活中无处不在，却是神秘的力量，旧制度曾借用它巩固自己的身份，又以表演性的语言风格滋养它，它在旧制度体系之内，又在其外，君权、教权、甚至革命都无力改变它，反而受它控制，要取悦于它。

知识体系分层的后果，首先是民众之间无限度的对抗。不同知识体系里的人因语法结构、用词习惯、精神气质而有不同身份，沟通困难。那些变形者转圜应对，游刃有余，但损及普遍的正义，民族的情感共同体和道德共同体会散乱，一些人高兴的却令其他人愤怒，有人想改变这种状况，却在向人表达善意与宽容前的一刻放弃。其次是语言的迷失，一个事件在断裂的知识体系里有多种解释，这些解释不能融通，语言最初在物象上漂移，但很快滑向虚无，它对事件的陈述力随之消解，记录历史的功能受损害。最后是革命目标的模糊性，最深层的知识体系处处损害旧制度的合理性，但它有隐藏的本领，结果革命的改造力指向上层的知识体系。复杂的知识体系与革命的无限度暴力有关，革命者占领了第一层知识后致力于解放第二层知识，但对于第三层无能为力，他们有意打碎它，又不得不依赖它，若为其控制，革命精神就会分裂，失去目标。

要解释法国的现代化乱象，就不能尽信那时的政治家、哲学家或报刊作家的理想或誓言，他们是在某一层知识里观察制度与风俗。因为身处不同层次，他们的改革愿望互相对抗，有时对抗激烈，不再有实践的可能。广而言之，一个社会由不同的知识体系构成，街道有街道的知识体系，家庭有家庭的知识体系，公共空间、私人空间都有不同的知识体系。一个人从街道到家庭，从公共空间到私人空间，如果觉得不适应，那么他所在的社会有隐秘的对抗性，而且在整体意义上是封闭的。如果不同领域的知识体系是对立的，但个体在场景变化时没有不适应，那么这种封闭性是固化的，人已习惯了恶，愿意无限度地忍受，这样的社会也就没有开放能力。

18世纪的法国因破旧立新的复杂性而有普世的思想意义，它若从容解决纷争，将是创造现代制度的典范，相对于英国式的改良有更普遍的历史意义。但寻找公正宽容的共识何其难，所以法国的民主实践残酷却合乎情理，新旧对抗妨碍了民众对真实的感知，社会一旦动荡，打碎一切的热情爆发，他们会失去方向，像古罗马的政治家西塞罗所言："潜伏的灾害不为人觉察，甚至在你看到它之前，知道它之前，突然将你攫拿。"民族精神从混乱走向混乱，身处其中的人不知道自己从哪里来，要到哪里去，在迷茫中麻木，在麻木中沉寂，在沉寂中恍惚以为混乱既是起点，也是终点，然后在悲观中听天由命，或在放浪中任性而为。若要思考如何避免，那不是在国运维艰时，而是在革命未有动静前。化解之策不能全然寄托于变革制度，急切之际仅仅注视着浅层知识体系，那可能是混乱的序幕。所以要追寻制度弊端的源头，改良风俗，让人心向善，克己奉公，结束人与人为敌的状态，在循序渐进中赋予个体以独立的身份，培育民族情感共同体和理性共同体，法国人才有可能摆脱不断革命的民族命运。

三

在制度、风俗与人心相错位的时代，卢梭的形象无处不在，塑造了法国政治话语的风格，同时又为之塑造。他的言行里有瘝妄、狂傲、忧郁、诡辩和浪漫的疯癫，有自然、质朴、美德、平等和民权，他的内心里有启蒙时代用民族语言写作的热情，以及为变革时代的人寻找心理寄托的愿望。矛盾的精神存在于一个人格，又受制于不同时代的意识形态，误读更多。1766—1778 年，他身处意见的王国，无法解脱；去世后又进入舆论的法庭，但他始终缺席；革命时代，他在政治话语里复活，却是一个任人摆弄的偶像。王权终结后，法国在百余年里政治意识忽左忽右，卢梭思想的破坏力为人愤恨，公共舆论里出现了双面的卢梭：真诚与虚伪、古典与浪漫、入世与出世、保守与激进、自由与专制、科学与反科学、启蒙与反启蒙、革命与反革命、集体主义与个体主义。法国学者罗兰·巴特说，德国思想家莱辛"在 18 世纪是个正在完成、却未完成的人，对于自己的时代，他是陌生人"。卢梭的境遇同样如此，他的精神没有凝固于某个事件，而是与时间一起流淌，在现代历史的反复与进退中不断有支持或批判的卢梭观汇入，生命意义的形象为世俗道德、政治运动和偏颇的党派纷争所淹没。卢梭的命运如尼采所说的"有的人是在死后才出生的"，直到 1958 年法兰西第五共和国成立，法国人的世俗政治理想实现了，往日的动乱积淀为历史意义的圆满，他的命运终于尘埃落定。

卢梭生前身后的动荡命运关乎法国政治现代化之乱，但这是法兰西民族的命运。专制制度成就一时的辉煌，却堵住了现代化的路，辉煌优雅的仪式下是分裂的民族精神，语言虚浮，人的历史感与现实感流于虚无。当它需要一个伟大的人物时，卢梭的幻象来了，他在变形，一次次成为革命的导师，但是除旧布新的热望无力打破制度困境，反而旧乱添新乱。有人为此厌恶卢梭，以之为民族精神的耻辱，并想在历史中抹去他的踪迹，但这不现实，所以要接受他的存在，接受那些像他一样在旧制度、启蒙与革命年代里身不由己的孤独者，他们的故事里有风俗制度与人心之乱的源头。

法国现代化之乱是要尽力避免的，但对于法兰西民族，这样的乱有复杂的意义。若没有1789年革命，法国是不是现在的法国，会不会是个安逸平庸的民族，并因此而承受着语言的贫困，不再有力量洞察人类命运的根本问题？现代思想中的启蒙时代会不会黯淡无光，19世纪的浪漫主义对于思考现代人的处境会不会无足轻重，20世纪的思想界是否还有存在主义与结构主义的传奇？1789年革命创造了现代政治话语体系，而这套话语体系背后是人性的舞台，一群人的理想对抗另一群人的顽固，一个人的善良对抗自己的邪恶。

一个民族的历史上会有几个大时代，每逢此刻，善与恶赤裸着身子搏击，人性承受艰巨的挑战，善之花与恶之花瞬间绽放，旋即枯萎。1789年革命开启了这样的时代，法国人在那个时刻有不同的路。第一条路是它承受不了人性之恶的考验，满以为大时代只能是美好的时代，所以面对出乎意料的混乱手足无措，失去改变民族命运的良机，人人躲在黑暗的洞穴里，听惯了远处的叫喊，他们知道那声音里有希望，却不愿意出来。等大地震来了，洞穴塌了一片，幸存者出来了，踉跄地走着，他们渴望援助，但谁都不认识谁，谁也不帮助谁，于是又回到废墟里，挖更深的洞穴，在惨淡中活着。另一条路是他们在远处声音的呼唤下，从旧制度的洞穴里勇敢地走出来，聚集在现代广场上，在光影变幻中看着使之亢奋、使之绝望的一幕幕，为民族福祉和个体权利争辩，为打破知识体系间的篱障不惜拳脚相加，未来是模糊的，但他们在破碎中看到了希望。法国人走了这条路，守旧的力量无限强大，维新的力量不相上下，情节动荡，有人流泪，有人叫好，一次次的破碎与重生造就了法国思想的人性之美和法国现代历史的悲剧精神。

附录 《卢梭通信全集》中的身体话语[①]

1737 年 12 月 4 日：

我吃了医生开的药，但对于我的病痛几乎没有一点作用。该做的我都做了，看来我将不久于人世，眼下的健康比以往都要差。[②]

1738 年 2 月 28 日：

我跟您谈谈我的健康，这不是没有用处。我的疾病久治不愈，现在正慢慢走向死亡。[③]

1738 年 8 月底 9 月初：

我最大的遗憾是没有良好的健康，好让我发挥那一点点的才能。[④]

1740 年 10 月 24 日：

我又生病了。[⑤]

1744 年 8 月 8 日：

我在街上流浪，有气无力，身体残疾，得不到帮助，没有财产，没有国家，与我的朋友相距四百里，又欠下了债务。[⑥]

---

① 参考《卢梭通信全集》：R. A. Leigh（ed.），*Correspondance complète de J.-J. Rousseau*，Genève & Oxford，1965-1989，Tome I-LII. Genève & Oxford，1965-1989.

② Rousseau à Françoise-Louis-Eleonore de la Tour，baronne de Warens，4 Xbre 1737，Tome I，p. 63.

③ Rousseau à I. Rousseau，28 février 1738，Tome VII，p. 385.

④ Rousseau à Clermonde Fazy，fin août-début septembre 1738，Tome I，pp. 68-69.

⑤ Rousseau à Françoise-Louis-Eleonore de la Tour，baronne de Warens，24 octobre 1740，Tome I，p. 127.

⑥ Rousseau à Jean-Gabriel la Parte du Theil，8 aoust 1744，Tome II，p. 44.

1745 年 2 月 25 日：

我为我可怜哥哥的病痛感到难过。①

（根据卢梭的回忆，他的病痛与哥哥佛朗索瓦情形相似。佛朗索瓦年轻时去世，因离家在外独自生活，去世时间难以考证）

1745 年 7 月 9 日：

除了模糊渺茫的希望，我一无所有，自从来到巴黎，一直与贫困潦倒抗争。②

1748 年 8 月 26 日：

我首先感到肾绞痛、发烧、体内燥热和尿潴留，以淋浴、硝酸钾（nitre）和其他利尿剂治疗后，疼痛感减轻，但排尿依旧困难。结石从肾脏处下落到膀胱，出不来，只能用手术治疗，但无论是健康还是财力状况，都不允许我这样做。

最近，胃痛剧烈，伴有持续性的呕吐，腹中积郁着气体，我试了上千种治疗方法，都不起作用。先是服用催吐剂，又用苦木皮（symarouba）治疗，呕吐减轻了，却不消化，吃下去的食物排出体外时没有变化。③

1749 年 1 月 27 日：

本来要做一些事，但糟糕的健康让我难以完成，为此，一个月来我都没能给您回信。④

1750 年 3 月 12 日：

很长一段时间我都沉默不语，又是病痛让我没有力气。这就是我难堪的处境，也是我一直以来拖延回信的借口。⑤

（1750 年前，卢梭的书信不多，或是保存不善丢失了，因此不能确

---

① Rousseau à Françoise-Louis-Eleonore de la Tour, baronne de Warens, 25 février 1745，Tome II, p. 74.

② Rousseau à D. Roguin, 9 juillet 1745，Tome II, p. 84.

③ Rousseau à Françoise-Louis-Eleonore de la Tour, baronne de Warens, 26 août 1748，Tome II, p. 108.

④ Rousseau à Françoise-Louis-Eleonore de la Tour, baronne de Warens, 27 janvier 1749，Tome II, p. 112.

⑤ Rousseau à Françoise-Louis-Eleonore de la Tour, baronne de Warens, 12 mars 1750，Tome II, p. 127.

定每年的病情。1750 年后，他是文学共和国的公民，因思想争论成了公共舆论主角，与伏尔泰、弗里德里希二世并称 18 世纪欧洲三大名人，交往多，书信也多。身体话语有完整的体系，包括神经系统、消化系统、泌尿系统、运动系统症状，及其对心理的影响）

1751 年 1 月 19 日：

一种残酷的、久难治愈的病折磨着我，我不知道如何治疗。正因为如此，论文(《论科学与艺术》)出版的事拖了很久。这一次，我没能给您邮寄论文的样本，我本想这样做的。①

1751 年 4 月 20 日：

夫人，我将自己的孩子送进育婴院了。我本该负担养育他们的责任，但悲惨的命运剥夺了我完成这一高贵义务的力量。十足不幸，我会为此抱怨，但那不是我的罪过，不能以此责备我。

您了解我的境遇，日复一日，艰难地挣点面包，以此糊口，如何养活一家人？

我为一种痛苦的、致命的病压垮了，不再希望能活下去。②

1751 年 6 月 26 日：

我给您寄了一封信，写完后没有重读一遍，这些天我又病了。③

1751 年 8 月 12 日：

我很少看见穆萨尔(Mussart)先生，因为我又病了。④

1752 年 4 月：

为了谋生，我连续工作了八天，每天挣四十个苏(sol)。⑤

1752 年：

卢梭身体非常虚弱，由于尿潴留的症状，他时常要导尿，消化也频

---

① Rousseau à M. Petit, 19 janvier 1751, Tome II, p. 141.

② Rousseau à Suzanne Duphin de Francueil, née Bollioud de Sanit-Julien, 20 avril 1751, Tome II, p. 142.

③ Rousseau à J. le Rond d'Alembert, 26 juin 1751, Tome II, p. 159.

④ Rousseau à Tousssaint-Pierre Lenieps, 12 août 1751 (lisez 1752), Tome II, p. 193.

⑤ Rousseau à René-Caroline de Froullay, marquise de Crequi, avril 1752, Tome II, p. 185.

繁出问题。①

（1752 年，勒尼耶与卢梭交往时的见闻）

1752 年 12 月 26 日：

我最近又病了，像以前那样，甚至更厉害，无心做其他事。②

1753 年 5 月：

您知道，我现在又是萎靡不振，懒惰异常，不想给朋友写信，也的确没有写。我的性格会责备我，但我的感受会为我主持公道。③

（此时，巴黎正上演《乡村卜师》，卢梭仍旧生病，难以应付公共交往）

1754 年 7 月 25 日：

有人确定地说，卢梭先生正忍受着一种危险的疾病，身体有可能垮掉。④

（1754 年，卢梭返回日内瓦时，病情发作）

1754 年 9 月：

我在这里被迫过着极没有节制的生活，病痛剧烈发作，在乡间散步时，身体状况才慢慢变好。⑤

1754 年 9 月 9 日：

您的信送达时，我正生着病，躺在床上。维尔内（Vernet）的信找不到了，等身体恢复，我会去找找看。⑥

1755 年 1 月 17 日：

天气很凉，很糟糕，我的健康状况很不好。⑦

1755 年 8 月 10 日：

拖了这么久才向您表达谢意……我的病痛又来了，难以忍受。这一

---

① Deux témoignages sur Rousseau, une note de Lenieps 1752，Tome III，p. 321.

② Rousseau à Jean-Baptiste-Simon Sauvé，26 décembre 1752，Tome II，p. 209.

③ Rousseau à Charles Borde，mai 1753，Tome II，p. 218.

④ La rentrée de Rousseau dans l'Eglise de Genève，Extrait du Registre du Consistoire，Tome III，p. 323.

⑤ Rousseau à Charles Pinot Duclos，pr 7bre 1754，Tome III，p. 27.

⑥ Rousseau à T.-P. Lenieps，9 7bre 1754，Tome III，p. 32.

⑦ Rousseau au Professeur Jean Jallobert，17 janvier 1755，Tome III，p. 88.

次是如此严重，费了好大气力才能连续写四行。据此而言，很难说我能熬过这个冬天；即使熬过了，明年春天也无力旅行。我在日内瓦度过了愉快的时光，那里的水和空气对我的健康有益。①

1755 年 11 月 20 日：

穆萨尔（Mussard）先生的去世让我悲伤，到帕西（Passy）的旅行让我很疲惫，我的病痛又剧烈地发作……刚刚在乡间平静地度过秋天，即将到来的冬天会不会加重我的痛苦？这只是徒劳的想象，我忍受了那么多痛苦，也给我的朋友平添了那么多劳累，这样活着是一种耻辱。②

1755 年 11 月 25 日：

我感受到您的热情和友谊，您让我与特罗尚联系，因为他会治愈我的病。我觉得这主意不错。③

1755 年 12 月：

自我出生，一个器官（肾脏）就有畸形的问题。最近十几年，它正往坏的方向进展，我觉得您在治疗我的病痛时会创造奇迹。④

1755 年 12 月 28 日：

冬天来了，时下不算太冷，但我明显感受到病痛要发作，我找到了对付这种病的有效简单的方法，十四天以来，我待在屋里，不敢出门。⑤

1756 年 2 月 13 日：

我的健康一天比一天坏，浑身肿痛，难以忍受，我都求饶了，但这不会耽误我尽早去看望您。⑥

1756 年 4 月 13 日：

天气对我不利，但自从我到这里，三天的时光平静如常。这是我一生里最甜蜜的时光……老朋友狄德罗和我在一起，分享散步的乐趣。此时，对我来说，这样的乐趣时刻都能获得，不知道我是否能永远如此。⑦

---

① Rousseau au Professeur Jean Jallobert，10 août 1755，Tome III，p. 146.

② Rousseau au Professeur Jean Jallobert，20 9 bre 1755，Tome III，p. 206.

③ Rousseau à Jacques-François Deluc，25 novembre 1755，Tome III，p. 210.

④ Rousseau au docteur T. Tronchin，22 décembre 1755，Tome III，p. 237.

⑤ Rousseau à J. -F. Deluc，28 décembre 1755，Tome III，p. 247.

⑥ Rousseau à L. -F. -P. L. d'Epinay，13 février 1756，Tome III，p. 281.

⑦ Rousseau à L. -F. -P. L. d'Epinay，13 avril 1756，Tome IV，pp. 1-2.

1756 年 8 月 18 日:

像整个欧洲的人信任您的药方一样,我相信您的医术。①

1756 年 11 月:

我希望您尽快远离肿痛,就像我治愈感冒那样容易。在一段时期内,我的感冒持续不止,但突然间就好了,我都不知道是怎么回事。②

1756 年 12 月 25 日:

如果健康状况良好,我会为您的邀请预先规划行程。③

1757 年 1 月 4 日:

我俩都病了,感冒,发烧。④

1757 年 1 月 11 日:

最近,我又忍受着往常那样的不舒服,与冬天有关,以前那些年也是这样,今年,我的牙开始疼,这两天很痛苦。⑤

1757 年 1 月 31 日:

幸运的是,我完成了旅行,但现在头特别疼。⑥

1757 年 7 月初:

我感觉到您长久以来让我经历的激动,它们压垮了我的心、我的感受,甚至我整个的存在。极度快乐之后是空虚的折磨。我既渴望所有的幸福,也不排斥疾病带给我的痛苦。我是不幸的,身体有病,心情悲凉,您的目光不再让我有力量,不幸与悲伤吞噬了我,但在精疲力竭中,我的心仍旧想念着您,想念的只有您。我应该给您写信,可我的信里满是忧伤。⑦

---

① Rousseau au docteur T. Tronchin, 18 aoust 1756,Tome IV,p. 85.

② Rousseau à L. -F. -P. L. d'Epinay,novembre 1756,Tome IV,p. 126.

③ Rousseau à L. -F. -P. L. d'Epinay,25 décembre 1756,Tome IV,p. 142.

④ Rousseau à E. -S. -F. L. de Bellegande, comtesse d'Houdetot, 10 janvier 1757,Tome IV,p. 145.

⑤ Rousseau à L. -F. -P. L. d'Epinay,11 janvier 1757,Tome IV,p. 147.

⑥ Rousseau à L. -F. -P. L. d'Epinay,31 janvier 1757,Tome IV,p. 153.

⑦ Rousseau à E. -S. -F. L. de Bellegande, comtesse d'Houdetot, début juilet 1757,Tome IV,pp. 225,226.

1757 年 8 月 12 日：

亲爱的朋友，我又病了，心情悲凉。①

1757 年 8 月 31 日：

既不能去看望您，也不能接待您的来访，我处于不安中，这种不安会持续下去。②

1757 年 9 月 15 日：

我孤独一人，黯然神伤，心灵正寻求慰藉，我从她（乌德托夫人）那里找到了，她也需要这样的慰藉。③

1757 年 9 月 22 日：

我的健康如此坏，以至于没有看望您的勇气。整整一天，还有晚上，我的笔完全没了思想……今天上午我太虚弱了。④

1757 年 10 月：

冬天来了，我的身体虚弱，不能去看望您，甚至不再奢望见到来年的春天，也不再祈求看到我的祖国。⑤

1757 年 10 月 15 日：

亲爱的公民，我请求您不要总是沉浸在阴沉的忧郁里，它一直纠缠着您。⑥

1757 年 12 月 31 日：

此信丢失，据编者考证，卢梭在信中表达了他的苦恼，说自己病了。⑦

---

① Rousseau à L.-F.-P. L. d'Epinay, 12 août 1757, Tome IV, p. 234.

② Rousseau à L.-F.-P. L. d'Epinay, 31 août 1757, Tome IV, p. 248.

③ Rousseau à Jean-François, marquis de Saint-Lambert, 15 7bre 1757, Tome IV, p. 257.

④ Rousseau à L.-F.-P. L. d'Epinay, 22 septembre 1757, Tome IV, p. 261.

⑤ Rousseau à E.-S.-F. L. de Bellegande, comtesse d'Houdetot, pr 8bre 1757, Tome IV, p. 270.

⑥ E.-S.-F. L. de Bellegande, comtesse d'Houdetot à Rousseau, 15 octobre 1757, Tome IV, p. 285.

⑦ Rousseau à E.-S.-F. L. de Bellegande, comtesse d'Houdetot, 31 décembre 1757, Tome IV, p. 415.

1758 年 2 月 13 日：

您的信来得正是时候，我一直忍受着痛苦，现在还是不舒服。这些天一直如此，不能劳作，身心之苦在无所事事的时候更明显。

这是《茱丽》(即《新爱洛漪丝》)的第二部分，第一部分的篇幅是第二部分的两倍长，由于病痛让我不能坐直，所以不能尽早给您邮寄过来。①

1758 年 2 月 18 日：

我为病痛折磨……今年冬天，它恶化得很快，我承受着所有类型的疼痛。现在是如此虚弱，以至于开始担心不再有完成任务的力气，而且在病痛中也欠缺应对的方法。

我相信上帝，如果死后我的灵魂不能永生，那么上帝就是不公正的。

人类自出现后就忍受着痛苦，这样的遭遇既不符合人类脆弱的现实，也不符合上帝的正义，我拒绝接受。②

1758 年 3 月 9 日：

亲爱的雷伊，眼下我病得太厉害，竟不能给您写封长一点的信。③

1758 年 3 月 25 日：

我身体虚弱，这是真实的状态。我的生命里满是过错，因为我也是个人……我会为犯下的罪过受到谴责。④

1758 年 3 月 28 日：

近来天气不错，我的病痛减轻不少。⑤

1758 年 4 月 15 日：

病痛依旧，只是这些天感觉好多了，主要是我习惯了去忍受……不再需要什么治疗，只要忍耐就可以支撑着我度过这行将结束的一生。回忆与您的交往，以及与您的友谊，足以安慰我。既然您关心我的状况，

---

① Rousseau à E.-S.-F. L. de Bellegande, comtesse d'Houdetot, 13 février 1758，Tome V, pp. 28-29.

② Rousseau au ministre J. Vernes, 18 fevrier 1758, Tome V, pp. 32-33.

③ Rousseau à M.-M. Rey, 9 mars 1758, Tome V, p. 50.

④ Rousseau à E.-S.-F. L. de Bellegande, comtesse d'Houdetot, 25 mars 1758，Tome V, p. 63.

⑤ Rousseau à F. Coindet, 28 mars 1758, Tome V, p. 67.

我会如实地向您通报。①

（1758 年年初，卢梭着手出版《新爱洛漪丝》《论政治经济学》《任性的女王》等作品）

1758 年 12 月 4 日：

现在，我被上千种病痛压垮了，严重的感冒引起高烧，很久不能给您写信。②

1759 年 1 月 6 日：

再见了，我的朋友，我俩都在忙碌，您是忙着体味幸福，我是在忍受痛苦，但友谊让我们分享彼此的感受。③

1759 年 4 月 4 日：

我需要更多信息，以此判断您的牙床是否有问题，而且您怀疑那是癌症（的症状）。

药方：半斤白蜜，两品脱水，煮一小时，漂去泡沫，加两盎司压碎的茴香根，靠近火浸泡两小时，滤除液体，冷却后加一德拉马克的氯化铵溶液，每两小时服用一杯。④

1759 年 5 月 27 日：

您（卢森堡公爵）的房子很吸引人，我在这里的生活也惬意……独居者都有浪漫的精神，我现在就沉浸于此。既然这种疯癫让我幸福，那我为何要去治愈它呢?⑤

1759 年 11 月 7 日：

近一段时间，我的健康不好，每当冬天临近，身体会有征兆。第一股寒流到来时，我已明显感觉到，我觉得会被它完全控制。

---

① Rousseau à M. -M. Rey，15 avril 1758，Tome V，p. 70.

② Rousseau à Tousssaint-Pierre Lenieps，4 décembre 1758，Tome V，p. 247.

③ Rousseau au ministre J. Vernes，6 janvier 1759，Tome VI，p. 6.

④ T. Tronchin à Rousseau，4 avril 1759，*CCJJR*，Tome VI，p. 56. 法国古斤，1 斤在巴黎为 490 克，各省为 380～550 克；品脱，容量单位，1 品脱合 0.9 升；盎司，法国古两，1 盎司合 30.5 克；德拉马克，古希腊重量单位，1 德拉马克合 3.2 克。

⑤ Rousseau à Charles-François-Frédéric de Montmorency-Luxembourg，maréchal duc de Luxembourg，27 may 1759，Tome VI，p. 107.

最近两三天，我的状态不错，轻松的气氛让我如释重负，如果这种状态能延续(那就太好了)。自去年至今，我没有抱怨过健康问题，因为那时身体状态确实不错。①

(此时，卢梭住在卢森堡公爵位于蒙莫朗西的房子，健康有问题，却不严重，卢梭与外界通信多，语气缓和，也不再以病痛为拖延回信的借口)

1759 年 12 月 21 日：

我得知您的健康不是很好，您仍给我写信，这让我羞愧。②

1760 年 2 月 2 日：

今年的冬天比以往要漫长，我急不可耐地期盼着复活节的旅行，因为那是我们相识一年的纪念，对我尤其珍贵。③

(去年复活节，卢森堡元帅到蒙莫朗西拜访卢梭，卢梭对他的帮助心存感激)

1760 年 2 月 9 日：

我又病了，一直都没有康复……不过这一次的症状只是身体上的。④

1760 年 10 月 29 日：

此信丢失，据编者考证，卢梭说自己病了，发烧，嗓子疼。⑤

1760 年 10 月 31 日：

与您度过的一两个小时里，我只感受到平时一半的快乐，因为我病了，难于应酬。⑥

1760 年 12 月 11 日：

生活中，只与自己的朋友交往(不出现在文字世界里)，我不知道这样生活会多么幸福。⑦

① Rousseau à M.-A. de Neufville-Villeroy, duchesse de Luxembourg, 7 novembre 1759, Tome VI, p. 185.
② Rousseau à M.-M. de Brémond d'Ars, 21décembre 1759, Tome VI, p. 240.
③ Rousseau à Charles-François-Frédéric de Montmorency-Luxembourg, maréchal duc de Luxembourg, 2 février 1760, Tome VII, p. 27.
④ Rousseau au ministre J. Vernes, 7 février 1760, Tome VII, p. 35.
⑤ Rousseau à M.-M. Rey, 29 octobre 1760, Tome VII, p. 268.
⑥ Rousseau au chevalier Orlando de Lorenzy, 31 8bre 1760, Tome VII, p. 273.
⑦ Rousseau à Tousssaint-Pierre Lenieps, 11 Xbre 1760, Tome VII, p. 351.

1760 年 12 月 21 日：

六星期以来，我闭门不出。缺乏活动，于是加重了身体的不便。①

1761 年 5 月 15 日：

来此(蒙莫朗西)拜访的人越来越多，特别是这个季节。我的生活资养没有增多，空耗时日，这本是用来挣取面包的。②

1761 年 5 月 8 日：

我生病了。③

1761 年 5 月 22 日：

过去的几天，我忍受着病痛，现在尽管没有康复，却好一些了。④

1761 年 6 月 24 日：

考虑到目前的状态，我不能接待他。打乱一个病人的平静生活是残忍的事。⑤

1761 年 6 月 25 日：

我又迟迟回信，若知道我病得厉害，您会原谅我。最近，我忍受不间断的疼痛，信都写不了。⑥

1761 年 7 月 17 日：

我通常都这样，忍着痛苦，不得已而孤独地生活。⑦

1761 年 7 月 18 日：

健康状况让我悲观，现在都不能接待来访的客人。⑧

1761 年 8 月 9 日：

我还没有回复之前您寄来的几封信，很长时间以来我都生着病，不能写字。⑨

---

① Rousseau à Hippolyte-Lucas Guérin, 21 Xbre 1760, Tome VII, p. 363.
② Rousseau à F. Coindet, 15 mai 1761, Tome VIII, p. 323.
③ Rousseau à Dom Léger-Marie Deschamps, 8 may 1761, Tome VIII, p. 320.
④ Rousseau à F. Coindet, 22 mai 1761, Tome VIII, p. 329.
⑤ Rousseau à Charles-Marie de La Condamine, juin 1761, Tome IX, p. 24.
⑥ Rousseau à Dom Léger-Marie Deschamps, 25 juin 1761, Tome IX, p. 28.
⑦ Rousseau à Tousssaint-Pierre Lenieps, 17 juillet 1761, Tome IX, p. 64.
⑧ Rousseau au ministre Leonhard Usteri, 18 huillet 1761, Tome IX, p. 65.
⑨ Rousseau à M.-M. Rey, 9 aoust 1761, Tome IX, p. 90.

1761 年 9 月 14 日：

眼下，我那让人难过的状态使得这项计划难以完成。①

1761 年 10 月 4 日：

我本早该给您回信，但现在健康相当坏，每天与疼痛和死亡抗争，请原谅我的拖沓。②

1761 年 11 月 16 日：

这些可恶的医生，他们要用放血法害死我！夫人，我的扁桃体经常发炎，他们惯以放血治疗，对我来说，这是可怕的事。若不放血，我会漱漱口，用热水泡脚，嗓子第二天就不疼了。不幸的是，我还没来得及这样做，他们就给我放血，那时我担心会窒息。③

1761 年 11 月 29 日：

您想象不到给您写信的人忍受着世界上最悲惨的状态。④

1761 年 12 月 24 日：

先生，收到您的信和田园诗的时候，我的身体疼痛难忍，处于最糟糕的状态。⑤

1762 年 1 月 18 日：

身体疼痛不太强烈，但一刻不停，无论白天还是黑夜，我都在煎熬着。⑥

1762 年 1 月 23 日：

我每时每刻都忍受着痛苦，特别是晚上，没有一天不需要导尿，要不然就排不出来。⑦

1762 年 2 月 20 日：

现在病了，痛苦不堪，我为此想尽办法，却无用处，还是任由这病

---

① Rousseau à D. Roguin，14 7bre 1761，Tome IX，p. 126.

② Rousseau à Grimprel d'Offreville，4 8bre 1761，Tome IX，p. 147.

③ Rousseau à Marie-Madeleine Bernardoni，novembre 1761，Tome IX，p. 243.

④ Rousseau à M. -M. Rey，29 9bre 1761，Tome IX，p. 284.

⑤ Rousseau à Michel Huber，24 Xbre 1761，Tome IX，p. 349.

⑥ Rousseau au minister P. -C. Moultou，Tome X，p. 40.

⑦ Rousseau à M. -M. Rey，23 janvier 1762，Tome X，p. 50.

痛肆虐吧。①

1762 年 4 月 4 日：

夫人，我的健康总是这样，持续的病痛有时让我难以承受，也无力写信。②

1762 年 5 月 22 日：

今年冬天，我的健康勉强过得去，但不是很好，不能外出旅行。③

（自 1762 年 6 月，巴黎高等法院通过逮捕卢梭的法令，要将他送入高等法院收押监狱，卢梭不得已开始逃亡岁月，五年之久，尝尽旧制度下普通人的艰辛与酸楚）

1762 年 6 月 22 日：

旅途顺利，比想象的要好得多，一路上我都没有特别关注健康，但在最后一段，我对身体问题变得敏感，近几天，我又感觉到疼痛，或许是病情又要发作。④

1762 年 9 月 13 日：

此信丢失，据编者考证，卢梭提到自己的健康很不好。⑤

1762 年 10 月 5 日：

卢梭健康处于最差的时候，之前他不会像现在这样忍受如此多的痛苦，但他不会死去。人们很难想象他是怎么活下来的。⑥

1762 年 11 月 27 日：

我的身体不健康，心情不快乐，但当我从信中看到您对我的善意与惦念时，我受感动了，忘记了病痛。⑦

1762 年 11 月末 12 月初：

此信丢失，据编者考证，卢梭对他艰辛的命运已泰然处之。⑧

---

① 　Rousseau à M. -M. Rey，15 février 1762，Tome X，p. 100.

② 　Rousseau à Marie-Anne de la Tour，4 avril 1762，Tome X，p. 179.

③ 　Rousseau à Dom Léger-Marie Deschamps，22 may 1762，Tome X，p. 272.

④ 　Rousseau au ministre P. -C. Moultou，22 juin 1762，Tome XI，p. 127.

⑤ 　Rousseau à D. Roguin，Tome XIII，p. 58.

⑥ 　J. von Bondeli à Christoph Martin Wieland，5 octobre 1762，Tome XIII，p. 172.

⑦ 　Rousseau à G. Keith，27 novembre 1762，Tome XIV，p. 117.

⑧ 　Rousseau à Marie-Alexdndre-Sophie Dupinde Chenonceaux，fin novembre-début décembre 1762，Tome XIV，p. 145.

1762 年 12 月 2 日：

我的健康能勉强应付旅途的劳顿与天气变化，但这里的冬天很冷，现在我已觉察到。①

1762 年 12 月 7 日：

一到冬天，我的身体就不好，我又病了，发高烧，不能给您写信，我是想从床上坐起来给您写的。②

1762 年 12 月 18 日：

可恶的发烧又来了，我只能卧床休息，妨碍了（关于生活）的良好规划。之前，这种状况在我病痛最厉害的时候也没有过。③

1762 年 12 月 19 日：

亲爱的朋友，我又病了，很厉害，感觉糟糕。重感冒引起发烧，在我身体虚弱时，它的害处更明显，我的膀胱像是完全堵死了。

冬天的寒冷会引发所有症状，等天气变暖，健康会恢复。④

1763 年 1 月 8 日：

我又病了，身体疲惫，心情不好，我十分渴望平静的状态，但从来得不到。⑤

1763 年 4 月 2 日：

亲爱的朋友，我忍受了很多，现在不得不用探条导尿，以此获得一点轻松的感觉。⑥

1763 年 5 月 7 日：

只要健康允许，夏末我会去日内瓦。⑦

---

① Rousseau à Tousssaint-Pierre Lenieps, 2 décembre 1762, Tome XIV, p. 151.

② Rousseau à M. -M. de Brémond d'Ars, 7 Xbre 1762, Tome XIV, p. 165.

③ Rousseau à Marie-Anne Alissan de la Tour, 18 Xbre 1762, Tome XIV, p. 209.

④ Rousseau au ministre P. -C. Moultou, 19 Xbre 1762, Tome XIV, p. 210.

⑤ Rousseau à M. -M. Rey, 8 janvier 1763, Tome XV, p. 16.

⑥ Rousseau au ministre P. -C. Moultou, 2 avril 1763, Tome XVI, p. 10.

⑦ Rousseau au lieutenant-colonel Charles Pictet, 7 may 1763, Tome XVI, p. 148.

1763 年 5 月 28 日：

如果我健康，能享受快乐，并有幸在下周末来看望您，那就太好了。①

1763 年 6 月 4 日：

我的一生少有平静的时光，也不敢奢望重新体味与您交往时的温和与恬淡。②

1763 年 6 月 5 日：

此信丢失，据编者考证，卢梭提及莱德梅（Redemay）医生的药方，治疗效果不好。③

1763 年 6 月 11 日：

最近几天，身体虚弱，我的末日正慢慢到来，但来得有些晚。我这辈子总是难堪其负，很久以来，我觉得活得够长了。④

1763 年 7 月 18 日：

天不作美，我们几人困于途中一家小酒馆。我身体虚弱，加之旅途劳顿，不能随他们走下去。⑤

1763 年 8 月：

病痛折磨一刻不停，又无药可医……我今天想给古夫库尔（Gouffecourt）写信，既无时间，也无气力。⑥

1763 年 8 月：

刚写完信，我的健康就如此糟，身体疼痛，无法医治。⑦

1763 年 8 月 21 日：

您不担心我目前的情况吗？近来，我的健康很坏，偶尔有轻松的时刻，现在又在病痛中。⑧

---

① Rousseau à M. -F. de Luze, 28 may 1763, Tome XVI, p. 258.
② Rousseau au P. -C. Moultou, 4 juin 1763, Tome XVI, p. 280.
③ Rousseau à la Roche, 5 juin 1763, Tome XVI, p. 287.
④ Rousseau à P. -C. Moultou, 11 juin 1763, Tome XVI, p. 298.
⑤ Rousseau au ministre Leonhard Usteri, 18 juillet 1763, Tome XVII, p. 62.
⑥ Rousseau au ministre P. -C. Moultou, pr aoust 1763, Tome XVII, p. 114.
⑦ Rousseau à Charles Pinot Duclos, 1 aoust 1763, Tome XVII, p. 116.
⑧ Rousseau à Marie-Anne Alissan de la Tour, 21 aoust 1763, Tome XVII, p. 166.

1763 年 10 月 3 日：

亲爱的朋友，我不知神意要让我做什么。如果健康允许，我早就去苏格兰旅行了，今春动身，我也乐意，但顾及时下的身体状况，一点儿希望都没有。①

1763 年 10 月 17 日：

病痛压垮我了，那些讨厌的不速之客耗费我几多时日，余暇时又得对付疾病。在失望中，我不知不觉就陷入彻底的懒散。②

1763 年 10 月 25 日：

您建议我做一件重要的事……在目前的窘迫状态，我没有能力。③

1763 年 11 月 6 日：

本来是温和的冬天，可近日来，我毫无征兆就陷入病痛里，想来实在残酷。每逢此时，我不能读该读的东西。过去的六个月，冰雪不断，我很需要能让我快乐起来的事。④

1763 年 12 月 7 日：

好天气让我恢复力气，坏天气会剥夺我的力气，（等健康的时候）我一定会来看望您的。⑤

1763 年 12 月 15 日：

去年夏天，我的健康糟糕，秋天时，病痛暂时缓解，我到乡村徒步旅行，那对健康有益。⑥

1763 年 12 月 18 日：

冬季的天气要害死我，两月来，我的生活极为悲惨。⑦

---

① Rousseau au Usteri, 3 8bre 1763, Tome XVIII, p. 11.

② Rousseau à Louis-Eugene, prince de Wurtemberg, 17 8bre 1763, Tome XVIII, p. 43.

③ Rousseau à J.-F. Deluc, 25 8bre 1763, Tome XVIII, p. 69.

④ Rousseau à Nicolas-Bonaventure Duchesne, 6 novembre 1763, Tome XVIII, p. 107.

⑤ Rousseau à François-Joseph de Conzié, 7 Xbre 1763, Tome XVIII, p. 194.

⑥ Rousseau à l'abbé Baptiste-Philippe-Aime Grumet, 15 Xbre 1763, Tome XVIII, p. 215.

⑦ Rousseau à J.-A.-M.B. de La Tour, 18 Xbre 1763, Tome XVIII, p. 223.

1764 年 1 月 15 日：

现在的健康状况，以及为此接受的治疗，让我不能集中精力阅读您寄来的样本。①

1764 年 1 月 28 日：

我不敢跟您说我的窘境，这会让您心情难受。②

1764 年 3 月 17 日：

不要对我长时间的沉默感到惊奇，我的健康问题会为我因懒惰而受的责备开脱。③

1764 年 5 月 13 日：

几个月以来，我处境悲惨，关于未来的计划显得滑稽，虚弱让我不再有完成"回忆录"（Mémoires）的力量，而这是向您承诺过的事。④

1764 年 6 月 3 日：

我天生懒惰，加之精神萎靡，那么多信要写，还有一屋子都装不下的访客，让我不能如期写"回忆录"。⑤

1764 年 6 月 5 日：

疼痛要把我撕碎了，我不再有判断力。⑥

1764 年 7 月 20 日：

我虽不再像平时那样病痛缠身，但精神游移不定。往常的经验告诉我，这个地方的空气很好，对我的健康却有致命的害处。尽管我虚弱，也懒惰，还是要去寻找另一处住所。⑦

---

① Rousseau à Sidoine-Charles-François Séguier, marquis de Saint-Brisson, 15 janvier 1764，Tome XIX, p. 32.

② Rousseau à J. von Bondeli, 28 janvier 1764，Tome XIX, p. 90.

③ Rousseau a M.-M. Rey, 17 mars 1764，Tome XIX, p. 226.

④ Rousseau à M.-M. Rey, 13 may 1764，Tome XX, p. 56.

⑤ Rousseau à A. Deleyre, 3 juin 1764，Tome XX, pp. 135-136.

⑥ Rousseau à Madeleine-Angélique de Neufville-Villeroy, Duchesse de Luxembourg, 3 juin 1764，Tome XX, p. 141.

⑦ Rousseau à Nicolas Bonaventure Duchesne, 20 juillet 1764，Tome XX, p. 299.

1764 年 8 月 25 日：

到达这里时，我的病情又发作了，请您原谅这个忍受着病痛的人的疏忽。[1]

1764 年 8 月 31 日：

我生病了，却在外面跑来跑去，一刻不停，为的是能在冬天到来前搬家。[2]

1764 年 9 月 22 日：

我不再年轻，心情不再为麻烦事扰乱，精神更平静，源于才能的热情在悲伤中历经那么多年的磨炼。我的健康总有问题，时机也总不对，难以治愈的残酷的病几乎要毁了我。我希望看到自己劳苦一生的终点，唯有对成功的渴望会给予我活下去的勇气。[3]

1764 年 10 月 14 日：

无论如何，我都难以康复，我宁愿在这个地方结束我悲惨的一生。病痛、麻烦事，还有一年年徒增的年龄，让我不再对希望有热情。[4]

1764 年 10 月 15 日：

我的思维日益迟钝，年龄和病痛让它更慢。[5]

1764 年 11 月 18 日：

八天以来，我生活在最残酷的状态下。现在，病痛有所减轻，这是对我的安慰。[6]

（卢梭没有提及具体问题，可能是一种治疗方法，他有些难以承受）

1764 年 11 月 24 日：

我用探条导尿，头疼又剧烈，让我不能长时间写作。[7]

1764 年 12 月 2 日：

整个夏天我在外面游走，整个冬天病痛缠身，几乎一年到头无所作

① Rousseau à Jean-Antoine de Beausobre, 25 aoust 1764, Tome XXI, p. 67.
② Rousseau à F.-H. d'Ivernois, 31 aoust 1764, Tome XXI, p. 84.
③ Rousseau au capitaine Matthieu Buttafoco, 22 7bre 1764, Tome XXI, pp. 173-174.
④ Rousseau à Tousssaint-Pierre Lenieps, 14 octobre 1764, Tome XXI, p. 257.
⑤ Rousseau au capitaine Matthieu Buttafoco, 15 8bre 1764, Tome XXI, p. 258.
⑥ Rousseau à Nicolas Bonaventure Duchesne, 18 9bre 1764, Tome XXII, p. 77.
⑦ Rousseau à Jacques-François Deluc, 24 9bre 1764, Tome XXII, p. 110.

为，我几乎找不到合适的时机给朋友写信。①

1764 年 12 月 8 日：

那么多的事，那么多的访客，快要压垮我了，几乎没有属于我的时间。②

1764 年 12 月 16 日：

两个月我都待在屋里，身体不好，不能去向您表达谢意，只能通过朋友了解您的消息。

我天性安静，忧郁症并非与生俱来，而是起因于我遭遇的不幸。③

1764 年 12 月 14 日：

我看到他（卢梭）坐在那里，很痛苦，他说：我被抑郁和悲伤所引起的痛苦压垮了。④

1765 年 1 月 12 日：

无休止的病痛与不幸让我无心做其他的事，也不能给您写信。⑤

1765 年 1 月 20 日：

我在病痛的深渊里挣扎，受外界人事的支配，健康状况也不稳定，又有那么多惹人厌的拜访。⑥

1765 年 1 月 26 日：

英格兰很适合我的性格，那里的气候对我的健康无益。⑦

1765 年 2 月 25 日：

我的心是善良的，它会对所有与之相投的东西开放，它想为人熟悉、为人爱。健康差，但平和、自由和友谊支撑着我的心灵，让它在损耗中

---

① Rousseau à Charles Pinot Duclos，2 Xbre 1764，Tome XXII，p. 147.

② Rousseau à P. -A. du Peyrou，8 Xbre 1764，Tome XXII，p. 182.

③ Rousseau à Marie-Anne Alissan de La Tour，16 Xbre 1764，Tome XXII，p. 241.

④ Le journal de Boswell，Tome XXII，p. 359.

⑤ Rousseau à Louis-Eugene，prince de Wurtemberg，12 janvier 1765，Tome XXIII，p. 88.

⑥ Rousseau à Marie-Anne Alissan de La Tour，20 janvier 1765，Tome XXIII，p. 159.

⑦ Rousseau à G. Keith，26 janvier 1765，Tome XXIII，p. 194.

得以坚持下去。①

1765 年 3 月 3 日：

虽然有这么多苦恼，在不幸中，我却不担心未来。②

1765 年 3 月 9 日：

我在读我的作品的时候，没有一本不让我发抖。我希望在这个世界上得一处所，在那里，我既不动笔，也不再碰笔，平静地死去。

昨天开始写这封信，今天才完成，之后我又异常虚弱。③

1765 年 3 月 23 日：

我的健康状况不允许长途旅行。④

1765 年 3 月 23 日：

如果精力充沛，身体又健康，为了公共利益，我乐意面对那些迫害我的人，但我被无与伦比的残疾和不幸压垮了，也不能在维护公共利益时施展我的才能。⑤

（1765 年，卢森堡公爵去世，卢梭失去了最有力量的保护人）

1765 年 4 月 6 日：

近几天，我受了很多病痛之苦，那些本该结束的烦琐事让我身心不能平静。⑥

1765 年 4 月 13 日：

迄今，天气和健康不允许我去看望安德烈（Andrie）先生。⑦

1765 年 4 月 18 日：

您在 3 月 21 日的信里要求一个深思熟虑的回答，但目前的身体状况

---

① Rousseau au Lieutenant-colonel Abraham de Pury，25 février 1765，Tome XXIV，p. 92.

② Rousseau à Nicolas Bonaventure Duchesne，3 mars 1765，Tome XXIV，p. 128.

③ Rousseau à P.-C. Moultou，9 mars 1765，Tome XXIV，p. 181.

④ Rousseau à Emmanuel Christoffel Klupffel，23 mars 1765，Tome XXV，p. 325.

⑤ Rousseau à Sameul Meuron，23 mars 1765，Tome XXIV，p. 283.

⑥ Rousseau à P.-A. du Peyrou，6 avril 1765，Tome XXV，p. 44.

⑦ Rousseau à Samuel Meuron，13 avril 1765，Tome XXV，p. 99.

不允许我这样做。①

1765 年 4 月 21 日：

为了给您写信，天亮前我就起床，因为白天要去忍受痛苦却是必要的治疗。在上一辆邮车出发前，我都不能写信（所以拖了这么久）。②

1765 年 4 月 27 日：

冬天来了，这是我最受苦的季节，每次都要导尿，不能接待任何来访的人。③

1765 年 6 月 29 日：

自从归来，健康明显恶化，我担心是否还能熬过这个冬天。④

1765 年 8 月 2 日：

过了明天，如果天气和健康允许，我会到您这里，享受您的款待。⑤

1765 年 8 月 17 日：

我的朋友，我病了，今年不能去看望您，我有上千种（推脱的）理由。⑥

1765 年 8 月 17 日：

目前，天气和健康不允许我去旅行。⑦

1765 年 10 月 30 日：

我到了这座城市（斯特拉斯堡），路上没有遇到意外，只是嗓子疼、发烧，心里死气沉沉。在旅行之始，我曾觉得难以完成。⑧

1765 年 11 月 5 日：

星期六，我到了斯特拉斯堡，因健康不佳，旅途劳顿，加之发烧和

---

① Rousseau au général Pascal Paoli，18 avril 1765，Tome XXV，p. 128.

② Rousseau à M.-M. de Brémond d'Ars，21 avril 1765，Tome XXV，p. 154.

③ Rousseau à M.-M. Rey，27 avril 1765，Tome XXV，p. 188.

④ Rousseau à P.-A. du Peyrou，29 juin 1765，Tome XXVI，p. 64.

⑤ Rousseau au lieutenant-colonel Abraham de Pury，2 aoust 1765，Tome XXVI，p. 134.

⑥ Rousseau à François-Joseph de Conzié，17 aoust 1765，Tome XXVI，p. 224.

⑦ Rousseau à M.-M. de Brémond d'Ars，17 août 1765，Tome XXVI，p. 225.

⑧ Rousseau à Marie Thérèse le Vasseur，30 octobre 1765，Tome XXVII，p. 197.

内脏灼热，不能继续行路。①

1765 年 11 月 25 日：

现在，我的身体还是不适合旅行。②

1765 年 12 月 2 日：

来到这个小城市，我又病了，疲惫不堪。③

1765 年 12 月 4 日：

我在这里待了近一个月，身体病痛，依旧疲劳不堪。④

1765 年 12 月 18 日：

前天晚上，我到达此地，很累，身体病着，两三天不出不了门。⑤

1766 年 3 月 17 日：

我生病了，不能出席宴会。⑥

1766 年 5 月 10 日：

我以最大的耐心忍着病痛，庆幸的是，我的性情一点也不刻薄，不然会难以应付……夜，（对我来说）真是残酷，身体比心灵忍受的更多，完全不能入睡，让我悲观。我知道自己活得够长了，但也畏惧死亡，担心没有朋友在我生命的最后来减轻我的痛苦，更害怕（死后）被弃于荒野。⑦

1766 年 5 月 27 日：

如今，我备受病痛发作之苦，它们可能在我不经意时夺走我的生命。我委托达文波尔先生担当我三年前所写遗嘱的执行人，我正准备重写一份。⑧

---

① Rousseau à P.-A. du Peyrou, 5 novembre 1765, Tome XXVII, p. 225.

② Rousseau à M.-M. Rey, 25 novembre 1765, Tome XXVII, p. 300.

③ Rousseau à F.-H. d'Ivernois, 2 décembre 1765, Tome XXVIII, p. 4.

④ Rousseau à Marie-Anne Alissan de La Tour, 4 décembre 1765, Tome XXVIII, p. 15.

⑤ Rousseau à M.-M. de Brémond d'Ars, 18 décembre 1765, Tome XXVIII, p. 63.

⑥ Rousseau à D. Hume, 17 mars 1766, Tome XXIX, p. 41.

⑦ Rousseau à C.-G. de Lamoignon de Malesherbes, 10 may 1766, Tome XXIX, p. 193.

⑧ Rousseau à R. Davenport, 27 may 1766, Tome XXIX, p. 226.

1766 年 7 月 10 日：

我生病了，不能写字，您要求我予以解释，我一定会给您寄过来的。①

1766 年 8 月 5 日：

两天以来，身体很不舒服，我不能总是以健康问题作为（拖延回信的）托词。②

1766 年 8—10 月：

卢梭在英国流亡，生活捉襟见肘，数月以面包和清水度日。③

1766 年 11 月 30 日：

迄今为止，天气和健康不允许我这样做。④

1766 年：

夏尔蒙（Charlemont）批评卢梭，说他的疯癫问题是异常高傲所致。⑤

1767 年 1 月 2 日：

我完全失去记忆了，又缺少增强记忆的练习，若要想起曾经知晓的事，要重新学习，我现在就记不清植物的名字。⑥

1767 年 2 月 5 日：

我的身心健康都有问题，当下甚至不能给格拉夫通（Grafton）公爵写信。⑦

1767 年 2 月 21 日：

腹部排出很多气体，让我有难以形容的不舒服。⑧

1767 年 3 月 2 日：

我们俩都病了，除之前有过的症状，这一次我的牙龈肿痛得厉害，

---

① Rousseau à D. Hume，10 juillet 1766，Tome XXX，p. 29.
② Rousseau à B. Granville，5 août 1766，Tome XXX，p. 212.
③ Dépense de Rousseau à Wootton，4 août-12 octobre 1766，Tome XXX，pp. 323-325.
④ Rousseau à B. Granville，30 novembre 1766，Tome XXXI，p. 229.
⑤ Souvenir de lord Charlemont，1766，Tome XXXIII，p. 279.
⑥ Rousseau à D. Malthus，2 janvier 1767，Tome XXXII，p. 2.
⑦ Rousseau à R. Davenport，5 février 1767，Tome XXXII，p. 102.
⑧ Rousseau à R. Davenport，21 février 1767，Tome XXXII，p. 167.

以至于我都不知道自己写了什么。①

1767 年 6 月 15 日：

文稿中没多少错误，我只改正了一些……由于精神不集中，头脑不清醒，难以完成。②

1767 年 8 月 6 日：

阴郁的黑暗笼罩着我，还有不吉利的征兆，它像是说：我终究会遭遇诸多不幸中的最大灾难。③

1767 年 8 月 20 日：

一直以来，您（维尔德兰夫人）是我的避难所，今天我还是向您求助。④

1767 年 8 月 25 日：

我依然期待能在尘世中获得一点点的自由与宁静，这是我心底的希望。⑤

1767 年 9 月 6 日：

晚上糟糕的睡眠要求我白天一定要克制，有耐心……身体状况会影响人的道德观。如果能恢复健康，我不知道（眼下的遭遇）会不会改变我的思考方式。⑥

1767 年 9 月 12 日：

不确定和怀疑让我精疲力竭，病情因此更加严重。⑦

1767 年 9 月 14 日：

几天来，经常发作的病痛与兴奋（的感受）一同出现，我的头和心脏持续疼痛，尤其是晚上，嘴里不停地流出液体。⑧

---

① Rousseau à R. Davenport, 2 mars 1767, Tome XXXII, p. 196.

② Rousseau à M. -M. Rey, 15 juin 1767, Tome XXXIII, p. 144.

③ Rousseau à Coindet, 6 août 1767, Tome XXXIV, p. 15.

④ Rousseau à M. -M. de Brémond d'Ars, 20 août 1767, Tome XXXIV, p. 42.

⑤ Rousseau à Coindet, 25 août 1767, Tome XXXIV, p. 53.

⑥ Rousseau à Coindet, 6 septembre 1767, Tome XXXIV, p. 73.

⑦ Rousseau à P. -A. du Peyrou, 12 septembre 1767, Tome XXXIV, p. 94.

⑧ Rousseau à Coindet, 14 septembre 1767, Tome XXXIV, p. 100.

1767 年 9 月 21 日：

病痛没有改变我的性格，却改变了我的脾气。①

1767 年 12 月 17 日：

夫人，您生病了，我也是。②

1768 年 1 月 2 日：

您给我寄来了诗歌，但意义不大，我很难再记得住，关于科学与修辞的作品更如此。但若是趣味十足的小说，讨人喜欢的新颖作品，植物学作品，您有时间就给我寄过来。③

1768 年 1 月 14 日：

如果胃口好起来，健康会随之转好。④

1768 年 2 月 9 日：

不好的天气会限制我的活动，我很疲惫，病痛缠身，担心有灾难发生。⑤

1768 年 2 月：

我的健康状况就像您刚离开时那样……沮丧，无精打采……对什么都不在意，甚至是植物（标本）。⑥

1768 年 2 月 25 日：

我在烦恼中老去，精神不振，晕头转向，但我的心还像从前一样。⑦

1768 年 3 月 9 日：

我不愿再向您重复我长久以来（以之为借口的）单调的歉意，即使是在病痛发作的时候。⑧

---

① Rousseau à Coindet，21 septembre 1767，Tome XXXIV，p. 109.

② Rousseau à M.-M. de Brémond d'Ars，17 décembre 1767，Tome XXXIV，p. 244.

③ Rousseau à P. Guy，2 janvier 1768，Tome XXXV，p. 6.

④ Rousseau à P.-A. du Peyrou，14 janvier 1768，Tome XXXV，p. 27.

⑤ Rousseau à F.-H. d'Ivernois，9 février 1768，Tome XXXV，p. 114.

⑥ Rousseau à P.-A. du Peyrou，février 1768，Tome XXXV，p. 118.

⑦ Rousseau à Comtesse de Boufflers-Rouverel，25 février 1768，Tome XXXV，p. 146.

⑧ Rousseau à V. Riquetti, marquis de Mirabeau，9 mars 1768，Tome XXXV，p. 192.

1768 年 4 月 26 日：

如果我能以令人满意的方式回复您在信中言及的问题（那就好了）……但我心情紧张，头脑混乱，所有的官能都出了问题，不能清楚地表达。我还算明智，无能为力时不去做难以胜任的事。①

1768 年 7 月 6 日：

冬天天气差，考虑到季节和健康，我不能到外面采集植物标本。②

1768 年 10 月 8 日：

健康一天比一天糟，冬季时，我到小酒馆消磨时间，能感觉到病情的来袭。③

1768 年 10 月 23 日：

目前的情况极不好，病情剧烈发作，没有出门的机会。④

1768 年 11 月 21 日：

我近来又病了，由于痛苦和发烧而烦躁不安，现在身体稍有缓和，但仍旧虚弱。⑤

1768 年 11 月 28 日：

十几天以来，健康不错，我为此高兴，胃口也好了，只是昨天下象棋的时候，头疼得厉害，今天又有所加剧。⑥

1768 年 12 月 30 日：

总体上，我的健康状态一天比一天坏……胃胀得厉害，从外面看得很清楚，我喘气都难，也不能下蹲。⑦

1769 年 1 月 3 日：

近几天，我只能忍着痛苦写信，如果健康情况再度恶化，就一个字也写不了。⑧

---

① Rousseau à F.-H. d'Ivernois, 26 avril 1768, Tome XXXV, p. 264.
② Rousseau à P.-A. du Peyrou, 6 juillet 1768, Tome XXXVI, p. 8.
③ Rousseau à H. Laliaud, 8 octobre 1768, Tome XXXVI, p. 129.
④ Rousseau à H. Laliaud, 23 octobre 1768, Tome XXXVI, p. 153.
⑤ Rousseau à P.-C. Moultou, 21 novembre 1768, Tome XXXVI, p. 191.
⑥ Rousseau à H. Laliaud, 28 novembre 1768, Tome XXXVI, p. 196.
⑦ Rousseau à P.-C. Moultou, 30 décembre 1768, Tome XXXVI, p. 218.
⑧ Rousseau à Marie-Anne Alisson de la Tour, 3 janvier 1769, Tome XXXVII, p. 2.

1769 年 1 月 5 日：

在刚刚过去的五个月里，前三个月没有不适的感觉，但最近两个月，我的健康每况愈下（腹胀、整夜发烧、头疼、失眠）。

我的妻子用催泻法折磨我，要费很大工夫才能帮我排出腹部的气体。这是必要的，我却为此疲惫不堪。①

1769 年 1 月 12 日：

我不能写字，胃部剧疼，伴有腹胀，呼吸困难，发烧，只能试着用另一只手写字。②

1769 年 1 月 18 日：

今天晚上我会死去，可在白天，感觉还不是太坏。③

1769 年 1 月 31 日：

胃部极度难受，高烧，还有肿胀感和呼吸困难，费大气力才能蹲下，勉强写作。④

1769 年 2 月 1 日：

您的诊断是正确的，病灶在肝脏，根源在肠部。⑤

1769 年 2 月 8 日：

近两天，我的健康又在恶化。⑥

1769 年 2 月 28 日：

近两天，健康不再恶化，但我仍旧承受着许多痛苦。⑦

1769 年 3 月 17 日：

我有理由相信，小酒馆的酒与这里的空气和水一样，会引发病痛。

---

① Rousseau au professeur S. -A. -A. -D. Tissot, 5 janvier 1769, Tome XXXVII, pp. 3-4.

② Rousseau à P. -A. du Peyrou, 12 janvier 1769, Tome XXXVII, pp. 8-9.

③ Rousseau à P. -A. du Peyrou, 18 janvier 1769, Tome XXXVII, p. 32.

④ Rousseau à M. -M. Rey, 31 janvier 1769, Tome XXXVII, p. 34.

⑤ Rousseau au professeur S. -A. -A. -D. Tissot, 1 février 1769, Tome XXXVII, p. 38.

⑥ Rousseau à M. -C. Delessert, née de la Tour, 8 février 1769, Tome XXXVII, p. 47.

⑦ Rousseau à P. -A. du Peyrou, 28 février 1769, Tome XXXVII, p. 60.

我在那里喝了二十余瓶酒，每次喝完都觉得不舒服，我喝其他酒却不会有这么强烈的反应。

沼泽地的空气和小酒馆的酒又引起从来都无曾治愈过的胃胀，我站在高处时症状会减轻。①

1769 年 3 月 28 日：

您给我寄了 45 瓶酒，这足以表明您的善意，以及对我健康的关注，加上之前寄来的 10 瓶，共计 55 瓶。②

（卢梭将饮酒看作治疗方法，生活困难时也不间断。根据现代医学研究，酒精是病发诱因，卢梭以酒治疗，往往适得其反，但 18 世纪的人，包括医生，对此不知情）

1769 年 4 月 17 日：

记忆力完全混乱，我读植物哲学的书时，好像是白费功夫，读其他的书也一样。③

（这一年 5 月，卢梭的健康有所好转，但仍不能外出旅行）

1769 年 6 月 11 日：

如果能见到您，我会轻松得多……可时下的健康状况让我不得不改变主意。④

1770 年 1 月 2 日：

我的手冻伤了，不能给您写信。⑤

1770 年 1 月 7 日：

请原谅我这么晚才回信……由于季节原因，屋子里冰冷，我又像往常那样没有力气。⑥

----

① Rousseau à Marie-Anne Alissan de La Tour，17 mars 1769，Tome XXXVII，pp. 67-68.

② Rousseau à l'abbé Baurin，28 mars 1769，Tome XXXVII，p. 73.

③ Rousseau au docteur Pierre Clappier，17 avril 1769，Tome XXXVII，p. 83.

④ Rousseau à M.-M. Rey，11 juin 1769，Tome XXXVII，p. 100.

⑤ Rousseau à Marie-Anne Alisson de la Tour，2 janvier 1770，Tome XXXVII，p. 198.

⑥ Rousseau à P.-A. du Peyrou，7 janvier 1770，Tome XXXVII，p. 199.

1770 年 1 月 22 日：

除了身体的不便，糟糕的路况，还有其他的事让我难堪。①

1770 年 1—9 月：

这一时期，卢梭的精神异常愤懑，每封信的开篇都有一段话：我们都是可怜的瞎子，上帝，叫伪君子们原形毕露吧，让世人看到他们粗野的内心。②

1770 年 2 月 26 日：

我的身体状况不允许我到布尔昆旅行。③

1770 年 3 月 16 日：

我的（健康）问题是独一无二的，自世界诞生以来从没有先例。④

1770 年 4 月 6 日：

我的胃难受，不能立刻回复您的信，请原谅。⑤

1770 年 5 月 16 日：

身体不舒服，只能待在屋里，今天不能去看您了。⑥

1770 年 7 月 28 日：

我的胃好多了，身体的不方便也能应付得了。⑦

1771 年 4 月 6 日：

一次严重的感冒让我不能说话，尽管身体不是很累。⑧

---

① Rousseau à Marie-Anne Alisson de la Tour，22 janvier 1770，Tome XXXVII，p. 209.

② Pauvres aveugles que nous sommes！Ciel，demasque les imposteurs，Et force leurs barbares Cœur，A s'ouvrir aux regards des hommes. Rousseau à Marie-Anne Alisson de la Tour，22 janvier 1770，Tome XXXVII，p. 209.

③ Rousseau à Claude Aglancier de Saint-Germain，26 février 1770，Tome XXXVII，p. 301.

④ Rousseau à Louis-Rose，comtesse de Berthier，16 mars 1770，Tome XXXVII，p. 342.

⑤ Rousseau à Louis-Jacques-Marie，marquis de Beffroi de la Grange-aux Bois，6 avril 1770，Tome XXXVII，p. 354.

⑥ Rousseau à William Constable，16 may 1770，Tome XXXVIII，p. 13.

⑦ Rousseau à François-Joseph Marteau，28 juillet 1770，Tome XXXVIII，p. 81.

⑧ Rousseau à Marie-Jeanne Thellusson，6 avril 1771，Tome XXXVIII，p. 209.

1771 年 7 月 2 日：

我的肾脏疼痛得厉害，劳作时，只能直直地站着。①

1771 年 7—9 月：

此信丢失，大意是：健康和天气状况都不允许卢梭跟随图因（Touin）先生去圣莱尔（St. Leger）旅行。②

1771 年秋：

长久以来，我的身体状况一直不好，现在心中愁苦，有难以解释的懒惰。③

1770 年，卢梭在里昂期间，健康又不错。④

1772 年 1 月 15 日：

十年来，有人将我围困于黑暗里，我想用光亮刺透这黑暗，只是徒劳，现在我已放弃了。⑤

1775 年 10 月 24 日：

最近一段时间，我的健康每况愈下，胃部问题尤其厉害。⑥

1778 年 2 月 3 日：

眼下，由于风湿的折磨，我已处于半瘫痪的状态，我的妻子比我好不了多少。我老了，身体残疾，每时每刻都觉得心灰意冷要吞没我。⑦

1778 年 3 月 15 日：

我珍惜您的善意，也愿意接受，但对于我的病，最好的药方是忍耐，这是我能做到的。⑧

---

① Rousseau à P.-A. du Peyrou, 2 juillet 1771，Tome XXXVIII，p. 234.

② Rousseau à Andre Thouin, Tome XXXVIII，p. 261.

③ Rousseau à Renée-Caroline de Froullay, marquise de Crequi, Tome XXXVIII，p. 291.

④ Particularité sur J. J. Rousseau, pendant le séjour qu'il fit à Lyon, en 1770, Tome XXXVIII，pp. 305-310.

⑤ Rousseau à A.-R.-J.-G.-G. de Sartine, 15 janvier 1772，Tome XXXIX，p. 11.

⑥ Rousseau à M.-C. Delessert，24 octobre 1775，Tome XL，p. 25.

⑦ Rousseau à Jean-Lovis Bravard Deyssac，3 février 1778，Tome XL，p. 194.

⑧ Rousseau à Jean-Lovis Bravard Deyssac，15 mars 1778，Tome XL，p. 206.

参考文献

一、中文文献

阿伦特．论革命．陈周旺，译．南京：译林出版社，2007

艾田蒲．中国之欧洲．许钧，钱林森，译．桂林：广西师范大学出版社，2008

爱克曼．歌德谈话录．朱光潜，译．北京：人民文学出版社，1982

奥古斯丁．忏悔录．周士良，译．北京：商务印书馆，1997

巴尔特．萨德 傅立叶 罗犹拉．李幼蒸，译．北京：中国人民大学出版社，2011

巴克，梅洛尼奥．法国文化史．朱静，许光华，译．上海：华东师范大学出版社，2006

贝卡里亚．论犯罪与刑罚．黄风，译．北京：中国大百科全书出版社，1993

伯克．法国革命论．何兆武，许振洲，彭刚，译．北京：商务印书馆，2003

博马舍．戏剧二种．吴达元，译．北京：人民文学出版社，1981

茨威格．一个政治家的肖像：约瑟夫·富歇．赵燮生，译．合肥：安徽文艺出版社，2013

德曼．解构之图．李自修，译．北京：中国社会科学出版社，1998

狄德罗．狄德罗美学论文选．张冠尧，桂裕芳，等译．北京：人民文学出版社，1984

弗洛伊德．精神分析引论．高觉敷，译．北京：商务印书馆，1986

伏尔泰．哲学通信．高达观，等译．上海：上海人民出版社，2005

福柯．古典时代疯狂史．林志明，译．北京：生活·读书·新知三联书店，2005

高毅．法兰西风格——大革命的政治文化．北京：北京师范大学出版社，2013

高毅．福柯史学刍议．历史研究．1994(6)

哈贝马斯．公共领域的结构转型．曹卫东，王晓钰，刘北城，译．上海：学林出版社，1999

卡西尔．启蒙哲学．顾伟铭，杨光仲，郑楚宣，译．济南：山东人民出版社，2007

孔多塞．人类精神进步史表纲要．何兆武，何冰，译．北京：生活·读书·新知三联书店，1998

拉布吕耶尔．品格论．梁守锵，译．广州：花城出版社，2013

勒热讷．自传契约．杨国政，译．北京：生活·读书·新知三联书店，2001

勒韦尔．萨德大传．郑达华，徐宁燕，译．北京：中国社会科学出版社，2002

卢梭．忏悔录．范希衡，黎星，译．北京：商务印书馆，1997

卢梭．孤独漫步者的遐想．钱培鑫，译．南京：译林出版社，2006

卢梭．卢梭评判让-雅克．袁树仁，译．上海：上海人民出版社，2007

卢梭．论科学与艺术．何兆武，译．北京：商务印书馆，1963

卢梭．论人类不平等的起源和基础．高煜，译．桂林：广西师范大学出版社，2009

卢梭．论戏剧．王子野，译．北京：生活·读书·新知三联书店，2007

卢梭．新爱洛漪丝．伊信，译．北京：商务印书馆，1996

马德林．法国大革命史．伍光建，译．长春：时代文艺出版社，2013

缪塞．一个世纪儿的忏悔．梁均，译．北京：人民文学出版社，1980

莫尔内．法国革命的思想起源：1715—1787．黄艳红，译．上海：上海三联书店，2011

拿破仑．拿破仑日记．伍光建，译．长春：时代文艺出版社，2013

切利尼．致命的百合花．平野，译．上海：上海人民出版社，2008

萨义德．论晚期风格．阎嘉，译．北京：生活·读书·新知三联书店，2009

斯金纳．现代政治思想的基础．奚瑞森，亚方，译．南京：译林出版社，2011

托克维尔．旧制度与大革命．冯棠，译．北京：商务印书馆，1992

韦伯．经济与社会．阎克文，译．上海：上海世纪出版集团，2010

维柯．新科学．朱光潜，译．北京：人民文学出版社，1986

英斯纳，罗斯．亚当·斯密通信集．林国夫，吴良健，王翼龙，等译．北京：商务印书馆，2000

二、外文文献

(一)手稿档案

Annales de la Société Jean-Jacques Rousseau, Tome 1-49, Paris & Genève, 1905-2010

Dufour, Théophile(ed.),*Correspondance générale de J.-J. Rousseau*, Paris：Librairie Armand Colin, 1924-1934

Dufour, Théophile, "Les Confessions livres I-IV, premier rédaction,"*Annales de la Société Jean-Jacques Rousseau*, tome quatrième, Genève, 1908

Dufour, Théophile, *Le Teatament de Jean-Jacques Rousseau*, février 1763, Genève, 1907

Gagnebin, Bernard (ed.), *Testatement de Jean-Jacques Rousseau*, 29 janvier 1763, Paris：BNF

Leigh, R. A. (ed.), *Correspondance*

complète de Jean-Jacques Rousseau，Tome 1-52，Genève & Oxford，1965-1989

Manuscrit Assemblée nationale ou Manuscrit Paris，Bibliothèque de l' Assemblée nationale，Paris

Manuscrit Neuchâtel des Confessions，Bibliothèque publique et universitaire，Neuchâtel

Schinz，Albert，*Le manuscript de la Première ébauche des Confessions*，Rev. d'Hist，Lit. de France，XIII，1906

Testament de Jean-Jacques Rousseau，trouvé à Chambéry en 1820，publié par Antoine Métral，Paris；BNF

Un testatement littéraire de Jean-Jacques Rousseau，publié par O. Schultz-Gora，1897

(二)报纸杂志

Anecdotes ou lettres secrètes sur divers sujets de litteérature & de politique

Aneécdotes secrètes du dix-huitième siècle

Annales de Chimie，ou Recueil de Mémoires concernant la Chimie et les Arts qui en dépendant

Annales de la Courrier de Paris

Annales. Économies，Sociétés

Bibliothèque choisie

Choix littéraire

Conférences écclesiastiques du Diocèse d'Angers

Connaissance des mouvemens célestes

Correspondance littéraire，philosophique et critique de Grimm et de Diderot，depuis 1753 jusqu'en 1790

Dictionnaire universel de Mathématique et de physique contenant l'explication des termes de ces deux Sciences et des Arts qui en dépendent

Ephémérides du citoyen ou chronique de l'esprit national

Histoire de la Société Royale d'Agriculture

Journal de l'Instruction publique

L'Europe savant

Mémoires secrètes pour servir à l'histoire de la République des lettres en France

Memoirs of the Literary and Philosophical Society of Manchester

Mercure de France

(三)17—18 世纪作品

"A new Oxford Guide，or companion through theUniversity," *Gentleman of Oxford*，Oxford，1788

A collection of the most esteemed and entertainments，performed on the British stage，Edinburgh，1792

A poetical tour in the years 1784，1785 and 1786，by a member of the Arcadian society at Rome，London，1787

A tour to Ermenonville，London，1785

A. de Serres de la Tour，*Du Bonheur*，Paris，1767

Anecdodes of distinguished persons，chiefly of the present and two preceding centuries，London，1798

Aneécdotes du dixhuitième siècle, second volume, Londres，1783

Anonyme, *Recueil de pièces intéressantes sur la Bastille*，1790

Barbier，*Principes généraux pour servir à l'éducation des enfants，particulièrement de la noblesss française*，Paris，1763

Barruel-Beauvert，M. le Comte de, *Vie de J. J. Rousseau*，Londres，1789

Bernier，François，*Mémoires du sieur Bernier sur l'empire du grand Mogol*，4 volumes，Paris，1670-1671

Berthier，P. G. F.，*Observations sur le Contrat Social de J. J. Rousseau*，Paris，1789

Borrelly，J. A.，*Plan de réformation des études élémentaires*，La Haye，1776

Chanson choisies，avec les airs notes，Londres，1783

Chardin，Jean，*Journal du voyage en Perse et aux Indes Orientales*，Moses Pitt，1686

Charlevoix，P. de，*Histoire et Description générale de la Nouvelle France*，Paris，1744

Cloots，Anacharsis，*La République universelle，ou adressé aux tyrannicides*，Paris，1792

Corancez，Olivier de，*De J. J. Rousseau，Extrait du* Journal de Paris*, des* N. 251，256，258，259，260，261，*de l'an* VI，Paris，1797

Coyer，G. F.，*Dissertation sur le vieux mot de patrie*，La Haye，1775

Coyer，G. F.，*Plan d'éducation publique*，Paris，1770

Critique désintéressée des journaux littéraires et des ouvrages des savans，par une société de Gens de lettres，A la Haye，1730

Critique du siècle，ou lettres sur divers sujets，par l'auteur des Lettres Juives，A la Haye，1755

D'Alembert，Jean Le Rond，*Essai sur les éléments de philosophie*，Paris，1805

Déclarations du Roy，l'vne，portant établissement d'une Compagnie pour le Commerce des Indes Orientales，l'autre，en faueur des Officiers de son Conseil，& Cours Souueraines interessées en ladite Compagnie，& en celle des Indes Orientales，Registrées en Parlement le 1 septembre 1664，Paris，1664

D'Escherny，F. L.，Comte du Saint Empire Romain，*La philosophique de la politique ou principes généraux sur les institution civiles，politiques et religieuses*，Paris，1796

D'Hupay，Joseph Alexandre Victor，*Effet du réglement d'éducation nationale，mis à la portée des Mères*，Generalif，1792

Diderot & D'Alembert，*Encyclopédie ou dictionnaire raisonné des sciences，des arts et des métiers*，Paris，1986

Discours du Président，Melin，Deputé

à l'Assemblée Nationale, Société fraternelle des patriots des deux sexes, Séance en la Bibliothèque des Jacobins-Saint-Honoré, à Paris, *Extrait du Proces-Verbal*, 12 février, 1792

Discourset projets de deécret sur l'éducation nationale, pronouncés à la convention nationale, le 24 décembre 1794, l'an premier de la République par Henri Bancal, Deputé du Département de Pay-de-Dome, imprimés par ordre de la convention nationale, & envoyés aux 84 Départements

Dusaulx, J., *De mes rapports avec J.J. Rousseau et de notre correspondence, suivie d'une notice très importante*, Paris, 1798

Eloge de J. J. Rousseau, mis au concours de 1790, L'académie a renvoyé sa décision pour 1791, Paris, se trouve chez l'Auteur, rue Dauphine, hôtel d'Orleans, 1790

Eloge de Jean Jacques Rousseau, qui a concouru pour le prix d'éloquence de l'Académie française, en l'année 1791, par M. Thiery, Membre de plusieurs Académies, 1791

Eloge de Milord Marechal, par M. D＊＊＊, Berlin, 1779

Extrait du Procès-Verbal de la Séance du Dimanche, 12 février 1792

Formey, J. H. S., *Anti-Emile*, Berlin, 1763

G. Walker, F. R. S., *Memoirs of the Literary and Philosophical Society of Manchester*, London, 1785-1802

Garnier, J. J., *De l'éducation civile*, Paris, 1765

Ginguene, Pierre Louis, *Lettres on the Confessions of J. J. Rousseau* (Translated from French), London, 1792

Girardin, Stanislas, *Journal et souvenirs, Discours et opinions de S. Girardin*, Paris, 1828

Griffet, H., *Lettre à M. D. sur le livre intitulé Emile, ou de l'éducation*, Amsterdam, 1762

Grimm, Diderot, Raynal, Meister, *Correspondance littéraire, philosophique et critique*, Paris, 1880

Grivel, G., *L'ami des jeunes gens*, Lille, 1764

Guthrie, William; Knox, John, *A new geographical, historical and commercial grammar*, London, 1770

Histoire de la République des lettres et arts en France, Année 1779, Amesterdam et se trouve à Paris

Hume, David, *A concise and genuine account of the dispute between Hume and Rousseau*, London, 1766

Hume, David, *Exposé succinct de la contestation qui s'est élevée entre Hume et Rousseau*, Paris, 1766

Hume, David, *The life of David Hume*, Written by himself, Dublin, 1777

Hymnes et Couplets, chantés à l'in-

auguration des bustes de Rousseau，*Marat et Le Pelletier*，*à la section du Contrat-Social*，le 25 frimaire，Deuxième année de la République

J.-J. Rousseau à l'Assemblée nationale，Paris，1789

J.J. Rousseau vengé par son ami ou morale pratico-philosophico-encyclopédique des coryphées de la secte，Au Temple de la Vérité，1779

J.J. Rousseau, aritocrate，Paris，1790

Jean Calas，*tragédie en cinq actes*，par Marie-Joseph Chenier，Député aé la Convention Nationale，Paris，1793

L'Ami des lois，*comédie en cinq actes*，*en vers*，représenté par les Comédiens de la Nation，le 2 janvier 1793，Paris，1793

L'enfance de Jean Jacques Rousseau，Comédie en un acte. Les paroles sont d'Andrieux，la musiquest d'Alayrac，Paris（25 sols），seconde année de la République

L'Espion anglois，*ou correspondence secrète entre Milord All'eye et Milord All'ear*，Londres，1785

L'Esprit de l'abbé Des Fontaines ou reflexions sur différens genres de sciences et de littérature，Londres，1757

La Fare, Ch. A. de，*Le Gouverneur*，*ou Essai sur l'éducation*，Paris，1768

La Madeleine, L. Philipon de，*Vues patriotiques sur l'éducation du peuples*，Lyon，1783

La Mettrie，Julien Offray de，*L'Homme Machine*，Leyde，1748

La Motte, Antoine Houdar de，*L'Iliade*，*poème avec un Discours sur Homère*，Paris，1714

La Rivière, Le Mercier de，*De l'instruction publique*，Paris，1775

Lafitau, P.，*Mœurs des sauvages Amériquains*，Paris，1724

Law, John，*Considerations sur le commerce*，Traduit de l'Anglois，La Haye，1720

Le Dictionnaire de l'Académie françoise，Paris，1694

Le siècle de Louis le Grand，*Poème*，par M. Perrault de l'Académie française，Paris，1687

Leigh, R.A.，"La mort de J.-J. Rousseau, image d'Epinal et roman policier," *Revue d'Histoire littéraire de la France*，79e année，No. 2/3，Voltaire，Rousseau，1778-1978

Lettres concerning the present state of the French nation，*containing a comprehensive view of the political state*，*agriculture*，*literature and writers*，London，1769/?

Lettres sur l'état primitif de l'homme jusqu'a la naissance de l'esclaivage，*sur le désir de l'immortalité et sur l'heroïsme militaire par M. P. D. L. C.*，Vve Ballardet fils，1783

Lettres sur les ouvrages et le caractère du J.J. Rousseau，*augumenté d'une lettre de madame la comtesse Alexandre de*

Vassy, et d'une réponse de madame la baronne de Staël, 1789

M. Perrault de l'Académie françoise, Paralèlle des anciens et des modernes en ce qui regarde l'éloquence, Tome I-IV, Paris, 1690

Malesherbes, De Lamoignon de, Discours prononcé dans l'Académie française, le 16 fev. 1775

Malesherbes, De Lamoignon de, Mémoires sur la librairie et sur la liberté da la presse, Paris, 1809

Mémoires de Madamede Warens, suivis de ceux de Claude Anet, publiés par un C. D. M. D., pour servir d'Apologie aux Confessions de J. J. Rousseau, Chambery, 1786

Memoirs of the Literary and Philosophical Society of Manchester, London, 1785-1802

Memoirs of the society of Grub Street, 2 vols, London, 1737

Mercier, Louis Sébastien, De J. J. Rousseau, considéré comme l'un des premiers auteurs de la Révolution, Paris, 1791

Mercier, Louis Sébastien, Tableau de Paris, Amesterdam, 1782

Mirabaud, Système de la nature, ou Des loix du monde physique et du monde moral, Londres, 1775

Mirabeau, Honoré-Gabriel Riqueti, Discours de Monsieur Mirabeau l'Ainé sur l'éducation nationale, Paris, 1791

Œuvres choisies d'Alexis Piron, Londres, 1782

Œuvres complètes de Diderot, Paris, 1875

Œuvres complètesde Duclos, Paris, 1820

Œuvres complètes de Marmontel, Paris, 1818

Plagiats de M. J. J. Rousseau de Genève, Paris, 1764

Plaidoyer pour et contre J. J. Rousseau et le docteur D. Hume, l'Historien anglais, avec des aneécdotes intéressantes relatives au sujet, Londres, se trouve à Lyon, 1768

Promenade ou Itinéraire des Jardins d'Ermenonville, auquel on a joint vingt-cinq de leurs principles vues, déssinées & gravées par Merigot fils, Paris, 1788

Prosopopeée de J. J. Rousseau, ou Sentiments de reconnaissance des amis de l'instituteur d'? mile à l'Assemblée nationale de France, à l'occasion de son Décret du 21 décembre 1790, Paris, 1791

Reimarus, H. S., The principal truths of natural religion, defended and illustrated, London, 1766

Relation ou notice des derniers jours de Mons. Jean Jacques Rousseau, circonstances de sa mort et quells sont les ouvrages posthumes, qu'on peut attendre de lui, par Le Bègue de Presle, avec une addition relative au même sujet, par J. H. de Magellan, Londres, 1778

Saint-Pierre, J.-H. Bernardin de, *Œuvres complètes*, ed. L. Aime-Martin, Paris, 1818

Servan, M. , *Réflexions sur les Confessions de J. J. Rousseau, sur le caractère & le génie de cet écrivain, sur les causes & l'entendue de son influence sur l'opinion publique, enfin sur quelques principes de ses ouvrages, inserées dans le Journal encyclopédique de l'année* 1783, Paris, 1783

Staël, Madame la baronne de,*Lettres sur les ouvrages et le caractère de J. J. Rousseau*, 1789

Struys, Jan Janszoon,*Les voyages de Jean Struys en Moscovie*, Paris, 1681

Suard, Amélie, *Essais de Mémoires sur M. Suard*, Paris, 1820

Tavernier, Jean-Baptiste, *Les Six Voyages de Jean Baptiste Tavernier, qu'il a fait en Turquie, en Perse, et aux Indes*, Paris, 1676

Terrasson, Jean, *Dissertation critique sur l'Iliade d'Homère où, à l'occasion de ce poème, on cherche les règles d'une poetique fondée sur la raison*, 1715

Théorie d'une éducation républicaine, suivant les principes de J. J. Rousseau, présentée à la convention, par le citoyen Serane, instituteut national, quai de Chaillot, N. 46, Paris, 1787

Thevenot, Jean de,*Voyages de Mr. de Thevenot Tant en Europe qu'en Asie & en Afrique*, 5 Volumes, Paris, 1689

Thiery,*Eloge de Jean-Jacques Rousseau, qui a concouru pour le prix d'éloquence de l'Académie Française, en l'année* 1791

Traité du véritable point-d'honneur, ou la science du monde, contenant les régles & les maximes de prudence, nécessaires pour se bien conduire dans la Société Civile, & bien vivre avec tout le Monde, Rouen, 1655

Véritable déclaration des premiers droits de l'homme & du citoyen, Seconde séance, de la necessité d'élire de nouveaux Députés, J. J. Rousseau à l'Assemblée nationale, Paris, 1789

Voyage à Ermenonville ou lettre sur la translation de J. J. Rousseau au Pantheéon, Paris, l'An troisième de la République française

Voyage dans les XIII cantons suisses, Les Grisons, Le Valhis, et autre pays et eéats alliéés, ou sujets des suisses, par M. Robert, Geéographe ordinaire du Roi, Paris, 1789

Whiston, William,*A New Theory of the Earth from its Original to the Consummation of All Things*, London: Benjamin Tooke, 1696

（四）医学及医学史文献（外科医学、精神病学）

Androutsos, G. , Geroulanos, S. , "La porphyrie aiguë intermittente: une nouvelle hypothèse pour expliquer les troubles urinaires de Jean-Jacques Rous-seau,"*Progrès en Urologie*, 2000/10

Annales de la Société Jean-Jacques Rousseau

Bennett, A. , *The Madness of King George*, New York, 1995

Bensoussan, David, *La Maladie de Rousseau*, Paris: Klincksieck, 1974

Bire, E. , *Dernières Causeries*, Lyon, 1898

Borel, J. , *Génie et folie de Jean-Jacques Rousseau*, Paris, 1966

Borel, Jacques, *Génie et Folie de J.-J. Rousseau*, Paris, 1966

Châtelain, A. , *La folie de J.-J. Rousseau*, Librairie Fischbacher, 1890

Elosu, S. , *La maladie de Jean-Jacques Rousseau*, Librairie Fischbacher, 1929

Freeman, D. , Garety, P. , *Paranoia: The psychology of persecutory delusions*, Hove: Psychology Press, 2004

Fried, Y. and Agassi, J. , *Paranoia: A Study in Diagnosis*, Boston, 1976

Fried, Yehuda; Agassi, Joseph, *Paranoia: A Study in Diagnosis*, Boston, 1976

Galliani, R. , *Rousseau, l'illumination de Vincennes et la critique moderne*, Studies on Voltaire and the Eighteenth Century, 245, Oxford, 1986

Hecketseiler, P. , *Histoire de la médecine*, Paris: Ellipses, 2010

Henri, P. , *Contribution à l'étude clinique des formes neurologiques de la Porphyrie Aiguë Intermittente*, Paris, 1956

Kantor, M. , *Understanding Paranoia*, London: Praeger, 2004

Kretschmer, Ernest, *Paranoia et Sensibilité*, Presses Universitaires de France, 1963

Lepintre, C. , *Du syndrome psychique de la porphyrie intermittente aiguë*, Université Paris V, 1975

Lettre de Stanisas Girardin sur la mort de J.-J. Rousseau, suivie de la Réponse de M. Musset-Pathay, Paris, 1825

M. Doss (ed.), *Porphyrins in Human Diseases*, New York: Karger, 1976

Petrie, E. , "A Case of Acute Porphyria," *The British Medical Journal*, Vol. 1, No. 4558 (May. 15, 1948)

Peyrefitte, Gérard, *La Porphyrie Aiguë Intermittente*, Paris, 1965, N°199

Pinel, Ph. , *Traité médico-philosophique sur l'aliénation mentale*, Paris, 1809

Potter-Larroguette, S. De, *Jean-Jacques Rousseau, la maladie, la médecine et les médecins*, Paris, 1952

Presele, Le Bègue de, *Relation ou notice des derniers jours de Mons. Jean Jacques Rousseau, circonstances de sa mort et quells sont les ouvrages posthumes qu'on peut attendre de lui*, Londres, 1778

Robinson, P. , "David Bensoussan, *La Maladie de Rousseau*," *French Stud-*

ies，January 1980，XXXIII

Starobinski，Jean，"The Illness of Rousseau,"*Yale French Study*，No. 28 (1961)

The American Journal of Nursing

The British Medical Journal

Vannotti，A.，*Porphyrins: their biological and chemical importance*，London，1954

Wacjman，C.，*Fous de Rousseau: le cas Rousseau dans l'histoire de la psychopathogie*，Paris，1992

（五）卢梭研究作品

Rousseau's political writings，edited by Alan Ritter and Julia Conaway Bondanella，translated by Julia Conaway Bondanella，New York，London，1987

"Rousseau et le Docteur Tronchin,"*Annales de la Société Jean-Jacques Rousseau*，Paris，1905

Ayers，Eleanor Hall，"Histoire de L'impression et de La Publication de la Lettre à D'Alembert de J.-J. Rousseau,"*PMLA*，Vol. 37，No. 3（Sep.，1922）

Barllard，J.，Amiel，H.-F.，Oltarmare，A.，Hornung，J.，Bouvier，A.，&. Marc-Monnier，*J.-J. Rousseau jugé par les Genevois d'aujourd'hui*，Genève，1879

Barny，Roger，*J. J. Rousseau et le droit naturel dans les déclarations des droits de 1789 et de 1793*，The Voltaire Fondation，Oxford，1992

Barny，Roger，*L'Eclatement révolution-*

naire du Rousseauisme，Paris，1988

Barny，Roger，*Le comte d'Antraigues，un disciple aristocrate de J.-J. Rousseau de la fascination au reniement 1782-1797*，The Voltaire Fondation，Oxford，1991

Barny，Roger，*Le triomphe du droit naturel，la constitution de la doctrine révolutionnaire des droits de l'homme*（1787-1789），Annales littéraires de l'Université de Franche-Comte，1997

Barny，Roger，*Prélude idéologique à la Révolution française，le rousseauisme avant 1789*，Annales littéraires de l'Université de Besancon，1985

Barny，Roger，*Rousseau dans la Révolution: le personnage de Jean-Jacques Rousseau et les débuts du culte révolutionaire*，1787-1791，Oxford，1986

Belevitch-Stankevitch，H.，*Le goût chinois en France au temps de Louis XIV*，Genève: Slatkine reprints，1970

Benrubi，I.，"Rousseau et le movement philosophique et pedagogique en Allemagne,"*Annales de la Société Jean-Jacques Rousseau*，Tome 8，Genève，1912

Bensoussan，David，*L'Unité chez J.-J. Rousseau，une quête de l'impossible*，Paris，1977

Birn，Raymond，*Forging Rousseau，Print，commerce and cultural manipulation in the late Enlightenment*，The Voltaire Fondation，Oxford，2001

Bloch, Jean, *Rousseauism and education in eighteenth-century France*, Oxford, 1995

Bouchard, Marcel, *L'Académie de Dijon et le premier discours de Rousseau*, Paris: Société les Belles Lettres, 1950

Buffenoir, H., *Le Prestige de Jean-Jacques Rousseau*, Paris, 1909

Campbell, Blair, "Montaigne and Rousseau's First Discourse," *The Western Political Quarterly*, Vol. 28, No. 1 (Mar., 1975)

Gardou, Charles, "Jean-Jacques Rousseau: de l'érrant infirme au géant de la littétarure," *Reliance*, 2005/3, no. 17

Chinard, Gilbert, "Influence des Recits de Voyages Sur la Philosophie de J. J. Rousseau," *PMLA*, Vol. 26, No. 3 (1911)

Cottret, Monique et Bernard, *Jean-Jacques Rousseau en son temps*, Perrin, 2005

Courtois, L.-J., "Le Séjour de Jean-Jacques Rousseau en Angleterre (1766-1767), lettres et documents inédits," *Annales de la Société Jean-Jacques Rousseau*, Tome 6, Genève, 1910

Cranston, Mautice, *The Early Life and Work of Jean-Jacques Rousseau*, The University of Chicago Press, 1982

Cummings, F., "Boothby, Rousseau and the Romantic Malady," *The Burlington Magazine*, Vol. 110, No. 789 (Dec., 1968)

Dart, Gregory, *Rousseau, Robespirre and English Romanticism*, Cambridge, 1999

Den Abbeele, Georges van, *Travel as Metaphor from Montaigne to Rousseau*, University of Minnesota

Duffy, Edward, *Rousseau in England: the context for Shelly's critique of the Enlightenment*, 1979

Engstrom, Alfred G., "Reviewed work(s): J.-J. Rousseau en Angleterre à l'Époque Romantique: Les Écrits Autobiographiques et la Légende by Jacques Voisine," *Comparative Literature*, Vol. 13, No. 1

Furet, François, "Rousseau and the French Revolution," Clifford Orwin and Nathan Tracov (eds.), *The Legacy of Rousseau*, Chicago, 1997

Goodman, Dena, "The Hume-Rousseau Affair: From Private Querelle to Public Proces," *Eighteenth-Century Studies*, Vol. 25, No. 2 (Winter, 1991-1992)

Gosse, Edmund, "Rouseau en Angleterre au XIXe Siècle," *Annales de la Société Jean-Jacques Rousseau*, Tome 8, Genève, 1912

Roddier, Henri; Leigh, R. A., "J-J. Rousseau en Angleterre au XVIIIe siècle," *The Modern Language Review*, 1951, vol. 2

Hesse, C., "Revolutionary Rousseau: The Story of his Editions after 1789," Marie-Christine Skuncke (ed.), *Media and Political Culture in the Eighteenth Century*, Stockholm, 2005

Keller, Abraham C., "Plutarch and Rousseau's First Discours," *PMLA*, Vol. 54, No. 1 (Mar., 1939).

L'Aminot, Tanguy, *Images de Jean-Jacques Rousseau de 1912 à 1978*, Oxford, 1992

L'Aminot, Tanguy, "J.-J. Rousseau face à la droite française 1940-1944," *Studies on Voltaire and the eighteenth Century 242*, The Voltaire Fondation, Oxford, 1986

Lamartine, *Jean-Jacques Rousseau: son faux Contrat Social*, Paris, 1926

Lanson, G., "L'unité de la pensée de Rousseau," *Annales de la Société J.-J. Rousseau*, Tome 8, Genève, 1912

Leigh, R. A., "Wegelin's Visit to Rousseau in 1763," *Studies on Voltaire and the Eighteenth Century* (249), Oxford, 1987

Lemaitre, Jules, *Jean-Jacques Rousseau*, Paris, 1905

Letournel, Sylvaine, "Le Motif des Confessions chez Saint-Augustin, J.-J. Rousseau et A. de Musset," *Religiologiques*, 1992

Lilti, Antoine, "The Writing of Paranoia: Jean-Jacques Rousseau and the Paradoxes of Celebrity," *Representations*, Vol. 103, No. 1(Summer 2008)

Mah, Harold, "Phantasies of the Public Sphere: Rethinking the Habermas of Historians," *The Journal of Modern History*, Vol. 72, No. 1, New Work on the Old Regime and the French Revolution: A Special Issue in Honor of Francois Furet (Mar., 2000)

McFarland, T., *Romanticism and the heritage of Rousseau*, Oxford, 1995

McNeil, Gordon H., "The Cult of Rousseau and the French Revolution," *Journal of the History of Ideas*, Vol. 6, No. 2 (Apr., 1945)

Morin, G.-H., *Essai sur la Vie et le Caractère de Rousseau*, Paris, 1851

Mornet, Daniel, "L'Influence de J.J. Rousseau au XVIIIe siècle," *Annales de la Société Jean-Jacques Rousseau*, Tome 8, Genève, 1912

Mounier, J., *La Fortune des écrits de Jean-Jacques Rousseau dans les pays de langue Allemande*, Paris, 1980

Nourrisson, Jean-Felix, *Jean-Jacques Rousseau et le Rousseauisme*, Paris, 1903

Pappas, John N., "Rousseau and D'Alembert," *PMLA*, Vol. 75, No. 1. (Mar., 1960)

Peoples, M., "La Querelles Rousseau-Hume," *Annales de la Société Jean-Jacques Rousseau*, Tome Dix-huitième, Genève, 1927-1928

Philonenko, Alexis, *Jean-Jacques*

Rousseau et la Pensée du Malheur, Libraire Philosophique J. Vrin, 1984

Plan, Pierre-Paul, *Jean-Jacques Rousseau raconté par les gazettes de son temps*, Paris, 1912

Proux, E.-J.-F., *La république d'après Jean-Jacques Rousseau*, Bordeaux, 1878

Ridehalgh, Anna, "Rousseau as God? The Ermenonville pilgrimages in the Revolution," *Studies on Voltaire and the eighteenth Century* 278, The Voltaire Fondation, Oxford, 1990

Riley, P., "Rousseau, Fénelon and the Quarrel between the Anciens and the Moderns," Patrick Riley (ed.), *The Cambridge Companion to Rousseau*, Cambridge, 2001

Riley, Patrick, "Rousseau Fénelon and the quarrel between the Ancients and the Moderns," *The Cambridge Campanion to Rousseau*, edited by Patrick Riley, Cambridge University Press, 2001

Ritter, E., "La Famille et la Jeunesse de Jean-Jacques Rousseau," *Annales de la Société Jean-Jacques Rousseau*, Tome 16, Genève, 1924-25

Roddier, Henri, *J.-J. Rousseau en Angleterre au XVIIIe siècle*, Paris, 1950

Rousseau, Jean-Jacques, *Discourse on the Sciences and Arts and Polemics*, edited by R. G. Masters, C. Kelly, University Press of New England, 1992

Salkever, Stephen G., "Interpreting Rousseau's Paradoxes," *Eighteenth-Century Studies*, Vol. 11, No. 2 (Winter, 1977-1978)

Saussure, Hermine de, *Rousseau et les manuscripts des Confessions*, Paris, 1958

Schinz, Albert, *Etat présent des travaux sur J.-J. Rousseau*, Paris: Société d'édition les belles lettres, 1941

Shklar, Judith N., "Rousseau's Two Models: Sparta and the Age of Gold," Political Science Quarterly, Vol. 81, No. 1 (Mar., 1966)

Spink, John S., "Un Document Inédit sur les Deniers Jours de Jean-Jacques Rousseau," *Annales de la Société Jean-Jacques Rousseau*, Tome 24, Genève, 1935

Strarobinski, Jean, *Jean-Jacques Rousseau, La Transparence et l'Obstacle*, Gallimard, 1971

Trousson, R., Eigeldinger, F., (eds.), *Dictionnaire de Jean-Jacques Rousseau*, Paris, 2006

Trousson, R., *Jean-Jacques Rousseau jugé par ses contemporains*, Paris: H. Champion, 2000

Trousson, Raymond, "Brissot de Warville, lecteur de Rousseau," *Études de Jean-Jacques Rousseau*, Montmorency, 1995

Trousson, Raymond, Eigeldinger, Frédéric S., *Jean-Jacques Rousseau au jour le jour*, Paris, 1998

Wacjman, C., *Les jugements de la critique sur la 'folie' de J.-J. Rousseau*, Oxford, 1996

Walder, Dennis, "Remembering Rousseau: Nostalgia and the Responsibilities of the Self," *Third World Quarterly*, Vol. 26, No. 3, Connecting Cultures (2005)

Warner, James H., "The Reaction in Eighteenth-Century England to Rousseau's Two Discours," *PMLA*, 1933, vol. 2

Williams, David, "The Influence of Rousseau on Political Opinion, 1760-95," *The English Historical Review*, Vol. 48, No. 191 (Jul., 1933)

Wright, Ernest Hunter, *The Meaning of Rousseau*, Oxford, 1929

Zaretsky, Robert; Scott, John T., *The philosophers' quarrel, Rousseau, Hume and the limits of Human Understanding*, Yale University Press, 2009

(六)旧制度研究作品

A history of reading in the west, edited by Gugliemo Cavallo, Roger Chartier, University of Massachusetts Press, 1999

Arnould, A.; Pujol, Alboize de; Maquet, A., *Histoire de la Bastille, depuis sa foundation 1374 jusqu' aé sa destruction 1789*, Tome I-VIII, Paris, 1844

Astoul, Guy, *Les chemins du savoir en Quercy et Rouergue, à l'époque moderne, Alphabétisation et apprentissages culturels*, Presses universitaires du Mirail, 1999

Barnes, Annie, *Jean Le Clerc et la République des lettres*, Paris: E. Droz, 1938

Bell, David A., "The 'Public Sphere,' the State, and the World of Law in Eighteenth-Century France," *French Historical Studies*, Vol. 17, No. 4 (Autumn, 1992)

Berger, G.; Burdeau, G., *L'Opinion publique*, Paris, 1957

Berkvens-Stevelinck, Christiane; Bots, Han; Haseler, Jens, *Les grands intermédiaries culturels de la république des lettres*, Paris, 2005

Bjorklund, Diane, *Interpreting the Self*, The University of Chicago, 1998

Boswell, J., *The Grand Tour*, 1764, F. Pottle (ed.), Yale University, 1953

Bots, Hans, *L'Esprit de la république des lettres et la tolerance dans les trois premiers périodiques savants Hollandais, XVIIe Siecle*, 1977, N. 116, Paris

Bournon, Fernand, *La Bastille, histoire et description des batiments, administration, reégime de la prison, eévénements historiques*, Paris, 1893

Brayard, Florent, Maurepas, Arnaud De (eds.), *Les Français vus par eux-mêmes, Le XVIIIe siècle*, Robert Laffont, 1999

Brockliss, *Enlightenment and the Re-*

public of letters in eighteenth-century France, Oxford, 2002

Brockliss, L. W. B., *Calvet's Web: Enlightenment and the Republic of Letters in Eighteenth-Century France*, Oxford, 2002

Brown, Stewart J.; Tackett, Timothy, *Enlightenment, reawakening and revolution*, 1660-1815, Cambridge, 2006

Burke, Sean, *The Death and Return of the Author*, Edinburgh University Press, 1992

Carretta, Vincent, *George III and the Satirists from Hogarth to Byron*, The University of Georgia Press, 1990

Censer, Jack R., *The French Press in the Age of Enlightenment*, London and New York, 1994

Chartier, Roger, *The cultural origins of the French Revolution*, translated by Lydia G. Cochrane, Duke University Press, 1991

Clarke, Bob, *From Grub Street to Fleet Street*, Ashgate, 1935

Clément, Nicolas, *L'Abbé Alary, un homme d'influence au XVIIIe siècle*, Paris, 2002

Coquerel, Athanase-Josué, *Jean Calas et sa famille: étude historique d'après les documents originaux*, Paris, 1869

Cranston, Maurice, *Philosophers and Pamphleteers, political theories of the Enlightenment*, Oxford, 1986

Cranston, Maurice, *The Romantic Movement*, Blcakwell, 1994

Darnton, R., "The High Enlightenment and the Low-Life of Literature in Pre-Revolutionary France," *Past & Present*, No. 51 (May, 1971)

Darnton, Robert, "The facts of literary life in eighteenth-century France," *The French Revolution and the Creation of Modern Political Culture*, Volume I, edited by Keith Baker, Pergamon Press, 1987

Darnton, Robert, *The literary underground of the Old Regime*, Harvard University Press, 1982

Dekens, Olivier (ed.), *Qu'est-ce que les Lumières de Foucault*, Paris: Bréal, 2004

Delort, Joseph, *Histoire de la détention des philosophes et des gens de lettres à la Bastille et à Vincennes, précédée de celle de Foucquet, de Pellisson et de Lauzun, avec tous les documents authentiques et inédits*, Paris, 1829

Desgraves, L. et Volpilhac-Auger, C., *Catalogue de la bibliothèque de Montesquieu à La Brède*, Oxford: Voltaire Foundation, 1999

Diderot, Denis, *Correspondance*, Georges Roth(ed.), Paris: Les édition de Minuit, 1955

Draper, Anthony J., "Cesare Beccaria's influence on English discussions of punishment, 1764-1789," *History of Eu-*

ropean Ideas, 26（2000）

Dziembowski, Edmond, *Un Nouveau Patriotisme Français*, 1750-1770, Oxford, 1998

Fourcy, A., *Histoire de l'École polytechnique*, Paris, 1828

Francalanza, Eric, *Jean-Baptiste-Antoine Suard*, *Journaliste des Lumières*, Paris: Honoré Champion, 2002

French liberalism and education in the eighteenth century, translated and edited by F. de la Fontainerie, New York and London, 1932

Garrard, G., *Counter-Enlightenments*, New York, 2006

Gay, P., *The Party of Humanity*, New York, 1971

Gay, Peter, *The Enlightenment: An interpretation*, 2 volumes, Weidenfeld and Nicolson, 1966, 1978

Genouillac, Gourdon de, *Histoire nationale de la Bastille*, 1370-1789, Paris, 1880

Genova, A. C., "Kant's Enlightenment," *Studies on Voltaire and the Eighteenth century*, edited Theodore Besterman, Volume LXXXVII, The Voltaire Foundation, 1972

Gillot, Hubert, *La querelle des anciens et des modernes en France*, Paris, 1914

Goodman, Dena, *The Republic of Letters*, Cornell University Press, 1994

Gordon, Daniel, *Citizens without Sovereinty: Equality and Sociability in French thought*, 1670-1789, Princeton, 1994

Granderoute, Robert, "Mémoires de l'université（1762-1762）et plan d'études," *SVEC*, 2000: 08, Oxford, 2000

Grevet, René, *L'avènement de l'école contemporaine en France*, 1789-1835, Presses Universitaires du Septentrion, 2001

Gurbert, Guillaume Pigerard de, "Introduction: Le temps des Lumières," Jean Salem, Guillaume Gurbert, Pigerard de; Tunstall, Kate E., *Qu'est-ce que les Lumières*, SVEC 2006: 12, Oxford, 2006

Hankins, T. L., *Sciences and the Enlightenment*, Cambridge, 1985

Hatin, Eugene, *Histoire politique et littéraire de la presse en France*, Paris, 1859

Hazard, Paul, *La crise de la conscience européene*, 1680-1715, Fayard, 1961

Horace Walpole's correspondence with Madame du Deffand and Wiart, Oxford University Press, 1939

Hulliung, M., *The Autocritique of Enlightenment*, Harvard, 1994

Jacob, Margaret C., "The Mental Landscape of the Public Sphere: A European Perspective," *Eighteenth-Century Studies*, Vol. 28, No. 1, Autumn, 1994

Jamerey-Duval, Valentin, *Mémoires*, *enfance et éducation d'un paysan au*

XVIIIe siècle, avant-propos, introduction, notes et annexes par Jean Marie Goulemot, Paris: Editions Le Sycomore, 1981

Jones, Richard Foster, *Ancients and Moderns*, *a study of the rise of the scientific movement in seventeenth-century England*, New York, 1961

Labbé, François, *Gazette littéraire de Berlin* 1764-1792, Paris: Honoré Champion, 2004

Laborde, Alice M. , *Correspondances du Marquis de Sade et de ses proches enrichies de documents notes et commentaires*, Volume 1-26, Paris: Champio-Slatkine, 1991

Labrousse, E. , Léon, P. , Bouvier, J. , Carrière, C. , Harsin, P. , (eds.), *Histoire économique et sociale de la France*, Presses Universitaires de France, 1970

Lanson, G. , *Histoire de la Littérature française*, Libraire Hachette, 1906

Lasserre, P. , *Le romantisme français*, *essai sur la révolution dans les sentiments et dans les idées au XIXe siècle*, Paris, 1908

Le 22 septembre, *Centenaire de la République*, *Hippolyte Buffenoir*, *Membre de la Société des Gens de lettre*, Paris, 1892

Le Brun, Annie & Pauvert, Jean-Jacques (eds.), *Œuvres complètes du Marquis de Sade*, Fayard, 1991

Lecercle, Jean-Louis, *Jean-Jacques*

Rousseau, *modernité d'un classique*, Librairie Larousse, 1973

Lecoq, Anne-Marie (ed.), *La Querelle des Anciens et des Modernes*, Gallimard, 2001

Lefebvre, Georges, *La Grande Peur de 1789*, Paris, 1932

Letters of Horace Walpole, G. P. Putnam, 1890

Levine, Joseph M. , *The battle of the books*, *History and literature in the Augustan Age*, Cornell University Press, 1991

Lilti, Antoine, " Sociabilité et mondanité: Les hommes de lettres dans les salons parisiens au XVIIIe siècle," *French Historical Studies*, Vol. 28, No. 3, Summer 2005

Lilti, Antoine, *Le monde des salons*, Fayard, 2005

Loyalty, R. , *Diderot as a disciple of English thought*, New York, 1913

Mémoires de Brissot, par M. de Lescure, Paris, 1877

Michel, Albin, *L'intellectuel Fourvoyé*, *Voltaire et l'affaire Sirven*, 1762-1778, 2004

Mondot, Jean ; Larrere, Catherine, *Lumières et commerce*, *l'exemple bordelaise*, Peter Lang, 2000

Naves, Raymond, *Le goût de Voltaire*, Genève: Slatkine Reprints, 1967

Œuvres complètes de Boileau:

accompagnées de notes historiques et littéraires et précédées d'une étude sur sa vie et ses ouvrages, Paris, 1873

Œuvres complètesde Diderot, J. Assezat et Maurice Tourneux (eds.), Paris, 1876

Œuvres complètes de Voltaire, Paris, Garnier Frères, 1877

Œuvres inédites de Chretien-Guillaume Lamoignon Malesherbes, Paris, 1808

Peter, Sabor, *Horace Walpole : the critical heritage*, Routledge,1987

Pomeau, René, "Voyage et lumières dans la literature française du XVIII siècle,"*Studies on Voltaire and the Eighteenth Century*, Theodore Besterman (ed.), Volume LV, 1967

Pons, Emile, *Swift, les années de jeunesse et le "Conte du Tonneau"*, Paris: Librairie Istra, 1925

Roche, Daniel,*Le siècle des lumières en province, Académies et académiciens provinciaux*, 1680-1789, Paris, 1978

Roche, Daniel, *Les républicains des lettres, Gens de culture et Lumières au XVIIIe siècle*, Fayard, 1988

Roussel, Jean, *Jean-Jacques Rousseau en France après la Révolution*, 1795-1830, Paris: Librairie Armand Colin, 1972

Salem, Jean; Gurbert, Guillaume Pigerard de; Tunstall, Kate E. ,*Qu'est-ce que les Lumières*, SVEC 2006: 12, Oxford, 2006

The Cambridge history of Eighteenth-century political thought, edited by Mark Goldie, Robert Wokler, Cambridge, 2006

The Cambridge history of English literature, 1660-1780, edited by John Richetti, Cambridge, 2005

The Lisbon Earthquke of 1755, *representations and reactions*, edited by T. E. D. Braun, J. B. Radner, Oxford, 2005

The mémoires secrètes and the culture of publicity in eighteenth-century France, edited by Jeremy D. PoPkin, Bernadette Fort, Oxford, 1998

Tissot, S. -A. -A. D, Zimmermann, J. G. ,*Correspondance*, 1754-1797, publiée et annotée par A. Emch-Dériaz,Genève,2007

Tyrtée, Tastet,*Histoire des quarante fauteuils de l'Académie française*, Paris, 1855

Vilmer, Jean-Baptiste Jeangène,*Sade moraliste: Le dévoilement de la pensée sadienne à la lumière de la réforme pénale au XVIIIe siècle*, Genève: Droz, 2005

Volpe, Tony ,*Science et théologie dans les débats savants de la seconde moitié du XVIIe siècle: la Genèse dans les* Philosophical transactions *et le* Journal des savants (1665-1710) ,Turnhout :Brepols, 2008

Voltaire et ses combats, Actes du congrès international Oxford-Paris 1994, sous la direction de Ulla Kölving et Christiane Mervaud，Oxford，1997

    Walpole，Harace，*Memoirs and por-traits*，Macmillan，1963

    Warner，Michael，*The Letters of the Republic*，Harvard University Press，1990

    Wood，John Philip，*Memoirs of the life of John Law of Lauriston，including a detailed account of the rise，progress and termination of the Missisippi System*，Edinburgh，1824

后　记

　　这是关于法国现代早期史的研究，批判得严厉，是因为制度之恶坚固，而制度之恶坚固，是因为它有变形的能力，无处不在，但又抓不到，打不着。鉴于此，我有意突破理想化的叙事方式，直面法国历史的复杂性：旧制度与启蒙精神格格不入吗？启蒙事业能否为文人垄断？承载现代理想的文字一定是真理的使徒，而非谎言的同谋？文字与现实分裂后，它会沉醉于虚幻，这会不会威胁到现代历史意识？现代人对于启蒙形而上学的热爱有哪些弊端？启蒙是革命的起源，还是说触发革命的因素同样触发了启蒙？革命是终结了旧制度还是延续了旧制度，不合时宜的传统被打碎后就会消散？民族知识结构的分裂和情感共同体的破碎与革命暴力的失控有何关系？

　　我尽力搜集档案，熟悉故往人物的心理世界，但这不意味着我离真实更近。历史档案并非确定无疑的研究基础，一个人借助档案自圆其说，却不能说自己看到了真理。"档案不是为历史学家准备的"，法国批评界的这句话没有说完。若要补充，第一层意思是，真相是存在的，但历史人物的心理世界已残缺不全，与之相关的颜色、声音、味道也消失了，而这些因素在档案生成时无所不在，并能左右文字的走向。第二层意思是，文字对权力有畏惧感，所以就藏在字典里，它们在那里很安宁，但失去了意义，要有意义就得奔赴公共空间，各种意图会控制它们，生存理性无处不在，权力的注视最有力量，一旦两种意图合流，档案会有表演性，支撑表演风格的是一套选择事实或隐瞒事实的技艺。第三层意思是，与文字越近的人进入历史的可能性越大，一些人之所以是现代历史的主角，并非因为他们有力量，只因其涉足写作才进入档案，而档案之外那些支撑或破坏旧制度的人，包括农民、商人、间谍等，相关信息少之又少。如果那些对文字有支配力的人伪装理想，将无知当作博学，甚至造假，历史就会有魔幻的色彩，真的像假的，假的像真的。所以，年鉴学派所谓的"历史是人的问题"（L'histoire, c'est l'homme）不只是如何解读档案的问题，还包括人与文字的矛盾性。道理终归是道理，完善的档案体系是法国问题进入世界学术的前提。对于档案的重视源于现实感与历史感的平衡，档案管理越完善，历史的可追溯性越久远，民族身份会随之坚固，在动乱时，法国人能在独立的民族心理空间里解决问题。

　　革命时代的法国人首先应对的不是改革制度，而是认识现实。个体心理与现实的差距太大，新制度又无力应对乱局，打碎一切就显得合理。所以，破碎感是革命时代的法国人要解决的问题，表面上旧制度是这种破碎感的根源，实际上不是。制度不是天上掉下来的，是人创造的，是人实践的，好人能改良坏制度，坏人能损毁好制度，但谁是好人，谁是坏人，在一切都流动的空间里，这不是简单的问题。法国旧制度下并非一切都是坏的，首都和外省的科学院制度致力于奖励才学，1699 年巴黎的《皇家科学院新规》（Règlement pour l'Academie Royale des Sciences）就有这样的目的。而一些僭越本分的教士、贵族和哲学家视之为名利场，费尽心虑，最终败坏了学术的荣誉，旧制度却承担了不该承担的责任。法国革命的美德共和国要打压人性之恶，却走向了美德专制，美德专制表面上是制度之恶，实际上还是人的问题。人的问题是什么问题？一群孤独者没有信仰，做了坏事归咎于制度，却将自己的错误赋予正义感，这就是人的问题。法国人将风俗之乱归咎于制度，有违历史理性，百年动乱之后，他们最终与制度和解，不再为难制度，相信有正义感的人高于制度，当制度在流动的现实里失效时，这样的人能弥补制度的不足。现在，法国人的言行中偶尔有旧习性，那是带一点冷漠的优雅，却已是现代国家，革命话语沉淀为生活常识，情感与理智有恰当的平衡，人与制度、风俗的关系在逻辑和实践上不再是难题。这是因为法国人有过迷狂，但他们的历史理性没有消失。这个民族有两类人格，一类是罗伯斯庇尔式的，鲁莽真诚，有颠覆一切的力量，为此不惜性命。另一类是拿破仑式的，他对权力，对民族福祉有一样的雄心，勇敢之外还有一点狡猾世故，但他始终拒绝生存理性，所以不会沦落为冰冷的偶像。一个民族的前途需要鲁莽者，又需要能平复乱局的实干家，两种人格成就了民族精神的高度。

这是我的第一本书，从写作到出版，历经北京大学博士课程中期考试、开题报告、预备答辩和正式答辩，正式答辩前，五位专家匿名评审。成稿后，我又做修改，像一个新出徒的石匠，先有构想，再找石头，一锤一凿，叮叮当当。起初形体不匀称，神态拘束，他的手要灵巧，温和的目光里得有一点锐利，等它有了呼吸，身体变得温暖，他知道分离的时刻到了。手稿出版后，它的性情会凝固，坚硬或温暖，严肃或调皮，装模作样或义正词严，总之，它有了思想意义的生命。作者与作品的分离在此刻，之前是一体的，现在不了，作者会批判地审视以前的自己，有时不理解那个人为什么这样写。一部作品在文字世界里存在多久，要靠它的生命力。文字的生命来自语言的逻辑与审美、理智与情感的平衡，以及对于时代精神的复原力。一旦刊行，它会进入一个无限的时空，并有机会成为人类精神史的路标，之前的知识因它而陈旧，之后的知识因它而新奇，但无数伟大的世界公民标识了现代精神，所以写作越来越难。当下的作品有文艺复兴的风格，总结、注疏、解释，没有创造力的东西更容易湮灭，这本书不免如此，因为成见、短视，或缺乏创造力。

本书第一章和第二章部分内容发表于《历史研究》（2013 年第 5 期）和《史林》（2014 年第 6 期），第三章第六节关于哈贝马斯公共领域的适应性发表于《二十一世纪》（2015 年 4 月号），第三章第九节"萨德问题"的部分内容发表于《读书》（2015 年第 9 期）。我在引用汉译版外国作品时对词句做了调整，为的是简洁明确，维护本书语言风格的统一。举例说明：汉译作品原文为"实际上，这乃是问题的要害之所在。但是，《宣言》却根本就没有提及英国国会"，我修订为"这是问题的要害，《宣言》却未提及英国议会"。

出版之际，我要感谢支持我的前辈同仁，硕士导师马世力先生和博士导师高毅先生历来维护学生思考的独立性，我所任教的东北师范大学历史系有安静与宽容的格调，符合历史研究的要求。最后，我要感谢出版团队，在两年多的时间里，诸位编辑反复思考写作思路、字词搭配与标点符号，尽力避免错误。

图书在版编目(CIP)数据

一七六六年的卢梭：论制度与人的变形/徐前进著. —北京：北京师范大学出版社，2017.6（2018.12 重印）

ISBN 978-7-303-22279-7

Ⅰ. ①一… Ⅱ. ①徐… Ⅲ. ①卢梭(Rousseau，Jean Jacques 1712—1778)—哲学思想—思想评论 Ⅳ. ①B565.26

中国版本图书馆 CIP 数据核字(2017)第 068303 号

营 销 中 心 电 话 010-58805072 58807651
北师大出版社学术著作与大众读物分社 http://xueda. bnup. com

YIQILIULIUNIAN DE LUSUO：LUN ZHIDU YU REN DE
BIANXING

出版发行：北京师范大学出版社 www.bnup.com
       北京市海淀区新街口外大街 19 号
       邮政编码：100875
印   刷：北京京师印务有限公司
经   销：全国新华书店
开   本：787 mm×1092 mm 1/16
印   张：27.75
字   数：430 千字
版   次：2017 年 6 月第 1 版
印   次：2018 年 12 月第 2 次印刷
定   价：68.00 元

策划编辑：谭徐锋   责任编辑：齐 琳 焦鹏航
美术编辑：王齐云   装帧设计：王齐云
责任校对：陈 民   责任印制：马 洁